de Gruyter Lehrbuch

Familienrecht

von

Dr. Dieter Henrich
o. Professor an der Universität Regensburg

Fünfte, neubearbeitete Auflage

W DE G

1995

Walter de Gruyter · Berlin · New York

♾ Gedruckt auf säurefreiem Papier, das die US-ANSI-Norm über Haltbarkeit erfüllt.

Die Deutsche Bibliothek – CIP-Einheitsaufnahme

Henrich, Dieter:
Familienrecht / von Dieter Henrich. –
5., neubearb. Aufl. –
Berlin ; New York : de Gruyter, 1995
(De-Gruyter-Lehrbuch)
ISBN 3-11-014621-5

Printed in Germany
Satz: Knipp Satz und Bild digital, Dortmund
Druck: Gerike, Berlin
Buchbinderische Verarbeitung: Dieter Mikolai, Berlin

Vorwort zur 5. Auflage

Das Bessere ist der Feind des Guten. Die 4. Auflage dieses Buches scheint gut gewesen zu sein: Jedenfalls hat sie – wenn ich den zahlreichen Zuschriften trauen darf – den Lesern gefallen. Ich habe darum bei der Neuauflage an der Grundstruktur des Buches nichts geändert und mich auf Verbesserungen im Detail beschränkt. Manche wichtige Entscheidung wurde nachgetragen, manche Äußerung im Schrifttum berücksichtigt. Der Gesetzgeber hat dieses Mal nur wenige Änderungen veranlaßt. Erwähnt sei die Verwirklichung der Gleichberechtigung von Mann und Frau im Namensrecht. Die große und inzwischen auch dringliche Reform des Kindschaftsrechts steht noch aus. Immerhin ist sie angekündigt. Die Rechtsvergleichung zeigt, daß der deutsche Gesetzgeber hier im Verzug ist.

Regensburg, im Januar 1995 *Dieter Henrich*

Inhalt

Abgekürzt zitierte Literatur

Beitzke/Lüderitz, Familienrecht, 26. Aufl. 1992 (zit. Beitzke/Lüderitz, FamR)

Dölle, Familienrecht, 2 Bände 1964/65 (zit. Dölle, FamR)

Erman/Bearbeiter, BGB, Handkommentar in zwei Bänden, 9. Aufl. 1993 (zit. Erman/Bearbeiter)

Gernhuber/Coester-Waltjen, Familienrecht, 4. Aufl. 1994 (zit. Gernhuber/Coester-Waltjen)

Giesen, Familienrecht, 1994 (zit. Giesen, FamR)

Henrich, Fälle und Lösungen nach höchstrichterlichen Entscheidungen. BGB-Familienrecht, 3. Aufl. 1990 (zit. Henrich, Fälle und Lösungen)

Johannsen/Henrich/Bearbeiter, Eherecht. Scheidung, Trennung, Folgen, 2. Aufl. 1992 (zit. Johannsen/Henrich/Bearbeiter)

Münchener Kommentar zum Bürgerlichen Gesetzbuch/Bearbeiter, 3. Aufl. Band 7 (1993), Band 8 (1992) (zit. MünchKomm/Bearbeiter)

Palandt/Bearbeiter, Bürgerliches Gesetzbuch, 54. Aufl. 1995 (zit. Palandt/Bearbeiter)

Schlüter, BGB Familienrecht, 6. Aufl. 1993 (zit. Schlüter, FamR)

Schwab, Familienrecht, 7. Aufl. 1993 (zit. Schwab, FamR)

Schwab, Handbuch des Scheidungsrechts, 2. Aufl. 1989 (zit. Schwab, HdS)

Soergel/Bearbeiter, BGB, Bände 7 und 8, 12. Aufl. 1987/89 (zit. Soergel/Bearbeiter)

Staudinger/Bearbeiter, Kommentar zum Bürgerlichen Gesetzbuch, Viertes Buch, 1989/94 (zit. Staudinger/Bearbeiter)

§ 1 Der verfassungsrechtliche Rahmen

Schrifttum: Bosch, Über die notwendige Beseitigung aller „Heiratswegfallklauseln", in: FS Geiger (1989), 378; Frank, Die familienrechtliche Ordnung des Grundgesetzes, in: 40 Jahre Grundgesetz. Ringvorlesung der Rechtswissenschaftlichen Fakultät der Universität Freiburg (1989), 113; Henrich, Wertentscheidungen im Wertewandel: Betrachtungen zu Art. 6 Abs. 1 GG, FS Lerche (1993), 239; Reinhart, Fortentwicklung des Ehe- und Familienrechts durch das Grundgesetz und die Rechtsvergleichung, in: Rechtsentwicklung unter dem Bonner Grundgesetz. Ringvorlesung der Juristischen Fakultät der Universität Heidelberg (1990), 165.

I. Die Grundnorm: Art. 6 Abs. 1 GG

Das Familienrecht hat es mit Ehe und Familie zu tun. Ehe und Familie sind aber nicht nur Regelungsgegenstände des Vierten Buches des BGB. Sie sind für den Staat so wichtig, daß er sie unter den besonderen Schutz der Verfassung gestellt hat. „Ehe und Familie stehen unter dem besonderen Schutze der staatlichen Ordnung", heißt es in Art. 6 Abs. 1 GG. Das ist nicht nur ein bloßer Programmsatz. Was er bedeutet, hat das Bundesverfassungsgericht in einer Vielzahl von Entscheidungen umschrieben. Die Vorschrift ist danach

a) ein klassisches Grundrecht auf Schutz vor störenden Eingriffen des Staates,

b) eine Institutsgarantie und

c) eine wertentscheidende Grundsatznorm für das gesamte Ehe und Familie betreffende Recht.

Als *Grundrecht* vor störenden Eingriffen des Staates verpflichtet Art. 6 Abs. 1 GG etwa die Ausländerbehörde, im Rahmen der Entscheidung über die Verlängerung einer Aufenthaltserlaubnis die familiären Bindungen des aufenthaltbegehrenden Ausländers an Personen, die sich berechtigterweise im Bundesgebiet aufhalten, zu berücksichtigen (BVerfG FamRZ 1989, 1159).

Besondere Ausprägungen dieses Grundrechts enthalten die Absätze 2 und 3 von Art. 6 GG. Dort ist bestimmt:

„(2) Pflege und Erziehung der Kinder sind das natürliche Recht der Eltern und die zuvörderst ihnen obliegende Pflicht. Über ihre Betätigung wacht die staatliche Gemeinschaft.

(3) Gegen den Willen der Erziehungsberechtigten dürfen Kinder nur aufgrund eines Gesetzes von der Familie getrennt werden, wenn die Erziehungsberechtigten versagen oder wenn die Kinder aus anderen Gründen zu verwahrlosen drohen."

Unter Berufung auf Art. 6 Abs. 2 Satz 1 GG hat das BVerfG beispielsweise eine Vorschrift für verfassungswidrig erklärt (§ 1671 Abs. 4 Satz 1 BGB), nach der die elterliche Sorge für ein Kind nach der Scheidung der Ehe seiner Eltern nur einem Elternteil übertragen werden durfte, auch wenn beide Eltern das Fortbestehen des gemeinsamen Sorgerechts wünschten (BVerfG FamRZ 1982, 1179). Demnächst wird das BVerfG zu prüfen haben, ob der Ausschluß des Vaters eines nichtehelichen Kindes von der Möglichkeit, gemeinsam mit der Mutter das elterliche Sorgerecht auszuüben (§ 1705 Satz 1 BGB), mit Art. 6 Abs. 2 GG vereinbar ist (Vorlagebeschluß des AG Bremen, FamRZ 1994, 397).

Institutsgarantie bedeutet, daß Ehe und Familie nicht nur nicht abgeschafft werden dürfen, sondern daß sie auch gegenüber anderen Lebensformen eine herausgehobene Stellung haben. Der Staat braucht darum anderen Lebensformen, wie z.B. der nichtehelichen Gemeinschaft, nicht denselben Schutz zuteil werden lassen, wie er ihn der Ehe gewährt. Nichteheliche Partner werden also nicht in unzulässiger Weise diskriminiert, wenn sie – z.B. steuerrechtlich – schlechter gestellt werden als Ehegatten (BVerfG FamRZ 1990, 364) oder wenn ihnen bei Gleichgeschlechtlichkeit versagt wird, eine „Ehe" einzugehen (BVerfG FamRZ 1993, 1419).

Aus der Institutsgarantie wird auch ein grundrechtlich geschütztes Recht auf Eheschließung (*Eheschließungsfreiheit*) abgeleitet. Wer heiraten will, soll heiraten dürfen. Der Staat ist zwar nicht daran gehindert, eine Eheschließung in bestimmten Fällen zu untersagen: Ein Vater kann nicht seine Tochter und ein Bruder kann nicht seine Schwester heiraten, und auch, wer verheiratet ist, kann keine zweite Ehe schließen. Aber solche zwingenden Eheverbote sind nur in engen Grenzen zulässig. In den USA hat der Supreme Court im Jahr 1987 eine Vorschrift für verfassungswidrig erklärt, die die Heirat von Strafgefangenen von der Genehmigung des Anstaltsleiters abhängig gemacht hatte (Turner v. Safely, 107 S.Ct. 2254). Wir würden ebenso entscheiden. In Frankreich brauchen Berufssoldaten eine Genehmigung, wenn sie eine Ausländerin heiraten wollen (Labrusse-Riou, Droit de la famille. Les personnes, Bd. I,

1984, S. 47). Dergleichen wäre in Deutschland verfassungswidrig (vgl. BVerwGE 14, 21).

Nichtig sind aber nicht nur direkte Eheschließungsverbote. Auch indirekte Hindernisse können die Eheschließungsfreiheit tangieren, wie etwa sog. Heiratswegfallklauseln, Vorschriften, wonach ein Rentenanspruch (z.B. eine Waisenrente) im Fall einer Verheiratung auch dann entfällt, wenn der Ehepartner zur Unterhaltsleistung nicht imstande ist (BVerfG FamRZ 1970, 470, 480, 539).

Was schließlich den Charakter von Art. 6 Abs. 1 GG als *wertentscheidende Grundsatznorm* betrifft, so heißt das, daß sowohl der Gesetzgeber als auch jede staatliche Behörde sich ehe- und familienfreundlich zu verhalten hat. So ist z.B. der Gesetzgeber nach einem Spruch des BVerfG bei der Regelung des Scheidungsrechts „an die verfassungsrechtliche Gewährleistung der grundsätzlich unauflöslichen Ehe gebunden“. Das Scheidungsrecht muß „auch eheerhaltende Elemente enthalten. Die Ehescheidung hat für die Rechtsordnung die Ausnahme zu bilden“ (BVerfG FamRZ 1980, 319, 323).

II. Gleichberechtigung von Mann und Frau: Art. 3 Abs. 2 GG

Stärker noch als Art. 6 Abs. 1 GG hat eine andere Grundrechtsnorm auf das Familienrecht eingewirkt, nämlich Art. 3 Abs. 2 GG:“Männer und Frauen sind gleichberechtigt“. Dieser Satz scheint uns heute selbstverständlich. Vor 40 Jahren, bei seinem Inkrafttreten, bedeutete er eine revolutionäre Umgestaltung des deutschen Familienrechts. Man muß sich an die Vorschriften erinnern, die damals das Familienrecht prägten, um die Bedeutung der Rechtsänderung zu ermessen. Der Mann hatte in der Ehe das Recht zur Entscheidung aller gemeinschaftlichen, das eheliche Leben betreffenden Angelegenheiten. Er bestimmte insbesondere den Wohnsitz der Familie. Die Frau durfte zwar ohne Zustimmung des Mannes einen Arbeitsvertrag schließen, aber wenn ihre Arbeitsverpflichtung mit ihren ehelichen Pflichten – Haushaltsführung, Kinderbetreuung – kollidierte, hatte der Mann das Recht, den Vertrag zu kündigen. Der Mann verwaltete das Vermögen seiner Frau und hatte daran auch das Recht der Nutznießung – zum Ausgleich dafür, daß er für den Unterhalt von Frau und Kindern sorgen mußte. Er allein hatte die sog. elterliche Gewalt. Die Mutter hatte zwar neben dem Vater das Recht und die Pflicht, die Kinder zu betreuen, die sog. Personensorge. Bei Meinungsverschiedenheiten mußte sie sich aber dem Willen des Vaters unterordnen. So stand es jedenfalls im Gesetz.

Mit der Formulierung des Gleichberechtigungsgrundsatzes im Jahr 1949 war die Schlacht für die Frauen aber noch nicht gewonnen. Denn jetzt sagte man: Die Gleichberechtigung ist eine besondere Ausprägung des allgemeinen Gleichheitssatzes und gebietet ebenso wie dieser nicht, Ungleiches gleich zu behandeln. Frauen und Männer sind unterschiedlich in ihren natürlichen Wesenseigenschaften und haben darum in der Ehe unterschiedliche Aufgaben. Außerdem braucht jede Gemeinschaft eine Autorität, die die Einheit wahrt. In einer Zweiergemeinschaft kann die letztentscheidende Autorität nur bei einem Partner liegen und das kann natürlich nur der Mann sein (vgl. Dürig, FamRZ 1954, 2, 4).

Anders als die anderen Artikel des Grundgesetzes trat Art. 3 Abs. 2 GG nicht sofort in Kraft. Die Väter (und Mütter) der Verfassung wollten dem Gesetzgeber Zeit zur Anpassung des Rechts an die neue Verfassungslage geben. So schrieben sie in Art. 117 Abs. 1 GG:"Das dem Art. 3 Abs. 2 entgegenstehende Recht bleibt bis zu seiner Anpassung an diese Bestimmung des Grundgesetzes in Kraft, jedoch nicht länger als bis zum 31.3.1953". Dem Gesetzgeber gelang es jedoch nicht, diesen Termin einzuhalten. Das Gleichberechtigungsgesetz, das die Anpasssung des Familienrechts an das Gleichberechtigungsgebot bringen sollte, datiert vom 18.6.1957. Es trat am 1.7.1958 in Kraft.

Das Gleichberechtigungsgesetz spiegelt deutlich den seinerzeitigen Meinungsstand wider. Leitbild war noch immer die sog. Hausfrauenehe. Der Mann sorgte für den Unterhalt, die Frau führte den Haushalt, nunmehr allerdings in eigener Verantwortung. Zu einer Erwerbstätigkeit sollte sie nur berechtigt sein, soweit dies mit ihren Pflichten in Ehe und Familie vereinbar war. Sehr umstritten war im Gesetzgebungsverfahren, ob man nicht für den Fall von Meinungsverschiedenheiten einem Ehegatten das letzte Wort geben müsse. Heraus kam ein Kompromiß. Bei den ehelichen Angelegenheiten verzichtete man – mit knapper Mehrheit – auf den Stichentscheid des Mannes, im Eltern-Kind-Verhältnis führte man – wiederum mit knapper Mehrheit – den Stichentscheid des Vaters ein. Die Regel lautete folgendermaßen: Die elterliche Sorge steht beiden Eltern zu. Bei Meinungsverschiedenheiten müssen sie versuchen, sich zu einigen. Können sie sich nicht einigen, so entscheidet der Vater. Er hat dabei auf die Auffassung der Mutter Rücksicht zu nehmen. Die gesetzliche Vertretung des Kindes obliegt dem Vater.

Diese etwas seltsame Realisierung des Gleichberechtigungsgrundsatzes hielt allerdings nur kurze Zeit der Kritik stand. Dann wurde sie vom BVerfG für verfassungswidrig und nichtig erklärt (Urt. v. 29.7.1959, FamRZ 1959, 416).

Seither ist das Familienrecht dem Gleichberechtigungsgebot weiter angeglichen worden. Im 1. EheRG (v. 14.6.1976) verzichtete der Gesetzgeber auf die Fixierung eines bestimmten Eheleitbildes. Die Ehegatten sollten nunmehr einvernehmlich bestimmen, wie sie die Rollen verteilen wollen (§ 1356 BGB).

Ein letztes Relikt männlicher Dominanz wurde 1991 vom BVerfG für verfassungswidrig erklärt, die Vorschrift nämlich (§ 1355 Abs. 2 Satz 2 BGB), daß die Ehefrau den Namen des Mannes führt, wenn nicht die Ehegatten bei der Eheschließung ausdrücklich den Namen der Frau zum – gemeinsamen – Ehenamen bestimmt haben (BVerfG FamRZ 1991, 535).

III. Verbesserung der Rechtsstellung der nichtehelichen Kinder

Einen besonderen Auftrag an den Gesetzgeber enthält Art. 6 Abs. 5 GG:"Den unehelichen (heute:"nichtehelichen") Kindern sind durch die Gesetzgebung die gleichen Bedingungen für ihre leibliche und seelische Entwicklung und ihre Stellung in der Gesellschaft zu schaffen wie den ehelichen Kindern." Diesem Auftrag ist der Gesetzgeber durch das „Gesetz über die rechtliche Stellung der nichtehelichen Kinder" vom 19.8.1969 nachgekommen. Bis zu diesem Gesetz galt ein nichteheliches Kind als mit seinem Vater nicht verwandt (§ 1589 Abs. 2 BGB a.F.). Das heißt, alle Vorschriften, die das Gesetz an die verwandtschaftliche Beziehung zwischen Vätern und Kindern knüpfte – elterliche Sorge, Teilhabe am Lebensstandard des Vaters, Erbrecht – waren auf nichteheliche Kinder nicht anwendbar. Den Vater traf nur eine an der Lebensstellung der Mutter orientierte Unterhaltspflicht. Er war nur „Zahlvater". Das Nichtehelichengesetz hat diese Fiktion gestrichen. Aus der natürlichen Verwandtschaft ist dadurch eine Verwandtschaft auch im Rechtssinn geworden. Gleichwohl gibt es noch immer Unterschiede zwischen ehelichen und nichtehelichen Kindern. Die elterliche Sorge steht nach wie vor allein der Mutter zu (§ 1705 Satz 1 BGB). Für den Unterhaltsanspruch des nichtehelichen Kindes gelten besondere Vorschriften (§§ 1615 a ff. BGB). Im Erbrecht tritt bei nichtehelichen Kindern an die Stelle des gesetzlichen Erbteils in bestimmten Fällen ein Geldanspruch, der sog. Erbersatzanspruch (§ 1934 a BGB). Mit einer Beseitigung dieser Sonderbehandlung ist allerdings in naher Zukunft zu rechnen. Entsprechende Gesetzesentwürfe liegen z.T. bereits vor, z.T. sind sie in Vorbereitung.

IV. Allgemeines Persönlichkeitsrecht

Die familienrechtlichen Artikel der Verfassung sind nicht die einzigen, die die Entwicklung des Familienrechts beeinflußt haben. Ehe und Familie sind Gemeinschaften. Die Mitglieder dieser Gemeinschaften sind aber Menschen mit eigenen Rechten, Persönlichkeitsrechten, mit dem Wunsch nach Selbstverwirklichung. Zwischen diesen Individualrechten und den Grundrechten, die Ehe und Familie als Gemeinschaft schützen wollen, besteht nicht selten ein Spannungsverhältnis.

Wenn zwei Menschen miteinander leben, aber nicht heiraten wollen, kann niemand sie zur Ehe zwingen. Es kann ihnen aber auch niemand das Zusammenleben verwehren. Art. 6 GG will nur die Ehe schützen und die Ehegatten vor Benachteiligungen bewahren. Er bietet aber keine Handhabe, *nichteheliche Gemeinschaften* zu unterdrücken; denn auch die Partner einer nichtehelichen Gemeinschaft können sich auf ein Grundrecht berufen, nämlich auf Art. 2 Abs. 1 GG:"Jeder hat das Recht auf die freie Entfaltung seiner Persönlichkeit, soweit er nicht die Rechte anderer verletzt und nicht gegen die verfassungsmäßige Ordnung oder das Sittengesetz verstößt". Nichteheliche Gemeinschaften verstoßen nach heutiger Auffassung – früher sah man es anders – weder gegen die verfassungsmäßige Ordnung noch gegen das Sittengesetz. Folglich haben die Partner ein Recht darauf, sich ihr Leben so einzurichten, wie sie es wünschen (BVerfG FamRZ 1993, 164, 168).

In einem anderen Fall stellte das BVerfG das allgemeine Persönlichkeitsrecht sogar über den Eheschutz. Kinder, die in einer Ehe geboren werden, gelten als eheliche Kinder der Ehegatten, auch wenn sie in Wahrheit von einem anderen Mann als dem Ehemann der Mutter abstammen. Der Ehemann der Mutter kann aber – innerhalb einer bestimmten Frist – die Ehelichkeit eines solchen Kindes anfechten. Dem Kind steht ein entsprechendes Anfechtungsrecht nur ausnahmsweise zu. Kein Anfechtungsrecht hat es nach § 1596 Abs. 1 BGB insbesondere dann, wenn seine Mutter mit ihrem Ehemann, also dem Scheinvater des Kindes, weiterhin zusammenlebt, die Ehe somit bestehen geblieben ist. Mit dieser Regelung wollte sich ein Kind nicht abfinden. So kam die Sache zum BVerfG. Im Anhörungsverfahren machten die Verteidiger des § 1596 BGB insbesondere geltend, wenn man dem Kind in einem solchen Fall ein Anfechtungsrecht gebe, bestehe die Gefahr einer Störung des Familienfriedens. Damit stehe Art. 6 Abs. 1 GG dem Wunsch des Kindes nach Anfechtung seiner Ehelichkeit entgegen. Das BVerfG entschied dagegen: Das allgemeine Persönlichkeitsrecht (Art. 2 Abs. 1 i.V.m. Art. 1 Abs. 1 GG) umfaßt auch das *Recht auf Kenntnis der eigenen Abstammung* (FamRZ 1989, 255). § 1596 Abs. 1 BGB ist mit dem

Grundgesetz unvereinbar, soweit darin einem volljährigen Kind nicht nur die Änderung seines familienrechtlichen Status, sondern auch – weil ohne vorherige Anfechtung der Ehelichkeit der wirkliche Vater nicht festgestellt werden darf (§ 1593 BGB) – die gerichtliche Klärung seiner Abstammung ausnahmslos verwehrt wird.

V. Rechtsvergleichendes

Ehe und Familie stehen nicht überall unter dem besonderen Schutz der Verfassung. Ältere Verfassungen sahen dazu keinen Anlaß. Ehe und Familie waren in einer Gesellschaft, die überwiegend aus Bauern und Handwerkern bestand, weniger gefährdet als heute. Die großen Kirchen untersagten oder mißbilligten zumindest die Scheidung. Das gesellschaftliche Verdikt hielt die Ehe – jedenfalls äußerlich – stärker zusammen als gesetzliche Vorschriften es vermocht hätten.

Soweit neuere Verfassungen familienrechtliche Artikel enthalten, wird darin vielfach nur der Schutz des Familienlebens versprochen und das Recht auf Eheschließung garantiert. So steht es in den Artt. 8 und 12 der Europäischen Konvention zum Schutz der Menschenrechte und der Grundfreiheiten. So ist es in Österreich, wo die Menschenrechtskonvention Verfassungsrang hat. Die Ehe als solche wird nur in wenigen Verfassungen ausdrücklich geschützt, etwa in den Verfassungen Griechenlands oder Irlands. Auch in Italien genießt eine Familie nur Schutz, wenn sie sich auf eine Ehe gründet. Dagegen wird in den neuen Verfassungen Portugals und Spaniens nur noch das Recht auf Eheschließung garantiert. In der am 5.10.1988 in Kraft getretenen brasilianischen Verfassung wird zwar die Familie unter den besonderen Schutz des Staates gestellt, die nichteheliche Gemeinschaft der Ehe aber gleichgeordnet:"Für die Wirkung staatlichen Schutzes wird die dauernde Bindung zwischen Mann und Frau als familiäre Einheit anerkannt."

Das Fehlen familienrechtlicher Artikel in einer Verfassung bedeutet nicht notwendig das Fehlen eines verfassungsrechtlichen Schutzes. So hat z.B. der amerikanische Supreme Court das Recht auf Eheschließung aus der equal-protection-Klausel des 14. Amendments zur amerikanischen Verfassung abgeleitet: Kein Staat darf „deny to any person within its jurisdiction the equal protection of the laws". Unter Berufung auf diesen Satz hat er das Eheverbot der Rasseverschiedenheit für verfassungswidrig erklärt (Loving v. Virginia, 388 U.S. 1, 12 (1967)). Derselbe Verfassungsartikel wurde dann später auch zur Gleichstellung nichtehelicher und ehelicher Kinder herangezogen (Trimble v. Gordon, 430 U.S. 762 (1977)).

§ 2 Familie und Ehe

Das Grundgesetz schützt Ehe und Familie. Aber was sind Ehe und Familie? Die Begriffe werden nicht definiert. Die Verfassung setzt sie voraus. Wer bestimmt ihren Inhalt?

I. Familie

Familie und Ehe sind vorrechtliche Einrichtungen. Die ursprünglichere der beiden ist die Familie. Sie existiert als soziale Gruppe in allen menschlichen Gesellschaften. Ihre Wurzel findet sie in der sehr langen Erziehungs- und Schutzbedürftigkeit des menschlichen Nachwuchses. Menschen lebten schon in der frühesten Zeit in Familienverbänden (Horden) zusammen. Der Zusammenhalt ergab sich aus der gemeinsamen Abstammung. An der Spitze des Verbandes stand meist ein Patriarch. Der typische Verband des römischen Rechts war die Hausgemeinschaft. Dem pater familias unterstanden alle Personen, die zur Hausgemeinschaft gehörten: die Ehefrau, die Kinder, die Hörigen und die Sklaven. Sie bildeten zusammen die familia.

Dem geltenden Recht liegt ein anderer Familienbegriff zugrunde. Er wird unter Rückgriff auf die Gesetzeslage bestimmt. Familie besteht dort, wo das Gesetz familienrechtliche Bindungen vorsieht. Familienrechtliche Bindungen gibt es zwischen Eltern und ihren ehelichen Kindern. Es gibt sie aber auch zwischen der Mutter und ihrem nichtehelichen Kind und – seit dem Nichtehelichengesetz – auch zwischen dem Vater und seinem nichtehelichen Kind. Keine familienrechtlichen Beziehungen gibt es dagegen zwischen dem Vater des nichtehelichen Kindes und dessen Mutter. Wie steht es dann, wenn Vater und Mutter zusammenleben: Bestehen in diesem Fall zwei (Halb-)familien nebeneinander? So hat man es früher gesehen. Eine solche Sicht widerspricht indessen dem natürlichen Empfinden. Sie stößt auch auf verfassungsrechtliche Bedenken (Maunz-Dürig, GG, Art. 6 Rz 16a). Der Europäische Gerichtshof für Menschenrechte und die Europäische Kommission für Grundrechte haben anerkannt, daß nicht nur die eheliche, sondern auch die nichteheliche Familie „Familie" im Sinne der Menschenrechtskonvention ist (Fall Marckx, EuGRZ 1979, 454; Keegan v. Ireland, FamRZ 1995,110) und daß außereheliche Beziehungen zu einer „Familie" führen können, wenn die Partner ständig zusammenleben und einen gemeinsamen Haushalt führen (EuGRZ 1977, 497, 499). Das dürfte heute allgemein anerkannt sein.

Von diesen Besonderheiten bei außerehelichen Beziehungen abgesehen, ist man sich über den Begriff der Familie im wesentlichen einig. Man unterscheidet die Großfamilie, die Gemeinschaft aller Blutsverwandten, die Sippe des germanischen Rechts, von der Kleinfamilie, die gebildet wird von den Eltern und ihren Kindern. Die Regelungen des BGB betreffen fast ausschließlich die Beziehungen, die zwischen den Mitgliedern der Kleinfamilie bestehen. Es unterscheidet dabei zwischen den Beziehungen der Ehegatten zueinander (Eherecht) und den Beziehungen zwischen den Eltern und ihren Kindern (Kindschaftsrecht). Die Zugehörigkeit zur Großfamilie hat im wesentlichen nur noch im Unterhaltsrecht Bedeutung: Verwandte in gerader Linie sind verpflichtet, einander Unterhalt zu gewähren (§ 1601 BGB). Das Kind kann nicht nur von seinen Eltern, sondern auch von seinen Großeltern, die Großeltern können nicht nur von ihren Kindern, sondern auch von ihren Enkelkindern Unterhalt verlangen.

1. Verwandtschaft

Wir haben die Großfamilie als die Gemeinschaft aller Blutsverwandten umschrieben. Blutsverwandt sind Personen, die von einem gemeinsamen Vorfahren abstammen. Verwandtschaft muß aber nicht immer Blutsverwandtschaft bedeuten. Ein Verwandtschaftsverhältnis kann auch auf einem Gerichtsbeschluß beruhen, wenn nämlich ein Kind adoptiert wird. Außerdem gibt es auch eine Verwandtschaft kraft Rechtsscheins, solange nämlich die Ehelichkeit eines scheinehelichen Kindes (d.h. eines Kindes, das nicht vom Ehemann seiner Mutter abstammt) nicht wirksam angefochten worden ist.

Unterschieden wird zwischen Verwandtschaft in *gerader Linie* und Verwandtschaft in der *Seitenlinie*. In gerader Linie sind Personen verwandt, die voneinander abstammen (§ 1589 Satz 1 BGB): Vater und Tochter, Großmutter und Enkel. In der Seitenlinie sind Personen verwandt, die gemeinsam von einer dritten Person abstammen (§ 1589 Satz 2 BGB): Geschwister, Vettern, Onkel und Nichte.

Bei den Seitenverwandten wiederum ist zu unterscheiden zwischen vollbürtigen und halbbürtigen Geschwistern. Vollbürtige Geschwister haben beide Eltern gemeinsam, halbbürtige nur einen Elternteil.

Das „Stiefkind“ ist ebensowenig ein Rechtsterminus wie die „Stiefmutter“. Es kann sich dabei sowohl um halbbürtige Verwandte handeln (der „Stiefbruder“ hat mit seiner „Stiefschwester“ einen Elternteil gemeinsam) als auch um Personen, die überhaupt nicht miteinander verwandt sind (Stiefvater – Stiefkind).

Ehegatten sind als solche nicht miteinander verwandt.

2. Schwägerschaft

Von der Verwandtschaft zu unterscheiden ist die Schwägerschaft. Schwägerschaft besteht zwischen einem Ehegatten und den Verwandten des anderen Ehegatten (§ 1590 Abs. 1 Satz 1 BGB). Auch hier gibt es eine Schwägerschaft in gerader Linie und eine Schwägerschaft in der Seitenlinie. In gerader Linie verschwägert ist der Ehemann mit den Personen, die mit seiner Frau in gerader Linie verwandt sind, also z.B. mit seinen Schwiegereltern oder den Kindern seiner Frau aus einer früheren Ehe. In der Seitenlinie verschwägert ist ein Ehegatte z.B. mit den Geschwistern des anderen Ehegatten, also mit Schwager und Schwägerin.

Die Schwägerschaft dauert fort, auch wenn die Ehe, durch die sie begründet worden ist, aufgelöst ist (§ 1590 Abs. 2 BGB):“Ehe vergeht, Schwägerschaft besteht“. Ein Mann bleibt mit der Schwester seiner Frau verschwägert, auch wenn er sich von seiner Frau hat scheiden lassen.

Praktische Bedeutung kommt der Schwägerschaft heute fast nur noch im Eheschließungsrecht zu, wenn man vom Zeugnisverweigerungsrecht (§§ 383 Abs. 1 Nr. 3 ZPO, 52 Abs. 1 Nr. 3 StPO) absieht. Zwischen Verschwägerten in gerader Linie darf keine Ehe geschlossen werden, wenn nicht das Vormundschaftsgericht von dem Eheverbot Befreiung erteilt hat (§ 4 EheG).

II. Ehe

Die Familie ist eine Urform menschlicher Gemeinschaft. Für die Ehe gilt dies nicht, es sei denn, man versteht die Ehe anders, als der Begriff heute gebraucht wird. Eine Zweiergemeinschaft von Mann und Frau, auf Dauer angelegt und nach außen hin als Einheit erscheinend, weist die typischen Merkmale einer Ehe auf, muß aber keine Ehe im Rechtssinn sein. Eine Ehe im Rechtssinn kommt nur zustande, wenn eine Eheschließung vor einem Standesbeamten erfolgt (§ 11 Abs. 1 EheG). So ist es jedenfalls im deutschen Recht. Die Form der Eingehung grenzt Ehen und Nichtehen voneinander ab. Eine Ehe, die so geschlossen worden ist, bleibt „Ehe“ auch dann, wenn die „Ehegatten“ die eheliche Gemeinschaft gar nicht aufnehmen, keine Kinder haben wollen, von vornherein willens sind, sich bald wieder scheiden zu lassen und auch nach außen hin nicht als Eheleute in Erscheinung treten. Die Form scheint wichtiger als der Inhalt.

Das war nicht immer und ist nicht überall so. Die ursprüngliche Form der Ehe, wie wir sie überall im Altertum antreffen, ist die *de facto-Ehe*. Ein Paar wurde für ein Ehepaar gehalten, wenn die Partner als Mann und Frau zusammenlebten. Eingehungszeremonien waren zwar nicht unbekannt, aber für die Existenz einer Ehe nicht konstitutiv. Nuptiae sunt coniunctio maris et feminae et consortium omnis vitae, divini et humani iuris communicatio (Mod. D. 23, 2, 1). Man hat die römische Ehe als verwirklichte Lebensgemeinschaft von Mann und Frau gekennzeichnet, getragen von der affectio maritalis, der Absicht und dem Bewußtsein der beiden Gatten, daß ihre Gemeinschaft eine Ehe sei.

Weil jedoch die römische Ehe kein Rechtsverhältnis, sondern nur ein soziales Faktum war, gab es weder Rechtsregeln über die Eingehung der Ehe noch über ihre Beendigung. Rechtlich konnte sie jederzeit von jedem Partner aufgelöst werden. Endete die de facto-Gemeinschaft, so endete auch die Ehe. Die sittlichen Bindungen waren indessen so stark, daß nur wenige Ehen tatsächlich aufgelöst wurden.

Der Schritt von der sittlichen Bindung zum Rechtsgeschäft vollzog sich langsam. Dabei spielte die Rechtsbindung insbesondere dort eine Rolle, wo Vermögen den Besitzer wechselte. Für Menschen ohne Besitz war die Rechtsbindung nicht wichtig. Die römischen Patrizier verbanden die Eingehung einer Ehe mit einer religiösen Zeremonie. Kaufähnliche Elemente traten hinzu, nicht nur im römischen Recht, sondern auch in den germanischen Rechten. Die Sippe der Braut schloß mit der Sippe des Mannes einen Vertrag, um der Frau während und nach der Ehe einen bestimmten sozialen Status zu garantieren. Solche Ehen nannte man *Sippenvertragsehen*.

Aber auch hier hing die Existenz der Ehe nicht von den Riten und den Verträgen ab. Auch ohne religiöse Zeremonie (confarreatio) oder symbolischen Kauf (coemptio) konnte eine Ehe geschlossen werden, und zwar durch bloßen Usus, durch das bloße Zusammenleben. Später wurden diese Ehebegründungsweisen dann abgelöst durch die Konsensehe, die sich von nichtehelichem Zusammenleben allein durch die affectio maritalis unterschied.

Die Situation änderte sich erst, als die Kirche die Jurisdiktion über die Ehe beanspruchte und erhielt. Nach jahrhundertelangem Bemühen setzte sie ihre Auffassung durch, daß die Ehe eine göttliche Einrichtung, ein *Sakrament*, und deswegen von Menschen nicht trennbar sei (Konzil von Florenz, 1439). Aber auch damit war die Eingehung der Ehe noch nicht formalisiert; denn nach Lehre der katholischen Kirche spendeten sich das Sakrament der Ehe die Eheleute selbst. Erst auf dem Konzil von Trient verlangte die Kirche für das Zustandekommen der Ehe priesterliche Assistenz (Dekretum Tametsi, 1563).

Ursache für diese Änderung der kirchlichen Haltung war das Überhandnehmen heimlicher Eheschließungen. Elterliche Zustimmungen wurden damit umgangen, der Einfluß der Verwandten zurückgedrängt. Der schwierige Nachweis der tatsächlichen Eheschließung brachte Unsicherheiten mit sich, etwa, wenn es um die Erbfolge ging. Es waren vor allen Dingen solche weltlichen Argumente, die die Kirche zu einer Änderung ihrer Praxis bestimmten.

Um den Eltern wieder eine bessere Kontrolle über die Eheschließung ihrer Kinder zu verschaffen, genügte die Assistenz eines Priesters allein noch nicht. Im Dekretum Tametsi wurde darum zusätzlich ein *Aufgebotsverfahren* eingeführt: Die beabsichtigte Eheschließung mußte öffentlich von der Kanzel angekündigt werden.

Die evangelischen Länder folgten alsbald diesem Beispiel: Nachdem Martin Luther heimliche Ehen verdammt hatte, weil sie es Fremden ermöglichten, in wohlhabende Familien ohne Billigung der Eltern der Braut oder des Bräutigams einzuheiraten, ordneten auch die protestantischen Fürsten die Trauung durch einen Geistlichen an und verlangten zusätzlich die Einwilligung der Eltern in die beabsichtigte Eheschließung.

Durch die Reformation wurde die Ehe zwar im evangelischen Raum nach Luthers Wort ein weltlich Ding. Die Jurisdiktion ging auf den Staat über. Das Eheverständnis blieb aber zunächst dasselbe. Lediglich bei der Scheidbarkeit der Ehe gab es Differenzen. Die katholische Kirche hielt an der Unscheidbarkeit fest. Im protestantischen Raum ließ man die Scheidung in bestimmten Ausnahmefällen, insbesondere bei Ehebruch, zu.

Nach den Lehren beider Kirchen war die Ehe ein Rechtsverhältnis, das zwar – möglicherweise – auf einem Vertrag (Konsensus) beruhte, aber kein Vertragsverhältnis war. Man sagte, als natürliche und göttliche Einrichtung sei die Ehe dem Willen der Vertragschließenden entzogen. Den Eheleuten stehe weder über die Ehezwecke (Kinder) noch über die Ehedauer noch über die ehemännliche Vorrangstellung ein Verfügungsrecht zu.

Der große Bruch mit diesem kirchlich geprägten Eheverständnis kam mit der *Aufklärung*. Die Lehrer des Naturrechts erklärten, die Ehe sei nichts anderes als ein *Vertrag*. Konsequenz: Die Vertragschließenden entscheiden über den Inhalt. Vorgegebene Ehezwecke (Erzeugung von Nachkommenschaft) gibt es nicht (Fichte), desgleichen nicht eine von Natur aus gegebene Pflicht zur ehelichen Treue und zum ständigen Zusammenleben und – wegen der Gleichordnung der Vertragspartner – auch keine Vorrangstellung des Mannes (Thomasius). Auch Kant hielt die Ehe noch solchermaßen für einen Vertrag.

Diese Vorstellungen prägten dann auch die Gesetzgebungswerke der Aufklärung, allerdings mit einer wichtigen Maßgabe: Wenn es keinen vorgegebenen Inhalt der Ehe gab, so war der Staat frei, einen solchen Inhalt zu bestimmen. So wurde insbesondere die Vorrangstellung des Ehemannes wieder eingeführt: Le mari doit protection à sa femme, la femme obéissance à son mari, heißt es im Code Napoléon.

Das konservative *19. Jahrhundert* brachte dann eine weitere Umkehr. Nunmehr hieß es, z.B. bei Hegel:"Unter den Begriff vom Vertrag kann die Ehe nicht subsumiert werden; diese Subsumption ist in ihrer – Schändlichkeit, muß man sagen – bei Kant aufgestellt." Die Vorschriften des bürgerlichen Eherechts wurden als zwingend ausgestaltet, nur im vermögensrechtlichen Bereich ließ man Eheverträge zu. Frei war nur noch die Eingehung der Ehe, über ihren Inhalt konnten die Ehegatten ebensowenig mehr frei bestimmen wie über die Auflösung der Ehe.

Diese Auffassung prägte auch noch das BGB. Erst nach dem Ende des zweiten Weltkrieges setzte wiederum eine Gegenbewegung ein. Man besann sich wieder auf die Lehre der Aufklärung, daß die Ehe ein Vertrag sei. Heute sagt man: Das Gesetz gibt zwar einen bestimmten Rahmen vor und legt insbesondere die Voraussetzungen fest, unter denen eine Ehe geschieden werden kann. Innerhalb dieses Rahmens sind aber die Ehegatten frei, den Inhalt ihrer Ehe selbst zu bestimmen: ob sie Kinder haben wollen, ob sie beide berufstätig sein wollen oder ein Ehegatte den Haushalt führen soll usw.

Damit kommen wir wieder zum Anfang zurück: Darüber, ob eine Ehe vorliegt, entscheidet nicht die Art und Weise, wie Mann und Frau zusammenleben, nicht die affectio maritalis, sondern allein der Umstand, daß die Eheleute bestimmte Formvorschriften eingehalten haben. Eine Gemeinschaft von Mann und Frau, die Jahre gewährt hat, aus der Kinder hervorgegangen sind, die sich nach außen hin in nichts von einer Ehe unterscheidet, ist gleichwohl keine Ehe, wenn die Partner auf den Gang zum Standesamt verzichtet haben. Andrerseits sind zwei Personen, die nur aus ehefremden Motiven eine standesamtliche Ehe eingegangen sind, etwa um Steuern zu sparen oder jemandem zu einer Hinterbliebenenrente zu verhelfen oder um eine Aufenthaltserlaubnis zu bekommen, wirkliche Eheleute.

Die Frage, die sich nun stellt, ist die: Ist dieser Ehebegriff des bürgerlichen Rechts derselbe wie der des Grundgesetzes? Was will das Grundgesetz schützen: die wirkliche Gemeinschaft von Mann und Frau oder die formgültig geschlossene Ehe?

Das Bundesverfassungsgericht hat sich dazu wie folgt geäußert (BVerfG FamRZ 1983, 251, 252):"Nach den durch Art. 6 Abs. 1 GG gewährleisteten Strukturprinzipien, die der Verfügungsgewalt des Gesetzgebers entzogen sind, ist das dieser Norm vorgegebene Institut der Ehe die Vereinigung eines Mannes und einer Frau zu einer umfassenden, grundsätzlich unauflösbaren Lebensgemeinschaft."

Das Bundesverfassungsgericht geht also nicht von einem rein formalen Ehebegriff aus. Den verfassungsrechtlichen Schutz genießt eine Ehe nur dann, wenn die Ehegatten mit der Eheschließung eine *umfassende, grundsätzlich unauflösbare Lebensgemeinschaft* eingehen wollten. Fehlt es offensichtlich an einem solchen Willen, dann ist die Ehe zwar nach bürgerlichem Recht zustande gekommen und auch wirksam; denn der Wille, eine Ehe nur zum Schein einzugehen, ist nach deutschem Recht kein Nichtigkeitsgrund. Die Ehegatten einer solchen Ehe können sich aber nicht auf den Schutz des Grundgesetzes berufen, wenn z.B. die staatlichen Behörden dem ausländischen Partner die Aufenthaltserlaubnis nicht verlängern und seine Ausweisung anordnen (BVerwG FamRZ 1982, 593).

Was nun die *Form der Eheschließung* betrifft, so hat das Bundesverfassungsgericht erklärt, zwar komme der Mitwirkung eines Standesbeamten als Voraussetzung für eine wirksame Eheschließung nach deutschem Recht als Ordnungselement wesentliche Bedeutung zu. Nicht minder wesentlich sei aber auch die Willensübereinstimmung der Verlobten, miteinander die Ehe eingehen zu wollen (BVerfG FamRZ 1983, 251). Im konkreten Fall war es so, daß ein Angehöriger der britischen Streitkräfte eine Deutsche in der Bundesrepublik nur vor einem Geistlichen geheiratet hatte. Aus deutscher Sicht war darum keine Ehe zustande gekommen. Dagegen war nach englischem Recht die Ehe wirksam. Der Streit ging darum, ob nach dem Tod des Mannes die Frau eine Witwenrente beanspruchen konnte. Dazu sagte das Bundesverfassungsgericht (aaO): Partner, die bei Abschluß einer solchen Ehe ihre Verbindung als dauernde Gemeinschaft beabsichtigen und versprechen, haben insoweit die Voraussetzungen für eine Ehe erfüllt. Da ihre lebenslange personale Gemeinschaft zudem durch die für den ausländischen Partner maßgebende Rechtsordnung anerkannt wird, kann dieser Verbindung der Schutz des Art. 6 Abs. 1 GG jedenfalls dann nicht versagt werden, wenn es sich um den Anspruch auf Versorgung nach dem Tod eines Partners handelt.

Auch Ehen, die nach deutschem Recht gar nicht existieren, können also in Ausnahmefällen unter den Schutz des Art. 6 Abs. 1 GG fallen. Es muß von den Eheschließenden aber immer eine Ehe gewollt gewesen sein, und dieser Wille muß auch in irgendeiner Eingehungszeremonie zum Ausdruck gekommen sein.

Damit wird der Schutz des Art. 6 Abs. 1 GG zwar nicht auf Ehen beschränkt, die im Sinne des deutschen bürgerlichen Rechts wirksam zustande gekommen sind. Nichteheliche Gemeinschaften bleiben aber weiterhin vom Schutz des Art. 6 Abs. 1 GG ausgeschlossen, mögen sie in ihrem äußeren Erscheinungsbild auch alle Merkmale einer Ehe aufweisen. Ihre Regelung – oder Nichtregelung – bleibt darum dem Gesetzgeber überlassen. Das Grundgesetz gebietet keine Regelung, verbietet sie allerdings auch nicht. Nur eine Schranke müßte im Fall einer Regelung beachtet werden: Eine Gleichstellung mit der Ehe würde gegen Art. 6 Abs. 1 GG verstoßen (vgl. dazu Hausmann, Nichteheliche Lebensgemeinschaften und Vermögensausgleich, 1989, S. 10 f.).

§ 3 Nichteheliche Gemeinschaften

Schrifttum: Battes, Die rechtliche Behandlung der nichtehelichen Lebensgemeinschaft in der Bundesrepublik Deutschland, in: Entwicklungen im Recht der Familie und der außerehelichen Lebensgemeinschaften, Arbeiten zur Rechtsvergleichung, Band 144 (1990) 21; Coester-Waltjen, Die Lebensgemeinschaft – Strapazierung des Parteiwillens oder staatliche Bevormundung, NJW 1988, 2085; Diederichsen, Rechtsprobleme der nichtehelichen Lebensgemeinschaft, FamRZ 1988, 889; Grziwotz, Rechtsprechung zur nichtehelichen Lebensgemeinschaft, FamRZ 1994, 1217; Hausmann, Nichteheliche Lebensgemeinschaften und Vermögensausgleich, 1989; Lieb, Empfiehlt es sich, die rechtlichen Fragen der nichtehelichen Lebensgemeinschaft gesetzlich zu regeln?, Gutachten zum 57. Deutschen Juristentag (1988), Band I (A); Müller-Freienfels, Rechtsfolgen nichtehelicher Gemeinschaften und Eheschließungsrecht, FS Gernhuber (1993), 737; Nehlsen-von Stryk, Zur unterhaltsrechtlichen Relevanz des „auf Dauer angelegten Verhältnisses", FamRZ 1990, 109; Schumacher, Zum gesetzlichen Regelungsbedarf für nichteheliche Lebensgemeinschaften, FamRZ 1994, 857; Schwenzer, Gesetzliche Regelung der Rechtsprobleme nichtehelicher Lebensgemeinschaften, JZ 1988, 781; de Witt/Huffmann, Nichteheliche Lebensgemeinschaft, 2. Aufl. 1986.

I. Befund

Von einer nichtehelichen Gemeinschaft spricht man, wenn zwei Menschen wie in einer Ehe zusammenleben, aber nicht miteinander verheiratet sind. Das kann eine heterosexuelle Gemeinschaft sein, aber auch eine gleichgeschlechtliche Gemeinschaft. Das Recht nimmt von diesen Gemeinschaften – jedenfalls in der Bundesrepublik Deutschland – im allgemeinen keine Notiz. Sie sind aber in den letzten Jahrzehnten zu einem Teil der sozialen Wirklichkeit geworden.

Im Jahr 1960 wurden in der Bundesrepublik Deutschland 521.445 Eheschließungen registriert, im Jahr 1978 nur noch 328.215. Seither nimmt die Zahl langsam wieder zu, lag aber 1988 mit 397.738 immer noch beträchtlich unter den Zahlen von 1960 (StAZ 1990, 100). Das ist ein dramatischer Rückgang. Die Ehe ist nicht mehr die selbstverständliche Form der festen Verbindung von Mann und Frau. Sie wird immer häufiger von der nichtehelichen Lebensgemeinschaft verdrängt. Lebten im Jahr 1972 273.000 Männer und Frauen in der alten Bundesrepublik in (heterosexueller) nichtehelicher Lebensgemeinschaft, so waren es im Jahr 1990 bereits 1.926.000. Nach der Wiedervereinigung schätzte man die Zahl der nichtehelichen Gemeinschaften im gesamten Bundesgebiet auf 1.393.000, davon 378.000 mit Kindern (Statistisches Jahrbuch 1993 für die Bundesrepublik Deutschland, 71). Heute dürfte die Zahl noch höher liegen. Damit stellt sich die Frage nach einem Regelungsbedarf.

Ob und was der Gesetzgeber hier regeln soll, wird lebhaft diskutiert. Dabei geht es zunächst einmal um die Frage, ob es „die“ nichteheliche Lebensgemeinschaft überhaupt gibt oder ob nicht zwischen verschiedenen Erscheinungsformen differenziert werden muß.

Ein erster Unterschied ergibt sich dabei zwischen *gleichgeschlechtlichen* und *heterosexuellen Gemeinschaften*. Innerhalb der heterosexuellen Gemeinschaften kann wiederum unterschieden werden zwischen solchen, deren Partner einander heiraten könnten, und solchen, bei denen eine Ehe ausgeschlossen ist (z.B. weil ein Partner noch in gültiger Ehe lebt). Eine weitere Grenze könnte gezogen werden zwischen Gemeinschaften, die sich nur als *Vorstufe zu einer Ehe* verstehen (nach einer Umfrage haben 33 % der Paare fest vor zu heiraten, 38 % sind sich dessen (noch) nicht sicher, d.h. sie befinden sich in einer Lebensphase, die ihnen Klarheit bringen soll, ob sie die Verantwortung für einen bestimmten Menschen bzw. eine Familie übernehmen wollen; vgl.: Nichteheliche Lebensgemeinschaften in der Bundesrepublik Deutschland, Band 179 der Schriftenreihe des Bundesministers für Jugend, Familie und Gesundheit, 1985, S. 171), und solchen, die auf Dauer, vielleicht sogar auf Lebenszeit angelegt sind. Nur die letzteren sind rechtlich relevant (z.B., wenn es um die Frage geht, ob bei der Feststellung der Bedürftigkeit eines Arbeitslosen – als Voraussetzung für die Zahlung von Arbeitslosengeld – das Einkommen des Partners berücksichtigt werden darf). Das BVerfG spricht in diesem Zusammenhang von „eheähnlichen" Gemeinschaften (BVerfG FamRZ 1993, 164, 168). Es versteht darunter Lebensgemeinschaften zwischen einem Mann und einer Frau, die *auf Dauer* angelegt sind, daneben keine weitere Lebensgemeinschaft gleicher Art zulassen und sich durch innere Bindungen auszeichnen, die ein gegenseitiges Einstehen der Partner füreinander begründen, also über die Beziehungen in einer reinen Haushalts- und Wirtschaftsgemeinschaft hinausgehen. Eine andere Gruppe bilden ältere Menschen, die zusammenziehen, um nicht allein zu sein, die zwar einen gemeinsamen Haushalt führen, aber z.B. keine Geschlechtsgemeinschaft mehr wollen. Ein besonderes Regelungsbedürfnis könnte schließlich bestehen, wenn Kinder vorhanden sind.

Diese unterschiedlichen Erscheinungsformen machen deutlich, daß es schwer sein dürfte, eine einheitliche Regelung für alle nichtehelichen Gemeinschaften zu schaffen. Tatsächlich zeigt die Rechtsvergleichung, daß dort, wo überhaupt der Gesetzgeber tätig geworden ist, meist nur Teilbereiche gesetzlich geregelt worden sind.

Dabei ist zu unterscheiden zwischen dem persönlichen Geltungsbereich der jeweiligen Gesetze und deren sachlicher Reichweite. Zum persönlichen Geltungsbereich: Fast alle gesetzlichen Regelungen betreffen heterosexuelle Gemeinschaften. Die Gleichsetzung gleichgeschlechtlicher Verbindungen mit Ehen ist noch immer die große Ausnahme. Immerhin gibt es auch dafür Beispiele: Nach dem dänischen Gesetz über registrierte Partnerschaften v. 7.6.1989 können zwei Personen gleichen Geschlechts ihre Partnerschaft registrieren lassen. Die Registrierung hat dann, von einigen wenigen Ausnahmen abgesehen, dieselben Wirkungen wie die Eingehung einer Ehe (vgl. dazu Wacke, FamRZ 1990, 347). Dasselbe gilt auch in Norwegen und in Schweden.

Bei den gesetzlichen Regelungen der heterosexuellen nichtehelichen (eheähnlichen) Gemeinschaften beziehen sich die meisten auf solche Verbindungen, bei denen die beiden Partner auch einander hätten heiraten können, bei denen also kein Ehehindernis besteht. Ausgenommen sind damit insbesondere die Fälle, in denen einer der beiden Partner noch verheiratet ist. Aber auch hier gibt es Ausnahmen, z.B. Erbrechte sowohl für den Ehegatten als auch für den Partner der nichtehelichen Gemeinschaft, etwa in dem De Facto Relationships Act 1984 von New South Wales (Australien).

Was die sachliche Reichweite betrifft, so gehen am weitesten die Rechtsordnungen, die die nichtehelichen Gemeinschaften mit einer Ehe völlig gleichstellen. So bestimmt z.B. Art. 12 des slowenischen Gesetzes über die Ehe und die Familienbeziehungen vom Jahr 1976: Eine längere Zeit dauernde Lebensgemeinschaft eines Mannes und einer Frau, die keine Ehe geschlossen haben, erzeugt für sie die gleichen Rechtsfolgen gemäß diesem Gesetz, wie wenn sie eine Ehe geschlossen hätten, soweit keine Gründe bestanden haben, derentwegen eine Ehe zwischen ihnen ungültig gewesen wäre. Also: Völlige Gleichstellung mit der Ehe für solche Gemeinschaften, die a) längere Zeit bestanden haben und bei denen b) die Partner einander hätten heiraten können.

Die Fälle einer generellen Gleichstellung nichtehelicher Gemeinschaften mit Ehen sind aber im weltweiten Vergleich immer noch eher selten. In den meisten Fällen werden nur bestimmte vermögensrechtliche Folgen geregelt.

So gibt es z.B. in Schweden ein Gesetz über die gemeinsame Wohnung nichtehelich Zusammenlebender, das am 1.1.1988 in Kraft getreten ist. Gegenstand des Gesetzes ist die Aufteilung der Wohnung und des Hausrates bei Auflösung der Partnerschaft.

Nach Art. 2020 des portugiesischen Codigo civil hat ein Partner einer nichtehelichen Gemeinschaft beim Tod des anderen Teils das Recht, aus dem Nachlaß des Verstorbenen Unterhalt zu fordern. Ähnlich ist die Situation in England, wenn der nichteheliche Partner beim Tod des anderen Teils von diesem Unterhalt bezogen hat (Section 1 (e) des Inheritance (Provision for Family and Dependants) Act 1975).

Unterhalt auch bei bloßer Trennung der Partner kann nach dem Recht verschiedener kanadischer Provinzen verlangt werden, z.B. in Ontario, wenn die nichteheliche Gemeinschaft mindestens fünf Jahre bestanden hat oder aus ihr ein Kind hervorgegangen ist; in British Columbia muß die nichteheliche Gemeinschaft nur zwei Jahre gedauert haben, um entsprechende Ansprüche auszulösen.

In New South Wales/Australien enthält der De Facto Relationships Act 1984 eine umfassende Regelung der nichtehelichen Gemeinschaft: Vermögensrechtliche Auseinandersetzung bei Beendigung der Gemeinschaft, Unterhaltsansprüche, Erbrecht, das Recht, gemeinsam ein Kind zu adoptieren u.a.m. Auch in Süd- und Mittelamerika gibt es z.T. sehr ausführliche Regelungen der Rechtsbeziehungen nichtehelicher Partner, z.B. in Bolivien, Ecuador oder Panama. In anderen Staaten finden sich Klauseln, die die nichteheliche Gemeinschaft unter bestimmten Voraussetzungen der Ehe gleichstellen, z.B. in Guatemala oder in Kuba. Wiederum andere stellen die Partner wenigstens teilweise – güterrechtlich und/oder erbrechtlich – Ehegatten gleich: Mexiko, Peru, Venezuela, Paraguay.

II. Regelungsbedarf

Ob ein Bedarf für eine gesetzliche Regelung nichtehelicher Gemeinschaften besteht, ist in der Bundesrepublik nach wie vor umstritten. Einig ist man sich lediglich darin, daß eine völlige Gleichstellung mit der Ehe nicht in Betracht kommt. Sie würde schon an Art. 6 Abs. 1 GG scheitern. Es stünde ihr aber auch Art. 2 Abs. 1 GG entgegen. Würde der Gesetzgeber eine nichteheliche Gemeinschaft schlicht der Ehe gleichstellen, so käme dies einer Zwangskopulation gleich. Menschen dürfen aber nicht zu einer Ehe gezwungen werden, wenn sie keine eheliche Bindung wollen. Darum kann auch der Gesetzgeber ihre tatsächliche Verbindung nicht gegen ihren Willen zu einer Ehe erklären.

Anders steht es bei punktuellen Angleichungen. Art. 6 Abs. 1 GG würde nicht verletzt, wenn der Gesetzgeber den Anwendungsbereich einzelner Normen, die für Ehegatten gelten, auf nichteheliche Gemeinschaften ausdehnen würde. Die Frage ist, ob er dies tun soll. Hier sagen die einen: Einem mündigen Bürger soll keine Bindung aufgezwungen werden, wenn er keine Bindung will. Wer sich rechtlich binden will, dem steht es frei zu heiraten. Dem halten die anderen entgegen: Kann es in einem Rechtsstaat einen Verzicht auf Rechtsschutz in existentiellen Rechtsfragen geben? Ist es nicht Aufgabe des Staates, den Schwachen zu schützen?

Der 57. Deutsche Juristentag 1988 hat dazu folgende Beschlüsse gefaßt (NJW 1988, 2998):

Punktuelle Regelungen kommen in Betracht

- in bezug auf die vermögensrechtlichen Folgen bei Trennung,
- in bezug auf Unterhaltsleistungen in Fällen gemeinschaftsbedingter Bedürftigkeit,
- in bezug auf das Eltern-Kind-Verhältnis,
- in bezug auf sozialrechtliche Tatbestände.

Bei den angesprochenen vermögensrechtlichen Folgen bei Trennung geht es vornehmlich um folgendes: Wenn die Partner einer nichtehelichen Gemeinschaft während der Dauer ihres Zusammenlebens Gegenstände von größerem Wert erworben oder geschaffen oder in ihrem Wert gesteigert haben (z.B. gemeinsam ein Haus gebaut haben), dann sollte bei Auflösung der Gemeinschaft eine Aufteilung erfolgen. Ein Regelungsbedürfnis besteht hier insbesondere in den Fällen, in denen die Eigentumsverhältnisse nicht klar und eindeutig sind.

Zum Punkt Unterhaltsleistungen: Nach Auflösung der Partnerschaft sollte ein bedürftiger Partner Unterhaltsansprüche geltend machen können, wenn die Bedürftigkeit „gemeinschaftsbedingt" ist. Gemeinschaftsbedingt ist die Unterhaltsbedürftigkeit vor allem dann, wenn aus der nichtehelichen Verbindung Kinder hervorgegangen sind, die ein Partner nun betreuen muß und die ihn daran hindern, voll erwerbstätig zu sein.

Zum Eltern-Kind-Verhältnis meinte der Juristentag, zwar solle das Sorgerecht für die gemeinsamen Kinder im Grundsatz weiterhin bei der Mutter verbleiben, jedoch solle dann, wenn es das Kindeswohl gebietet, das Vormundschaftsgericht dem Vater die elterliche Sorge übertragen können.

All das ist vernünftig und sollte realisiert werden.

III. Regelung de lege lata

Einige der Probleme, deren Lösung de lege ferenda diskutiert wird, lassen sich auch schon de lege lata lösen, allerdings nicht mit Hilfe des Familienrechts, sondern mit Hilfe des Schuld- und Sachenrechts.

Haben beispielsweise die Partner einer nichtehelichen Gemeinschaft gemeinsam *Hausratsgegenstände* angeschafft, so spricht vielfach eine Vermutung dafür, daß sie bei dem Kauf auch Miteigentum erwerben wollten. Für das Bestehen von Miteigentum kann auch die Vermutung des § 1006 BGB herangezogen werden. Bestand zwischen den Partnern Miteigentum, dann kann im Fall einer Trennung eine Aufteilung nach den §§ 752, 753 BGB verlangt werden.

Problematisch ist hier der Fall, daß ein Partner einen Gegenstand für den gemeinsamen Haushalt nachweisbar mit eigenen Mitteln angeschafft hat. Während in der Literatur auch hier teilweise Miteigentum angenommen wird, wenn der Gegenstand von beiden Partnern genutzt wird und der Verwirklichung der nichtehelichen Lebensgemeinschaft dient (so z.B. de Witt/Huffmann, Nichteheliche Lebensgemeinschaft, Rz 336 b), lehnt die Rechtsprechung in einem solchen Fall Miteigentum regelmäßig ab (OLG Hamm, FamRZ 1989, 616).

In manchen Fällen können die Regeln des *Gesellschaftsrechts* weiterhelfen. Leitentscheidung dafür ist noch immer ein Urteil des BGH aus dem Jahr 1965 (FamRZ 1965, 368): In der Nachkriegszeit lebte ein verheirateter Mann mit einer anderen Frau zusammen. Beide errichteten auf dem Grundstück des Mannes in fünfjähriger Arbeit gemeinsam ein Haus. Die Frau steuerte Ersparnisse bei und reinigte außerdem 6000 Trümmersteine. Später verkaufte der Mann das Haus und kam kurz danach bei einem Verkehrsunfall ums Leben. Nun verlangte die Frau von den gesetzlichen Erben des Mannes die Hälfte des Verkaufserlöses. Sämtliche Instanzen gaben ihr Recht. Die Gerichte sahen in dem Verhalten der Beteiligten den stillschweigenden Abschluß eines Gesellschaftsvertrages (§ 705 BGB). Gesellschaftszweck: die Errichtung eines Hauses, das die Partner gemeinsam bewohnen wollten. Der Ausgleichsanspruch der Frau wurde auf die §§ 730 ff. BGB gegründet.

Der heikle Punkt in diesen Fällen ist der Nachweis des *Bindungswillens*. Ein Rechtsgeschäft setzt den Willen voraus, sich rechtlich zu binden. Wollten die Partner, als sie gemeinsam das Haus bauten, eine rechtliche Bindung eingehen? Bei einem Hausbau wird man einen solchen Bindungswillen häufig bejahen können. Das muß aber nicht immer so sein. Falsch wäre es jedenfalls, die nichteheliche Gemeinschaft als solche als Gesellschaft des Bürgerlichen Rechts zu qualifizieren. Rechtliche Bindungen und rechtlich verbindliche Geschäfte sind im Bereich der nichtehelichen Gemeinschaft die Ausnahme. Grundsätzlich wird man davon ausgehen können, daß persönliche und wirtschaftliche Leistungen, die im Interesse der Gemeinschaft liegen, ersatzlos von demjenigen erbracht werden, der dazu gerade in der Lage ist (BGH FamRZ 1983, 1213). Das kann sogar dann gelten, wenn ein Partner finanziell zum Bau eines Hauses beiträgt, das im Eigentum des anderen steht. Wenn beispielsweise der verdienende Mann auf diese Weise den Bau oder die Erweiterung eines Hauses ermöglicht, das der Frau gehört, so erspart er damit zugleich die Kosten für eine sonst zu zahlende Miete. Die Sorge der Frau für den Haushalt und die Kinder steht seiner Leistung gleich. Ihm zudem noch Miteigentum am Haus zu verschaffen, besteht kein zwingender Anlaß (OLG Hamm FamRZ 1990, 625). Es kann allerdings Fälle geben, in denen die Gerechtigkeit nach einem Ausgleich verlangt. Angenommen, die Partner haben durch beiderseitige Leistungen ein Haus gebaut oder gekauft, das sie während ihrer Partnerschaft auch gemeinsam bewohnen wollten und das ihnen nach ihrer Vorstellung auch gemeinsam gehören sollte: Hier soll sich nach der Auffassung des BGH der eine Partner bei Auflösung der Partnerschaft nicht darauf berufen können, daß nur er im Grundbuch als Eigentümer eingetragen sei. Auch dann – so der BGH –, wenn weder ausdrücklich noch stillschweigend ein Gesellschaftsvertrag geschlossen worden sein sollte, kann in Ausnahmefällen ein Ausgleichsanspruch „nach gesellschaftsrechtlichen Grundsätzen" geltend gemacht werden (BGH FamRZ 1992, 408; 1993, 939). Klarer sagt es das OLG Köln (FamRZ 1993, 432): Hinsichtlich gemeinsam angeschaffter Vermögenswerte haben sich Partner einer nichtehelichen Lebensgemeinschaft zwar nicht als Gesellschafter, wohl aber wie Gesellschafter in entsprechender Anwendung der §§ 730, 731, 732 BGB auseinanderzusetzen. Die Frage bleibt: auch ohne Vertrag? Zu der Problematik insgesamt vgl. Henrich, BGB-Familienrecht, Fälle und Lösungen, Fall 2.

Unterhaltsansprüche für den Fall der Trennung können von den Partnern vereinbart werden. Dabei handelt es sich nicht um Schenkungsversprechen (wichtig wegen § 518 BGB!), wenn die Zahlungen im Hinblick auf künftige Leistungen des anderen Partners versprochen werden, die von diesem auch ohne rechtsgeschäftliche Verpflichtung zu erwarten sind, z.B. die Führung des Haushalts oder die Betreuung eines gemeinschaftlichen Kindes (BGH FamRZ 1986, 145). Wenn es aber an einem ausdrücklichen Vertrag fehlt, kann er aus dem bloßen Zusammenleben nicht abgeleitet werden. Hier sind der Rechtsprechung Grenzen gesetzt.

Grenzen gibt es schließlich auch bei der Regelung des *Eltern-Kind-Verhältnisses*. Zwar hat das nichteheliche Kind gegen seinen Vater kraft Gesetzes ebenso einen Unterhaltsanspruch wie ein eheliches Kind. Die elterliche Sorge steht aber allein der Mutter zu (§ 1705 BGB). Das kann vertraglich nicht geändert werden. Die hier einschlägigen Vorschriften des Familienrechts sind zwingend. Der nichteheliche Vater kann sich darum während des Bestehens der Gemeinschaft nicht auf ein Recht zur elterlichen Sorge berufen. Nach der Trennung der Eltern kann das Gericht nicht – wie bei einem ehelichen Kind – die Regelung treffen, die dem Wohl des Kindes am besten entspricht (§§ 1671, 1672 BGB). Die elterliche Sorge hat weiterhin allein die Mutter. Ob das mit Art. 6 Abs. 5 GG vereinbar ist, ist zu bezweifeln.

§ 4 Verlöbnis und Eheschließung

Schrifttum: Bosch, Fragen des Eheschließungsrechts, in: Bosch, Neuere Entwicklungen im Familienrecht. Symposium aus Anlaß des 80. Geburtstags von G. Beitzke (1989), 9; Canaris, Das Verlöbnis als „gesetzliches" Rechtsverhältnis, AcP 1965, 1.

I. Verlöbnis

1. Geschichte

Das Verlöbnis hat eine ehrwürdige Geschichte. Schon im späten Römischen Recht, als die Konsensehe frühere Eheschließungsformen verdrängte, unterschied man zwischen den sponsalia de praesenti, dem auf gegenwärtige Eheschließung gerichteten Konsens, und den sponsalia de futuro, der auf künftige Eheschließung gerichteten Verlobung.

Im germanischen Recht gelobte der Vormund der Braut – regelmäßig ihr Vater, die Braut selbst wurde nicht gefragt – dem Bräutigam, ihm seine vormundschaftliche Gewalt über das Mädchen zu übertragen, wogegen der Bräutigam gelobte, die Braut heimzuführen. Diese Abrede nannte man *Verlobung*.

Das kanonische Recht übernahm die Unterscheidung des römischen Rechts zwischen sponsalia de praesenti und sponsalia de futuro mit der Besonderheit, daß bei ehelichem Verkehr zwischen den Brautleuten ein gegenwärtiger Ehekonsens unwiderlegbar vermutet wurde. Aus einem Eheversprechen konnte auf Eheschließung geklagt werden. Der ungehorsame Verurteilte wurde aber nicht zwangsweise kopuliert, sondern nur mit einer kirchlichen Strafe belegt, bei fortgesetzter Weigerung wurde er schadensersatzpflichtig.

Das gemeine Recht sah dann in der Verlobung ein pactum de contrahendo matrimonio. Bei unbegründetem einseitigem Rücktritt hatte der Verletzte eine Klage auf Eheschließung, und wenn der Verurteilte die Eheschließung noch immer verweigerte, einen Anspruch auf Schadensersatz. Die ältere Praxis ließ sogar unter bestimmten Voraussetzungen eine zwangsweise Verheiratung zu.

Wie eine solche Zwangskopulation sich abspielte, wird in dem Trauungsbuch einer badischen Stadt berichtet. Es heißt dort: 1737 den 6. Novembris ist Johannes Meier mit Barbara Pfisterin, welche Meier sub promissione matrimonii geschwängert, kopuliert worden, und weil ersagter Meier die Pfisterin absolut nicht heiraten wollte, ist er von vier Wächtern armata manu (mit bewaffneter Hand) in die Kirche geführt, zum Altar hingeschleppt, seine Hand mit Gewalt in die Hand der Pfisterin eingeschlagen worden, und da er beständig „nein" sagte, „ich will sie nicht", hat Herr Diakonus ex mandato Serenissimi (auf Befehl des Markgrafen) „ja" gesagt (Schott, Trauung und Jawort, 1969, S. 21 f.).

Man muß diese Vorgeschichte kennen, um § 1297 BGB zu verstehen:"Aus einem Verlöbnisse kann nicht auf Eingehung der Ehe geklagt werden. Das Versprechen einer Strafe für den Fall, daß die Eingehung der Ehe unterbleibt, ist nichtig." Das BGB hat also die Einklagbarkeit des Eheversprechens beseitigt. Bestehengeblieben ist lediglich die Schadensersatzpflicht bei unberechtigtem Rücktritt (§ 1298 BGB).

2. Rechtsnatur

Die herrschende Meinung sieht in dem Verlöbnis noch immer einen *Vertrag*, ein pactum de contrahendo matrimonio. Zwei Personen versprechen sich wechselseitig die Ehe. Ob das Verlöbnis aber wirklich ein Vertrag ist, ist keineswegs sicher.

Voraussetzungen eines Vertrages sind zwei korrespondierende Willenserklärungen. Willenserklärungen sind bekanntlich Willensäußerungen, die auf einen rechtlichen Erfolg gerichtet sind, der deswegen eintritt, weil er gewollt ist. Nach dem Gesetz bestehen die Rechtsfolgen des Verlöbnisses lediglich darin, daß bei einem Rücktritt vom Verlöbnis eine Pflicht zum Ersatz des negativen Interesses entstehen kann und daß dann, wenn die Eheschließung unterbleibt, Geschenke unter bestimmten Voraussetzungen zurückverlangt werden können. Diese Rechtsfolgen treten aber unabhängig davon ein, ob sie gewollt waren oder nicht. Gewollt und versprochen wird nur die künftige Eheschließung. Auf sie kann aber nicht geklagt werden.

Betrachtet man die Rechtsfolgen, die der Gesetzgeber an die Auflösung des Verlöbnisses geknüpft hat, so fällt die Ähnlichkeit mit der *culpa in contrahendo* ins Auge. Hier wie dort geht es um die Inanspruchnahme von Vertrauen im Vorfeld eines Vertrages. Im Vertrauen auf die erklärte Bereitschaft zur Eheschließung werden Aufwendungen gemacht, Verbindlichkeiten eingegangen, sonstige Maßnahmen getroffen. Wird diese Erwartung enttäuscht, ist das negative Interesse zu ersetzen. Diese Ähnlichkeit mit der culpa in contrahendo legt es nahe, das Verlöbnis nicht als Vertrag zu qualifizieren, sondern – ebenso wie die culpa in contrahendo – als *„gesetzliches" Rechtsverhältnis* (so insbesondere Canaris, AcP 1965, 1 ff.). Gegenüber den Fällen der culpa in contrahendo besteht allerdings die Besonderheit, daß nicht jedes Verhalten, das in dem Partner die Erwartung weckt, man werde heiraten, die Rechtsfolgen des Verlöbnisbruches auslöst, wenn die Erwartung enttäuscht wird. Ein Verlöbnisbruch setzt ein Verlöbnis voraus. Ein Verlöbnis ist ein gegenseitiges Eheversprechen. Haben die Verlobten ein solches Eheversprechen ausgetauscht, so haben sie zwischen sich eine besondere Beziehung geschaffen, den sog. Brautstand. Dieser Brautstand ist die eigentliche Basis für die vom Gesetz gewährten Schadensersatzansprüche. Der Status als Verlobter, der durch die Verlobung begründet wird, aber diesen einmaligen Einigungsakt überdauert, verpflichtet zu einem bestimmten Verhalten. Wer diesen Statuspflichten zuwiderhandelt, enttäuscht in Anspruch genommenes Vertrauen. Der Brautstand ist damit ein Rechtsverhältnis, das zwar einen gegenseitigen Austausch von Eheversprechen voraussetzt, nicht jedoch einen Vertrag im Sinne des bürgerlichen Rechts;

denn seine Rechtsfolgen treten unabhängig davon ein, ob sie gewollt waren oder nicht.

3. Gültigkeitsvoraussetzungen

Ein Verlöbnis bedarf keiner Form. Auch wer keine „Verlobung" will, weil er dergleichen für antiquiert hält, ist verlobt, sobald er sich mit seinem Partner geeinigt hat, daß man heiraten werde. Eine Verlobungsfeier oder Zeugen können freilich nützlich sein, weil sie im Fall eines Verlöbnisbruchs den Nachweis erleichtern, daß ein Verlöbnis tatsächlich stattgefunden habe.

Wer mit der herrschenden Meinung das Verlöbnis für einen Vertrag hält, muß auch Geschäftsfähigkeit der Verlobten fordern. Wer die Verlobung lediglich für ein „gesetzliches" Rechtsverhältnis hält, kann auf das Erfordernis der Geschäftsfähigkeit verzichten: Die zur Erkenntnis der Bedeutung des Eheversprechens erforderliche geistige und sittliche Reife genügt.

Eine Verlobung, die gegen das Gesetz oder die guten Sitten verstößt, z.B. die Verlobung eines noch Verheirateten oder bereits anderweitig Verlobten ist nach h.M.nichtig (§§ 134, 138 BGB). Hat sich z.B. ein Mann nach Scheidung seiner Ehe, aber vor Rechtskraft des Scheidungsurteils verlobt, so kann er dann, wenn es nicht zu einer Heirat kommt, weder nach § 1298 BGB Schadensersatz, noch nach § 1301 Rückgabe der Geschenke verlangen, die er seiner Verlobten gemacht hat. Er bleibt auf § 530 BGB (Rückforderung wegen groben Undanks) verwiesen (OLG Karlsruhe FamRZ 1989, 866).

4. Der Rücktritt vom Verlöbnis und seine Folgen

a) Der Rücktrittsgrund

Das Verlöbnis kann jederzeit durch den Rücktritt eines Verlobten aufgelöst werden. Zu unterscheiden ist zwischen einem *grundlosen* und einem *begründeten Rücktritt*. Der grundlose Rücktritt verpflichtet zum Schadensersatz, der begründete Rücktritt nicht.

Der Rücktritt ist eine einseitige empfangsbedürftige Willenserklärung, die keiner Form bedarf und nur vom Verlobten selbst abgegeben werden kann. Zum Rücktritt eines beschränkt Geschäftsfähigen ist die Einwilligung des gesetzlichen Vertreters nicht erforderlich. Die Entscheidung, einen Menschen nicht heiraten zu wollen, muß (ebenso wie die Entscheidung, einen Menschen heiraten zu wollen) allein den Verlobten überlassen werden.

Grundlos ist der Rücktritt, wenn er ohne wichtigen Grund erfolgt (§ 1298 Abs. 3 BGB). Wie der grundlos Zurücktretende wird behandelt, wer durch sein Verschulden dem anderen Teil einen wichtigen Rücktrittsgrund gibt (§ 1299 BGB), z.B. durch seine Untreue den anderen zur Lösung des Verlöbnisses veranlaßt. Ebenso muß behandelt werden, wer schuldhaft einen Rücktrittsgrund gibt und dann selbst aus wichtigem Grund zurücktritt, z.B. wegen einer durch Untreue erworbenen Geschlechtskrankheit.

Wichtige Gründe sind z.B.: Untreue, Mißhandlungen, Beleidigungen (auch Beleidigungen Angehöriger), schwere Krankheit, schwere Charakterfehler.

Kein wichtiger Grund ist der selbstverschuldete Irrtum über die Vermögensverhältnisse des anderen Teils. Ebenfalls kein wichtiger Grund im Sinne des Gesetzes ist die Überzeugung, nicht zueinander zu passen, obgleich gerade dies der wichtigste Grund sein müßte! Aber hier fehlt es an der Nachprüfbarkeit.

b) Die Schadensersatzpflicht

Ein grundloser Rücktritt verpflichtet den Zurücktretenden zu Schadensersatz. Der Anspruch geht, wie schon gesagt, nicht auf das positive Interesse, sondern nur auf das *negative Interesse*. Zu ersetzen sind nicht die Vorteile, die die Ehe gebracht hätte, sondern die Nachteile, die der Verlobte nicht erlitten hätte, wenn es nicht zu der Verlobung gekommen wäre.

Ersatzberechtigt ist nicht nur der Verlobte selbst. Auch seine Eltern oder Personen, die anstelle der Eltern gehandelt haben, können Ersatzansprüche geltend machen.

Eltern und Dritte können Ersatz des Schadens verlangen, der daraus erwachsen ist, daß sie während der Verlobungszeit in Erwartung der Ehe Aufwendungen gemacht haben oder Verbindlichkeiten eingegangen sind (§ 1298 Abs. 1 Satz 1 BGB): Kosten der Verlobungsfeier, Kosten der Verlobungsanzeigen.

Der verlassene Verlobte kann darüber hinaus auch das sonstige Vertrauensinteresse ersetzt verlangen (§ 1298 Abs. 1 Satz 2 BGB), etwa den Schaden, den er dadurch erlitten hat, daß er in Erwartung der Ehe eine Stellung oder eine Wohnung aufgegeben hat.

Zu ersetzen sind in diesem Fall nur *angemessene* Aufwendungen oder Schäden, die durch *angemessene* Maßnahmen entstanden sind (§ 1298 Abs. 2 BGB).

Immaterielle Schäden werden grundsätzlich nicht ersetzt. Eine Ausnahme statuiert § 1300 BGB: Eine unbescholtene Braut, die ihrem Verlobten die Beiwohnung gestattet hat, kann wegen ihres immateriellen

Schadens eine billige Entschädigung in Geld verlangen (das sog. *Kranzgeld*).

Die letztgenannte Vorschrift wird heute vielfach für obsolet gehalten. Manche nehmen sogar Verfassungswidrigkeit an (Art. 3 Abs. 2 GG). In der Tat vermögen die objektiv gegebenen biologischen und funktionalen Unterschiede die durch § 1300 BGB erfolgende Ungleichbehandlung von Mann und Frau wohl nicht zu rechtfertigen (vgl. BVerfG FamRZ 1993, 662).

c) Herausgabe von Geschenken

Alle Endigungsgründe des Verlöbnisses außer der Heirat – also grundloser und begründeter Rücktritt, Aufhebung in wechselseitigem Einverständnis, Tod – erzeugen grundsätzlich einen Anspruch jedes Verlobten auf Herausgabe der Geschenke, die er dem anderen gemacht hat. Die Herausgabe richtet sich nach den Vorschriften über die Herausgabe einer *ungerechtfertigten Bereicherung* (§ 1301 Satz 1 BGB).

Die Vorschrift ist nicht zwingend. Für den Fall des Todes eines Verlobten ist sogar im Zweifel der Ausschluß der Rückforderung als gewollt anzusehen (§ 1301 Satz 2 BGB).

Problem: Kann den Rückforderungsanspruch auch geltend machen, wer die Eheschließung wider Treu und Glauben verhindert hat? Konkret: Ist § 815 BGB anwendbar?

Die herrschende Meinung hält § 815 BGB für anwendbar (BGHZ 45, 258). Dies würde indessen voraussetzen, daß die Geschenke erfolgt wären, um einen bestimmten Erfolg herbeizuführen, der dann nicht eingetreten ist. Der Sachverhalt, der nach § 1301 zur Rückforderung der Geschenke berechtigt, ist aber kein Sonderfall der condictio causa data, causa non secuta. Die Geschenke wurden nicht gegeben, um den anderen Verlobten zur Heirat zu bestimmen. Sie erfolgten lediglich in der Erwartung, daß es zu einer Heirat kommen werde. Die Erwartung zukünftiger Eheschließung war gleichsam die Geschäftsgrundlage. Auf solche Fälle ist § 815 BGB nicht anwendbar, auch nicht entsprechend.

Die Frage, ob eine Partei auch dann aus dem *Wegfall der Geschäftsgrundlage* Rechte herleiten kann, wenn sie den Wegfall selbst verschuldet hat, wird von der Rechtsprechung nicht einheitlich beantwortet. Im Fall des § 1301 BGB wird man berücksichtigen müssen, daß bei den Rückforderungsansprüchen – anders als bei den Schadensersatzansprüchen – das Verschulden keine Rolle spielen soll. Eine Schranke für den Rückforderungsanspruch kann sich darum nur aus § 242 BGB ergeben, wenn nämlich die Rückforderung sich als Rechtsmißbrauch darstellt. Das ist nicht schon dann der Fall, wenn ein Verlobter grundlos vom Verlöbnis zurücktritt. Vgl. auch dazu Henrich: BGB-Familienrecht, Fälle und Lösungen, Fall 1.

II. Eheschließung

Die Eheschließung ist seit dem Konzil von Trient (1563) an die Einhaltung bestimmter Formvorschriften geknüpft. Die Formvorschriften sollten heimliche Ehen verhindern und insbesondere der Familie des oder der Verlobten noch Einwirkungsmöglichkeiten eröffnen. Eine Form wurde darum nicht nur für die Eheschließung als solche vorgeschrieben. Es wurde zugleich bestimmt, daß der Eheschließung eine Ankündigung in einer bestimmten Form voranzugehen habe. Diese Ankündigungspflicht gibt es noch heute. Es ist das sog. Aufgebot.

1. Aufgebot

Jeder Eheschließung im Inland soll ein Aufgebot vorhergehen, heißt es in § 12 Abs. 1 Satz 1 EheG. Sinn des Aufgebots ist heute nicht mehr, den Angehörigen der Verlobten Einwirkungsmöglichkeiten zu eröffnen. Zweck des Aufgebots ist vielmehr, Ehehindernisse zu ermitteln. Dieser Zweck soll dadurch erreicht werden, daß das Aufgebot eine Woche lang öffentlich am Standesamt ausgehängt wird (§ 3 PStG). Das ist ein alter Zopf! Solche Anschläge werden nämlich allenfalls von Firmenvertretern gelesen, die dann die Brautleute mit Werbeprospekten behelligen. Ehehindernisse werden damit nicht aufgedeckt.

Das war noch anders, als nach dem früheren kanonischen Recht das Aufgebot in der Kirche von der Kanzel verkündet wurde, an drei Sonntagen hintereinander. Hier war gewährleistet, daß die Gemeindemitglieder von der beabsichtigten Eheschließung erfuhren und Einwände vorbringen konnten. In England ist es heute noch so, wenn die Eheschließung nach dem Ritus der Anglikanischen Kirche erfolgt (Sec. 5 ff. Marriage Act 1949). Bei uns ist es jetzt Sache des *Standesbeamten*, Ehehindernisse festzustellen. Das wird durch ein gut funktionierendes Registerwesen erleichtert. Die Verlobten müssen dem Standesbeamten ihre Ehefähigkeit nachweisen: durch eine Bescheinigung der Meldebehörde, aus der ihr Familienstand ersichtlich ist, oder, falls ein Verlobter schon früher einmal verheiratet war, durch die Vorlage einer mit dem Zeugnis der Rechtskraft versehenen Ausfertigung des Scheidungsurteils u.dergl.mehr. Diese Überprüfung durch den Standesbeamten ist ein sehr viel sichereres Mittel, Ehehindernisse festzustellen, als der Aushang des Aufgebots am Standesamt.

In manchen Staaten dient die Pflicht zur Anmeldung einer beabsichtigten Eheschließung auch noch anderen Zwecken als dem, eventuelle Ehehindernisse zu ermitteln. In Frankreich wird beispielsweise den Verlobten auferlegt, sich vor der Eheschließung medizinisch untersuchen zu lassen. Das ärztliche Attest, das dem Standesbeamten vorzulegen ist, sagt allerdings nichts über das Ergebnis der Untersuchung, sondern bescheinigt nur, daß eine Untersuchung stattgefunden hat. Die Verlobten sollen wissen, wie es mit ihrem Gesundheitszustand steht, ehe sie heiraten. In einer zunehmenden Zahl von Einzelstaaten der USA werden die Verlobten, nachdem sie die Ehelizenz beantragt haben, von der zuständigen Behörde über Geburtenkontrolle und Erbkrankheiten informiert.

Vorschriften solcher Art lassen die Eheschließungsfreiheit unberührt. Sie appellieren lediglich an die Verantwortung der Brautleute, Ehen nicht leichtfertig einzugehen (siehe dazu auch Bosch, FamRZ 1982, 862, 869). Auch andere Informationen, z.B. über die vermögensrechtlichen Folgen einer Eheschließung, könnten für die Verlobten eine Hilfe bedeuten.

2. Die Form der Eheschließung

a) Geschichtliche Entwicklung

Nach alter germanischer Sitte erfolgte die Eheschließung in mehreren Schritten. Der Verlobung folgte die Trauung: Der Vormund „vertraute" das Mädchen dem Bräutigam an. Daran schloß sich die Heimführung in das Haus des Mannes an. Hier fand dann im Beisein von Zeugen die Beschreitung des Ehebettes statt; denn erst durch das Beilager wurde die Braut zur Ehefrau. So heißt es noch im Sachsenspiegel (1230), die Frau „trit in sin recht, swenne si in sin bedde gat".

Die Kirche lehnte die germanische Muntehe ab. Für sie galt: Consensus facit nuptias. Die Braut sprach jetzt für sich selbst. Die Eheleute spendeten sich das Sakrament. Die Rolle der Kirche beschränkte sich zunächst auf eine spätere Einsegnung. Der feierliche Kirchgang fand erst nach der Trauung (die meist durch einen Laien erfolgte) und nach dem Beischlaf statt.

Die Folge dieser Auffassung war, daß auch heimliche, ohne Zeugen eingegangene Ehen als gültig anerkannt werden mußten. Das änderte sich erst mit dem Konzil von Trient (1563), auf dem vorgeschrieben wurde, daß die Ehe in Anwesenheit eines Priesters und im Beisein zweier Zeugen zu schließen sei.

Im Unterschied zu dieser sog. *Tridentinischen Eheschließungsform* schrieb man in den evangelischen Ländern die Trauung durch einen Priester vor. Weil die evangelische Kirche die Sakramentsnatur der Ehe bestritt, überließ sie es nicht den Ehegatten allein, die Ehe zu begründen. Sie sollten vielmehr von einem Dritten zusammengesprochen werden. So heißt es im Preußischen Allgemeinen Landrecht von 1794:"Eine vollgültige Ehe wird durch die priesterliche Trauung vollzogen".

Die *zivilrechtliche Trauung* der neueren Zeit erscheint erstmals in den Niederlanden (16. Jh.), und zwar für Katholiken, weil man diese nicht zwingen wollte, sich durch einen Priester der (reformierten) Staatskirche trauen zu lassen. Allgemein durchgesetzt hat sie sich im 19. Jahrhundert. Dabei unterscheidet man zwei Erscheinungsformen:

(1) die *Zwangs- oder obligatorische Zivilehe* (eine Ehe kann nur vor dem Standesbeamten geschlossen werden). Sie wurde eingeführt in Frankreich 1792, in Preußen 1874, im Deutschen Reich 1875 und gilt ferner in Belgien, in den Niederlanden, in Luxemburg, in Österreich, in der Schweiz und in den meisten der ehemals sozialistischen Staaten;

(2) die *fakultative Zivilehe* (die Eheschließenden haben die Wahl, ob sie vor einem Standesbeamten oder vor einem Geistlichen die Ehe schließen wollen). Sie gilt u.a. in Griechenland, Italien (entfaltet dort allerdings zivilrechtliche Wirkungen erst mit der Transkription in das staatliche Zivilstandsregister), Portugal, Spanien, Skandinavien, England und den USA.

Die verschiedenen Ehegesetze lassen z.T. noch deutlich die Abwehrhaltung gegen heimliche Eheschließungen erkennen, so z.B., wenn es im englischen Marriage Act heißt, die Eheschließung müsse erfolgen zwischen 8 und 18 Uhr und in einem Büro mit offenen Türen.

Gewisse Besonderheiten gelten in den USA. In einigen Einzelstaaten kann auch heute noch eine Ehe ohne alle Formalitäten geschlossen werden. Der bloße Konsens, als Eheleute zusammenleben zu wollen, genügt (sog. Common Law marriages). Im übrigen beschränken sich die Vorschriften darauf, die Eheschließung von einer Lizenz abhängig zu machen, die von einer Behörde ausgestellt wird, und die Registrierung anzuordnen. Wo und wie die Ehe dann – aufgrund der Lizenz – geschlossen wird, interessiert den Staat nicht, abgesehen davon, daß die meisten Einzelstaaten noch die Zuziehung von Zeugen verlangen.

In den Ländern, in denen die Ziviltrauung obligatorisch ist, nimmt sie häufig die Form eines Rituals an. Damit sind nicht alle Eheschließenden einverstanden, insbesondere solche nicht, die aufgrund religiöser Bindung die ehebegründende Wirkung allein der kirchlichen Trauung beimessen. Indessen heißt es in § 8 PStG: Die Eheschließung soll in einer der Bedeutung der Ehe entsprechenden würdigen und feierlichen Weise vorgenommen werden.

b) Das geltende Recht

In welcher Art und Weise die Ehe heute zu schließen ist, steht nicht im BGB, sondern im *Ehegesetz*. Im Jahr 1938 nahm der nationalsozialistische Gesetzgeber den Anschluß Österreichs zum Anlaß, das Eheschließungsrecht und das Ehescheidungsrecht des BGB und des österreichischen ABGB in einem besonderen Gesetz, eben dem Ehegesetz, zu vereinheitlichen (und bei dieser Gelegenheit zugleich seine Vorstellungen über die Rassentrennung, den Kampf gegen das Judentum und den Schutz der Volksgesundheit durchzusetzen). Dieses Gesetz wurde 1946 vom nationalsozialistischen Gedankengut gesäubert und vom Alliierten Kontrollrat neu verkündet. Nachdem das Ehescheidungsrecht inzwischen wieder in das BGB zurückgeführt worden ist (durch das 1. EheRG von 1976), handelt das Ehegesetz heute nur noch von den förmlichen und sachlichen Voraussetzungen der Eheschließung und den Folgen einer fehlerhaften Eheschließung.

Die Formvorschriften lassen sich in drei Kategorien einteilen: solche, bei deren Verletzung keine Ehe zustande kommt, solche, bei deren Verletzung die Ehe nichtig ist, und Soll-Vorschriften, deren Nichtbeachtung auf die Gültigkeit der Ehe keinen Einfluß hat.

(1) Die Formvorschrift, bei deren Nichtbeachtung eine Ehe nicht zustande kommt, enthält § 11 EheG. Danach kommt eine Ehe nur zustande, wenn die Eheschließung vor dem Standesbeamten stattgefunden hat.

Die Eheschließung vor einem Geistlichen begründet keine Ehe. Eine Ausnahme für Ausländer enthält Art. 13 Abs. 3 Satz 2 EGBGB. Sie können die Ehe auch vor einer von der Regierung des Staates, dem einer der Verlobten angehört, ordnungsgemäß ermächtigten Person in der nach dem Recht dieses Staates vorgeschriebenen Form schließen.

(2) Formvorschriften, bei deren Nichtbeachtung eine Ehe *nichtig* ist.

Der Begriff der Nichtigkeit ist bei einer Ehe ein anderer als bei sonstigen Rechtsgeschäften. Bei gewöhnlichen Rechtsgeschäften bedeutet Nichtigkeit, daß sich jedermann auf die Nichtigkeit berufen kann und daß das Rechtgeschäft keinerlei Rechtswirkungen entfaltet. Dagegen kann sich auf die Nichtigkeit einer Ehe nicht jedermann von Anfang an berufen. Eine Berufung auf die Nichtigkeit einer Ehe ist vielmehr erst dann zulässig, wenn die Ehe durch ein gerichtliches Urteil für nichtig erklärt worden ist, § 23 EheG. Bis zur Nichtigerklärung besteht die Ehe. Man spricht darum statt von nichtigen Ehen besser von *vernichtbaren Ehen*. Außerdem ist eine nichtige Ehe nicht ohne Rechtsfolgen. Insbesondere sind Kinder, die in einer nichtigen Ehe geboren werden, ehelich und bleiben es auch dann, wenn die Ehe für nichtig erklärt wird (§ 1591 Abs. 1 Satz 1 BGB).

Nichtig ist eine Ehe, wenn die Eheschließung nicht in der durch § 13 EheG vorgeschriebenen Form stattgefunden hat (§ 17 Abs. 1 EheG).

Nach § 13 Abs. 1 EheG müssen die Verlobten persönlich und bei gleichzeitiger Anwesenheit vor dem Standesbeamten erklären, die Ehe miteinander eingehen zu wollen. Diese Erklärungen müssen gem. § 13 Abs. 2 EheG unbedingt und unbefristet sein.

Also: Eine Eheschließung durch Stellvertreter oder Boten, wie viele Länder sie kennen (sog. „Handschuhehe") ist nichtig. Jedenfalls bei einer Eheschließung im Inland können die Verlobten nicht ihre Anwälte beauftragen, an ihrer Statt vor dem Standesbeamten den Eheschließungswillen zu erklären.

(3) Formvorschriften, deren Nichtbeachtung die Gültigkeit der Ehe nicht berührt (*Soll-Vorschriften*):

(a) Aufgebot (§ 12 EheG).

(b) Eheschließung vor dem zuständigen Standesbeamten. Zuständig ist der Standesbeamte, in dessen Bezirk einer der Verlobten seinen Wohnsitz oder seinen gewöhnlichen Aufenthalt hat (§ 15 EheG).

(c) Eheschließung vor zwei Zeugen (§ 14 EheG).

(d) Der Standesbeamte soll an die Verlobten einzeln und nacheinander die Frage richten, ob sie die Ehe miteinander eingehen wollen. Nach der Bejahung soll er aussprechen, daß die Verlobten nunmehr kraft Gesetzes rechtmäßig verbundene Eheleute seien (§ 14 EheG i.V.m. § 184 Abs. 2 Satz 2 der Dienstanweisung für Standesbeamte).

(e) Die Eheschließung soll in das Heiratsbuch eingetragen werden (§ 14 Abs. 2 EheG i.V.m. § 9 PStG). Anschließend legt der Standesbeamte ein sog. Familienbuch an (§ 12 PStG).

§ 5 Die sachlichen Voraussetzungen der Eheschließung. Ehenichtigkeit und Eheaufhebung

Schrifttum: Bosch, Fragen des Eheschließungsrechts, in: Bosch, Neuere Entwicklungen im Familienrecht. Symposium aus Anlaß des 80. Geburtstags von G. Beitzke (1989), 9; Bosch, Toterklärung – Todeszeitfeststellung und irrtümliche Totmeldung, in: FS Mikat (1989), 793; Böhmer, Die Prüfung der allgemeinen Ehefähigkeit beim Aufgebot unter besonderer Berücksichtigung des Betreuungsgesetzes, StAZ 1990, 213; Schwab, Die Ehefähigkeit und das neue Betreuungsrecht, in: FS Rebmann (1989), 685; Spellenberg, Scheinehen, StAZ 1987, 33; Sturm, Scheinehen – ein Mittel zur Gesetzesumgehung?, in: FS Ferid II (1988), 519.

I. Geschichtliche Entwicklung

Sobald die Ehe aus dem Bereich der Sitte in den Bereich des Rechts gerückt war, fing man an, sich auch mit den sachlichen Voraussetzungen der Eheschließung zu beschäftigen. Insbesondere das Dogma von der Unauflöslichkeit der Ehe veranlaßte die Kirche, die Eingehung der Ehe von bestimmten Bedingungen abhängig zu machen, bei deren Fehlen dann zwar keine Scheidung, wohl aber eine Nichtigerklärung möglich sein sollte. So wurde z.B. das Eheverbot der Verwandtschaft seit dem 6. Jh. immer weiter ausgedehnt. Im Jahr 1152 erklärte das Konzil von Beaugency die Ehe des französischen Königs Ludwig VII. und der Eleonore von Aquitanien, der Königin der Troubadoure, für nichtig, weil die Ehegatten über einen Zweig im fünften Grad, über einen anderen Zweig im sechsten Grad (kanonischer Zählung) miteinander verwandt waren. Nach kanonischem Recht galt seinerzeit das Eheverbot bis zum siebten Grad kanonischer Berechnung. Auch an den Konsens wurden strenge Anforderungen gestellt. Noch heute wird – bei Sanktion der Nichtigkeit – verlangt, daß die Eheschließenden zumindest nicht in Unkenntnis darüber sind, daß die Ehe eine zwischen einem Mann und einer Frau auf Dauer angelegte Gemeinschaft ist, darauf hingeordnet, Nachkommenschaft zu zeugen. Ungültig ist die Eheschließung nach kanonischem Recht auch dann, wenn ein oder beide Partner durch positiven Willensakt die Ehe selbst oder ein Wesenselement der Ehe oder eine Wesenseigenschaft der Ehe ausschließen, sich z.B. die Ehescheidung vorbehalten. Ein kirchliches Gericht hat vor einiger Zeit eine Ehe für nichtig erklärt, weil der Mann angab, er habe schon bei der Eheschließung gewußt, daß er aufgrund seiner polygamen Veranlagung seiner Frau nicht werde treu sein können.

Im weltlichen Bereich wird die Entwicklung der sachlichen Eheschließungsvoraussetzungen gekennzeichnet durch die allmähliche Herausbildung eines *Grundrechts auf Eheschließung*. Das ist eine vergleichsweise junge Entwicklung. In den meisten Verfassungen steht darüber nichts. Es taucht auf in der Menschenrechtskonvention der Vereinten Nationen von 1948:“Men and women of full age, without any limitation due to race, nationality, or religion, have the right to marry and to found a family“ (Art. 16-1). Und ähnlich heißt es in der Europäischen Menschenrechtskonvention von 1950 in Art. 12:“Mit Erreichung des heiratsfähigen Alters haben Männer und Frauen gemäß den einschlägigen nationalen Gesetzen das Recht, eine Ehe einzugehen und eine Familie zu gründen“.

Später haben dann auch die Verfassungsgerichte in verschiedenen Staaten ein solches Grundrecht entwickelt: In Deutschland hat das Bundesverfassungsgericht ein Recht auf Eheschließung aus dem allgemeinen Eheschutz abgeleitet, also aus Art. 6 Abs. 1 GG, in Frankreich hat der Kassationsgerichtshof das Recht auf Eheschließung zum Bestandteil des ordre public erklärt, in den Vereinigten Staaten hat der Supreme Court das Recht auf Eheschließung mit der Equal-Protection-Clause der Verfassung begründet. In der deutschen Entscheidung ging es um die Nichtbeachtung eines ausländischen Eheverbots (BVerfG FamRZ 1971, 414), in Frankreich um eine Heiratsklausel in einem Arbeitsvertrag, die dem Arbeitgeber bei Verheiratung einer weiblichen Angestellten ein Kündigungsrecht einräumte (Cass., 7.2.1968, D. 1968, 429), in den Vereinigten Staaten um das Eheverbot der Rassenverschiedenheit (Loving v. Virginia, 388 US 1 (1967)).

Diese Entwicklung hat zu einem zunehmenden *Abbau von Ehehindernissen* geführt. Denn nicht nur das kanonische Recht, sondern auch die staatliche Gesetzgebung hatte ursprünglich zahlreiche Barrieren vor der Eheschließung aufgerichtet. Es gab Einschränkungen der Eheschließungsfreiheit aus medizinischen Gründen, aus dienstrechtlichen Gründen, aus sozialen Gründen.

In vielen Ländern gab und gibt es noch immer Eheverbote für Geisteskranke und Geistesschwache (vgl. für die Schweiz: Art. 97 ZGB, für Dänemark: § 5 des EheG I – nur mit Erlaubnis des Justizministers; für Norwegen: § 5 des Gesetzes über die Eingehung und Auflösung der Ehe – nur mit Genehmigung des Königs), Einschränkungen bei Geschlechtskrankheit (Norwegen: § 6 des zitierten Gesetzes – Eheschließung nur dann, wenn der andere Partner Kenntnis von der Krankheit erhalten hat und beide Partner von einem Arzt über die Gefahren der Krankheit unterrichtet worden sind), Ehehindernisse bei gewohnheitsmäßiger Trunksucht, Drogenabhängigkeit, chronischen und unheilbaren Krankheiten, die außerdem ansteckend oder vererblich sind (Mexiko, ZGB des Bundesdistrikts, Art. 156 VIII).

Dienstrechtliche Einschränkungen der Eheschließungsfreiheit bestehen beispielsweise dann, wenn bestimmte Angehörige der Streitkräfte eine Genehmigung brauchen, wenn sie eine Ausländerin heiraten wollen, wie es z.B. in Frankreich noch immer der Fall ist (s.o. § 1 I).

Soziale Gründe für eine Verweigerung der Eheschließung waren noch im vorigen Jahrhundert gang und gäbe. Bis vor kurzem konnten auch noch in Dänemark und in manchen amerikanischen Einzelstaaten Empfänger staatlicher Fürsorge gegen den Einspruch der Gemeindeverwaltung nicht heiraten (Dölle, Familienrecht I, S. 100).

In vielen Rechtsordnungen, in denen solche oder ähnliche Ehehindernisse bestanden, wurden sie in den letzten Jahren beseitigt, so auch in der Bundesrepublik Deutschland. Dabei ist man gelegentlich über das Ziel hinausgeschossen. Zwar sollte es kranken Menschen nicht verboten werden zu heiraten, wenn sie dies ernstlich wollen. Aber ein Zeugnis von ihnen zu verlangen, daß sie sich von einem Arzt haben untersuchen lassen, wie es die französischen Behörden tun, würde gewiß nicht schaden. Darüber hinaus die Ergebnisse der ärztlichen Untersuchung auch jeweils dem anderen Verlobten zugänglich zu machen, wäre zwar ohne Einverständnis der Beteiligten nicht möglich. Aber eine wechselseitige Aufklärung vor der Ehe wäre besser als eine Aufhebungsklage nach der Eheschließung wegen Irrtums über eine wesentliche Eigenschaft. Dann kann nämlich die Ansteckung (z.B. mit Aids) bereits erfolgt sein. Immerhin macht sich nach § 6 des Gesetzes zur Bekämpfung der Geschlechtskrankheiten strafbar, wer eine Ehe schließt, ohne dem anderen Gatten von einer vorhandenen Geschlechtskrankheit Mitteilung zu machen (ausführlich dazu Bosch, Fragen des Eheschließungsrechts, in: Neuere Entwicklungen im Familienrecht, S. 18).

II. Die sachlichen Eheschließungsvoraussetzungen des geltenden Rechts

Auch bei den sachlichen Eheschließungsvoraussetzungen kann man – ähnlich wie bei den Formvorschriften – unterscheiden zwischen solchen, bei deren Fehlen keine Ehe vorliegt, solchen, bei deren Fehlen eine Ehe nichtig ist, solchen, welche die Ehe aufhebbar machen, und schließlich bloßen Soll-Vorschriften.

1. Voraussetzungen, bei deren Fehlen keine Ehe vorliegt

a) Ehen gibt es nur zwischen *Mann und Frau*. Zwei Männer können einander ebensowenig heiraten wie zwei Frauen (BVerfG FamRZ 1993, 1419).

b) Jeder Ehegatte muß vor dem Standesbeamten erklären, den anderen heiraten zu wollen. Bei einem *Dissens* kommt keine Ehe zustande.

2. Voraussetzungen, bei deren Fehlen eine Ehe nichtig ist

Beachte: Nichtig im Sinne des Ehegesetzes bedeutet nicht absolut nichtig (= ohne jede Rechtswirkung), sondern vernichtbar (s.o. § 4 II 2 b (2)).

a) Die einzelnen Voraussetzungen

(1) Geschäfts- und Urteilsfähigkeit der Verlobten:

Eine Ehe ist nichtig, wenn einer der Ehegatten zur Zeit der Eheschließung geschäftsunfähig war oder sich im Zustand der Bewußtlosigkeit oder vorübergehender Störung der Geistestätigkeit befand (§§ 2, 18 EheG). Das Mindestmaß geistiger Reife oder Klarheit, das für jedes Rechtsgeschäft verlangt wird, sollte auch Vorbedingung des Eheschlusses sein.

Nach § 104 Nr. 2 BGB ist geschäftsunfähig, wer sich in einem die freie Willensbestimmung ausschließenden Zustand krankhafter Störung der Geistestätigkeit befindet, sofern nicht der Zustand seiner Natur nach ein vorübergehender ist. Entscheidend ist der Ausschluß der freien Willensbestimmung. Nicht jede geistige Erkrankung führt darum zur Eheunfähigkeit. Auch die Bestellung eines Betreuers ist auf die Ehefähigkeit des Betreuten ohne Einfluß. Zu fragen ist jeweils: Erstreckt sich die Störung der Geistestätigkeit auch auf den Bereich der Ehe? Das braucht z.B. bei einem Querulantenwahn nicht der Fall zu sein.

Die Rechtsprechung geht bei der Annahme der Ehefähigkeit geistig Behinderter sehr weit. So hat beispielsweise das AG Rottweil die Eheschließung zweier Verlobter ermöglicht, bei denen der Sachverständige deutlichen Schwachsinn festgestellt und gemeint hatte, in ihrem Ausmaß entspreche die krankhafte Störung der Geistestätigkeit einer Geisteskrankheit. Das Gericht akzeptierte auch die Aussage, daß das Intelligenzalter der Verlobten dem eines Kindes unter zehn Jahren entspreche, gleichwohl meinte es, der Wunsch der Eheleute zu heiraten, sei echt und ehrlich gemeint. Das müsse genügen (FamRZ 1990, 626).

(2) Kein Ehegatte darf zur Zeit der Eheschließung mit einem Dritten verheiratet sein (§§ 5, 20 EheG):

Niemand darf eine Ehe eingehen, bevor seine frühere Ehe für nichtig erklärt oder (durch Tod, Aufhebung oder Scheidung) aufgelöst worden ist. Heiratet er trotzdem, so ist seine zweite Ehe bigamisch und damit vernichtbar.

Die zweite Ehe ist bigamisch auch dann, wenn der Eheschließende seinen ersten Ehegatten irrtümlich für tot gehalten hat.

Aber: Wird ein verschollener Ehegatte – irrtümlich – für tot erklärt, so wird damit (gem. § 9 Abs. 1 VerschG) sein Tod und infolgedessen auch die Auflösung seiner Ehe vermutet (die Ehe jedoch noch nicht aufgelöst). Der zurückgebliebene Ehegatte kann sich aufgrund dieser Vermutung wieder verheiraten. In diesem Fall wird dann mit der zweiten Eheschließung die erste Ehe aufgelöst, es sei denn, daß beide Partner der zweiten Ehe bei der Eheschließung wußten, daß der für tot Erklärte den Zeitpunkt der Todeserklärung überlebt hat (§ 38 EheG).

(3) Kein Ehegatte darf mit dem anderen in einem verbotenen Grad verwandt oder verschwägert sein (§§ 4, 21 EheG):

Eine Ehe ist verboten zwischen Verwandten in gerader Linie, zwischen vollbürtigen und halbbürtigen Geschwistern sowie zwischen Verschwägerten in gerader Linie (§ 4 Abs. 1 Satz 1 EheG). Verwandtschaft bedeutet hier Blutsverwandtschaft. Das Eheverbot besteht auch dann fort, wenn infolge einer Adoption (§ 1755 BGB) das Verwandtschaftsverhältnis des adoptierten Kindes zu seinen bisherigen Blutsverwandten erloschen ist (§ 4 Abs. 1 Satz 2 EheG).

b) Dispensable und indispensable Eheverbote

Von den Eheverboten, die im Fall ihrer Nichtbeachtung die Nichtigkeit der Ehe zur Folge haben, sind einige dispensabel, andere indispensabel.

(1) Keine Befreiung ist möglich vom Eheverbot der Blutsverwandtschaft, keine Befreiung auch vom Eheverbot der Doppelehe.

(2) Dagegen kann Befreiung erteilt werden vom Eheverbot der Schwägerschaft. Die Befreiung erteilt das Vormundschaftsgericht. Sie ist regelmäßig zu erteilen. Versagt werden darf sie nur dann, wenn wichtige Gründe der Eingehung der Ehe entgegenstehen (§ 4 Abs. 3 EheG).

Bei der Frage, was wichtige Gründe sind, ist vom Sinn des Eheverbots auszugehen. Das Eheverbot basiert auf sittlichen Erwägungen. Das bedeutet, daß die Befreiung nur versagt werden darf, wenn die Eheschließung vom sittlichen Standpunkt aus besonders anstößig erscheint. Das bloße Bestehen der Schwägerschaft rechtfertigt dieses sittliche Verdikt noch nicht (OLG Frankfurt FamRZ 1984, 582).

c) Einige nichtige Ehen können geheilt werden, andere nicht.

(1) Geheilt werden kann eine Ehe, die mangels Geschäfts- oder Urteilsfähigkeit eines Verlobten nichtig ist. Eine solche Ehe ist nämlich als von Anfang an gültig anzusehen, wenn der Ehegatte nach dem Wegfall der Geschäftsunfähigkeit, der Bewußtlosigkeit oder der Störung der Geistestätigkeit zu erkennen gibt, daß er die Ehe fortsetzen will (§ 18 Abs. 2 EheG).

(2) Geheilt werden kann eine Ehe zwischen Verschwägerten. Sie ist als von Anfang an gültig anzusehen, wenn die Befreiung von dem Verbot nachträglich bewilligt wird (§ 21 Abs. 2 EheG).

(3) Nicht heilbar ist eine Ehe zwischen Blutsverwandten und nicht heilbar ist grundsätzlich auch eine bigamische Ehe. Die bigamische Ehe bleibt also auch dann nichtig, wenn die erste Ehe später durch Tod oder Scheidung aufgelöst wird. Es gibt hier keine formlose „Bestätigung" durch Fortsetzung! Nur eine Ausnahme läßt das Gesetz von dieser Regel zu: Ist vor der Eheschließung die Scheidung oder Aufhebung der früheren Ehe ausgesprochen worden, so ist, wenn das Urteil über die Scheidung oder Aufhebung der früheren Ehe nach Schließung der neuen Ehe rechtskräftig wird, die neue Ehe als von Anfang an gültig anzusehen (§ 20 Abs. 2 EheG).

In – seltenen – Ausnahmefällen kann die Ehenichtigkeitsklage auch wegen unzulässiger Rechtsausübung abgewiesen werden (vgl. BGHZ 30, 140; 37, 51; BGH FamRZ 1975, 332).

3. Voraussetzungen, bei deren Fehlen eine Ehe aufhebbar ist

a) Die *Aufhebung* der Ehe ist mit dem Ehegesetz 1938 an die Stelle der bis dahin möglichen *Anfechtung* getreten. Dem Gesetzgeber schien die rückwirkende Vernichtung der Ehe aus Gründen, die – anders als die Nichtigkeitsgründe – nicht im öffentlichen Interesse wurzelten, nicht angemessen. Eine Aufhebung kommt in Betracht, wenn die Einwilligung des gesetzlichen Vertreters in die Eheschließung fehlt oder die Eheschließung auf einem Irrtum, einer arglistigen Täuschung oder einer Drohung beruht sowie wenn ein fälschlich für tot erklärter Ehegatte wieder auftaucht, dessen Gatte eine neue Ehe geschlossen hat (§§ 30-34, 39 EheG).

Beachte: Aufhebung bedeutet nicht Vernichtung ex tunc, sondern Auflösung ex nunc.

In den Wirkungen gleicht also die Aufhebung einer Scheidung.

Der Unterschied: Die Scheidung erfolgt aus Gründen, die während der Ehe entstanden sind, die Aufhebung aus Gründen, die im Zeitpunkt der Eheschließung bereits bestanden haben.

b) Aufhebung wegen fehlender Einwilligung des gesetzlichen Vertreters

Zu einer Eheschließung bedarf ein Minderjähriger der Einwilligung seines gesetzlichen Vertreters (§ 3 Abs. 1 EheG), d.h. regelmäßig seiner Eltern. Wird die Ehe ohne diese Einwilligung geschlossen, so ist sie nicht schwebend unwirksam (§ 108 BGB ist nicht anwendbar), sondern schwebend wirksam.

Die Aufhebung kann verlangen: solange die Geschäftsbeschränktheit andauert, nur der gesetzliche Vertreter (§ 30 Abs. 1 Satz 2 EheG); wenn der beschränkt geschäftsfähige Ehegatte voll geschäftsfähig geworden ist, nur er selbst (§ 30 Abs. 1 Satz 1 EheG).

Die Aufhebung kann nicht mehr verlangt werden, wenn der gesetzliche Vertreter die Ehe genehmigt oder der Ehegatte, nachdem er unbeschränkt geschäftsfähig geworden ist, zu erkennen gegeben hat, daß er die Ehe fortsetzen will (§ 30 Abs. 2 EheG).

Verweigert der gesetzliche Vertreter die Einwilligung in die Eheschließung oder die Genehmigung der Ehe ohne triftige Gründe, so kann der Vormundschaftsrichter sie auf Antrag des Verlobten, der der Einwilligung bedarf, bzw., bei Verweigerung der Genehmigung der Ehe, auf Antrag eines Ehegatten ersetzen (§§ 3 Abs. 3, 30 Abs. 3 EheG).

c) Aufhebung wegen Irrtums

Ein Irrtum bei der Eheschließung ist nur in den von den §§ 31 und 32 EheG bestimmten Fällen relevant. § 31 EheG erklärt eine Ehe für aufhebbar, wenn ein Ehegatte bei der Eheschließung nicht gewußt hat, daß es sich um eine Eheschließung handelt (Beispiel: Ein Deutscher hält eine kirchliche Trauung im Ausland nicht für eine zivilrechtlich wirksame Eheschließung), oder – falls er es gewußt hat – wenn er die von ihm tatsächlich abgegebene Erklärung nicht abgeben wollte (Unterschrift unter eine in fremder Sprache formulierte Erklärung in Unkenntnis ihrer wahren Bedeutung), ferner, wenn der Ehegatte sich in der Person des anderen Ehegatten geirrt hat (der Fall ist wohl nur – theoretisch – bei Blinden oder bei Zwillingen vorstellbar).

Praktisch bedeutsam ist allein § 32 EheG: der Irrtum über *persönliche Eigenschaften* des anderen Ehegatten.

Persönliche Eigenschaften sind Merkmale, die eine bestimmte Person kennzeichnen, sie von anderen Personen unterscheiden. Das können körperliche Eigenschaften, aber auch Charaktereigenschaften sein.

Körperliche Eigenschaften sind z.B. das Alter, Krankheiten (körperliche Krankheiten, geistige Erkrankungen, Suchtkrankheiten) oder Eigenschaften, die das Geschlechtsleben betreffen (Beiwohnungsunfähigkeit, Unfruchtbarkeit, Zeugungsunfähigkeit, geschlechtliche Anomalien). Streitig ist, ob auch die Schwangerschaft zu den persönlichen Eigenschaften gerechnet werden kann. Zweifel ergeben sich hier daraus, daß die Schwangerschaft nur ein vorübergehender Zustand ist, während die anderen genannten Merkmale nur als relevant angesehen werden, wenn sie – als Krankheiten – unheilbar oder – als sonstige Merkmale – unbehebbar sind. Im Ergebnis spielt der Streit aber keine Rolle; denn nach allgemeiner Auffassung werden *„persönliche Verhältnisse“*, welche die Persönlichkeit nachhaltig prägen, den persönlichen Eigenschaften gleichgestellt. Zu diesen persönlichen Verhältnissen wird auch die Schwangerschaft gerechnet. Das gilt sowohl in dem Fall, daß der Mann bei der Eheschließung irrtümlich annahm, die Frau sei schwanger (OLG Celle FamRZ 1958, 133), als auch – erst recht –, wenn die Frau bei der Eheschließung von einem anderen Mann schwanger war und der Ehemann davon nichts wußte oder irrtümlich glaubte, er sei der Schwängerer (BGH FamRZ 1979, 470; AG Schorndorf FamRZ 1990, 404).

Wurde ein Kind bereits vor der Eheschließung geboren, so kann der Mann ebenfalls Aufhebung der Ehe verlangen, wenn er bei der Eheschließung noch fälschlich davon ausging, Vater dieses Kindes zu sein. Stellt man auf die besondere Beziehung ab, die durch gemeinsame Elternschaft begründet wird, so kann es keinen Unterschied machen, ob die Frau im Zeitpunkt der Eheschließung noch schwanger war oder ob sie ihr Kind bereits geboren hatte (BGH FamRZ 1986, 553).

Bei den *Charaktereigenschaften* taucht immer wieder der Hang zur Lügenhaftigkeit auf. Hier ist allerdings Zurückhaltung angezeigt. Häufig soll damit nur ein unbeachtlicher Irrtum (etwa ein Irrtum über die Vermögensverhältnisse oder den Beruf) zu einem relevanten Irrtum gemacht werden (vgl. etwa AG Krefeld FamRZ 1987, 815). Das aber läuft den Intentionen des Gesetzes zuwider, welches sogar bei einer arglistigen Täuschung über die Vermögensverhältnisse die Aufhebung ausdrücklich ausgeschlossen hat (§ 33 Abs. 3 EheG); vgl. OLG Köln FamRZ 1988, 60.

Zur Aufhebung der Ehe berechtigt nur ein Irrtum, der für die Eheschließung *kausal* war. An dieser Kausalität fehlt es, wenn das Vorhandensein oder das Fehlen einer bestimmten Eigenschaft dem Irrenden gleichgültig oder unwichtig war. Der Irrtum muß sich auf solche Eigenschaften bezogen haben, die den Irrenden bei Kenntnis der Sachlage und bei verständiger Würdigung des Wesens der Ehe von der Heirat abgehalten hätten. Anzulegen ist damit sowohl ein objektiver (verständige Würdigung) als auch ein subjektiver Maßstab (Kenntnis der Sachlage). Objektiv ist erforderlich, daß die Eigenschaft bei verständiger Betrachtung geeignet ist, das Zustandekommen einer wahren Gemeinschaft zu verhindern. Wer sich zuviel von seinem Partner erwartet hat (besondere Charakterfestigkeit, absolute Ehrlichkeit, vollkommene Gesundheit) kann nicht auf Aufhebung klagen, wenn sich herausstellt, daß auch sein Partner nur ein Durchschnittsmensch mit Fehlern und Schwächen ist. Die subjektive Relevanz wird durch die Frage markiert: Wie hätte der konkrete Kläger ohne den Irrtum gehandelt? Wer eine laxe Ehemoral hat, z.B. selbst nach der Eheschließung Beziehungen zu anderen Partnern angeknüpft hat, wird kaum beweisen können, daß er nicht geheiratet hätte, wenn ihm der Bruch der Verlöbnistreue des anderen Teils (Charaktereigenschaft?) bekannt gewesen wäre. Eine Frau, die unfruchtbar ist, kann nicht auf Aufhebung der Ehe klagen, wenn sich später herausstellt, daß ihr Mann zeugungsunfähig ist.

Die Aufhebung der Ehe ist ausgeschlossen, wenn der Ehegatte nach Aufdeckung des Irrtums zu erkennen gegeben hat, daß er die Ehe fortsetzen will (und zwar als Lebensgemeinschaft, nicht bloß dem Bande nach), § 32 Abs. 2, 1. Alt. EheG. Man spricht in diesem Fall von einer „*Bestätigung*" der Ehe. Die Aufhebung ist ferner ausgeschlossen, wenn das Aufhebungsverlangen mit Rücksicht auf die bisherige Gestaltung des ehelichen Lebens der Ehegatten als sittlich nicht gerechtfertigt erscheint (§ 32 Abs. 2, 2. Alt. EheG). Die Ehe soll bestehen bleiben, wenn sie sich „*bewährt*" hat. Aufhebungsgründe, die im Lauf der Ehe ihre Bedeutung verloren und in keiner Weise ungünstig auf die Ehe eingewirkt haben, können nicht wieder „ausgegraben" werden, wenn die Ehe aus anderen Gründen brüchig geworden ist. Allerdings genügen einige glückliche Ehejahre nicht, um einer Ehefrau das Aufhebungsrecht zu versagen, wenn ihr Mann aufgrund einer selbstverschuldeten Geschlechtskrankheit, die er bei der Eheschließung bereits hatte, im späteren Verlauf der Ehe unheilbar geisteskrank geworden ist (OLG Nürnberg FamRZ 1967, 152).

d) Aufhebung wegen arglistiger Täuschung oder wegen Drohung

Eine arglistige Täuschung ist das Hervorrufen oder Aufrechterhalten eines Irrtums in der Absicht, den Getäuschten zur Eingehung der Ehe zu veranlassen. Sie kann durch positives Tun oder durch Unterlassen begangen werden. Zur Aufhebung der Ehe berechtigt die Täuschung dann, wenn sie für die Eheschließung kausal war, d.h. wenn der Getäuschte bei Kenntnis der Sachlage und bei richtiger Würdigung des Wesens der Ehe nicht geheiratet hätte (§ 33 Abs. 1 EheG). Ausgenommen ist nur die Täuschung über Vermögensverhältnisse (§ 33 Abs. 3 EheG).

Typischer Fall einer Täuschung durch positives Tun: Die Braut behauptet, von dem Verlobten schwanger geworden zu sein, obwohl sie weiß, daß sie von einem Dritten schwanger ist.

Eine Täuschung durch Unterlassen setzt die Verletzung einer Offenbarungspflicht voraus. Bloßes Verschweigen ungünstiger Umstände allein genügt in der Regel noch nicht. Eine Offenbarungspflicht besteht, wenn sicher ist, daß der andere Verlobte von dem Vorhandensein oder dem Fehlen bestimmter Umstände als selbstverständlich ausgeht. So besteht beispielsweise eine Offenbarungspflicht bei abnormer geschlechtlicher Veranlagung, bei Beiwohnungsunfähigkeit, bei unheilbaren oder schweren übertragbaren Krankheiten (z.B. Aids). Nach § 6 Abs. 2 des

Gesetzes zur Bekämpfung der Geschlechtskrankheiten besteht eine Offenbarungspflicht, wenn ein ärztliches Unbedenklichkeitszeugnis nicht erteilt werden kann. Ungefragt zu offenbaren sind auch eine frühere Ehe, u.U. auch das Vorhandensein ehelicher oder nichtehelicher Kinder.

Die Täuschung durch einen Dritten berechtigt nur dann zur Aufhebung der Ehe, wenn der Verlobte sie bei der Eheschließung kannte (§ 33 Abs. 2, 1. Alt. EheG).

Ausgeschlossen ist die Aufhebung, wenn der getäuschte Ehegatte nach Entdeckung der Täuschung zu erkennen gegeben hat, daß er die Ehe fortsetzen will (§ 33 Abs. 2, 2. Alt. EheG).

Wegen Drohung kann ein Ehegatte die Aufhebung der Ehe verlangen, wenn er durch sie widerrechtlich zur Eingehung der Ehe bestimmt worden ist (§ 34 Abs. 1 EheG). Eine Drohung ist objektiv die Ankündigung eines künftigen Übels, auf dessen Eintritt der Drohende einwirken zu können behauptet, oder der Hinweis auf ein schon bestehendes Übel, wenn der Drohende die Möglichkeit hat, dieses Übel zu beseitigen. Subjektiv ist erforderlich, daß die Drohung in der Absicht erfolgt, den Bedrohten zur Eingehung der Ehe zu veranlassen. Widerrechtlich ist das Verhalten des Drohenden, wenn entweder das angedrohte Mittel widerrechtlich ist (Androhung einer Straftat) oder wenn zwar das angedrohte Mittel rechtmäßig ist (Androhung der Enterbung), zu dem erstrebten Erfolg aber in keinem Verhältnis steht (Widerrechtlichkeit der Zweck-Mittel-Beziehung).

Auch hier ist die Aufhebung ausgeschlossen, wenn der Ehegatte nach Aufhören der Zwangslage zu erkennen gegeben hat, daß er die Ehe fortsetzen will (§ 34 Abs. 2 EheG).

e) Aufhebung bei Wiederauftauchen eines fälschlich für tot erklärten früheren Ehegatten

Die Todeserklärung begründet die Vermutung, daß der für tot Erklärte gestorben und damit auch seine Ehe aufgelöst ist. Die erneute Eheschließung des zurückgebliebenen Ehegatten ist rechtswirksam (s.o. II 2a).

Aber: Wenn der fälschlich für tot Erklärte wieder auftaucht, soll sein Ehegatte die Möglichkeit haben, in die frühere Ehe zurückzukehren. Deshalb erklärt § 39 Abs. 1 EheG in diesem Fall die neue Ehe für aufhebbar.

4. Abschließende Aufzählung der Ehenichtigkeits- und Eheaufhebungsgründe

Die Gründe, aus denen eine Ehe für nichtig erklärt oder aufgehoben werden kann, sind im Gesetz erschöpfend aufgezählt, §§ 16, 28 EheG.

Weitergehende Vorschriften des Allgemeinen Teils des BGB sind damit ausgeschlossen.

Also: Kein Angriff auf die Ehe in den Fällen einer dem anderen Teil bekannten Mentalreservation (§ 116 Satz 2 BGB), der Scheinerklärung (§ 117 BGB) und der nicht ernstlichen Erklärung (§ 118 BGB). Auch § 138 BGB macht eine Ehe nicht nichtig (Geldheirat!).

In der Rechtsprechung und auch in der Literatur wird vielfach die Auffassung vertreten, ein Standesbeamter könne das Aufgebot und die Trauung verweigern, wenn nach seiner Überzeugung die Eheschließung allein dazu dienen soll, einem Ausländer die Aufenthaltserlaubnis zu verschaffen oder seine Abschiebung zu verhindern. Man argumentiert, hier handle es sich um eine *Scheinehe* und eine solche stelle einen Mißbrauch der Eheschließungsform und der Institution Ehe dar (OLG Celle StAZ 1982, 308; OLG Karlsruhe FamRZ 1982, 1210; OLG Stuttgart StAZ 1984, 99; Beitzke, StAZ 1983, 1; Sturm, FS Ferid II, 1988, 519, 531; MünchKomm/Müller-Gindullis, § 13 EheG Rz 12). Teilweise wird auch angenommen, der von den Ehegatten verfolgte Zweck habe den Charakter einer nach § 13 Abs. 2 EheG unzulässigen Bedingung oder Zeitbestimmung (BayObLG FamRZ 1985, 475).

Das Bestreben, solche Mißbräuche zu verhindern, ist verständlich, de lege lata freilich kaum zu rechtfertigen. Der Wortlaut des Gesetzes (§ 16 EheG:„ist nur ... nichtig“, § 28 EheG:„Die Aufhebung der Ehe kann nur .... begehrt werden“) ist eindeutig. Damit ist der Rückgriff auf die Nichtigkeitsgründe des Allgemeinen Teils versperrt. Der Gesetzgeber hat zwei Eheverbote, mit denen früher Scheinehen verhindert werden sollten, nämlich das Verbot der sog. *Staatsangehörigkeitsehe* (Eingehung einer Ehe nur zu dem Zweck, der Frau die Staatsangehörigkeit des Mannes zu verschaffen, § 23 EheG 1938), und das Verbot der *Namensehe* (Eingehung einer Ehe ausschließlich oder vorwiegend zu dem Zweck, der Frau die Führung des Familiennamens des Mannes zu ermöglichen, § 19 EheG a.F.), ausdrücklich aufgehoben und damit zu erkennen gegeben, daß die Motive, derentwegen die Ehe geschlossen wird, keine Rolle spielen sollen. Er hat damit auch zum Ausdruck gebracht, daß der Standesbeamte keine Motivforschung betreiben soll (BayObLG FamRZ 1982, 603, 605; LG Kiel FamRZ 1990, 742). Wenn aber eine Namensehe, die einem Ehegatten lediglich (z.B.) einen klangvollen Adelsnamen verschaffen soll, ohne daß die Ehegatten die Aufnahme der ehelichen Lebensgemeinschaft beabsichtigen, nach dem Willen des Gesetzgebers gültig sein soll, ist nicht einzusehen, warum eine Ehe, die aus anderen Gründen nur zum Schein geschlossen wird, für nichtig angesehen werden soll (vgl. auch Spellenberg, StAZ 1987, 33). Hinter dieser Praxis steht offensichtlich das Bestreben, den ungerechtfertigten Zustrom von Ausländern zu verhindern. Dazu ist jedoch das Eheschließungsrecht nicht das richtige Instrument. Dem Mißbrauch der Ehe ist vielmehr auf andere Weise zu begegnen: Die Ausländerbehörden können im Fall einer Scheinehe die Aufenthaltserlaubnis verweigern oder, wenn der wahre Zweck der Eheschließung erst später entdeckt wird, die wegen der Ehe erteilte Aufenthaltserlaubnis beschränken oder widerrufen (vgl. BVerwG NJW 1982, 1956; NVwZ 1989, 759).

5. Sollvorschriften

Neben den Eheschließungsvoraussetzungen, deren Nichtbeachtung zur Ehenichtigkeit oder zur Aufhebbarkeit der Ehe führt, gibt es auch solche, bei deren Fehlen der Standesbeamte zwar die Trauung verweigern darf, die aber, weil sie in dem Katalog der Nichtigkeits- und der Aufhebungsgründe nicht enthalten sind, die Gültigkeit einer gleichwohl geschlossenen Ehe nicht berühren.

a) Ehemündigkeit

Eine Ehe soll nicht vor Eintritt der Volljährigkeit geschlossen werden, § 1 Abs. 1 EheG. Das gilt auch dann, wenn der gesetzliche Vertreter eines minderjährigen Verlobten in die Eheschließung eingewilligt hat (§ 3 Abs. 1 EheG). Der Sinn dieser Vorschrift ist der, daß dem Vormundschaftsgericht hier Gelegenheit gegeben werden soll zu prüfen, ob die beabsichtigte Ehe dem Wohl des Minderjährigen entspricht. Das Vormundschaftsgericht kann durch eine sog. Ehemündigerklärung auf Antrag des Minderjährigen von dem Eheverbot Befreiung erteilen, wenn der Antragsteller das 16. Lebensjahr vollendet hat und sein künftiger Ehegatte volljährig ist (§ 1 Abs. 2 EheG).

b) Einwilligung des Personensorgeberechtigten

Steht dem gesetzlichen Vertreter nicht gleichzeitig die Personensorge für den Minderjährigen zu oder ist neben ihm noch ein anderer personensorgeberechtigt (typischer Fall: Einem geistig behinderten Elternteil ist die Vertretungsmacht, nicht aber das Personensorgerecht entzogen worden), so ist auch die Einwilligung des Personensorgeberechtigten erforderlich, § 3 Abs. 2 EheG. Verweigert der Personensorgeberechtigte die Einwilligung ohne triftige Gründe, so kann sie der Vormundschaftsrichter auf Antrag des minderjährigen Verlobten ersetzen, § 3 Abs. 3 EheG.

c) Keine Adoptivverwandtschaft oder -schwägerschaft

Personen, die in einem solchen Grad miteinander verwandt oder verschwägert sind, daß sie einander nicht heiraten dürften, wenn die Verwandtschaft oder Schwägerschaft auf einer blutmäßigen Abstammung beruhen würde (§ 4 Abs. 1 EheG), sollen einander auch dann nicht heiraten, wenn die Verwandtschaft oder Schwägerschaft auf einer Adoption beruht (§ 7 Abs. 1 Satz 1 EheG). Also keine Heirat zwischen Adoptivvater und Adoptivtochter oder zwischen Adoptivgeschwistern! Das Eheverbot gilt aber nur so lange, wie das Annahmeverhältnis besteht (§ 7 Abs. 1 Satz 2 EheG). Das Vormundschaftsgericht kann von dem Eheverbot wegen (Adoptiv-)verwandtschaft in der Seitenlinie oder wegen Schwägerschaft Befreiung erteilen (§ 7 Abs. 2 EheG). Also keine Befreiung von dem Eheverbot der Adoptivverwandtschaft in gerader Linie! Heiratet ein Adoptivvater dessenungeachtet seine Adoptivtochter, so ist die Ehe aber gleichwohl gültig. Das Annahmeverhältnis zwischen den beiden wird mit der Eheschließung kraft Gesetzes aufgehoben (§ 1766 BGB).

d) Wartezeit

Eine Ehefrau soll nicht vor Ablauf von zehn Monaten nach der Auflösung oder Nichtigerklärung ihrer früheren Ehe eine neue Ehe eingehen, es sei denn, daß sie inzwischen geboren hat (§ 8 Abs. 1 EheG).

Grund: Zweifel darüber, ob ein innerhalb dieser Frist geborenes Kind vom ersten oder vom zweiten Mann abstammt, sollen vermieden werden.

Befreiung – durch den Standesbeamten – ist möglich (§ 8 Abs. 2 EheG).

e) Auseinandersetzungszeugnis des Vormundschaftsrichters

Durch eine Eheschließung können Rechte eines Kindes aus erster Ehe oder eines nichtehelichen Kindes beeinträchtigt werden. Dagegen hat das Gesetz bestimmte Schutzvorkehrungen getroffen (Beispiel: Der Vater eines Kindes ist gestorben und von der Mutter des Kindes und dem Kind beerbt worden. Die Mutter verwaltet das Kindesvermögen. Heiratet sie erneut, so hat sie dies dem Vormundschaftsgericht anzuzeigen und ein Verzeichnis des Kindesvermögens einzureichen, § 1683 Abs. 1 BGB). Um die Einhaltung dieser Schutzvorschriften zu garantieren, verlangt § 9 EheG, daß ein sich wiederverheiratender Elternteil ein Zeugnis des Vormundschaftsgerichts darüber beizubringen hat, daß er die ihm aus Anlaß der Eheschließung gegenüber dem Kind obliegenden Pflichten erfüllt hat.

f) Fehlen eines Ehefähigkeitszeugnisses für Ausländer

Die Voraussetzungen für eine Eheschließung richten sich bei Ausländern nach ihrem Heimatrecht, d.h. nach dem Recht des Staates, dessen Staatsangehörige sie sind (Art. 13 Abs. 1 EGBGB). Da jedoch der deutsche Standesbeamte nicht das Recht aller Länder zu kennen braucht, wird von dem ausländischen Verlobten ein Zeugnis seines Heimatlandes verlangt, aus dem sich ergibt, daß der Ehe kein Hindernis entgegensteht

(§ 10 Abs. 1 EheG). Ergeben sich dabei Probleme, so kann der zuständige Oberlandesgerichtspräsident von der Vorlage eines Ehefähigkeitszeugnisses befreien (§ 10 Abs. 2 EheG).

III. Die Nichtigerklärung der Ehe und ihre Folgen

1. Verfahren

Die Nichtigkeitsklage gehört zu den „Ehesachen“ (§§ 606 ff. ZPO). Klageberechtigt sind (wegen des öffentlichen Interesses) der Staatsanwalt, jeder Ehegatte (auch der bösgläubige), bei Doppelehe auch der Ehegatte der früheren Ehe. Wenn die Ehe aufgelöst ist, z.B. durch den Tod eines Ehegatten, kann nur noch der Staatsanwalt die Ehe für nichtig erklären lassen (§ 24 Abs. 1 EheG). Sind beide Ehegatten verstorben, so kann eine Nichtigkeitsklage nicht mehr erhoben werden (§ 24 Abs. 2 EheG: wichtig für die Erben!).

Beachte: Soll die Nichtexistenz einer Ehe festgestellt werden, so kann unter den Voraussetzungen des § 256 ZPO (Feststellungsinteresse) eine Feststellungsklage erhoben werden. Aber: Auf die Nichtexistenz einer Ehe kann sich jedermann auch ohne ein entsprechendes Feststellungsurteil berufen.

2. Wirkungen

Bis zu ihrer Nichtigerklärung hat die nichtige Ehe im wesentlichen die Wirkungen einer gültigen Ehe: Die Kinder sind ehelich, die Ehegatten sind einander unterhaltspflichtig, stirbt ein Ehegatte, so hat der andere ein Erbrecht (bei einer bigamischen Ehe haben beim Tod des Bigamisten beide Ehegatten ein Erbrecht!).

Erst durch die Nichtigerklärung wird also die Ehe „vernichtet“ (Gestaltungswirkung). Weil indessen Geschehenes nicht ungeschehen gemacht werden kann, hat die Nichtigerklärung nur in Ausnahmefällen andere Wirkungen als eine Ehescheidung.

a) Kinder bleiben ehelich (§§ 1591, 1719 BGB).

b) Vermögensrechtlich treten grundsätzlich dieselben Folgen ein wie bei einer Scheidung (§ 26 Abs. 1 EheG): Es können Ansprüche auf Unterhalt, Ausgleich des Zugewinns, Versorgungsausgleich geltend gemacht werden. Probleme gibt es hier bei bigamischen Ehen. Muß die erste Frau eines Bigamisten es hinnehmen, wenn bei Nichtigerklärung der zweiten Ehe die zweite Frau die Hälfte des Zugewinns oder das Splitting der vom Mann erworbenen Rentenanwartschaften verlangt?

Hat hier jede der beiden Frauen Anspruch auf den halben Zugewinn (muß also der Mann seinen gesamten Zugewinn herausgeben)? Ist der Zugewinn zu dritteln oder müssen die beiden Frauen den halben Zugewinn unter sich aufteilen? Die entsprechende Frage stellt sich für den Versorgungsausgleich. Die Antwort lautet: Eine Drittelung findet im Gesetz keine Stütze (BGH FamRZ 1982, 474, 476). Den Bigamisten dadurch zu begünstigen, daß man ihm die Hälfte des Zugewinns oder die Hälfte der Versorgungsanrechte beläßt, wäre eine gegenüber den beiden Frauen nicht gerechtfertigte Bevorzugung. So bleibt nur die erste Lösung übrig: Der Bigamist hat grundsätzlich seinen gesamten Zugewinn herauszugeben und seine sämtlichen Versorgungsanrechte, die er während der Doppelehe erworben hat, den beiden Frauen zu überlassen. Härtefälle können u.U. durch Rückgriff auf § 1381 BGB (beim Zugewinnausgleich) bzw. auf § 1587 c Nr. 1 BGB (beim Versorgungsausgleich) gemildert werden (MünchKomm/Müller-Gindullis, § 26 EheG Rz 16, 17).

Von dem Grundsatz, daß bei Nichtigerklärung der Ehe vermögensrechtlich dieselben Folgen wie bei einer Scheidung eintreten, gilt eine Ausnahme, wenn ein Ehegatte die Nichtigkeit der Ehe bei der Eheschließung gekannt, die Ehe also *bösgläubig* geschlossen hat. Hier kann der andere, gutgläubige Ehegatte die für den Fall der Scheidung vorgesehenen vermögensrechtlichen Folgen für die Zukunft ausschließen (§ 26 Abs. 2 Satz 1 EheG). Gibt er eine solche Erklärung innerhalb der vorgeschriebenen Frist (sechs Monate seit Rechtskraft der Nichtigerklärung) ab, so entfallen die „für die Zukunft" bestimmten vermögensrechtlichen Folgen, d.h. diejenigen, die auf die fortwirkende Verantwortung der Ehegatten füreinander gegründet sind. Rechtsfolgen der Eheauflösung, die vergangenheitsbezogen sind, bleiben dagegen bestehen. Darum entfallen zwar die Unterhaltspflichten und der Versorgungsausgleich, soweit dieser bei Zugang der Erklärung noch nicht – rechtskräftig – durchgeführt war, dagegen bleibt der Anspruch auf Ausgleich des Zugewinns bestehen.

Waren beide Ehegatten bei der Eheschließung bösgläubig, so bleibt es beim Grundsatz des Abs. 1, also bei der Maßgeblichkeit der Scheidungsfolgen (§ 26 Abs. 2 Satz 3 EheG).

Auch bei grundsätzlicher Geltung der Scheidungsfolgen ist eine Ausnahme zu beachten. Im Fall der *bigamischen Ehe* nämlich hat der bösgläubige Ehegatte, also derjenige, der die Ehenichtigkeit bei der Eheschließung gekannt hat, insoweit keine Ansprüche auf Unterhalt und Versorgungsausgleich, als diese Ansprüche entsprechende Rechte des Ehegatten der früheren Ehe beeinträchtigen würden (§ 26 Abs. 3 EheG).

3. Statistik

Ehenichtigkeitsurteile sind sehr selten. Ihre Zahl geht ständig zurück. Wurden im Jahr 1950 noch 834 Ehen für nichtig erklärt, so waren es im Jahr 1991 nur noch 35 (gegenüber 136.317 Ehescheidungen).

IV. Die Aufhebung der Ehe und ihre Folgen

1. Verfahren

Auch die Aufhebungsklage gehört zu den *Ehesachen* i.S. der §§ 606 ff. ZPO. Sie kann nur innerhalb eines Jahres von dem Zeitpunkt an erhoben werden, zu dem – bei mangelnder Einwilligung des gesetzlichen Vertreters (§ 30 EheG) – die Ehe oder ihre Bestätigung dem gesetzlichen Vertreter bekannt wird oder der betreffende Ehegatte unbeschränkt geschäftsfähig wird, oder – in den sonstigen Fällen – der irrende oder getäuschte Ehegatte den Irrtum oder die Täuschung entdeckt oder – im Fall einer Drohung – die Zwangslage aufhört (§ 35 EheG). Klageberechtigt ist hier nicht der Staatsanwalt (kein öffentliches Interesse!), sondern nur der durch den Aufhebungsgrund geschützte Ehegatte: der beschränkt Geschäftsfähige, wenn er volljährig geworden ist (vorher: sein gesetzlicher Vertreter), der Irrende, der Getäuschte, der Bedrohte.

2. Wirkungen

Anders als die Nichtigerklärung hat die Eheaufhebung von vornherein keine *rückwirkende Kraft*. Die Rechtsfolgen sind grundsätzlich dieselben wie im Fall einer Ehescheidung (§ 37 Abs. 1 EheG). Aber ähnlich wie bei der Nichtigerklärung können auch bei der Eheaufhebung die für den Fall der Scheidung vorgesehenen vermögensrechtlichen Folgen unter bestimmten Voraussetzungen für die Zukunft ausgeschlossen werden. Gemeint sind damit auch hier die Unterhaltspflicht und der Versorgungsausgleich. Das Ausschließungsrecht hat nur der redliche Ehegatte (also derjenige, der die Aufhebbarkeit der Ehe bei der Eheschließung nicht gekannt hat) und nur bei Bösgläubigkeit des anderen Ehegatten.

3. Statistik

Ebenso wie Ehenichtigkeitsurteile sind auch Aufhebungsurteile zunehmend seltener geworden. Wurden im Jahr 1950 noch 767 Ehen aufgehoben, so waren es im Jahr 1991 nur noch 132.

§ 6 Die eheliche Lebensgemeinschaft

Schrifttum: Diederichsen, Die allgemeinen Ehewirkungen nach dem 1. EheRG und Ehevereinbarungen, NJW 1977, 217; Fenn, Die Mitarbeit in den Diensten Familienangehöriger (1970); Fenn, Ehevereinbarungen – Wirkungsweise, Bindung, Folgen, in: Bosch, Neuere Entwicklungen im Familienrecht. Symposium aus Anlaß des 80. Geburtstags von G. Beitzke (1989), 37; Hepting, Ehevereinbarungen (1984); Lieb, Die Ehegattenmitarbeit im Spannungsfeld zwischen Rechtsgeschäft, Bereicherungsausgleich und gesetzlichem Güterstand (1970); Lipp, Die eherechtlichen Pflichten und ihre Verletzung (1988); Reinhart, Zur Festlegung persönlicher Ehewirkungen durch Rechtsgeschäft, JZ 1983, 184; Sturm, Der Ehename – versteinerte Eitelkeit oder betonte Familieneinheit?, StAZ 1988, 290; Wagenitz, Grundlinien des neuen Familiennamensrechts, FamRZ 1994, 409; Wagenitz/Bornhofen, Familiennamensrechtsgesetz (1994).

I. Der Grundsatz

Ehegatten sind einander zur ehelichen Lebensgemeinschaft verpflichtet. So lautet der Grundsatz in § 1353 Abs. 1 Satz 2 BGB. Was das im einzelnen bedeutet, wird vom Gesetz nicht näher beschrieben. Fest steht nur zweierlei: Für die Ehegatten ergeben sich aus diesem personenrechtlichen Gemeinschaftsverhältnis sowohl Rechte als auch Pflichten. Aber: Die Rechte sind – von bestimmten vermögensrechtlichen Ansprüchen (Unterhalt!) abgesehen – nicht durchsetzbar, die Pflichten nicht erzwingbar (§ 888 Abs. 2 ZPO).

Der Begriff Lebensgemeinschaft hat eine zeitliche und eine inhaltliche Komponente. Die Ehe wird auf *Lebenszeit* geschlossen (§ 1353 Abs. 1 Satz 1 BGB) und sie ist eine *umfassende Gemeinschaft*.

Schließung auf Lebenszeit bedeutet nicht Unauflöslichkeit. Ehen können geschieden werden, wenn sie unheilbar zerrüttet sind, „gescheitert“ heißt es im Gesetz (§ 1565 Abs. 1 Satz 1 BGB). Aber wer eine Ehe schließt, soll das Scheitern nicht von vornherein einkalkulieren, er soll die Ehe nicht auf Probe eingehen oder gar nur auf Zeit. Er soll wissen, daß er mit der Eheschließung die Verantwortung für seinen Ehegatten übernimmt, eine Verantwortung, die sogar die Ehescheidung überdauern kann, ihn verpflichten kann, für den bedürftigen Ehegatten trotz der Scheidung weiterhin zu sorgen.

Inhaltlich bedeutet eheliche Lebensgemeinschaft als umfassende Gemeinschaft:

1. *Ausschließlichkeit.* Eine umfassende Lebensgemeinschaft kann es nur mit einem Partner geben. Die Ehegatten sind einander zur Treue verpflichtet.

2. *Häusliche Gemeinschaft.* Gemeinschaft setzt grundsätzlich einen gemeinsamen Wohnsitz voraus. Nach früherem Recht teilte die Ehefrau kraft Gesetzes den Wohnsitz des Mannes (§ 10 a.F. BGB). Heute müssen sich die Ehegatten einigen, wo der Wohnsitz sein soll. Dabei können objektive Umstände eine Rolle spielen. So wird etwa, wenn nur ein Ehegatte einen Beruf ausübt, der Wohnsitz grundsätzlich dort zu nehmen sein, wo der Ehegatte erwerbstätig ist. Freilich können die Interessen der Familie (Wohnverhältnisse, Schule) eine andere Lösung verlangen (Wochenendheimkehrer!). Auch getrennte Wohnsitze sind nach der Aufhebung des § 10 a.F. BGB möglich und im Fall von Doppelverdienerehen zuweilen nicht zu umgehen. Kommt es zu keinem Einvernehmen über einen gemeinschaftlichen Wohnsitz, weil beide Ehegatten gute Gründe für die Beibehaltung ihrer bisher getrennten Wohnsitze haben, so müssen beide Ehegatten das hinnehmen. Hier kann nicht das Gericht entscheiden (BGH FamRZ 1987, 572, 574).

Aus der Verpflichtung zur häuslichen Gemeinschaft folgt auch, daß die Ehegatten Wohnung und Hausrat einander zum Gebrauch überlassen müssen. Beide Ehegatten haben darum Mitbesitz sowohl an der Wohnung als auch am Hausrat, unabhängig davon, wer Eigentümer ist.

3. *Geistige Gemeinschaft.* Eine Gemeinschaft ist auch eine geistige Beziehung. Ehegatten sollten Anteil nehmen am Ergehen und an den Interessen des anderen. Sie sind verpflichtet, aufeinander Rücksicht zu nehmen, Verständnis und Kompromißbereitschaft zu zeigen, dem anderen Raum zur Selbstverwirklichung zu lassen, eigene Wünsche gelegentlich auch zugunsten der Familie zurückzustellen. Der Gegensatz zu geistiger Gemeinschaft ist Gleichgültigkeit.

4. *Körperliche Gemeinschaft*, also Geschlechtsgemeinschaft. Die Ehe ist – auch – dazu da, den natürlichen Geschlechtstrieb zu befriedigen. Auch hier ist jedoch wechselseitige Rücksichtnahme auf Gesundheit und psychische Disposition geboten. Eine Vergewaltigung ist auch in der Ehe nicht statthaft.

5. *Beistandspflicht.* Die Ehegatten sind einander zum Beistand verpflichtet. Beistandspflichten sind vor allem die im Gesetz besonders geregelten Unterhaltspflichten. Mit Geldzahlungen ist es aber nicht getan. Mithilfe bei der Führung des Haushalts und der Erziehung der Kinder gehört ebenso dazu wie die Unterstützung des Geschäftsunerfahrenen z.B. bei der Abgabe der Steuererklärung oder die Pflege im Krankheitsfall.

II. Dokumentation nach außen: der gemeinsame Name

Die Ehegatten sollen einen gemeinsamen Familiennamen, den sog. Ehenamen, führen, § 1355 Abs. 1 S. 1 BGB. Früher war die Führung eines gemeinsamen Namens Pflicht. Bis zum Inkrafttreten des 1. EheRG vom 14.6.1976 erwarb die Frau kraft Gesetzes mit der Eheschließung den Namen ihres Mannes. Das 1. EheRG überließ die Bestimmung des Ehenamens der freien Entscheidung der Ehegatten: Sie konnten sowohl den Geburtsnamen des Mannes als auch den Geburtsnamen der Frau zum Ehenamen bestimmen. Aber: Trafen sie keine Bestimmung, so wurde wiederum der Name des Mannes zum Ehenamen (§ 1355 Abs. 2 S. 2 BGB a.F.). Diese seltsame Realisierung des Gleichberechtigungsgrundsatzes erklärte das BVerfG mit Beschluß v. 5.3.1991 für verfassungswidrig (FamRZ 1991, 535).

Dem Auftrag des BVerfG, eine verfassungskonforme Regelung zu schaffen, ist der Gesetzgeber mit dem Gesetz zur Neuordnung des Familiennamensrechts v. 16.12.1993 nachgekommen. Nunmehr gilt:

Die Ehegatten führen in der Regel nach wie vor den von ihnen bestimmten Ehenamen (§ 1355 Abs. 1 S. 2 BGB). Sie müssen sich aber nicht für eine gemeinsame Namensführung entscheiden. Sie können die Frage des Standesbeamten, ob sie einen Ehenamen bestimmen wollen (§ 13 a Abs. 1 EheG), auch mit nein beantworten. In diesem Fall behält jeder Ehegatte seinen Namen bei (§ 1355 Abs. 1 S. 3 BGB).

Zum Ehenamen können die Ehegatten (nur) entweder den Geburtsnamen des Mannes oder den Geburtsnamen der Frau bestimmen (§ 1355 Abs. 2 BGB). Die Bildung eines Doppelnamens ist ausgeschlossen. Allerdings kann im Fall der Wahl eines gemeinsamen Namens derjenige Ehegatte, dessen Name nicht zum Ehenamen geworden ist, seinen Geburtsnamen oder den Namen, den er unmittelbar vor der Ehenamensbestimmung geführt hat (z.B. den Namen aus einer früheren Ehe), dem Ehenamen voranstellen oder anfügen (§ 1355 Abs. 4 BGB).

Beispiel: Heiratet ein Herr Bauer eine Frau Huber, geborene Meier, und bestimmen die Eheleute den Namen Bauer zum Ehenamen, so kann sich die Ehefrau nicht nur schlicht Bauer, sondern auch Huber-Bauer oder Meier-Bauer oder Bauer-Huber oder Bauer-Meier nennen. Das ändert aber nichts daran, daß der Ehenamen lediglich Bauer lautet. Nur dieser Name ist den Eheleuten gemeinsam (und geht darum auch auf die Kinder über, § 1616 Abs. 1 BGB).

Zum Ehenamen kann nur der Geburtsname eines Ehegatten bestimmt werden, also nicht der Name, den er in einer früheren Ehe als Ehenamen geführt und nach Auflösung dieser Ehe beibehalten hat. Eine Gräfin Stolzenfels, geb. Schmitz, die nach ihrer Scheidung von ihrem gräflichen

Ehemann einen Herrn Müller heiratet, kann nicht zusammen mit diesem den Namen Graf Stolzenfels zum Ehenamen bestimmen. Zur Wahl stehen nur die Geburtsnamen des Paares: Schmitz und Müller. Dagegen ist es der geschiedenen Gräfin natürlich nicht verwehrt, entweder auf die Wahl eines Ehenamens zu verzichten (und sich also weiterhin Gräfin Stolzenfels zu nennen) oder bei Wahl des Namens Müller zum Ehenamen diesem Namen den Namen Gräfin Stolzenfels voranzustellen oder anzufügen.

Unter dem *Geburtsnamen* versteht das Gesetz den Namen, der in die Geburtsurkunde eines Ehegatten zum Zeitpunkt der Erklärung der Wahl des Ehenamens gegenüber dem Standesbeamten einzutragen ist (§ 1355 Abs. 6 BGB).

Damit ist folgendes gemeint: Im Geburtenbuch werden Namensänderungen des Kindes, die auf einer Legitimation, einer Adoption, einer behördlichen Namensänderung, einer Namensänderung der Mutter usw. beruhen, als Randvermerke eingetragen (§ 30 PStG). Wird eine Geburtsurkunde ausgestellt, so ist der Name einzutragen, den das Kind zur Zeit der Ausstellung der Urkunde – aufgrund der jeweiligen Randvermerke – als Geburtsnamen führt. Ist also das Kind der Eheleute Meier von dem Ehepaar Huber adoptiert worden, so lautet der Geburtsname nach der Adoption des Kindes nicht mehr Meier, sondern Huber. Beachte: Eine Eheschließung läßt den Geburtsnamen unberührt.

Wollen die Ehegatten einen (gemeinsamen) Ehenamen führen, so können sie dies entweder bei der Eheschließung gegenüber dem Standesbeamten erklären oder innerhalb von fünf Jahren nach der Eheschließung nachholen. Im letzteren Fall muß ihre Erklärung öffentlich beglaubigt werden (§ 1355 Abs. 2 und 3 BGB). Eine Rückkehr zu getrennter Namensführung ist vom Gesetz nur für Altfälle vorgesehen, also für Ehegatten, die bei Inkrafttreten des Gesetzes (1.4.1994) einen Ehenamen führten (Art. 7 § 1 FamNamRG), nicht aber für Ehegatten, die erst nach dem Inkrafttreten geheiratet und sich zunächst für die Führung eines gemeinsamen Namens entschieden haben.

Wird eine Ehe aufgelöst, so läßt dies grundsätzlich zwar den (gewählten) Ehenamen des verwitweten oder geschiedenen Ehegatten unberührt. Es kann ihm also die Fortführung des Ehenamens nicht etwa vom geschiedenen Partner oder von dessen Familie untersagt werden. Er hat aber die Freiheit, durch Erklärung gegenüber dem Standesbeamten seinen Geburtsnamen oder den Namen wieder anzunehmen, den er bis zur Ehenamensbestimmung geführt hat, oder seinen Geburtsnamen dem Ehenamen voranzustellen oder anzufügen (§ 1355 Abs. 5 BGB).

III. Ordnung nach innen

1. Gemeinschaftliche und eigene Angelegenheiten

a) Gemeinschaftliche Angelegenheiten

Es gibt kaum Dinge in einer Ehe, die nicht mehr oder weniger beide Ehegatten angehen. Andrerseits verlangt die Individualität eines jeden Ehegatten ihren eigenen Entfaltungsraum. Eine Abgrenzung zwischen diesem höchstpersönlichen und dem gemeinschaftlichen Bereich läßt sich nur schwer treffen. In etwa kann man sagen, daß eine Angelegenheit gemeinschaftlich ist, wenn sie einen deutlich fühlbaren Einfluß auf die Gestaltung des ehelichen Lebens auszuüben vermag, wie z.B. die Bestimmung von Wohnort und Wohnung oder der Zuschnitt des Haushalts oder die Erziehung der Kinder.

Über alle gemeinschaftlichen Angelegenheiten entscheiden die Ehegatten *gemeinsam*. Das bedeutet: Kein Ehegatte kann einen Streit über eine gemeinschaftliche Angelegenheit durch eine einseitige Entscheidung beenden. Vielmehr sind die Ehegatten gehalten, sich um eine Einigung zu bemühen. Daß sie dabei auf die Meinung des anderen Rücksicht nehmen müssen, ergibt sich aus § 1353 BGB, der Generalklausel des Eherechts.

Für die Einigung gibt es keinen Ersatz. Weder hat ein Ehegatte das Recht eines sog. *Stichentscheids* – im Regierungsentwurf des Gleichberechtigungsgesetzes war noch ein solcher Stichentscheid des Mannes vorgesehen; Begründung: abendländische Tradition! –, noch kann – grundsätzlich – das Vormundschaftsgericht den Streit durch eine Entscheidung schlichten. Der Ehegemeinschaft muß zugemutet werden, daß die Lebenspartner sich über gemeinschaftliche Fragen verständigen, ohne daß einem von ihnen oder gar einem Dritten eine Entscheidungsbefugnis eingeräumt wird. Verträgt die konkrete Ehe die Entscheidungslosigkeit nicht, so bleibt als ultima ratio nur die Scheidung.

Der Grundsatz, daß das Vormundschaftsgericht keine Möglichkeit hat, Ehestreitigkeiten zu entscheiden, erleidet eine Ausnahme dort, wo es um die *Angelegenheiten eines Kindes* geht. Hier dürfen die Eltern nicht auf die Scheidung als ultima ratio verwiesen werden. Vielmehr soll die Ehe der Eltern im Interesse des Kindes gerade erhalten bleiben. Freilich muß das Vormundschaftsgericht in einem solchen Fall nicht stets eine Entscheidung treffen. Es wird zunächst prüfen, ob die Angelegenheit wichtig genug ist, einen gerichtlichen Eingriff zu rechtfertigen. Ist das der Fall, so kann das Vormundschaftsgericht einem Ehegatten die Entscheidung übertragen, sofern dies dem Wohl des Kindes entspricht, § 1628 Abs. 1 Satz 1 BGB.

b) Der eigene Bereich

Im eigenen Bereich ist grundsätzlich jeder Ehegatte autonom: Religion, Weltanschauung, politische Betätigung, berufliche Tätigkeit, aber auch Kleidung und Frisur (Bart oder kein Bart?) sind Dinge, in denen jeder Ehegatte allein entscheidet und jedenfalls grundsätzlich auch allein entscheiden kann. In Extremfällen (Universitätsprofessor beschließt, „auszusteigen“ und Gammler zu werden) können eigene Angelegenheiten aber wieder zu gemeinschaftlichen Angelegenheiten werden, insbesondere, wenn sie die gemeinschaftliche Lebensform berühren.

Zum eigenen Bereich gehört auch die Verwaltung des eigenen Vermögens. Aus dem Gebot der ehelichen Lebensgemeinschaft wird aber die Pflicht abgeleitet, daß die Ehegatten sich gegenseitig über den Bestand ihres Vermögens unterrichten. Sie haben wohlgemerkt keine Auskunftsansprüche im rechtstechnischen Sinn. Sie können nicht Rechnungslegung fordern. Sie können nur verlangen, daß der Ehepartner sie darüber unterrichtet, wie sich sein Vermögen im wesentlichen zusammensetzt. Wenn also ein Ehegatte jede Auskunft über seine wirtschaftlichen Verhältnisse verweigert, dann verletzt er die Pflicht zur ehelichen Lebensgemeinschaft (vgl. BGH FamRZ 1976, 516).

2. Absprachen

Ehegatten müssen sich einigen: über gemeinschaftliche Angelegenheiten, über die eheliche Wohnung, über die Haushaltsführung, über das Ausmaß der Berufstätigkeit, über Fragen der Kindererziehung u.a.m. Der Jurist fragt: Was ist die Rechtsnatur solcher Einigungen? Sind das Verträge? Kann auf Erfüllung geklagt werden? Ist bei Nichteinhaltung Schadensersatz zu leisten?

In der Literatur wird vielfach von *Verträgen* gesprochen (grundlegend: Diederichsen, NJW 1977, 219; Reinhart, JZ 1983, 184; Erman/Heckelmann, BGB, 9. Aufl., § 1356 Rz 5). An der rechtsgeschäftlichen Natur des ehelichen Einvernehmens bestehen aber erhebliche Zweifel. Zweifelhaft ist bereits der *Rechtsbindungswille*. Ehegatten denken nicht in juristischen Kategorien. Der berufstätige Ehemann, der seiner nicht berufstätigen Frau die Haushaltsführung „überläßt“, will mit ihr keinen Vertrag schließen, aus dem sich später einmal Ansprüche ergeben könnten. Jeder Ehegatte, der in einer Angelegenheit des gemeinschaftlichen Lebens oder der Kindererziehung zunächst mit dem anderen übereinstimmt, will sich die Sache „auch anders überlegen können“. Es erscheint gekünstelt, in einem solchen Fall mit der clausula rebus sic stantibus zu arbeiten. Ohne diese Klausel kommt zwar nicht aus, wer die Ehevereinbarung für einen Vertrag hält. Näher liegt es aber, auch schon eine bloße

Meinungsänderung für die Aufhebung des Einvernehmens genügen zu lassen. Räumt man dem änderungswilligen Ehegatten aber ein jederzeitiges „ius variandi“ ein (vgl. Bosch, FamRZ 1977, 571), so stellt man damit die Bindungswirkung in Frage. Ein weiteres kommt hinzu: Hätten die Ehegatten eine rechtsgeschäftliche Bindung im Sinn, so müßten sie auch die Streitentscheidung durch die Gerichte wollen. Davon wird man aber nur in den seltensten Fällen ausgehen können. Selbstverständlich begründen zwar Absprachen zwischen den Eheleuten Verhaltenspflichten. Aber diese Verhaltenspflichten sind Rechtspflichten nur insoweit, wie auch die Verpflichtung zur ehelichen Lebensgemeinschaft eine Rechtspflicht ist. Folge von Zuwiderhandlungen gegen getroffene Absprachen kann die allmähliche Zerstörung der ehelichen Lebensgemeinschaft sein, die Sanktion ist dann die Ehescheidung (vgl. dazu Hepting, Ehevereinbarungen, S. 72, 204 f., 213). *Schadensersatzforderungen* sollten jedenfalls prinzipiell ausgeschlossen sein (a.A. Erman/Heckelmann aaO). Allenfalls könnte man davon sprechen, daß ein eheliches Einvernehmen einen *Vertrauenstatbestand* schafft, der den Ehegatten, der an dem Einvernehmen nicht mehr festhalten will, dazu verpflichtet, die Lossagung dem anderen Ehegatten rechtzeitig mitzuteilen, damit dieser sich seinerseits darauf einstellen kann. Wer sich zur Unzeit lossagt oder den anderen Ehegatten über seine innere Abkehr bewußt im unklaren läßt, kann dann u.U., wenn durch sein Verhalten ein Schaden entsteht, zum Ausgleich dieses Vertrauensschadens verpflichtet sein (MünchKomm/Wacke, 3. Aufl., § 1353 BGB Rz 7 ff., § 1356 BGB Rz 9; Fenn, in: Bosch, Neuere Entwicklungen im Familienrecht, 37, 47).

Praktische Auswirkungen können sich im *Unterhaltsrecht* ergeben: Ist der Mann seiner Frau unterhaltspflichtig, wenn die Eheleute eine Absprache getroffen haben, zunächst eine Doppelverdienerehe führen zu wollen, die Frau aber dann ihre Berufstätigkeit aufgibt? (Hier wird man wohl auf die Gründe abstellen müssen, aus denen dies geschieht: Geburt eines Kindes, Krankheit.) Kann es dabei eine Rolle spielen, daß die Frau abredewidrig die Pille nicht genommen hat und es dadurch zu einer vom Mann ungewollten Schwangerschaft gekommen ist? (Hier bejahen manche eine Schadensersatzpflicht der Frau, etwa MünchKomm/Wacke, § 1353 Rz 31; dagegen hält der BGH diesen Bereich einer rechtsgeschäftlichen Regelung mit Recht nicht für zugänglich: FamRZ 1986, 773.) Wie steht es, wenn aufgrund einer Absprache der Ehemann seine Stellung aufgibt, um zu studieren, die Frau dann aber – wegen der Geburt eines Kindes – nicht, wie geplant, für den Unterhalt der Familie sorgen kann? (Der BGH hat den Rückgriff des Sozialhilfeträgers gegen den Ehemann wegen gezahlter Sozialhilfe abgelehnt, weil die einvernehmlich getroffene Aufgabenverteilung rechtlich zulässig gewesen sei: FamRZ 1983, 140. Ob er ebenso entschieden hätte, wenn die Frau und das Kind unmittelbar von dem Mann Unterhalt verlangt hätten, ist fraglich.)

3. Die Führung des Haushalts

Nach früherem Recht erstreckte sich die Entscheidungsbefugnis des Mannes auch auf die Führung des Haushalts. Das Gleichberechtigungsgesetz wies die Haushaltsführung dem eigenen Bereich der Frau zu. Danach führte die Frau den Haushalt „in eigener Verantwortung". Der Mann hatte lediglich noch das Wirtschaftsgeld zur Verfügung zu stellen. Diese Lösung entsprach dem Typ der Hausfrauenehe. Sie trug – in diesem Bereich – dem Gleichberechtigungsgebot Rechnung. In der Tat läßt es sich mit dem Gedanken der Gleichberechtigung durchaus vereinbaren, daß dann, wenn der Mann berufstätig ist und die Frau nicht, sie in Fragen der Haushaltsführung allein entscheidet. Der Gesetzgeber kann aber – angesichts des Gleichberechtigungsgrundsatzes – diese Funktionsverteilung den Ehegatten nicht zwingend vorschreiben. Die Ehegatten müssen sich auch dahin entscheiden können, daß die Frau berufstätig ist und der Mann den Haushalt führt. Dem entspricht es, wenn nunmehr § 1356 Abs. 1 S. 1 BGB es den Ehegatten überläßt, die Haushaltsführung in *gegenseitigem Einvernehmen* zu regeln. Die Ehegatten können – sie müssen nicht – sich dahin einigen, daß ein Ehegatte die Haushaltsführung übernehmen soll. In diesem Fall leitet dann dieser Ehegatte, sei es der Mann oder sei es die Frau, den Haushalt in eigener Verantwortung (§ 1356 Abs. 1 Satz 2 BGB). Einigen sich die Ehegatten nicht, so gibt es niemanden, der den Haushalt „führt". Hier greift dann die Generalklausel des § 1353 BGB ein. Beide Ehegatten müssen dazu beitragen, daß ihr Haushalt nicht verkommt.

4. Mitarbeit eines Ehegatten im Geschäft des anderen

a) § 1356 Abs. 2 a.F. BGB verpflichtete jeden Ehegatten, im Beruf oder Geschäft des anderen Ehegatten mitzuarbeiten, soweit dies nach den Verhältnissen, in denen die Ehegatten lebten, der Üblichkeit entsprach. Das 1. EheRG hat diese Vorschrift beseitigt. In der Sache hat sich dadurch nicht viel geändert. Die Lücke, die der Gesetzgeber mit der Streichung aufgerissen hat, wird durch § 1353 BGB geschlossen. Die Probleme, die unter der Geltung des § 1356 Abs. 2 a.F. BGB diskutiert wurden, sind zum großen Teil geblieben. Zwei Fragen sind nach wie vor zu beantworten: Unter welchen Umständen ist ein Ehegatte *verpflichtet*, im Betrieb des anderen mitzuarbeiten? Und: Steht ihm dafür ein *Entgelt* zu?

Früher machte man – in Anlehnung an den Gesetzeswortlaut – die *Pflicht zur Mitarbeit* von ihrer Üblichkeit abhängig. Heute wird man aus der bloßen Üblichkeit keine Verpflichtung mehr ableiten können. Entscheidend sind zwei andere Gesichtspunkte: die Sicherung des Familienunterhalts und die in § 1356 n.F. BGB ausdrücklich gebotene Rücksichtnahme auf die Belange des anderen Ehegatten und der Familie.

Kann z.B. ein kleines Ladengeschäft oder ein landwirtschaftlicher Betrieb nur wirtschaftlich geführt werden, wenn beide Ehegatten zusammenarbeiten, oder fehlt einem Ehegatten geeignetes Personal für eine Vertrauensstellung, die der Partner ausfüllen könnte, so sind die jeweiligen Ehepartner aufgrund ihrer Verpflichtung, zum Familienunterhalt beizutragen (§ 1360 BGB) sowie aufgrund des Gebots zur Rücksichtnahme auf die Belange des anderen Teils zur Mitarbeit verpflichtet, wenn nicht triftige Gründe entgegenstehen (vgl. BGH, DB 1974, 1957).

Triftige Gründe, die Mitarbeit zu verweigern, kann etwa ein Ehegatte haben, der bereits eine andere Berufstätigkeit ausübt. Er kann nicht ohne weiteres verpflichtet sein, seinen eigenen Beruf aufzugeben. Hier sind widerstreitende Interessen gegeneinander abzuwägen.

Früher wurde vielfach angenommen, bei der „üblichen" Mitarbeit von Ehegatten handle es sich stets um eine weisungsgebundene Hilfstätigkeit (BGH FamRZ 1963, 281; 1967, 618). Diese Auffassung widersprach schon damals nicht nur dem Gedanken der gleichberechtigten Partnerschaft, sondern auch der Realität. Richtig war und ist, daß die Mitarbeit des Ehegatten sowohl weisungsgebunden als auch gleichgeordnet oder leitend sein kann.

b) Sehr umstritten war und ist noch immer, ob und wenn ja, wann für diese Mitarbeit ein *Entgelt* beansprucht werden kann. § 1356 Abs. 2 a.F. BGB schwieg zu diesem Punkt. In Rechtsprechung und Literatur herrscht Streit. Einig ist man sich lediglich darin, daß Ehegatten ein Arbeits- und Gesellschaftsverhältnis vereinbaren können, das als Ausgleich für die Mitarbeit Lohn- oder Gewinnansprüche entstehen läßt. Gesellschaftsverträge werden vornehmlich geschlossen, wenn Ehegatten ein Handelsgeschäft zusammen betreiben (OHG, KG). Arbeitsverträgen liegen z.T. steuerliche Erwägungen zugrunde (steuerlicher Abzug der Vergütung als Betriebsausgabe; mit kritischer Prüfung durch die Finanzämter ist zu rechnen), z.T. sozialversicherungsrechtliche Vorteile (Erwerb sozialversicherungsrechtlicher Ansprüche bei Krankheit, Erwerbsunfähigkeit, Arbeitslosigkeit sowie auf Altersrente). Was aber soll geschehen, wenn es an einer ausdrücklichen – schuldrechtlichen – Vereinbarung fehlt?

Die Gerichte bejahen nicht selten einen *stillschweigenden Vertragsabschluß*. Meist soll auf diese Weise der Ehefrau, die im Geschäft des Mannes mitgearbeitet hat, eine Gewinnbeteiligung verschafft werden. Weil sich zur Befriedigung dieses Anliegens das Gesellschaftsrecht eher eignet als das Arbeitsrecht, wird ein konkludenter Abschluß eines Arbeitsvertrages selten, ein konkludenter Abschluß eines Gesellschaftsvertrages dagegen recht häufig behauptet. Die Rechtsprechung läßt diese Behauptung gelten, wenn ein besonderer, über die Verwirklichung der ehelichen Lebensgemeinschaft hinausgehender Gesellschaftszweck nachgewiesen wird (z.B. „durch beiderseitige Arbeit und Hingabe wirtschaftlicher Mittel das Geschäft zur Entfaltung zu bringen"; BGH FamRZ 1960, 105, 107 und öfter; zuletzt BGH FamRZ 1975, 35).

Gegen diese Lösung wird eingewandt, wenn ein Ehegatte im Geschäft des anderen mitarbeite, fehle regelmäßig bei den beiden der Wille, sich rechtsgeschäftlich zu binden. Ein solcher *rechtsgeschäftlicher Bindungswille* sei aber Grundbedingung für die Annahme eines Vertragsverhältnisses (Fenn, Die Mitarbeit in den Diensten Familienangehöriger, S. 212). Daran ist richtig, daß es in der Tat nicht angeht, den stillschweigenden Willen der Ehegatten durch einen hypothetischen Willen zu ersetzen. Andrerseits geht es aber zu weit, dem mitarbeitenden Ehegatten grundsätzlich den Bindungswillen abzusprechen. Ein Ehegatte, der im Geschäft des anderen mitarbeitet, will – heute öfter als früher – dabei auch Rechtsansprüche erwerben, notfalls durchsetzbare Ansprüche auf Beteiligung am erwirtschafteten Gewinn. Daß er sich über die rechtliche Qualifizierung dieses Anspruchs keine Gedanken macht, darf ihm nicht schaden. Es genügt, wenn sich das Verhalten der Eheleute eindeutig einem bestimmten Vertragsverhältnis zuordnen läßt.

Als solches Vertragsverhältnis kommt wegen seiner größeren Flexibilität ein *Gesellschaftsvertrag* eher in Frage als ein *Arbeitsvertrag*. Im übrigen ist aber bei beiden deswegen Vorsicht geboten, weil sie sich auch zum Nachteil des mitarbeitenden Ehegatten auswirken können: Sein Vergütungsanspruch oder Gesellschaftsanteil kann von Gläubigern gepfändet werden (vgl. in diesem Zusammenhang § 850 h Abs. 2 ZPO: Bei unentgeltlichen oder geringfügig vergüteten Verwandten-Beschäftigungsverhältnissen wird zugunsten zwangsvollstreckender Gläubiger eine angemessene Vergütung fingiert! Zum Gesellschaftsanteil vgl. § 859 Abs. 1 ZPO), bei Arbeitsverträgen muß er Lohnsteuer zahlen, es müssen Sozialversicherungsbeiträge abgeführt werden usw.

In den Fällen eines stillschweigend abgeschlossenen Gesellschaftsvertrages wird regelmäßig eine sog. *Innengesellschaft* vorliegen (Kennzeichen: kein Gesamthandsvermögen, Geschäfte werden nach außen im Namen eines Gesellschafters geschlossen und gehen lediglich nach innen für Rechnung der Gesellschaft); vgl. als Beispielsfall OLG Karlsruhe FamRZ 1973, 649 m. Anm. Fenn.

Eines ist allerdings zu bedenken: Viele Eheleute werden die Grundlage für ihren Rechtsanspruch im Familienrecht vermuten. Deswegen kann es bei ihnen am Bewußtsein fehlen, eine – schuldrechtliche – Sonderverbindung einzugehen.

Fehlt es an einer schuldrechtlichen Sonderverbindung, so soll nach herrschender Meinung der mitarbeitende Ehegatte kein Entgelt beanspruchen können. Das Familienrecht, so sagt man, kennt keinen Ausgleich für geleistete Mitarbeit. Ein Ausgleich zwischen den Ehegatten soll – freilich nur im gesetzlichen Güterstand – erst bei Auflösung der Ehe (bzw. des Güterstandes) erfolgen; vgl. BGHZ 46, 385.

Dem steht eine in der Literatur verbreitete Auffassung gegenüber, die dem mitarbeitenden Ehegatten auch bei Fehlen einer schuldrechtlichen Sonderverbindung einen Ausgleichsanspruch gewähren will. Das Eheverständnis der Gegenwart, so wird gesagt, verlange eine Beteiligung des mitarbeitenden Ehegatten, wenn die gemeinsame Arbeit von Erfolg gekrönt ist. Den Ehegatten zu einer solchen Beteiligung zu verhelfen, sei Aufgabe des Familienrechts, Rechtsgrundlage für den Vergütungsanspruch sei ein – *familienrechtlicher – Kooperationsvertrag.* Ein solcher liege vor, wenn Eheleute eheliche Mitarbeit verabreden im Bewußtsein, eine rechtliche Bindung einzugehen. Ein Wille zu rechtlicher Bindung könne insbesondere dort unterstellt werden, wo ohne Mithilfe des Ehegatten fremde Arbeitskraft in Anspruch genommen werden müsse (Gernhuber/Coester-Waltjen, § 20 III 7).

Hier gibt es natürlich Fragen: Wird nicht der gesetzliche Güterstand aufgeweicht, wenn dem mitarbeitenden Ehegatten neben dem Anspruch auf Ausgleich des Zugewinns noch ein zusätzlicher Anspruch auf Gewinn eingeräumt wird? Kann dem mitarbeitenden Ehegatten ein vermögensrechtlicher Anspruch zugesprochen werden, welcher der ausschließlich im Haushalt tätigen Ehefrau in jedem Fall versagt bleiben muß (vgl. Fenn, Die Mitarbeit in den Diensten Familienangehöriger, S. 224 f.; Dölle I, § 64 III)?

Antwort: Der güterrechtliche Ausgleichsanspruch und der Ausgleichsanspruch für geleistete Mitarbeit haben verschiedene Zwecke. Beim ersten geht es nicht darum, der Frau eine Beteiligung am „miterarbeiteten“ Gewinn zu verschaffen, sondern sie dafür zu entschädigen, daß sie – wegen der Führung des Haushalts – auf einen Erwerb verzichtet hat. Deswegen spielt es für den güterrechtlichen Ausgleich keine Rolle, ob und inwieweit der ausgleichsberechtigte Ehegatte im einzelnen Fall zur Erzielung des Gewinns beigetragen hat (Dölle I, § 48 II). Demgegenüber soll der Ausgleichsanspruch für geleistete Mitarbeit „die gerechte Verteilung der in gemeinsamer Arbeit beider Ehegatten geschaffenen Werte“ gewährleisten (Lieb, Die Ehegattenmitarbeit im Spannungsfeld zwischen Rechtsgeschäft, Bereicherungsausgleich und gesetzlichem Güterstand, 184). Wegen dieser verschiedenen Zielsetzungen schließen sich die beiden Ausgleichsansprüche gegenseitig nicht aus.

Unterschiedliche Antworten gibt es auf die Frage nach dem *Rechtsgrund des Anspruchs*. Die Annahme eines Kooperationsvertrags ist nur eine Möglichkeit. Eine andere ist die, die *gesellschaftsrechtlichen Vorschriften analog* anzuwenden (Lieb, aaO, S. 187). Auch dies läßt sich vertreten; denn schließlich handelt es sich auch bei der Ehegattenmitarbeit um eine gemeinsame Zweckverfolgung, um eine gemeinsame, Werte schaffende Tätigkeit.

In Italien hat der Gesetzgeber bei der Familienrechtsreform des Jahres 1975 eine spezielle Regelung für „Familienunternehmen" geschaffen (impresa familiare, C.c. Art. 230 bis). Danach hat der Familienangehörige, der seine Arbeitskraft fortdauernd für die Familie oder im Familienunternehmen einsetzt, ein Recht auf Unterhalt gemäß der Vermögenslage der Familie und ist am Gewinn des Familienunternehmens beteiligt.

5. Das Recht eines jeden Ehegatten auf Berufstätigkeit

Es entsprach dem Leitbild der Hausfrauenehe, wenn das frühere Recht die Berufstätigkeit des Mannes als selbstverständlich unterstellte und nur eine Berufstätigkeit der Frau regeln zu müssen glaubte. Die Frau sollte – wohlgemerkt noch nach dem Gleichberechtigungsgesetz – nur erwerbstätig sein dürfen, wenn und soweit dies mit ihren Pflichten in Ehe und Familie vereinbar war. Das 1. EheRG hat diese offensichtlich verfassungswidrige Regelung beseitigt. Nunmehr wird beiden Ehegatten ein Recht auf Erwerbstätigkeit zugestanden, bei beiden jedoch verbunden mit der Verpflichtung, bei der Wahl und Ausübung der Erwerbstätigkeit auf die Belange des anderen Ehegatten und der Familie die gebotene Rücksicht zu nehmen (§ 1356 Abs. 2 BGB).

Praktisch heißt das etwa: Sind beide Ehegatten berufstätig, so sollen sie nach Möglichkeit versuchen, am gleichen Ort ihre Tätigkeit auszuüben. Oder: Betreibt ein Ehegatte ein kleines Ladengeschäft, das wirtschaftlich nur geführt werden kann, wenn der andere Ehegatte dabei mithilft, so widerspricht es der gebotenen Rücksichtnahme, wenn dieser seine Mitarbeit verweigert und eine andere Erwerbstätigkeit aufnimmt (es sei denn, daß durch seine Tätigkeit der Unterhalt der Familie besser gewährleistet wird als durch das Ladengeschäft). Oder: Man weiß heute, daß Kinder psychische Schäden davontragen können, wenn ihnen in ihren ersten Lebensmonaten die Mutter fehlt. Auch das sollte die Mutter bei der Berufswahl berücksichtigen, wobei flankierende Maßnahmen auf dem Gebiet des Mutterschutzes ihr die Entscheidung erleichtern sollten.

§ 7 Vermögensrechtliche Außenwirkungen

Schrifttum: Brox, „Schlüsselgewalt" und „Haustürgeschäft", in: FS Mikat (1989), 841; Käppler, Familiäre Bedarfsdeckung im Spannungsfeld von Schlüsselgewalt und Güterstand, AcP 179 (1979), 246; Leipold, Wirtschaftsgemeinschaft oder Güterindividualismus. Das Eigentum am Hausrat in Ehe und nichtehelicher Partnerschaft, FS Gernhuber (1993), 695; Walter, Eigentumserwerb in der Ehe (1981).

I. Eigentumsvermutungen

1. Ein Ehemann zahlt seine Schulden nicht. Der Gerichtsvollzieher kommt und pfändet ein Gemälde „Kahnfahrt im Mondenschein". Die Frau widerspricht der Pfändung und erklärt:„Das Bild gehört mir." Rechtslage?

Für den Gläubiger eines Ehegatten ist es praktisch ausgeschlossen nachzuweisen, daß eine Sache, die sich in der ehelichen Wohnung befindet, dem einen oder dem anderen Ehegatten gehört. Deswegen hat das BGB für diesen Fall eine *Vermutung* aufgestellt (§ 1362 BGB): Die im Besitz eines oder beider Gatten befindlichen Sachen werden zugunsten der Gläubiger des Mannes oder der Frau als *Eigentum des jeweiligen Schuldners* angesehen.

Will in unserem Beispielsfall also die Frau der Pfändung widersprechen, dann muß sie Drittwiderspruchsklage (§ 771 Abs. 1 ZPO) erheben und dabei die Vermutung des § 1362 BGB widerlegen, etwa durch den Nachweis, daß sie das Bild schon vor der Ehe besessen hat. Der Nachweis, daß sie früher einmal Besitzerin war, genügt. Aus ihrem früheren Besitz wird auf ihr Eigentum geschlossen (§ 1006 Abs. 2 BGB; vgl. BGH FamRZ 1992, 409).

Eine ähnliche Vermutung kannte schon das Römische Recht, die sog. *praesumptio muciana*. Mit diesem Namen pflegt die Eigentumsvermutung des § 1362 BGB auch heute noch belegt zu werden.

Die Vermutung gilt uneingeschränkt nur dann, wenn die Ehegatten zusammenleben. Leben die Ehegatten getrennt, dann gilt die Vermutung nur dann, wenn sich die Sache im Besitz des Schuldners befindet. Es wird hier also aus dem Besitz auf das Eigentum geschlossen (ebenso wie in § 1006 Abs. 1 Satz 1 BGB). Befindet sich die Sache im Besitz des Ehegatten, der nicht der Schuldner ist, dann gilt die Vermutung nicht, § 1362 Abs. 1 Satz 2 BGB.

2. Eine zweite Vermutung enthält § 1362 Abs. 2 BGB: Für die *ausschließlich zum persönlichen Gebrauch* eines Ehegatten bestimmten Sachen wird vermutet, daß sie dem Gatten gehören, für dessen Gebrauch sie bestimmt sind.

Während sich auf die Vermutung des § 1362 Abs. 1 BGB nur die Gläubiger eines Ehegatten berufen können, wirkt die Vermutung des § 1362 Abs. 2 BGB auch zugunsten eines jeden Ehegatten.

Beispiel: Eine Ehe wird geschieden. Der Ehemann verlangt alle Schmuckgegenstände zurück, die er während der Ehe gekauft oder geerbt und die seine Frau getragen hat und die sich noch in ihrem Besitz befinden. Begründung: Er habe diese Gegenstände der Frau nicht geschenkt, sondern nur zum Gebrauch überlassen.

Widerspricht die Frau dieser Behauptung, so muß sie nachweisen, daß die Schmuckgegenstände ausschließlich zu ihrem persönlichen Gebrauch bestimmt waren. Gelingt ihr dieser Beweis, dann spricht die Vermutung des § 1362 Abs. 2 BGB für ihr Eigentum. Bei dieser Beweisführung kann sie sich nicht auf einen Erfahrungssatz berufen („Frauenschmuck ist in der Regel zum ausschließlichen persönlichen Gebrauch der Frau bestimmt"). Es reicht auch nicht aus, wenn sie nachweisen kann, daß sie den Schmuck gelegentlich getragen hat. Maßgebend ist allein, ob die Schmuckstücke ihr vom Mann zur beliebigen Benutzung überlassen worden waren. Vgl. BGH NJW 1959, 142 (Kapitalanlage) und BGH FamRZ 1971, 24 (Erbstück).

3. § 1362 BGB wird ergänzt durch § 739 ZPO. In dieser Vorschrift ist bestimmt, daß im Fall der Vermutung des § 1362 BGB für die Durchführung der Zwangsvollstreckung nur der Schuldner als Gewahrsamsinhaber und Besitzer gilt. Nach §§ 808, 809 ZPO ist nämlich eine Pfändung nur zulässig bei Sachen, die sich im Gewahrsam des Schuldners oder eines Dritten befinden, der zur Herausgabe der Sache bereit ist.

Beispiel: Die Eheleute M und F haben einen BMW. Den Wagen fährt meistens die Frau. Kann dieser Wagen wegen Schulden des M gepfändet werden?

a) § 1362 Abs. 1 BGB: Es wird vermutet, daß der Wagen dem Schuldner (M) gehört.

b) Wenn es § 739 ZPO nicht gäbe, könnte F der Pfändung widersprechen. Sie könnte sagen: Der Wagen befindet sich in meinem Alleingewahrsam oder zumindest in meinem Mitgewahrsam. Ich bin zu der Herausgabe nicht bereit, §§ 808, 809 ZPO. Diese Möglichkeit wird durch § 739 ZPO ausgeschlossen.

4. Sehr umstritten ist die Frage, ob im Fall einer *nichtehelichen Lebensgemeinschaft* die §§ 1362 BGB und 739 ZPO analog angewandt werden können. Die Befürworter einer analogen Anwendung weisen auf

die gleiche Interessenlage hin sowie darauf, daß bei einer Beschränkung auf Eheleute diese gegenüber den Partnern einer nichteheliehen Lebensgemeinschaft in verfassungswidriger Weise diskriminiert würden (MünchKomm/Wacke, § 1362 Rz 11; Diederichsen, FamRZ 1988, 889, 891).

Dem ist aber folgendes entgegenzusetzen:

Daß zwei Menschen zusammen wirtschaften, kommt nicht nur in Ehen und nichtehelichen Gemeinschaften vor. Das war dem Gesetzgeber bekannt. Gleichwohl hat er die Eigentumsvermutung auf den Fall der Ehe beschränkt. Dieser Ausnahmecharakter der Regelung spricht gegen ihre analoge Anwendung.

Die analoge Anwendung des § 1362 BGB auf nichteheliche Lebensgemeinschaften ist auch nicht praktikabel. Ob eine Ehe vorliegt, ist ohne weiteres nachprüfbar. Aber wie soll der Gerichtsvollzieher feststellen, ob zwischen einem Mann und einer Frau, die er gemeinsam in einer Wohnung antrifft, eine nichteheliche Lebensgemeinschaft besteht? Ist er zu einer solchen Feststellung überhaupt befugt?

Insbesondere aus diesen beiden Gründen lehnt die herrschende Meinung die analoge Anwendung der §§ 1362 BGB und 739 ZPO auf nichteheliche Lebensgemeinschaften ab (eingehend, mit ausführlichen Nachweisen: OLG Köln, FamRZ 1990, 623).

II. Schlüsselgewalt

Ausgangsfall: Moritz, von Beruf Eisenbahner, ist seit 1958 verheiratet. Aus seiner Ehe gingen bis 1966 fünf Kinder hervor. Im Januar 1967 suchte seine Ehefrau Frieda den Arzt auf und ließ sich empfängnisverhütende Pillen verschreiben. Sie wollte ebenso wie ihr Mann keine weiteren Kinder mehr haben. Der Arzt verschrieb Eugynon. Der Apotheker verlas sich und händigte der Frau das Magenpräparat Enzynorm aus. Frieda las zwar die Aufschrift „Magenpräparat", hielt dies aber für eine geschickte Tarnung. Naturgemäß konnte die regelmäßige Einnahme des Magenpräparats die Geburt des sechsten Kindes nicht verhindern. Moritz verlangt nun vom Apotheker Schadensersatz dafür, daß er dem ungewollten Kind Unterhalt leisten muß. Mit Recht?

1. Rechtsentwicklung

Nach § 1357 BGB ist jeder Ehegatte berechtigt, Geschäfte zur angemessenen Deckung des Lebensbedarfs der Familie mit Wirkung auch für den anderen Ehegatten zu besorgen. Diese sog. Schlüsselgewalt stand ursprünglich nur der Frau zu. Die Frau hatte den Haushalt zu führen. Sie hatte aber regelmäßig keine eigenen Mittel, sondern nur einen Anspruch auf ein Haushaltsgeld gegen den Mann. Der Mann war also letztlich derjenige, an den sich die Gläubiger halten mußten. Man konnte aber vom Mann nicht erwarten, daß er seiner Frau für jedes Rechtsgeschäft Vollmacht erteilen würde, und eine solche ständige Bitte um Vollmachterteilung der Frau auch nicht zumuten. Außerdem war es zum Schutz der Gläubiger notwendig, ihnen ein Zugriffsrecht gegen den Mann zu eröffnen. Daraus erklärt sich das Rechtsinstitut der Schlüsselgewalt: Aus Rechtsgeschäften der Frau, die innerhalb ihres häuslichen Wirkungskreises lagen, wurde (grundsätzlich allein) der Mann sowohl berechtigt als auch verpflichtet.

Diese Schlüsselgewalt allein der Frau war geschaffen für die *Hausfrauenehe*. Nicht erfaßt war der Fall der Doppelverdienerehe und auch nicht der Fall, daß der Mann den Haushalt führte, die Frau aber berufstätig war. Im letztgenannten Fall half man sich entweder durch die Konstruktion einer stillschweigenden Bevollmächtigung oder durch die analoge Anwendung des § 1357 a.F. BGB („Frau" im Sinne des Gesetzes ist der jeweils den Haushalt führende Ehegatte).

Die neue Fassung, die das 1. Eherechtsreformgesetz gebracht hat, verwirklicht das Gleichberechtigungsgebot auch im Bereich der Schlüsselgewalt. Gleichgültig, wer für die Familie handelt, Mann oder Frau, jeder bindet nunmehr durch sein Geschäft auch den anderen Ehegatten, es sei denn, daß sich aus den Umständen etwas anderes ergibt. Dem Gläubiger haften beide Ehegatten als Gesamtschuldner. Die gesamtschuldnerische Haftung verbessert die Position des Gläubigers, verschlechtert aber (im Fall der Hausfrauenehe) die Lage der Frau.

2. Die Rechtsnatur der Schlüsselgewalt

a) Innenverhältnis

Ursprünglich, als sie noch die „Geschäfte des Mannes" führte, hielt man die Frau für seine Beauftragte. Sie wurde für verpflichtet angesehen, den Weisungen des Mannes zu folgen, ihm über die abgeschlossenen Geschäfte Auskunft zu erteilen, Rechnung zu legen und das Erlangte herauszugeben. Schon das Gleichberechtigungsgesetz gab diese Konzeption auf. Die Frau, die den Haushalt „führt", braucht vom Mann keine Weisungen entgegenzunehmen. Dabei ist es geblieben. Ehegatten, die für den angemessenen Lebensbedarf der Familie sorgen, handeln nicht als Beauftragte ihres Ehepartners. Sie sind lediglich – aus dem Gebot der ehelichen Lebensgemeinschaft (§ 1353 BGB) – gehalten, bei der Geschäftsführung aufeinander Rücksicht zu nehmen. Sie haben den Wünschen des Ehepartners in angemessener Weise Rechnung zu tragen, sie müssen ihn über wichtige Geschäfte unterrichten, und sie müssen darauf achten, daß sie die vom Familieneinkommen her gesteckten Grenzen nicht überschreiten.

b) Außenverhältnis

Früher hielt man die Schlüsselgewalt für eine gesetzliche Vertretungsmacht. Gegen eine solche Einordnung spricht heute, daß die Ehegatten eigenverantwortlich handeln und daß sie nicht nur den Ehepartner, sondern auch sich selbst durch ihre Geschäfte berechtigen und verpflichten. Es empfiehlt sich darum, statt von einer Vertretungsmacht von einer *gesetzlichen Ermächtigung* zu sprechen (vgl. Erman/Heckelmann, § 1357 Rz 7). Überschreitet ein Ehegatte die Grenzen der Schlüsselgewalt, d.h. schließt er Geschäfte, die nicht zum angemessenen Lebensbedarf der Familie gehören, so ist § 1357 BGB unanwendbar. In die Lücke treten die allgemeinen Vertretungsvorschriften. Wer im eigenen Namen Geschäfte schließt, die von der Schlüsselgewalt nicht mehr gedeckt werden, berechtigt und verpflichtet nur sich selbst (§ 164 BGB). Macht dagegen ein Ehegatte beim Vertragsschluß deutlich, nur oder auch für seinen Ehegatten handeln zu wollen, so kommt es, wenn § 1357 BGB nicht eingreift, auf das Vorliegen einer besonderen Bevollmächtigung an. Fehlt sie, so gelten die §§ 177, 179 BGB.

Bei Schlüsselgewaltsgeschäften entsteht eine Gesamtgläubigerschaft (§ 428 BGB). Sie liegt wegen des zwischen den Ehegatten bestehenden engen Vertrauensverhältnisses näher als die Annahme einer auf eine unteilbare Leistung gerichteten Forderung (§ 432 BGB); so auch MünchKomm/Wacke, § 1357 Rz 36; a.A. Palandt/Diederichsen, § 1357 Rz. 5.

c) Sachenrechtliche Konsequenzen

Aus Schlüsselgewaltsgeschäften werden beide Ehegatten „berechtigt“. „Berechtigt“ heißt zunächst einmal „forderungsberechtigt“. Wer das Eigentum an den Gegenständen erwirbt, die im Rahmen der Schlüsselgewalt angeschafft worden sind, richtet sich nach den Vorschriften des Sachenrechts (BGH FamRZ 1991, 923, 924). In der Regel wird es dem Vertragspartner des Ehegatten gleichgültig sein, an wen er das Eigentum überträgt. Er übereignet an den, den es angeht. Bei Ehegatten kann man in aller Regel davon ausgehen, daß sie bei – längerlebigen – Gegenständen des ehelichen Haushalts Miteigentümer (zu gleichen Teilen) werden wollen (BGH aaO.). Bei Gegenständen des persönlichen Bedarfs (die Ehefrau kauft ihrem Mann ein Hemd) wird im Zweifel derjenige Eigentümer werden wollen (und werden), für den der Gegenstand bestimmt ist (es sei denn, daß der als Käufer auftretende Ehegatte den gekauften Gegenstand dem anderen Ehegatten schenken möchte: Hier möchte zunächst er Eigentümer werden). Nicht überzeugend ist der Vorschlag, denjenigen Eigentümer werden zu lassen, der das Geld zur Verfügung stellt, oder den Miteigentumsanteil nach den jeweiligen Finanzierungsbeiträgen zu bemessen (MünchKomm/Wacke, § 1357 Rz 37). Hier würde die wertschöpfende Arbeit des Ehegatten, der den Haushalt führt, zu wenig berücksichtigt. In einer Ehe sollte nicht der Satz gelten: Wer zahlt, schafft an. Werden Haushaltsgegenstände gekauft, die nicht mehr vorhandene oder wertlos gewordene Gegenstände ersetzen sollen, ist schließlich noch § 1370 BGB zu beachten (dingliche Surrogation).

3. Der Umfang der Schlüsselgewalt

Schlüsselgewalt haben die Ehegatten für alle Geschäfte, die zur *angemessenen Deckung des Lebensbedarfs* der Familie getätigt werden. Früher sprach das Gesetz von den Geschäften, die innerhalb des häuslichen Wirkungskreises liegen. Die neue Formel ist teils enger, teils weiter. Enger ist sie insofern, als jetzt die Angemessenheit besonders betont wird. Indessen wurden von der Rechtsprechung auch schon früher unangemessene Rechtsgeschäfte aus dem Bereich der Schlüsselgewalt ausgenommen. Zu berücksichtigen ist dabei allerdings, daß nach früherem Recht für die Frage, ob ein Geschäft noch zum häuslichen Wirkungskreis gehörte, auf den tatsächlichen Zuschnitt der Lebensführung abgestellt wurde, nicht auf den Zuschnitt, wie er sein sollte. Die neue Formel spricht für eine Umorientierung, die Bedürfnisse der Praxis sprechen dagegen. Der Geschäftspartner eines Ehegatten kann die Angemessenheit eines Geschäfts nur nach dem Lebensstil der Ehegatten abschätzen, den er kennt, nicht nach den ihm unbekannten tatsächlichen Lebensverhältnissen.

Weiter ist die neue Formel insofern, als sie statt vom häuslichen Wirkungskreis vom Lebensbedarf spricht. Unter der Geltung des früheren Rechts wurde z.B. das Mieten einer Wohnung oder die Aufnahme eines Darlehens als nicht mehr in den Rahmen des häuslichen Wirkungskreises fallend angesehen. Selbst bei Teilzahlungsgeschäften hielten viele § 1357 a.F. BGB für unanwendbar. Unter den Begriff „Geschäfte für den angemessenen Lebensbedarf" lassen sich alle diese Geschäfte ohne Schwierigkeiten subsumieren. Ob es allerdings richtig ist, den Bereich der Schlüsselgewaltgeschäfte so weit auszudehnen, ist eine andere Frage. Tatsächlich tendiert die Rechtsprechung dahin, diesen Bereich eher einzuschränken. Dem ist zuzustimmen. Jede Ausdehnung führt hin zum Güterstand der Güter- (und Haftungs-)gemeinschaft, also weg vom gesetzlichen Güterstand, unter dessen Geltung kein Ehegatte für die

Schulden des anderen einstehen muß. Am gesetzlichen Güterstand als der vom Gesetzgeber für grundsätzlich als richtig erachteten Regelung der vermögensrechtlichen Beziehungen zwischen Ehegatten hat sich aber jede Gesetzesauslegung auszurichten. Das spricht für eine *restriktive Interpretation* des Begriffs „Geschäfte zur angemessenen Deckung des Lebensbedarfs".

So ist der Abschluß eines Bauvertrages über ein Wohnhaus unstreitig von der Schlüsselgewalt nicht mehr gedeckt, mag der Kauf auch dem „angemessenen Lebensbedarf" dienen (BGH FamRZ 1989, 35). Dagegen kann ein Maklervertrag für die Anmietung einer Wohnung durchaus noch unter § 1357 BGB subsumiert werden (LG Braunschweig FamRZ 1986, 61).

In jedem Fall sind „angemessen" die Geschäfte, die schon früher von der Schlüsselgewalt der Frau gedeckt waren: Kauf von Lebens- und Genußmitteln (auch dann, wenn durch längeres „Anschreibenlassen" eine größere Schuld entstanden ist; vgl. OLG Köln OLGZ 1971, 155), Anschaffung von Kleidern (hier spielt der Begriff der „Angemessenheit" eine Rolle: Der Kauf eines Nerzmantels ist nur in wenigen Familien eine „angemessene" Bedarfsdeckung!), Erwerb von Hausratsgegenständen, Geschäfte, die im Zusammenhang mit der Ausbildung, Erziehung oder Betreuung der Kinder stehen (Verpflichtung eines Nachhilfelehrers, Zuziehung eines Arztes). Auch wenn ein Ehegatte selbst den Arzt aufsucht, gehört der Vertrag, den er schließt, zur Deckung des Lebensbedarfs (vgl. BGH FamRZ 1967, 276).

Streitig ist, wie mit *Ratenzahlungsgeschäften* verfahren werden soll. Manche wollen sie vom § 1357 BGB völlig ausnehmen (MünchKomm/Wacke, § 1357 Rz 29); eine solche Auslegung wird aber vom Wortlaut des Gesetzes nicht mehr gedeckt (richtig darum MünchKomm/Ulmer, § 1 AbzG Rz 7).

Nach den Vorstellungen des Gesetzgebers sollten *Geschäfte größeren Umfangs*, die ohne Schwierigkeiten zurückgestellt werden können, im Regelfall nicht unter § 1357 BGB fallen. Im Schrifttum heißt es dazu, daß das Gesetz nur bei solchen Geschäften auch den anderen Ehegatten in die Schuldnerstellung bringe, die wenigstens in der Regel von einem Ehegatten selbständig erledigt zu werden pflegen oder über deren Abschluß vor ihrer Eingehung eine Verständigung zwischen den Eheleuten gewöhnlich als nicht notwendig angesehen werde und über die in der Regel auch keine vorherige Abstimmung stattfinde (Gernhuber/Coester-Waltjen, FamR, § 19 IV 6; Palandt/Diederichsen, § 1357 Rz. 14). Die Frau soll im Zweifel nicht in Anspruch genommen werden können, wenn der Mann, ohne sie vorher gefragt zu haben, eine Urlaubsreise gebucht oder ein Wohnmobil gekauft hat, mögen die wirtschaftlichen

Verhältnisse der Eheleute ein solches Geschäft auch zulassen. Zweifel bestehen darüber, wie zu verfahren ist, wenn die Eheleute sich vor dem Geschäft abgestimmt haben. Auf der einen Seite verdient keinen Schutz, wer mit dem Geschäftsabschluß seines Ehegatten einverstanden war, auf der anderen Seite ist es – bei Geschäften größeren Umfangs – dem Geschäftspartner des Ehegatten, der sich die gesamtschuldnerische Haftung beider Ehegatten sichern will, zumutbar, die Unterschrift beider Ehegatten unter den Vertrag zu verlangen (OLG Köln FamRZ 1991, 434).

Bei *Arzt- und Krankenhausverträgen* ist zu unterscheiden: Eine ärztliche Behandlung ist jedenfalls dann eine angemessene Deckung des Lebensbedarfs, wenn sie unaufschiebbar und medizinisch notwendig ist und ärztliche Sonderleistungen nicht in Anspruch genommen werden. Hier kann es nicht darauf ankommen, ob eine Abstimmung zwischen den Ehegatten stattgefunden hat. Dagegen ist bei einer aufschiebbaren oder medizinisch nicht notwendigen Heilbehandlung oder bei einer solchen, bei der ärztliche Sonderleistungen in Anspruch genommen werden (Behandlung durch den Chefarzt), die Angemessenheit jeweils im Einzelfall zu prüfen. Dabei kann es durchaus eine Rolle spielen, ob der nunmehr in Anspruch genommene Ehegatte über den bevorstehenden Vertragsabschluß unterrichtet worden ist oder jedenfalls Bescheid gewußt hat. Schließt z.B. ein Mann namens seiner Frau einen Krankenhausaufnahmevertrag und gibt er dabei zu erkennen, daß er mit einer persönlichen Behandlung seiner Frau durch den Chefarzt einverstanden sei, so kann er nicht später erklären, es hafte nur die Frau, nicht auch er selbst, weil es sich bei dem Vertrag nicht um ein gewöhnliches Geschäft des täglichen Lebens gehandelt habe (BGH FamRZ 1985, 576).

Eine Schranke für Schlüsselgewaltsgeschäfte ergibt sich aus § 1357 Abs. 1 S. 2 BGB. Die Mitverpflichtung des anderen Ehegatten ist ausgeschlossen, wenn sich „aus den Umständen etwas anderes ergibt". Das ist u.a. der Fall, wenn die eingegangene Verpflichtung die wirtschaftlichen Verhältnisse und finanziellen Möglichkeiten der Familie überschreitet. Schlüsselgewaltsgeschäfte dienen der Deckung des Lebensbedarfs. Lebensbedarf ist ein Begriff des Unterhaltsrechts. Zum Familienunterhalt haben beide Ehegatten beizutragen. Diese Pflicht findet aber ihre Grenze in der jeweiligen Leistungsfähigkeit. Wo wegen fehlender Leistungsfähigkeit keine Verpflichtung besteht, ergibt sich „aus den Umständen", daß auch eine Mithaftung aus § 1357 BGB ausscheidet (BGH JZ 1992, 586 m.Anm. Henrich).

Keine Schlüsselgewalt haben Ehegatten, die *getrennt leben* (§ 1357 Abs. 3 BGB). Ebenso wie es bei getrenntlebenden Ehegatten keinen „Familienunterhalt" gibt, sondern nur wechselseitige Unterhaltsansprüche der Ehegatten und Ansprüche der Kinder gegen die Eltern, so gibt es dann, wenn die Ehegatten getrennt leben, auch keinen „Lebensbedarf der Familie", sondern nur einen Bedarf der einzelnen Familienmitglieder.

4. Aufhebung der Schlüsselgewalt

Nach § 1357 Abs. 2 Satz 1 BGB kann jeder Ehegatte die Schlüsselgewalt des anderen aufheben oder einschränken. Die Erklärung muß entsprechend § 168 Satz 3 i.V.m. § 167 Abs. 1 BGB entweder dem anderen Ehegatten oder dem Dritten gegenüber erfolgen. Dritten gegenüber wirkt die Erklärung aber nur, wenn sie diesen bekannt oder im Güterrechtsregister eingetragen war (§ 1357 Abs. 2 Satz 2 i.V.m. § 1412 BGB).

Wenig Sinn hat es, wenn ein Mann die Aufhebung der Schlüsselgewalt in einer Zeitungsanzeige bekanntgibt („Ich erkläre hiermit, daß ich für die Schulden meiner Ehefrau nicht aufkomme"). Will er sich darauf berufen, so muß er nachweisen, daß der Vertragspartner der Frau diese Anzeige gelesen hat.

5. Unverheiratete Partner

Auf unverheiratete Partner einer Lebensgemeinschaft ist § 1357 BGB nicht anwendbar. Zwar mag auch hier der Gläubiger eines der Lebensgefährten an der Haftung oder der Mithaftung des anderen interessiert sein. Dieses vergleichbare Gläubigerinteresse reicht aber für eine analoge Anwendung des § 1357 BGB nicht aus. Versuche, wegen dieser scheinbaren Besserstellung nichtehelicher Partner die Regelung des § 1357 BGB für verfassungswidrig erklären zu lassen (Verstoß gegen die Artt. 2 Abs. 1, 3 Abs. 1 und 6 Abs. 1 GG), führten zu keinem Erfolg (BVerfG FamRZ 1989, 1273). Wie das Bundesverfassungsgericht feststellte, legt § 1357 BGB den Ehegatten nicht nur Verpflichtungen auf, sondern räumt ihnen auch zusätzliche Rechte ein, wie insbesondere im Fall der Hausfrauenehe deutlich wird. Wegen dieses eheförderlichen Gehalts der Vorschrift scheidet eine Grundrechtsverletzung aus. Zweifel bleiben!

6. Hinweise für die Lösung des Ausgangsfalls

Den Vertrag mit dem Apotheker hat die Frau geschlossen. Der Ehemann kann deswegen einen vertraglichen Schadensersatzanspruch (aus c.i.c. oder positiver Forderungsverletzung) nur geltend machen, wenn er aus dem Rechtsgeschäft der Frau berechtigt worden ist.

Problem: Gehört der Kauf der „Pille" zur angemessenen Deckung des Lebensbedarfs der Familie? Die Antwort kann nicht anders lauten als bei der Frage, ob die Zuziehung eines Arztes von der Schlüsselgewalt gedeckt ist (s.o. 3).

Ob der Mann daneben auch einen deliktischen Schadensersatzanspruch geltend machen kann, hängt davon ab, ob er in einem der in § 823 Abs. 1 BGB geschützten Rechte oder Rechtsgüter verletzt worden ist. Die Frage ist streitig: Heldrich (Schadensersatz bei fehlgeschlagener Familienplanung, JuS 1969, 455, 461) hält eine Verletzung des allgemeinen Persönlichkeitsrechts (Selbstbestimmungsrecht in Fragen der Kinderplanung) für gegeben, die überwiegende Meinung ist jedoch gegenteiliger Ansicht (BGH FamRZ 1994, 364, 368; Henrich, Fälle und Lösungen, Fall 6).

Eine Erörterung der eigentlichen Problematik des Falles, die vornehmlich im Bereich der Vertragshaftung aktuell wird, nämlich, ob der Mann einen ersatzfähigen Schaden erlitten hat, gehört nicht in den Rahmen dieser Darstellung. Deswegen nur einige Stichworte: Vermögensminderung? (Ja! Belastung mit Unterhaltsleistungen.) Schadensersatzanspruch? (Die überwiegende Meinung sagt ja; vgl. neben dem LG Itzehoe FamRZ 1969, 90, das den Ausgangsfall entschieden hat, namentlich BGH FamRZ 1980, 654, 657; 1994, 364, 366 ff. m.w.N.; zu den Bedenken dagegen s. die sorgfältig begründete Entscheidung OLG Bamberg NJW 1978, 1685). Mitschuld? Überwiegende Auffassung: Schadensteilung; a.A. – das Mitverschulden der Frau darf nicht zu hoch veranschlagt werden – D. und A. Giesen, FamRZ 1969, 319 f.) Zur Gesamtproblematik s. auch Henrich, Fälle und Lösungen, Fall 6.

§ 8 Der Schutz der ehelichen Lebensgemeinschaft und der Ehegatten nach innen und außen

Schrifttum: Deutsch, Familienrechte als Haftungsgrund, FS Gernhuber (1993), 581; Smid, Der Fluch der bösen Tat, oder: Verwirkung des Besitzschutzes an der Ehewohnung aufgrund vorangegangenen unmoralischen Tuns?, FamRZ 1989, 1144; Stark, Kann ein Dritter wegen Ehestörung zu Genugtuungszahlungen verpflichtet werden?, in: FS Hegnauer (1986), 515.

I. Die Folgen pflichtwidrigen Handelns im Innenverhältnis

1. Klage auf Herstellung des ehelichen Lebens

Handelt ein Ehegatte dem Gebot der ehelichen Lebensgemeinschaft zuwider, so kann der andere gegen ihn auf Herstellung des ehelichen Lebens klagen. Man pflegt hier von einer „Herstellungsklage“ zu sprechen.

Bei der Klage ist anzugeben, wozu der Ehegatte verurteilt werden soll. Der Klageantrag muß also etwa lauten:“... den Ehegatten zu verurteilen, das eheliche Leben dadurch wiederherzustellen, daß er in die eheliche Wohnung zurückkehrt, daß er den Geschlechtsverkehr wieder aufnimmt, daß er unverzüglich seinen übermäßigen Alkoholkonsum einstellt, daß er aufhört, in der Ehewohnung Krach zu schlagen und seine Familienangehörigen anzuschreien“ usw. (vgl. OLG Frankfurt FamRZ 1982, 484).

Die Zulässigkeit solcher Herstellungsklagen ergibt sich aus dem Gesetz (§ 606 Abs. 1 ZPO). Sie sind heute allerdings selten geworden. Das hat zwei Gründe: Zum einen sind solche Klagen nicht vollstreckbar (§ 888 Abs. 2 ZPO). Zum anderen bleiben sie auch sonst ohne rechtliche Auswirkungen. Das war anders, als im Ehescheidungsrecht noch das Schuldprinzip galt, eine Ehescheidung also grundsätzlich den Nachweis einer schweren Eheverfehlung voraussetzte. Dieser Nachweis war nämlich geführt, wenn die Herstellungsklage Erfolg hatte, erst recht natürlich, wenn der Ehegatte nach seiner Verurteilung sein Verhalten nicht änderte.

2. Beendigung der ehelichen Lebensgemeinschaft

Wer anhaltend gegen die Gebote der ehelichen Lebensgemeinschaft verstößt, führt damit deren Beendigung herbei. Besteht die Lebensgemeinschaft der Ehegatten nicht mehr, so kann die Ehe geschieden werden (§ 1565 Abs. 1 BGB). Die wichtigste Sanktion fortdauernder Pflichtverstöße der Ehegatten ist also die Scheidung.

3. Sonstige Sanktionen

Während im persönlichen Bereich dem Ehegatten, der in seinen Erwartungen enttäuscht worden ist, neben der – praktisch wirkungslosen – Herstellungsklage nur die Scheidungsmöglichkeit bleibt, kann er in manchen vermögensrechtlichen Angelegenheiten seine Rechte als Ehegatte auch gerichtlich durchsetzen. Das betrifft insbesondere den *Anspruch auf Unterhalt* (§§ 1360 ff. BGB), von dem noch gesondert zu reden sein wird. Die Rechtsprechung hat aber auch § 1353 BGB in einzelnen Fällen als Anspruchsgrundlage oder als Verteidigungsinstrument anerkannt. So kann ein Ehegatte beispielsweise vom anderen

Auskunft über seine Vermögensverhältnisse und über größere Vermögensbewegungen (BGH FamRZ 1976, 516) oder Mitwirkung bei der Steuererklärung zum Zwecke der Zusammenveranlagung verlangen (OLG Köln FamRZ 1989, 1174), im Fall einer Schadenszufügung (z.B. bei einem vom anderen Ehegatten verursachten Verkehrsunfall) kann der Geschädigte im Einzelfall aufgrund besonderer Umstände gehalten sein, seinen Ersatzanspruch nur teilweise oder gar nicht geltend zu machen, solange sich der schuldige Ehegatte im Rahmen seiner wirtschaftlichen Möglichkeiten um eine Wiedergutmachung bemüht (BGH FamRZ 1988, 476).

Diskutiert wird die Frage, ob ein Ehegatte, der den *Mietvertrag* über die eheliche Wohnung allein geschlossen hat, die Wohnung ohne weiteres *kündigen*, oder, falls er Alleineigentümer ist, sie veräußern kann. De lege lata wird man sagen müssen, daß der Ehegatte ein solches Recht hat. Eine Einschränkung gibt es nur dann, wenn die Eheleute im gesetzlichen Güterstand leben und die eheliche Wohnung – im Fall einer Veräußerung – praktisch das gesamte Vermögen des Ehegatten darstellt (§ 1365 BGB). Ansonsten kann sich der andere Ehegatte nicht dem Vermieter oder dem Erwerber gegenüber auf sein Besitzrecht berufen. Die Kündigung oder die Veräußerung kann jedoch gegen § 1353 BGB verstoßen. Kein Ehegatte darf dem anderen die Lebensgrundlage unzumutbar beschneiden. Darum kann gegen den pflichtwidrig Handelnden eine Unterlassungsklage erhoben oder eine einstweilige Verfügung erwirkt werden. Dritten gegenüber kann allerdings § 1353 BGB nicht geltend gemacht werden. Will im Fall der Kündigung der Ehewohnung durch den Ehegatten, der den Mietvertrag allein geschlossen hat, der andere in der Ehewohnung bleiben, so kann ihm nach einer Literaturmeinung auch ein Eintrittsrecht analog § 569 a BGB eingeräumt werden (MünchKomm/Wacke, BGB, 2. Aufl. § 1353 Rz 27).

Andere Rechtsordnungen schützen den Ehegatten stärker: Vielerorts wird die Verfügung über die eheliche Wohnung (durch den Alleineigentümer) oder die Kündigung (wenn nur ein Ehegatte den Mietvertrag geschlossen hat) an die Zustimmung des anderen Ehegatten geknüpft, so z.B. in Frankreich (Artt. 215, 1751 C.c.), Belgien (Art. 215 C.c.), den Niederlanden (Art. 1: 88 B.W.) oder der Schweiz (Art. 169 ZGB).

4. Insbesondere: Deliktische Ansprüche gegen den Ehegatten

Anders als die Herstellungsklage sind deliktische Ansprüche gegen den anderen Ehegatten grundsätzlich *durchsetzbar*. Kein Ehegatte braucht es hinzunehmen, wenn er von dem anderen in einem seiner geschützten Rechtsgüter verletzt wird. Probleme ergeben sich aber in zweierlei Hinsicht: Zum einen kann es sein, daß ein deliktischer Beseitigungs- oder Unterlassungsanspruch auf ein Ziel gerichtet ist, das auch mit einer Herstellungsklage verfolgt werden könnte. Zum anderen können deliktische Ersatzansprüche durch abschließende Sonderregelungen des Familienrechts ausgeschlossen sein.

a) Ein Ehegatte, der vom anderen nicht mehr beleidigt oder geschlagen werden möchte, will mit seinem (quasi-negatorischen) Unterlassungsanspruch vielfach zugleich die *Wiederherstellung der ehelichen Lebensgemeinschaft* erreichen. Die Herstellung der ehelichen Lebensgemeinschaft ist aber nicht erzwingbar (§ 888 Abs. 2 ZPO). Kann sie mit Hilfe eines deliktischen Unterlassungsanspruchs gleichwohl durchgesetzt werden? Die Antwort lautet: Verletzungshandlungen, die von jedem beliebigen Dritten begangen werden könnten (Körperverletzungen, geschäftsschädigende Äußerungen) brauchen nicht hingenommen zu werden, auch wenn der Täter der Ehegatte ist. Anders kann es bei Beleidigungen im Intimbereich sein. Hier dürfte die Herstellungsklage (oder die Scheidung der Ehe) die angemessenere Sanktion sein.

b) Bei Verletzungen eines der in § 823 Abs. 1 BGB geschützten Rechtsgüter oder bei Verstoß gegen ein Schutzgesetz i.S. des § 823 Abs. 2 BGB stehen dem Ehegatten grundsätzlich auch gegen den anderen Teil Schadensersatzansprüche zu. Hier haben sich zwei Fragen ergeben: Gehört zu den geschützten Rechtsgütern auch die Ehe (oder ist Art. 6 Abs. 1 GG Schutzgesetz i.S. des § 823 Abs. 2 BGB)? und: Kann in Fällen einer ehewidrigen Handlung wegen Verletzung des allgemeinen Persönlichkeitsrechts oder der Gesundheit Schadensersatz (einschließlich Ersatz des immateriellen Schadens) verlangt werden?

Beide Fragen sind zu verneinen. Die *Ehe* ist *kein „sonstiges Recht“* im Sinne des § 823 Abs. 1 BGB. Sie ist überhaupt kein Recht, sondern ein personenrechtliches Gemeinschaftsverhältnis. Aus diesem Gemeinschaftsverhältnis entstehen – relative – Rechte und Pflichten. Die Rechte, die mit der Eheschließung entstehen, sind aber mit der Ehe nicht identisch.

Eine verbreitete Meinung hält zwar nicht die Ehe als solche, wohl aber ihren absoluten Kern (Gernhuber/Coester-Waltjen, FamR, § 17 III 1) oder das Recht der Gatten auf die volle und ausschließliche eheliche Lebensgemeinschaft für ein sonstiges Recht (Dölle, FamR I, § 32 III 1). Andere sprechen von einer Rechtspflicht auf Einhaltung der geschlechtlichen Treue (MünchKomm/Wacke, § 1353 Rz 40).

Aber: Für den absoluten Ehekern gilt nichts anderes als für die Ehe selbst. Das Recht auf eheliche Lebensgemeinschaft gründet sich auf § 1353 BGB, der nur von einem Recht gegenüber dem anderen Ehegatten spricht, also ein relatives Recht begründet. Relative Rechte werden aber nach § 823 Abs. 1 BGB nicht geschützt. Dasselbe gilt für die

Rechtspflicht auf Einhaltung der geschlechtlichen Treue. Damit scheiden Schadensersatzansprüche wegen Verletzung eines der genannten „Rechte“ aus (zuletzt ausführlich: BGH FamRZ 1990, 367).

Schwieriger ist die zweite Frage: Ehewidrige Handlungen können auch *Persönlichkeitsrechtsverletzungen* sein oder zu Gesundheitsverletzungen (Depressionen) führen. Können sie unter diesem Gesichtspunkt zu Schadensersatzforderungen berechtigen? Die Antwort lautet auch hier grundsätzlich nein: Zwar ist das allgemeine Persönlichkeitsrecht ein sonstiges Recht i.S. des § 823 Abs. 1 BGB, und die Gesundheit ist sogar ausdrücklich als geschütztes Rechtsgut genannt. Deliktsschutz wird aber nur dort gewährt, wo der Gesetzgeber keine anderweitige (abschließende) Regelung getroffen hat. Die Folgen ehewidrigen Verhaltens sind im Eherecht geregelt. Dessen Regelungen (§ 1353 BGB, Ehescheidung, Unterhalt) verdrängen wegen ihrer Exklusivität die Deliktsregeln (BGH FamRZ 1990, 367). In besonders krassen Fällen mögen zwar Ausnahmen von dieser Regel denkbar sein, z.B. wenn ein Ehegatte, der sich bei einem Ehebruch mit Aids angesteckt hat, die Krankheit grob fahrlässig auf den anderen Ehegatten überträgt. Dem BGH lag aber bisher ein solcher Ausnahmefall noch nicht vor.

c) Eine Vorschrift freilich gibt es, bei deren Verletzung immer Schadensersatz verlangt werden kann: *§ 826 BGB*. Ein Ehegatte, der dem anderen in einer gegen die guten Sitten verstoßenden Weise vorsätzlich Schaden zufügt, hat ihm in jedem Fall Schadensersatz zu leisten. Als sittenwidriges Verhalten reicht freilich ein Ehebruch noch nicht aus. Die Voraussetzungen für die Anwendung des § 826 BGB sind erst dann eröffnet, wenn sich die Wertmaßstäbe für das Sittenwidrigkeitsurteil nicht aus der ehelichen Lebensgemeinschaft, sondern aus eigenständigen Wertungsbereichen ergeben. Das ist etwa dann der Fall, wenn ein Ehemann in Kenntnis seiner Geschlechtskrankheit oder seiner Aids-Infektion gleichwohl mit seiner ahnungslosen Frau geschlechtlich verkehrt und sie dadurch ansteckt oder wenn eine Ehefrau, die bei einem Ehebruch ein Kind empfangen hat, Zweifel des Ehemannes an der Abstammung des Kindes durch unzutreffende Angaben oder durch ausdrückliches Leugnen des Ehebruchs zerstreut (bloßes Verschweigen des Ehebruchs reicht nicht aus), oder wenn sie den Ehemann durch eine arglistige Täuschung oder auf andere Weise, etwa durch Drohung, an der Erhebung der Ehelichkeitsanfechtungsklage hindert (BGH FamRZ 1990, 367, 369). Bei vorsätzlicher (uneidlicher) Falschaussage im Unterhaltsprozeß kommt auch ein Anspruch aus § 823 Abs. 2 BGB i.V.m. § 153 StGB in Betracht (OLG Celle FamRZ 1992, 556).

d) In dem Bereich, in dem Ehegatten gegeneinander deliktische Schadensersatzansprüche geltend machen können (also z.B. bei Sachbeschädigungen oder Körperverletzungen), spielt der *Haftungsmaßstab* eine Rolle.

Im allgemeinen haften Ehegatten einander nämlich nur für diejenige Sorgfalt, die sie in eigenen Angelegenheiten anzuwenden pflegen (*diligentia quam in suis*, § 1359 BGB). Diese Haftungserleichterung gilt jedoch nur bei der Erfüllung von Verpflichtungen, die sich aus dem ehelichen Verhältnis ergeben, z.B. bei der Besorgung des Haushalts. Sie gilt nicht in Fällen, in denen sich die Ehegatten wie beliebige Dritte gegenüberstehen, insbesondere nicht bei einer *Schadenszufügung im Straßenverkehr*. Die Straßenverkehrsregeln lassen keinen Spielraum für individuelle Sorglosigkeit (BGH FamRZ 1970, 386; 1973, 584; 1974, 641).

II. Abwehransprüche nach außen

Ausgangsfälle:

(1) Ein Ehegatte hat die Ehelichkeit eines von seiner Ehefrau geborenen Kindes angefochten. Die Nichtehelichkeit wird rechtskräftig festgestellt, die Kosten des Rechtsstreits werden gegeneinander aufgehoben (§ 93 c ZPO). Dem Ehemann sind Gerichts- und Anwaltskosten entstanden. Außerdem hat er aufgrund einer einstweiligen Verfügung des Amtsgerichts dem Kind einen Prozeßkostenvorschuß geleistet. Diese Beträge verlangt er nun vom Erzeuger des Kindes. Mit Recht?

(2) Zwei miteinander befreundete Ehepaare (A und B) verabredeten einige Male, um Abwechslung in ihr Eheleben zu bringen, einen Partnertausch. Aufgrund dieser Absprachen kam es jeweils zum Geschlechtsverkehr. Diese Vorgänge führten dazu, daß Frau A den B immer häufiger bei sich empfing. Dies wiederum mißfiel dem A. Kann er dem B den Aufenthalt in seinem Haus verbieten?

1. Schadensersatz wegen Ehestörung?

Deliktische Schadensersatzansprüche gegen einen Ehestörer setzen voraus, daß dieser in ein nach § 823 Abs. 1 BGB geschütztes Rechtsgut eingegriffen oder ein Schutzgesetz i.S. von § 823 Abs. 2 BGB verletzt oder den Ehegatten vorsätzlich sittenwidrig geschädigt hat.

Wie oben (I. 4.) bereits ausgeführt, ist die Ehe oder der absolute Ehekern kein sonstiges Recht i.S. des § 823 Abs. 1 BGB. Dasselbe gilt für das Recht eines jeden Gatten auf ungestörten Fortbestand der ehelichen Lebensgemeinschaft. Auch eine Haftung aus § 823 Abs. 2 BGB läßt sich nicht begründen. § 172 StGB a.F. (Ehebruch) kommt nach der Aufhebung dieser Bestimmung als Schutzgesetz nicht mehr in

Betracht. § 185 StGB (Beleidigung) scheidet als Schutzgesetz aus, weil der eingetretene Vermögensschaden (Belastung mit Unterhaltsverpflichtungen, Kosten der Anfechtung) außerhalb des Schutzzwecks dieser Norm liegt (Dölle, FamR I, § 32 III 2a), und bei Art. 6 Abs. 1 GG wird man annehmen müssen, daß auch er nicht vor solchen finanziellen Belastungen schützen will, ganz abgesehen davon, daß die Anwendung des Art. 6 Abs. 1 GG schon wegen seines schwer konkretisierbaren Inhalts Bedenken auslösen müßte. Für eine Haftung nach § 826 BGB schließlich wird es in aller Regel am Schädigungsvorsatz fehlen. Der Ehestörer handelt normalerweise aus anderen Gründen als dem, dem betroffenen Ehemann einen Schaden zufügen zu wollen. Immerhin ist das Vorliegen eines bedingten Vorsatzes nicht schlechthin auszuschließen. Eine allgemeine Ehestörungsklage (mit der Verpflichtung des Ehestörers, entstandene Vermögensschäden zu ersetzen) gibt es im deutschen Recht nicht (BGH FamRZ 1956, 180: kein Anspruch gegen den Ehestörer auf Ersatz der durch die Scheidung verursachten Kosten; BGH FamRZ 1957, 135: kein Anspruch gegen die Ehestörerin auf Schmerzensgeld wegen – aufgrund der Ehescheidung – erlittener Gesundheitsschäden; BGH FamRZ 1958, 99: kein Anspruch gegen den Ehestörer auf Ersatz der durch die Anfechtung der Ehelichkeit eines Kindes entstandenen Kosten; BGH FamRZ 1973, 295: kein Anspruch gegen den Ehestörer auf Ersatz des immateriellen Schadens, auch nicht wegen Verletzung des allgemeinen Persönlichkeitsrechts).

Im Schrifttum wird diese Auffassung vielfach kritisiert (vgl. MünchKomm/Wacke, § 1353 Rz 40 m.w.N.). Insbesondere wird geltend gemacht, die ablehnende Haltung widerspreche der höchstrichterlichen Zubilligung von Geldersatz für Verletzungen des allgemeinen Persönlichkeitsrechts. Daran ist richtig, daß eine Ehestörung vielfach eine *Persönlichkeitsverletzung* darstellen wird. Tatsache ist auch, daß in manchen ausländischen Rechten dem Ehegatten wegen einer solchen Verletzung ein Genugtuungsanspruch zugesprochen wird (vgl. etwa für die Schweiz: BGE 84 II 329, 331; 109 II 4, 5). Andrerseits ist aber zu bedenken, daß an einer Ehestörung immer auch einer der Ehegatten beteiligt ist. Würde man den Ehestörer zur Zahlung von Schadensersatz verpflichten, so könnte dieser den mitschuldigen Ehegatten auf Mithaftung in Anspruch nehmen. Das aber liefe dem Grundsatz zuwider, daß die eheliche Lebensgemeinschaft nicht durch Maßnahmen gegen den anderen Ehegatten erzwungen werden kann (wie hier – kritisch insbesondere gegenüber dem schweizerischen Recht – Stark, Kann ein Dritter wegen Ehestörung zu Genugtuungszahlungen verpflichtet werden?, FS Hegnauer, 515 ff.).

2. Der Schutz des räumlich-gegenständlichen Bereichs

Nachdem der BGH Schadensersatzansprüche wegen einer Ehestörung kategorisch ablehnt, verwundert es zunächst, daß er – in einem begrenzten Rahmen – einen Störungsbeseitigungs- und Unterlassungsanspruch anerkennt, nämlich bei einem Eingriff in den sog. *räumlich-gegenständlichen Bereich* der Ehe. Dabei geht es um folgendes: In jeder Ehe gibt es neben dem höchstpersönlichen Bereich, der eines Schutzes durch die staatliche Zwangsgewalt nicht zugänglich ist und in den einzugreifen auch der Respekt vor dem Persönlichkeitsrecht eines jeden Ehegatten verbietet, einen weiteren Bereich, der die äußere sachliche Grundlage für das gemeinsame Ehe- und Familienleben abgibt und der zugleich den einzelnen Familienmitgliedern die Entfaltung ihrer Persönlichkeit ermöglichen soll. Dieser Bereich, zu dem insbesondere die Ehe- und Familienwohnung gehört, kann ohne Eingriff in den höchstpersönlichen Bereich geschützt werden. Einem Ehegatten, der sich gegen das Eindringen eines Dritten in den räumlich-gegenständlichen Bereich der Ehe zur Wehr setzt, geht es nicht mehr oder nicht notwendig um die Herstellung der ehelichen Lebensgemeinschaft, sondern darum, innerhalb der ehelichen Wohnung ein Leben führen zu können, wie es seiner Stellung in der Gemeinschaft entspricht. Ein solches Begehren ist schutzbedürftig und – wie der BGH erstmals in einer Entscheidung aus dem Jahr 1952 (BGHZ 6, 360) festgestellt und seither immer wieder betont hat – auch schutzwürdig. Problematisch ist allein die Frage: Wie läßt sich dieser Schutzanspruch rechtlich begründen?

Hierfür stehen dem verletzten Ehegatten mehrere Möglichkeiten zu Gebote:

Ist er Eigentümer des Hauses oder der Wohnung, kann er sich auf § 1004 Abs. 1 BGB stützen. Das Betreten eines Grundstücks durch einen Dritten stellt eine *Eigentumsbeeinträchtigung* dar. Zwar kann ein Ehemann grundsätzlich seiner Frau nicht verbieten, Besuche zu empfangen. Hat diese darum dem Dritten das Betreten des Hauses oder der Wohnung gestattet, so ergibt sich für den Dritten ein Betretungsrecht aus der analogen Anwendung von § 986 Abs. 1 Satz 1 BGB. Der Ehemann muß Besuche grundsätzlich dulden (§ 1004 Abs. 2 BGB). Aber: Die Pflicht eines Ehegatten, Besuche des anderen Ehegatten auf seinem Grundstück zu dulden, findet seine Grenze da, wo der Besuch der Aufnahme oder der Fortsetzung eines ehestörenden Kontakts dienen soll. Außerdem kann das Verhalten des Ehestörers auch als *verbotene Eigenmacht* qualifiziert werden (§ 858 Abs. 1 BGB), so daß sich ein Unterlassungsanspruch auch aus § 862 Abs. 1 Satz 2 BGB ergibt.

Der andere Weg, den der BGH beschritten hat (zunächst, um einer Ehefrau zu helfen, die nicht Eigentümerin des Hauses war, und der zu der Zeit, als der BGH erstmals mit einem solchen Anspruch befaßt war, auch noch kein Besitzschutz zugebilligt wurde, weil man die Frau nur für die Besitzdienerin des Mannes hielt), führt über das *Deliktsrecht*. Dabei wird nicht ganz klar, wie der Anspruch auf Schutz des räumlich-gegenständlichen Bereichs genau begründet wird. In der Entscheidung BGHZ 6, 360 meinte der BGH, es könne dahingestellt bleiben, ob das Recht des Ehegatten auf den räumlich-gegenständlichen Bereich der Ehe als ein absolutes Recht i.S. des § 823 Abs. 1 BGB zu gelten habe, oder ob es ein Rechtsgut sei, zu dessen Schutz die Bestimmung des Art. 6 GG eingreife. Diese Unsicherheit in der Begründung spiegelt sich in späteren Entscheidungen wider: Die Klagebefugnis ist „vor allem" aus Art. 6 Abs. 1 GG herzuleiten (BGH FamRZ 1963, 555). Mit dem sich aus § 1353 Abs. 1 BGB ergebenden Recht auf die eheliche Lebensgemeinschaft kann jeder Ehegatte „entsprechend den §§ 823 Abs. 1, 1004 BGB" Angriffe auf den räumlich-gegenständlichen Bereich abwehren (OLG Celle FamRZ 1980, 242). Dem Schutz des räumlich-gegenständlichen Bereichs dient „die Ehestörungsklage nach § 1353 BGB" (OLG Schleswig FamRZ 1989, 979). Manche Gerichte halten die Ehestörungsklage für eine Familiensache, wenn sie sich auch gegen den anderen Ehegatten richtet (so z.B. OLG Celle aaO.), andere für eine allgemeine bürgerlich-rechtliche nichtvermögensrechtliche Streitigkeit (so z.B. OLG Zweibrücken FamRZ 1989, 55). Die Literatur bietet ein ähnlich verwirrendes Bild. Manche Autoren begreifen den Eheschutz als Persönlichkeitsschutz, die Ehestörung als rechtswidrigen Angriff auf das Persönlichkeitsrecht, die Ehre und Würde des gekränkten Ehegatten (Dölle, FamR I, § 32 II 1; wohl auch Schwab, FamR, Rz 121), andere halten die Ehe als solche für verletzt (absolut-relative Eheauffassung: Gernhuber/Coester-Waltjen, FamR § 17 I 4; wohl auch MünchKomm/Wacke, § 1353 Rz 42).

Gegen § 1353 BGB als Anspruchsgrundlage für einen durchsetzbaren Beseitigungs- und Unterlassungsanspruch (gegen den Ehegatten) spricht die enge Verknüpfung mit § 888 Abs. 2 ZPO. Wer aus § 1353 BGB klagt, verlangt Herstellung der ehelichen Lebensgemeinschaft. Die Herstellung der ehelichen Lebensgemeinschaft ist aber nicht mit Hilfe der Staatsgewalt erzwingbar. Dem Ehegatten, der den Ehestörer nicht im Haus haben will, geht es regelmäßig um sein Ansehen in der Öffentlichkeit, um seine Ehre, um sein Persönlichkeitsrecht. Das legt es nahe, den Rechtsgrund für den deliktischen Beseitigungs- und Abwehranspruch (wenn die Eigentums- und Besitzschutzansprüche nicht weiterhelfen) in der Verletzung des *besonderen Persönlichkeitsrechts* der Ehegatten, d.h. in § 823 Abs. 1 BGB (i.V.m. § 1004 BGB) zu suchen.

3. Hinweise für die Lösung der Ausgangsfälle

Fall 1:

a) Anspruch aus unerlaubter Handlung?

§ 823 Abs. 1 BGB scheidet aus: Keine Verletzung eines absoluten Rechts; § 823 Abs. 2 BGB scheidet ebenfalls aus: Weder Art. 6 Abs. 1 GG noch § 185 StGB wollen vor Vermögensschäden im Zusammenhang mit einer Ehestörung Schutz gewähren; im übrigen ist Art. 6 Abs. 1 GG auch wegen seiner Unbestimmtheit als Schutzgesetz i.S. des § 823 Abs. 2 BGB nicht geeignet. § 826 BGB kommt deswegen nicht in Betracht, weil dem Ehebrecher kaum jemals ein Schädigungsvorsatz nachgewiesen werden kann.

b) Trotzdem bleibt der Ehemann nicht gänzlich ohne Schutz: Seine Aufwendungen sind nämlich *Unterhaltszahlungen* an das Kind. Das gilt jedenfalls für den geleisteten Prozeßkostenvorschuß. Es gilt darüber hinaus aber auch für die Gerichts- und Anwaltskosten, die der Scheinvater für das Kind bezahlt hat. Die Klärung der Abstammung ist für das Kind so wichtig, daß die aufgewendeten Kosten als zu seinem Lebensbedarf gehörend angesehen werden können (BGH FamRZ 1972, 33). Das Kind kann somit diese Kosten vom wirklichen Vater – sobald dessen Vaterschaft feststeht – ersetzt verlangen. Sein Anspruch geht gem. § 1615 b BGB kraft Gesetzes auf den Scheinvater über (s.u. § 23 VII 2a). Nur seine eigenen Gerichts- und Anwaltskosten muß der Scheinvater selbst tragen.

Fall 2:

a) A hat einen Unterlassungsanspruch aus § 1004 Abs. 1 BGB. § 1004 Abs. 2 BGB steht nicht entgegen. Die Pflicht eines Ehegatten, Besuche des anderen Ehegatten auf seinem Grundstück zu dulden, findet ihre Grenze da, wo der Besuch eine Ehestörung darstellt.

b) Ein Unterlassungsanspruch ergibt sich ferner aus § 862 Abs. 1 Satz 2 BGB. Das Verhalten des B stellt eine verbotene Eigenmacht dar (§ 858 Abs. 1 BGB).

Der Umstand, daß A die Ehestörung selbst – mittelbar – herbeigeführt hat (durch die Abrede zum Partnertausch), steht dem Abwehranspruch nicht entgegen. Eine Einwilligung in eine Eigentums- oder Besitzstörung ist jederzeit widerruflich.

c) Zweifelhaft ist, ob der Unterlassungsanspruch des Ehegatten auch aus der Verletzung des räumlich-gegenständlichen Bereichs der Ehe hergeleitet werden kann. Dieser Unterlassungsanspruch ist von der Rechtsprechung entwickelt worden, um es einem Ehegatten zu ermöglichen, sich in seinem äußeren ehelichen Lebensbereich entsprechend seiner ehelichen und familiären Stellung so zu bewegen, daß seine Würde und sein Persönlichkeitsrecht unangetastet bleiben. Hat A sich seiner Würde und seines Persönlichkeitsrechts nicht durch sein vorangegangenes Tun begeben? Vgl. OLG Zweibrücken FamRZ 1989, 55, aber auch die kritische Anmerkung dazu von Smid, FamRZ 1989, 1144. S. ferner Henrich, Fälle und Lösungen, Fall 8.

§ 9 Unterhaltsansprüche, Ehewohnung und Hausrat

Schrifttum: Coester, Wohnungszuweisung bei getrennt lebenden Ehegatten, FamRZ 1993, 249; Hambitzer, Der possessorische Besitzschutz unter getrenntlebenden Ehegatten, FamRZ 1989, 236; Kobusch, Die eigenmächtige Hausratsteilung, FamRZ 1994, 935.

I. Familienunterhalt

1. Nach § 1360 Satz 1 BGB sind die Ehegatten einander verpflichtet, durch ihre Arbeit und mit ihrem Vermögen die Familie angemessen zu unterhalten.

Das heißt: Jeder Ehegatte muß zum Familienunterhalt beitragen. Das gilt nicht nur für die Doppelverdienerehe, sondern auch für die Hausfrauen (Hausmann-)Ehe. Der Ehegatte, der (allein) den Haushalt führt, braucht aber regelmäßig keine Geldleistungen zu erbringen. Er erfüllt seine Unterhaltspflicht durch sein Tun (§ 1360 Satz 2 BGB).

Der Unterhalt ist nicht auf die persönlichen Bedürfnisse der Ehegatten beschränkt. Geschuldet ist ein Beitrag zum „Familienunterhalt“. Zur Familie gehören auch die hausangehörigen Kinder. Gibt in einer Alleinverdienerehe der Mann der Frau weniger Haushaltsgeld als sie braucht, um sich und die Kinder zu unterhalten, so kann die Frau gegen ihn auf Leistung der zusätzlich benötigten Unterhaltsbeträge klagen.

Der *Unterhaltsanspruch der Kinder* ist im Gesetz besonders geregelt. Die Kinder haben gegen ihre Eltern eigene Unterhaltsansprüche – ebenso wie die hilfsbedürftigen Eltern gegen ihre Kinder (vgl. § 1601 ff. BGB). Die Kinder können ihre Unterhaltsansprüche darum nicht aus den §§ 1360, 1360a BGB herleiten. § 1606 Abs. 3 BGB stellt jedoch insoweit einen Einklang mit § 1360 BGB her, als er feststellt, daß die Mutter (heutige Lesart: der den Haushalt führende Ehegatte) ihren Unterhaltsbeitrag in der Regel durch die Pflege und Erziehung des Kindes erbringt.

2. Zur „Familie" i.S. der §§ 1360, 1360a BGB gehören nur die *gemeinsamen* Kinder. Hat eine Frau ein Kind aus erster Ehe mit in die zweite Ehe gebracht, so kann sie nicht gem. § 1360 BGB verlangen, daß ihr Ehemann auch diesem seinem Stiefkind Unterhalt leistet. Der Unterhalt, den die Frau ihrem Kind schuldet, gehört nicht zu ihren „persönlichen Bedürfnissen" i.S. des § 1360 a BGB. Eine Unterhaltspflicht des Stiefvaters kann sich darum nur aus einem Vertrag ergeben.

3. Der Umstand, daß beide Ehegatten verpflichtet sind, zum Familienunterhalt beizutragen, besagt nicht, daß sie *gleichartige Beiträge* zu leisten hätten. Die Beiträge können vielmehr nach Art und Maß durchaus verschieden sein. Das trifft insbesondere im Fall einer Hausfrauenehe zu, in welcher der Mann die Geldmittel für den Unterhalt der Familie zu beschaffen hat und die Frau ihren Beitrag durch die Führung des Haushalts und die Pflege und Erziehung der Kinder erbringt.

Sind beide Ehegatten berufstätig, so müssen auch beide Geldmittel zum Unterhalt der Familie beisteuern (BGH FamRZ 1967, 380). Die Höhe der von den beiden Ehegatten zu erbringenden Geldbeträge hängt dann einmal von der Höhe der jeweiligen Einkünfte von Mann und Frau ab und zum anderen davon, wieweit ein Ehegatte daneben noch den Haushalt versorgt.

4. Geschuldet ist „angemessener" Unterhalt (§ 1360 a Abs. 1 BGB). Der angemessene Unterhalt umfaßt alles, was nach den Verhältnissen der Ehegatten erforderlich ist, um die Kosten des Haushalts zu bestreiten und die persönlichen Bedürfnisse der Ehegatten und den Lebensbedarf der gemeinsamen unterhaltsberechtigten Kinder zu befriedigen. Im Gesetz nicht eigens erwähnt, aber von der Rechtsprechung anerkannt ist, daß zum Unterhaltsanspruch eines Ehegatten auch der Anspruch auf ein angemessenes Taschengeld gehört.

5. Der Unterhalt ist in der Weise zu leisten, die durch die eheliche Lebensgemeinschaft geboten ist (§ 1360 a Abs. 2 BGB), d.h. nach der jeweils von den Eheleuten getroffenen Aufgabenverteilung. Der (allein) verdienende Ehegatte stellt dem anderen Ehegatten „für einen angemessenen Zeitraum im voraus", üblicherweise am Monatsersten, das Haushalts- oder Wirtschaftsgeld zur Verfügung, im übrigen sind die Unterhaltsleistungen in natura zu erbringen: durch die Beschaffung der Wohnung und der Wohnungseinrichtung, durch Kochen, Waschen, Putzen, durch die Pflege und Erziehung der Kinder usw.

6. Besonders genannt wird in § 1360 a Abs. 4 BGB der Anspruch auf *Prozeßkostenvorschuß*. Dabei geht es um folgendes:

Will ein Ehegatte einen Rechtsstreit führen, irgendjemanden verklagen, so soll gem. § 65 Abs. 1 des Gerichtskostengesetzes die Klage erst nach Zahlung der erforderten Gebühr dem Beklagten zugestellt werden. Will ein Ehegatte die Hilfe eines Anwalts in Anspruch nehmen, so wird auch dieser zunächst einmal einen Kostenvorschuß verlangen. Hat der Ehegatte (z.B. die den Haushalt führende Frau) keine eigenen Mittel, so wäre es vielfach nicht angemessen, ihm – wie einem Sozialhilfeempfänger – Prozeßkostenhilfe aus der Staatskasse zu gewähren, solange sein Ehegatte in der Lage ist, die erforderlichen Mittel bereitzustellen. Darum bestimmt § 1360 a Abs. 4 BGB:„Ist ein Ehegatte nicht in der Lage, die Kosten eines Rechtsstreits zu tragen, der eine persönliche Angelegenheit betrifft, so ist der andere Ehegatte verpflichtet, ihm diese Kosten vorzuschießen, soweit dies der Billigkeit entspricht. Das gleiche gilt für die Kosten der Verteidigung in einem Strafverfahren, das gegen einen Ehegatten gerichtet ist."

Der Begriff „persönliche Angelegenheit" ergibt sich aus seinem Gegensatz: der vermögensrechtlichen Angelegenheit. Jedoch ist die Abgrenzung mitunter schwierig. Auch vermögensrechtliche Ansprüche können persönliche Angelegenheiten sein, wenn sie eine genügend enge Verbindung zur Person des betreffenden Ehegatten haben (BGH FamRZ 1964, 197). Das trifft insbesondere zu, wenn wegen Verletzung des Persönlichkeitsrechts Schadensersatz verlangt wird, aber auch Schadensersatzansprüche wegen Körperverletzung gehören hierher, desgleichen Unterhaltsklagen; bei Erbstreitigkeiten ist die Zugehörigkeit zu den „persönlichen" Angelegenheiten zweifelhaft.

7. In der Praxis sind Unterhaltsklagen zwischen Ehegatten, die noch zusammenleben, selten. Dagegen kommen die §§ 1360, 1360 a BGB häufiger ins Spiel, wenn *Dritte* beteiligt sind, sei es, daß ein Ehegatte von einem Dritten getötet oder verletzt worden ist und dadurch seinen Beitrag zum Familienunterhalt nicht mehr erbringen kann, oder sei es, daß Dritte als Gläubiger eines Ehegatten dessen Unterhaltsanspruch pfänden lassen wollen.

Wird ein Ehegatte *getötet*, so steht dem anderen und den Kindern des Getöteten ein Schadensersatzanspruch nach § 844 Abs. 2 BGB zu, dessen Höhe sich nach den §§ 1360, 1360 a, 1601 ff. BGB richtet (BGHZ 51, 109).

Bei *Verletzung* eines Ehegatten kann dieser den der Familie entstehenden Schaden selbst geltend machen. Rechtsgrundlage für diesen Schadensersatzanspruch ist § 843 BGB. Hier richtet sich allerdings die Höhe des Ersatzanspruchs, anders als in § 844 Abs. 2 BGB, nicht nach der gesetzlich geschuldeten Unterhaltsleistung, sondern nach dem Wert der ohne die Verletzung tatsächlich erbrachten Arbeitsleistung (BGH, FamRZ 1990, 31).

Auf § 845 BGB kann sich ein Mann heute (anders als früher) nicht mehr berufen, wenn seine Frau getötet oder verletzt worden ist: Die Frau ist dem Mann nicht mehr „zur Leistung von Diensten" verpflichtet!

Die *Pfändung von Unterhaltsansprüchen* richtet sich nach § 850 b ZPO. Danach sind gesetzliche Unterhaltsansprüche grundsätzlich unpfändbar. Die Rechtsprechung läßt jedoch die Pfändung des Taschengeldanspruchs zu, wenn dies der Billigkeit entspricht (§ 850 b Abs. 2 ZPO). Im einzelnen ist hier vieles streitig. Wer sich näher informieren will, lese OLG München FamRZ 1988, 1161.

II. Unterhaltsansprüche getrenntlebender Ehegatten

1. Besondere Regeln gelten, wenn die Ehegatten sich trennen. Hier wandelt sich der Anspruch auf einen Beitrag zum Familienunterhalt – der Familienverband besteht nicht mehr – um in *persönliche Unterhaltsansprüche* des bedürftigen Ehegatten und der Kinder. Rechtsgrundlage für den Unterhaltsanspruch des Ehegatten ist jetzt § 1361 BGB. Die Unterhaltsansprüche der Kinder (§§ 1601 ff. BGB) können von dem Ehegatten, in dessen Obhut die Kinder sich befinden, geltend gemacht werden (§ 1629 Abs. 2 Satz 2 BGB).

Was Getrenntleben i.S. des § 1361 BGB bedeutet, ergibt sich aus § 1567 Abs. 1 BGB. Danach leben Ehegatten getrennt, wenn zwischen ihnen keine häusliche Gemeinschaft mehr besteht und ein Ehegatte sie erkennbar nicht herstellen will, weil er die eheliche Lebensgemeinschaft ablehnt. Eine bloß tatsächliche Trennung genügt also nicht. Andrerseits können Ehegatten auch dann im Sinne des § 1361 BGB getrennt leben, wenn sie noch unter einem Dach wohnen (s.u. § 14 III 1 b). Entscheidend ist das Fehlen der ehelichen Lebensgemeinschaft.

2. Leben die Ehegatten getrennt, so kann der bedürftige Ehegatte vom anderen den nach den Lebensverhältnissen und den Erwerbs- und Vermögensverhältnissen der Ehegatten *angemessenen Unterhalt* verlangen, § 1361 Abs. 1 Satz 1 BGB. Daß nur der „bedürftige" Ehegatte Unterhalt verlangen kann, wird in § 1361 BGB nicht ausdrücklich gesagt, ergibt sich aber aus dem allgemeinen Unterhaltsrecht (§ 1602 Abs. 1 BGB). Bedürftig ist im allgemeinen nur, wer außer Stande ist, sich selbst zu unterhalten. Für den getrenntlebenden Ehegatten gilt jedoch eine Besonderheit: Ist er nämlich nicht erwerbstätig, so kann ihm nur

unter bestimmten Voraussetzungen die Aufnahme einer Erwerbstätigkeit angesonnen werden, nämlich „wenn dies von ihm nach seinen persönlichen Verhältnissen, insbesondere wegen einer früheren Erwerbstätigkeit unter Berücksichtigung der Dauer der Ehe, und nach den wirtschaftlichen Verhältnissen beider Ehegatten erwartet werden kann" (§ 1361 Abs. 2 BGB).

Das bedeutet: Ein Ehegatte, der vor der Trennung längere Zeit nicht berufstätig war, soll – grundsätzlich – nicht gehalten sein, sich nach der Trennung sofort um einen Arbeitsplatz zu bemühen. Er kann – grundsätzlich – so weiterleben wie bisher. Mit zunehmender Verfestigung der Trennung (BGH FamRZ 1990, 283, 286: etwa nach einem Jahr) trifft aber auch ihn eine Erwerbsobliegenheit, wenn die Voraussetzungen des § 1361 Abs. 2 BGB vorliegen.

§ 1361 Abs. 2 BGB stellt ab auf die *persönlichen Verhältnisse* des Unterhaltsbedürftigen und die wirtschaftlichen Verhältnisse beider Ehegatten. Zu den persönlichen Verhältnissen gehört insbesondere, vom Gesetz eigens genannt, eine frühere Erwerbstätigkeit. Ein Ehegatte, der früher schon erwerbstätig war, kann, wenn diese Tätigkeit nicht allzu lange zurückliegt und eine Wiedereingliederung in das Berufsleben möglich erscheint, eher darauf verwiesen werden, sich um eine Stelle zu bemühen, als ein Ehegatte, der nie berufstätig war oder die frühere Berufstätigkeit nicht mehr ausüben kann (Ballettänzerin nach 20jähriger Ehe).

Zu den persönlichen Verhältnissen gehört auch die Betreuung von Kindern. Hat eine Frau vor der Trennung auf eine Berufstätigkeit verzichtet, um sich besser ihren Kindern widmen zu können, so braucht sie nach der Trennung im Regelfall nicht berufstätig zu werden, solange die Kinder noch der Betreuung bedürfen.

Schließlich gehören zu den persönlichen Verhältnissen auch Alter, Gesundheitszustand und Berufsausbildung. Zu berücksichtigen ist ferner die Dauer der Ehe: Je kürzer die Ehedauer, umso eher ist die (Wieder-)Aufnahme einer Erwerbstätigkeit zumutbar.

Bei der Frage nach der *Zumutbarkeit einer Erwerbstätigkeit* sind auch die Unterhaltstatbestände, die für den Fall der Scheidung gelten (§§ 1570 ff. BGB), vergleichend heranzuziehen. Der getrenntlebende Ehegatte darf im Zweifel nicht schlechter gestellt sein, als er nach einer Scheidung stünde (BGH FamRZ 1985, 782, 784).

Ein Ehegatte, dem eine Erwerbstätigkeit grundsätzlich zugemutet werden kann, braucht nicht jegliche angebotene Tätigkeit zu akzeptieren. Zumutbar ist nur eine solche Tätigkeit, die seiner Ausbildung, seinen Fähigkeiten, seinem Lebensalter, seinem Gesundheitszustand und den ehelichen Lebensverhältnissen entspricht (§ 1574 BGB).

3. Verlangt werden kann der „nach den Lebensverhältnissen und den Erwerbs- und Vermögensverhältnissen der Ehegatten angemessene Unterhalt“ (§ 1361 Abs. 1 Satz 1 BGB). Die ehelichen Lebensverhältnisse werden vornehmlich durch die Einkommen der Ehegatten bestimmt. Der bedürftige Ehegatte muß sich darum nicht mit einem Betrag zufrieden geben, der nur seine Grundbedürfnisse abdeckt, wenn ihm vor der Trennung ein größerer Betrag zur Verfügung stand. Wie im einzelnen der „angemessene“ Unterhalt errechnet wird, ergibt sich aus Tabellen und Leitlinien, die von den Oberlandesgerichten für ihren jeweiligen Amtsbezirk aufgestellt worden sind (näheres dazu im Abschnitt über den Unterhalt nach der Scheidung, unten § 15 III 3).

4. Nach oben ist der Unterhaltsanspruch in doppelter Weise begrenzt: zum einen durch die *Leistungsfähigkeit* des unterhaltspflichtigen Ehegatten und zum anderen durch die sog. *Härteklausel* des § 1361 Abs. 3 BGB.

a) Der unterhaltspflichtige Ehegatte muß nur so viel Unterhalt leisten, wie er ohne Gefährdung seines eigenen Unterhalts zu leisten imstande ist. Er kann also gegenüber einem Unterhaltsanspruch zunächst einmal seinen *„Eigenbedarf“* geltend machen. Er hat, wie es auch heißt, ein Recht auf einen *„Selbstbehalt“*.

Das Recht auf den Eigenbedarf oder Selbstbehalt steht jedem Unterhaltspflichtigen zu. Die Höhe des Eigenbedarfs oder Selbstbehalts hängt davon ab, wem gegenüber die Unterhaltspflicht besteht.

Nach § 1603 Abs. 1 BGB ist nicht unterhaltspflichtig, wer bei Berücksichtigung seiner sonstigen Verpflichtungen außerstande ist, ohne Gefährdung seines „angemessenen“ Unterhalts den Unterhalt zu gewähren. In § 1603 Abs. 2 Satz 1 BGB heißt es sodann: „Befinden sich Eltern in dieser Lage, so sind sie ihren minderjährigen unverheirateten Kindern gegenüber verpflichtet, alle verfügbaren Mittel zu ihrem und der Kinder Unterhalte gleichmäßig zu verwenden.“ Daraus entnimmt die Rechtsprechung, daß im Fall des Abs. 1 ein größerer Eigenbedarf geltend gemacht werden kann als im Fall des Abs. 2. Im ersten Fall spricht sie vom „angemessenen“ Eigenbedarf, im zweiten Fall vom „notwendigen“ Eigenbedarf. Den angemessenen Eigenbedarf beziffern die oben schon erwähnten Unterhaltstabellen und -leitlinien derzeit auf mindestens 1600 DM, den notwendigen Eigenbedarf auf 1150-1300 DM. Ist der Unterhaltspflichtige erwerbstätig, kann er den jeweils höheren Betrag geltend machen, ist er nicht erwerbstätig, muß er sich mit dem jeweils niedrigeren Betrag zufrieden geben.

Was nun den Unterhaltsanspruch des getrenntlebenden Ehegatten betrifft, so wird auf § 1609 Abs. 2 Satz 1 BGB verwiesen: Danach steht der Ehegatte den minderjährigen unverheirateten Kindern gleich. Daraus wird gefolgert, daß gegenüber dem Unterhaltsanspruch des getrenntlebenden Ehegatten nur der notwendige Eigenbedarf geltend gemacht werden kann (Düsseldorfer Tabelle, FamRZ 1992, 398, 399; Kölner Richtlinien, FamRZ 1992, 520; Frankfurter Praxis, FamRZ 1992, 771, 773; Münchner Leitlinien, FamRZ 1992, 648, 651). Diese Auffassung ist allerdings umstritten. Manche Gerichte wollen den Eigenbedarf des Pflichtigen nur dann auf den Mindestsatz begrenzen, wenn bei dem berechtigten Ehegatten auch noch Kinder leben, die ebenfalls Unterhaltsansprüche gegen den Pflichtigen haben, während in sonstigen Fällen ein höherer Eigenbedarf anerkannt werden kann, der sich dann nach Billigkeitsgesichtspunkten bestimmt (Hammer Leitlinien, FamRZ 1992, 520). Wiederum andere meinen, der Selbstbehalt gegenüber Ehegatten liege in jedem Fall zwischen dem notwendigen und dem angemessenen Selbstbehalt (Leitlinien des KG, FamRZ 1992, 900, 902: wenigstens 1500 DM; Celler Leitlinien, FamRZ 1992, 644, 646). Und schließlich wird auch die Auffassung vertreten, gegenüber dem Unterhaltsanspruch eines Ehegatten könne der Pflichtige in jedem Fall den angemessenen Eigenbedarf geltend machen (Leitlinien des Schleswig-Holsteinischen OLG, FamRZ 1992, 907, 910; wohl auch Leitlinien des OLG Oldenburg, FamRZ 1992, 903, 906).

b) Die zweite Begrenzung des Unterhaltsanspruchs ergibt sich aus der sog. *Härteklausel.* Der Unterhaltsanspruch des getrenntlebenden Ehegatten kann aus denselben Gründen herabgesetzt werden, aus denen auch der Unterhaltsanspruch des geschiedenen Ehegatten versagt, herabgesetzt oder zeitlich begrenzt werden kann (§ 1361 Abs. 3 BGB i.V.m. § 1579 Nr. 2 – 7 BGB). Da auf diese Gründe im Abschnitt über den Geschiedenen-Unterhalt näher einzugehen sein wird, sollen hier einige Hinweise genügen:

Es gibt Fälle, in denen dem Unterhaltspflichtigen die Zahlung des Unterhalts oder die Zahlung des vollen Unterhalts oder die Zahlung ohne zeitliche Begrenzung nicht zugemutet werden kann. Das kann etwa der Fall sein, wenn der Berechtigte sich eines Verbrechens oder eines schweren vorsätzlichen Vergehens gegen den Verpflichteten oder einen nahen Angehörigen des Verpflichteten schuldig gemacht hat oder wenn er seine Bedürftigkeit mutwillig herbeigeführt hat oder wenn er sich über schwerwiegende Vermögensinteressen des Verpflichteten mutwillig hinweggesetzt hat oder wenn er vor der Trennung längere Zeit hindurch seine Pflicht, zum Familienunterhalt beizutragen, gröblich verletzt hat oder wenn ihm ein offensichtlich schwerwiegendes, eindeutig bei ihm liegendes Fehlverhalten gegen den Verpflichteten zur Last fällt(§ 1579 Nrn. 2 – 6 BGB). Ergänzt wird diese Aufzählung durch eine Generalklausel (§ 1579 Nr. 7 BGB): Der Unterhalt kann auch dann ausgeschlossen, herabgesetzt oder zeitlich begrenzt werden, wenn „ein anderer Grund vorliegt, der ebenso schwer wiegt“ wie die aufgeführten Gründe.

Mit der Feststellung eines der Versagungstatbestände ist es aber noch nicht getan. Es müssen zwei weitere Voraussetzungen noch hinzukommen: Die Interessen der bei dem unterhaltsbedürftigen Ehegatten lebenden Kinder müssen gewahrt und die Inanspruchnahme des Pflichtigen muß für diesen unzumutbar, grob unbillig sein.

Das Gesetz will in erster Linie die ordentliche Versorgung der Kinder sicherstellen. Der Ehegatte, dem sie anvertraut worden sind, muß sich um sie kümmern können und darf darum im Regelfall nicht auf die Möglichkeit verwiesen werden, sich seinen Unterhalt durch eine Vollerwerbstätigkeit selbst zu verdienen .Allerdings wird sich der unterhaltsbedürftige Ehegatte auch dann, wenn er Kinder betreut, unter den Voraussetzungen des § 1579 BGB zumindest eine Herabsetzung des Unterhaltsbetrags auf das unbedingt notwendige Maß gefallen lassen müssen.

III. Ehewohnung und Hausrat

Leben Ehegatten getrennt oder wollen sie sich trennen, so entsteht zwischen ihnen häufig ein Streit darüber, wer das Recht haben soll, in der Ehewohnung zu bleiben, und wie die Haushaltsgegenstände aufgeteilt werden sollen.

1. Ehewohnung

Die Ehewohnung steht entweder im Eigentum eines oder beider Ehegatten oder ist von einem oder beiden Ehegatten gemietet. In beiden Fällen sind – aufgrund der ehelichen Lebensgemeinschaft – beide Ehegatten (Mit-)Besitzer. Entstehen in der Ehe Spannungen und wollen sich die Ehegatten deswegen trennen, so steht es natürlich jedem Ehegatten frei, die Wohnung zu verlassen. Wie aber, wenn die Frau mit den Kindern in der Wohnung bleiben will und nur den gewalttätigen und ständig betrunkenen Mann zum Auszug veranlassen möchte? Die Vorschriften des Sachenrechts helfen in einem solchen Fall nicht weiter. Insbesondere kann sich die Frau nicht auf eine Besitzstörung berufen (§ 866 BGB). Hier greift nun – freilich nur in besonderen Härtefällen – § 1361 b BGB ein: Jeder Ehegatte kann verlangen, daß ihm der andere die Ehewohnung oder einen Teil derselben zur alleinigen Benutzung überläßt, soweit dies notwendig ist, um eine schwere Härte zu vermeiden.

Voraussetzung für die *Ausweisung eines Ehegatten aus der Wohnung* ist also, daß diese Ausweisung notwendig ist, um eine schwere Härte zu vermeiden. Der Trennungswunsch allein reicht nicht aus. Dem Ehegatten, der sich vom anderen trennen will, wird grundsätzlich zugemutet, sich eine andere Wohnung zu suchen (und dann eventuell die Kosten im Rahmen der Unterhaltsforderung geltend zu machen). Eine gerichtliche Benutzungsregelung ist nicht schon dann statthaft, wenn durch sie lediglich die Scheidung vorbereitet oder erleichtert werden soll. Voraussetzung ist vielmehr, daß die Wohnsituation unerträglich geworden ist (z.B. wegen dauernder Gewalttätigkeiten des anderen Ehegatten). Zwar sollen nicht nur Fälle erfaßt werden, in denen für die Frau sonst lediglich das Frauenhaus als Alternative bliebe (so aber die Begründung des Bundesrats in seiner Stellungnahme: BT-Drucks. 10/2888, S. 42), aber Maßstab und Leitlinie für die Auslegung des Begriffs „schwere Härte" kann die „Alternative Frauenhaus" sehr wohl sein (KG FamRZ 1987, 850, 851; OLG Hamm FamRZ 1989, 739).

Nach § 1361 b Abs. 1 Satz 2 BGB ist es „besonders zu berücksichtigen", wenn einem Ehegatten das *Eigentum* an der ehelichen Wohnung zusteht. Das heißt, die Meßlatte, die sich aus § 1361 b Abs. 1 Satz 1 BGB ergibt, ist dann, wenn der Eigentümer aus der Wohnung gewiesen werden soll, noch etwas höher zu legen. Will dagegen der Eigentümer der Wohnung den anderen aus der Wohnung vertreiben, kann sie etwas niedriger gelegt werden (OLG Hamm FamRZ 1989, 739).

Die Benutzungsregelung läßt die bestehenden Eigentumsverhältnisse oder Mietverträge unberührt. Für die Benutzung kann aber eine *Vergütung* verlangt werden, wenn dies der Billigkeit entspricht (§ 1361 b Abs. 2 BGB). Das wird namentlich der Fall sein, wenn der ausgewiesene Ehegatte der Eigentümer der Ehewohnung ist oder allein den Mietvertrag geschlossen hat und deswegen weiterhin dem Vermieter den Mietzins schuldet. Häufig wird in einem solchen Fall aber der Ehegatte, dem die Wohnung zugewiesen worden ist, zugleich einen Unterhaltsanspruch gegen den anderen Ehegatten haben. Hier kann dann eine Verrechnung stattfinden.

Zieht ein Ehegatte freiwillig aus der Ehewohnung aus, die ihm zusammen mit dem zurückbleibenden Ehegatten oder sogar allein gehört, so kann er ebenfalls einen Ausgleich dafür verlangen, daß dem anderen Ehegatten nunmehr die ganze Wohnung allein zur Verfügung steht. Als Anspruchsgrundlage kommen § 745 Abs. 2 BGB (bei Miteigentum) oder § 1361 b BGB in analoger Anwendung (analog, weil es an einem Wohnungszuweisungsverfahren fehlt) in Betracht (OLG Köln FamRZ 1992, 440).

2. Hausrat

Trennen sich die Ehegatten, so entsteht zwischen ihnen häufig Streit darüber, wer welche Haushaltsgegenstände mitnehmen kann: das Mobiliar, das Fernsehgerät, den Kühlschrank, die Teppiche, die Bilder, das Auto. Grundsätzlich kann jeder Ehegatte vom anderen die ihm gehörenden Haushaltsgegenstände herausverlangen, § 1361 a Abs. 1 Satz 1 BGB. Aber häufig läßt sich nicht nachweisen, wem die einzelnen Haushaltsgegenstände gehören. Haben die Ehegatten die Haushaltsgegenstände gemeinschaftlich gekauft, wird vielfach Miteigentum bestehen.

Haushaltsgegenstände als Eigentümer *herausverlangen* kann nur, wer sein Eigentum nachweisen kann. Dafür genügt es nicht, wenn ein Ehegatte eine auf seinen Namen ausgestellte Rechnung vorlegt (es sei denn, daß er den Gegenstand schon vor der Eheschließung erstanden hat). Bei Rechtsgeschäften, die in den Rahmen der Schlüsselgewalt fallen, erwirbt nicht notwendig derjenige das Eigentum, der den Vertrag geschlossen oder die Rechnung bezahlt hat (s.o. § 7 II 2 c). Wurden Haushaltsgegenstände als Ersatz für nicht mehr vorhandene oder wertlos gewordene Gegenstände angeschafft, so tritt, wenn die Eheleute im gesetzlichen Güterstand leben, dingliche Surrogation ein (§ 1370 BGB).

Kann kein Ehegatte sein Alleineigentum nachweisen, wird aus dem Mitbesitz auf Miteigentum geschlossen (§ 1006 Abs. 1 BGB), soweit es sich nicht um Gegenstände handelt, die ausschließlich zum persönlichen Gebrauch eines Ehegatten bestimmt sind (§ 1362 Abs. 2 BGB). Aber die letztgenannten Gegenstände fallen schon per definitionem nicht unter den Begriff Haushaltsgegenstände.

Steht das Alleineigentum eines Ehegatten fest, kann er gleichwohl verpflichtet sein, die betreffende Sache dem anderen Ehegatten *zum Gebrauch* zu überlassen, soweit dieser sie zur Führung eines abgesonderten Haushalts benötigt und die Überlassung nach den Umständen des Falles der Billigkeit entspricht (§ 1361 a Abs. 1 Satz 2 BGB). Man denke etwa an den Fall, daß der Mann ein Klavier von seinen Eltern geerbt hat, auf dem aber allein die Kinder spielen, die nunmehr bei ihrer Mutter leben.

Haushaltsgegenstände, die den Ehegatten *gemeinsam* gehören oder bei denen jedenfalls Miteigentum vermutet wird, werden zwischen den Ehegatten nach den Grundsätzen der Billigkeit verteilt (§ 1361 a Abs. 2 BGB). „Verteilt" bedeutet im Zweifel nur Verteilung zur Benutzung. Die Eigentumsverhältnisse bleiben unberührt, sofern die Ehegatten nichts anderes vereinbaren (§ 1361 a Abs. 4 BGB). Die Zuweisung eines Gegenstandes zur Benutzung begründet nicht die Eigentumsvermutung nach § 1006 BGB (vgl. Johannsen/Henrich/Voelskow, Eherecht, § 1361 a Rz 16).

Mit der freiwilligen oder gerichtlich angeordneten Überlassung entsteht ein Besitzmittlungsverhältnis, auf das die Vorschriften über die Leihe oder die Miete entsprechend anzuwenden sind, je nachdem, ob für die Nutzung ein Entgelt vereinbart oder vom Gericht gem. § 1361 a Abs. 3 Satz 2 BGB festgesetzt worden ist oder nicht (MünchKomm/Wacke, § 1361 a Rz 19).

Streitig ist, ob § 1361 a BGB auch dann eingreift, wenn ein Ehegatte *eigenmächtig Hausratsgegenstände an sich genommen hat.*

Beispiel: Ehegatten leben getrennt. Der Mann (M) ist aus der ehelichen Wohnung ausgezogen. Als die Frau (F) eines Abends nach Hause kommt, muß sie feststellen, daß M in ihrer Abwesenheit das Türschloß entfernt und durch ein neues ersetzt hat; den Schlüssel dafür findet sie im Briefkasten. In der Wohnung fehlen verschiedene Einrichtungsgegenstände, die M abtransportiert hat. Kann F die Rückgabe der Gegenstände verlangen?

Sieht man von § 1361 a BGB ab, so bietet sich § 861 Abs. 1 BGB als Anspruchsgrundlage an. Mit dem Auszug aus der Wohnung hat M den Mitbesitz an den Hausratsgegenständen aufgegeben (zumal er auch keinen Schlüssel für die Wohnung mehr besaß). F war somit Alleinbesitzerin. Damit liegt auf seiten des M verbotene Eigenmacht vor (§ 858 Abs. 1 BGB). Fraglich ist indessen, ob nicht die §§ 858 ff. BGB durch § 1361 a BGB verdrängt werden. Das wird von der in Rechtsprechung und Literatur wohl überwiegenden Auffassung behauptet (vgl. etwa OLG Düsseldorf FamRZ 1994, 390 m.w.N.). Man sagt, eine Anwendung der §§ 858 ff. BGB sei nicht sinnvoll, weil danach die weggenommenen Hausratsgegenstände zunächst einmal in die Wohnung zurückgeschafft werden müßten, dann aber doch wiederum im Verfahren nach § 1361 a BGB dem Ehegatten zugesprochen werden könnten, der sie eigenmächtig an sich genommen habe. Dagegen spricht aber, daß mit den §§ 858 ff. BGB die gewaltsame Durchsetzung von Rechten verhindert und so der Rechtsfrieden gesichert werden soll. Ein dahingehendes Schutzbedürfnis besteht auch zwischen getrenntlebenden Ehegatten. Auch zwischen ihnen darf es kein Faustrecht geben. Daraus folgt, daß § 1361 a BGB die Besitzschutzansprüche nicht verdrängt (KG FamRZ 1987, 1147; Hambitzer, FamRZ 1989, 236 m.w.N.). Für eine kumulative Anwendung beider Vorschriften Kobusch, FamRZ 1994, 935, mit umfassender Darstellung des Streitstandes. S. auch Henrich, Fälle und Lösungen, Fall 9.

3. Verfahren

In einer DurchführungsVO zum Ehegesetz, der sog. HausratsVO, hat der Gesetzgeber besondere Verfahrensregeln für die Verteilung des Hausrats und die Zuweisung der Wohnung aufgestellt. Diese Vorschriften gelten zwar primär für Streitigkeiten anläßlich der Scheidung. Nach

§ 18 a HausratsVO sind sie aber in den Fällen der §§ 1361 a und 1361 b BGB sinngemäß anzuwenden.

§ 10 Das gesetzliche Ehegüterrecht

Schrifttum: Gernhuber, Probleme der Zugewinngemeinschaft, NJW 1991, 2238; Tiedtke, Verfügungen eines Ehegatten über das Vermögen im Ganzen, FamRZ 1988, 1007.

I. Geschichtliche Entwicklung

Das Ehegüterrecht hat es mit der Frage zu tun: Was geschieht mit dem Vermögen der Ehegatten nach der Eheschließung? Auf diese Frage gibt es zwei extreme Antworten:

(1) Es geschieht überhaupt nichts. Es bleibt bei einer Trennung der Gütermassen. Jeder Ehegatte verwaltet sein Vermögen weiterhin selbständig.

(2) Die Lebensgemeinschaft wird zu einer Gütergemeinschaft, die beiderseitigen Vermögen werden gemeinschaftliches Vermögen.

Zwischen diesen extremen Möglichkeiten gibt es eine Reihe von mittleren Lösungen: eine teilweise Vergemeinschaftung, Zuweisung der Verwaltungsbefugnis an einen Ehegatten, keine Vergemeinschaftung, aber späterer Ausgleich.

Im römischen Recht herrschte Gütertrennung. Der Mann hatte jedoch die Lasten der Ehe zu tragen. Als Beitrag dafür übereignete ihm die Frau oder ein Angehöriger der Frau bestimmte Vermögensgegenstände (dos). Bei der Auflösung der Ehe, namentlich im Fall der Scheidung, hatte der Mann die dos an den Geber zurückzuerstatten. Dieses sog. *Dotalsystem* wurde in das Gemeine Recht übernommen. Es galt in Teilen Deutschlands noch bis 1900.

Ein anderes System: Es besteht Gütertrennung, aber der Mann verwaltet das Vermögen der Frau und hat auch während der Dauer der Ehe die Nutznießung dieses Vermögens. Dieses System (Verwaltung und Nutznießung oder kurz: *Verwaltungsgemeinschaft*) hatte vor 1900 in Deutschland die weiteste Verbreitung (vor allem in Norddeutschland).

Die *allgemeine Gütergemeinschaft* (die Vermögen der Gatten verschmelzen zu einem Vermögen, dem sog. Gesamtgut) war vor 1900 ebenfalls in ganz Deutschland verbreitet mit besonderen Schwerpunkten in Ost- und Westpreußen.

Abwandlungen dieser vollkommenen Gütergemeinschaft bildeten die sog. *Errungenschaftsgemeinschaft* und die sog. *Fahrnisgemeinschaft*. Bei der Errungenschaftsgemeinschaft wurde nur das Vermögen gemeinschaftlich, das die Ehegatten während der Ehe erwarben, die voreheliche Vermögen blieben getrennt. Bei der Fahrnisgemeinschaft wurde neben der Errungenschaft auch das bewegliche voreheliche Vermögen der beiden Ehegatten gemeinschaftliches Vermögen. Errungenschaftsgemeinschaft und Fahrnisgemeinschaft galten bis 1900 in vielen Variationen überwiegend in Süddeutschland, die Errungenschaftsgemeinschaft vor allem in Bayern und Württemberg, die Fahrnisgemeinschaft vor allem in Baden.

Die Zersplitterung vor dem Inkrafttreten des BGB war heillos. Von Ort zu Ort galten verschiedene Rechte, teilweise sogar von Ortsteil zu Ortsteil. In manchen Orten galt darüber hinaus verschiedenes Recht für die verschiedenen Stände.

Dieser Rechtszersplitterung machte das BGB ein Ende. Es erklärte das am weitesten verbreitete System, nämlich die *Verwaltungsgemeinschaft*, zum gesetzlichen Güterstand: Die Vermögen des Mannes und der Frau blieben auch nach der Eheschließung getrennt. Das sog. eingebrachte Vermögen der Frau wurde jedoch vom Mann verwaltet. Er hatte daran auch die Nutznießung; das heißt, die Erträge dieses Vermögens flossen in sein Vermögen – zum Ausgleich dafür, daß er für den Familienunterhalt aufzukommen hatte. Die Frau behielt nur die Verfügungsgewalt über ihr sog. Vorbehaltsgut. Neben diesem gesetzlichen Güterstand gab es im BGB noch vier weitere Güterstände: die Gütertrennung, die insbesondere dann eintrat, wenn die Ehegatten durch Ehevertrag den gesetzlichen Güterstand ausgeschlossen hatten, sowie drei vertragliche Güterstände: die allgemeine Gütergemeinschaft, die Fahrnisgemeinschaft und die Errungenschaftsgemeinschaft.

Nach dem Inkrafttreten des Gleichberechtigungsgrundsatzes (1.4.1953) konnte der alte gesetzliche Güterstand der Verwaltungsgemeinschaft nicht mehr bestehen bleiben. An seine Stelle trat zunächst die Gütertrennung.

Das Gleichberechtigungsgesetz vom 18.6.1957 führte als neuen gesetzlichen Güterstand die sog. *Zugewinngemeinschaft* ein. Sie gilt, wenn die Ehegatten nichts anderes vereinbaren. An ihrer Statt können durch

Vertrag Gütertrennung oder Gütergemeinschaft vereinbart werden. Weggefallen sind die Errungenschaftsgemeinschaft und die Fahrnisgemeinschaft. Vertragliche Modifikationen der Gütergemeinschaft sind jedoch möglich, u.a. auch solche, die in etwa der alten Errungenschaftsgemeinschaft oder der Fahrnisgemeinschaft entsprechen.

Es wird also der gesetzliche Güterstand, die Zugewinngemeinschaft, den Ehegatten nicht aufgezwungen. Sie gilt nur dispositiv, ihre Regelung ist nachgiebiges Recht. Die Gatten können ihre güterrechtlichen Verhältnisse nach § 1408 BGB durch Vertrag abweichend regeln.

II. Die Zugewinngemeinschaft. Grundgedanken

Der Gesetzgeber des Gleichberechtigungsgesetzes wollte auf der einen Seite, daß die Ehegatten unabhängig voneinander sollten handeln können: Das sprach gegen die Gütergemeinschaft. Er wollte auf der anderen Seite aber auch die Beteiligung beider Ehegatten am gemeinsam erworbenen Vermögen: Das sprach gegen die Gütertrennung. Die Zugewinngemeinschaft, seit dem Inkrafttreten des Gleichberechtigungsgesetzes gesetzlicher Güterstand, ist ein Kompromiß. Solange die Zugewinngemeinschaft währt, bleiben die Vermögen der Ehegatten getrennt. Nach der Beendigung des Güterstandes, sei es durch den Tod eines Ehegatten, sei es durch Scheidung oder sei es durch vertragliche Aufhebung oder Urteil, wird der Zugewinn, den die Gatten erzielt haben, ausgeglichen.

Ausgleich des Zugewinns bedeutet, daß derjenige Ehegatte, dessen Vermögen während der Ehe stärker gewachsen ist als das des anderen, diesem die Hälfte des Überschusses abgeben muß. Dieser rechnerische Ausgleich des Zugewinns findet jedoch im allgemeinen nur statt, wenn die Ehe geschieden wird. Wird sie durch den Tod eines Ehegatten aufgelöst, tritt an die Stelle des „güterrechtlichen Ausgleichs" der sog. „erbrechtliche Ausgleich". Man meinte, beim Tod eines Ehegatten auf die komplizierte Berechnung des Zugewinns verzichten zu können, wenn man stattdessen das gesetzliche Erbrecht des überlebenden Ehegatten erhöhte.

Praktisch bedeutet das, daß der Grundgedanke des Zugewinnausgleichs im Normalfall (Erbfall) wieder preisgegeben und durch eine schematische Bevorzugung des überlebenden Ehegatten ersetzt wird.

Daß diese schematische Bevorzugung des überlebenden Ehegatten nicht immer zu einem gerechten Ergebnis führt, liegt auf der Hand. Als gerecht wird sie nur dann empfunden, wenn derjenige Ehegatte Erbe wird, der den geringeren Zugewinn erzielt hat. Ungerecht ist sie dann, wenn derjenige Ehegatte erbt, der den größeren Zugewinn erzielt hat. Er, der – nach güterrechtlichen Grundsätzen – eigentlich etwas hergeben müßte (nämlich an die Verwandten der Frau, die neben ihm zur Erbfolge berufen sind), bekommt sogar noch etwa hinzu.

Davon abgesehen entspricht der Gedanke des Zugewinnausgleichs einem *weltweiten Trend*. Die Beteiligung beider Gatten – insbesondere der Frau, die noch immer in der Mehrzahl der Fälle weniger verdient als der Mann – am Zugewinn wird inzwischen fast überall gewährleistet. In den meisten Staaten ist gesetzlicher Güterstand die Güter- (oder Errungenschafts-)gemeinschaft (so z.B. in Frankreich, Belgien, den Niederlanden, Luxemburg, Italien, Spanien, Portugal sowie in den früher sog. sozialistischen Staaten). Dort, wo während der Ehe (ganz oder weitgehend) Gütertrennung herrscht, pflegt bei Auflösung der Ehe ein Ausgleich zu erfolgen. In den skandinavischen Staaten spricht man von einer „aufgeschobenen" Gütergemeinschaft, in England kann das Gericht im Zusammenhang mit einer Scheidung anordnen, daß ein Ehegatte dem anderen bestimmte Vermögensgegenstände zu übertragen hat, in den meisten Einzelstaaten der USA findet eine equitable distribution des von den beiden Ehegatten erworbenen Vermögens durch den Richter statt, in Österreich werden das „eheliche Gebrauchsvermögen" und die „ehelichen Ersparnisse" nach Billigkeit aufgeteilt. Aber auch der deutsche Güterstand der Zugewinngemeinschaft hat Nachahmer gefunden: In Griechenland und der Schweiz entspricht der gesetzliche Güterstand weitgehend der Zugewinngemeinschaft, in Frankreich und in den Niederlanden ist die Zugewinngemeinschaft als Wahlgüterstand (régime de participation aux acquêts, deelgenootschap) eingeführt worden.

III. Nähere Ausgestaltung der Gütertrennung während der Dauer des Güterstandes

1. Während der Dauer des Güterstandes bleiben das Vermögen des Mannes und das Vermögen der Frau *getrennt*. Das gilt sowohl für das Vermögen, das die Ehegatten bei der Eheschließung bereits haben, als auch für das Vermögen, das die Ehegatten während der Ehe erwerben, § 1363 Abs. 2 Satz 1 BGB. Jeder Ehegatte verwaltet sein Vermögen selbständig und kann darüber auch, von bestimmten Ausnahmen abgesehen, frei verfügen, § 1364 BGB.

Aus der Verpflichtung der Gatten zur ehelichen Lebensgemeinschaft ergibt sich aber für sie die Verpflichtung, bei Ausübung ihrer Vermögensrechte dieser Gemeinschaft Rechnung zu tragen, insbesondere zum angemessenen Unterhalt der Familie beizutragen, ihr Vermögen also so zu verwalten, daß sie ihren Unterhaltspflichten nachkommen können. Ein Verstoß gegen diese allgemeinen Pflichten kann bei einem güterrechtlichen Ausgleich des Zugewinns dem Schuldner ein Leistungsverweigerungsrecht geben, § 1381 BGB. Daneben enthalten die §§ 1365 und 1369 BGB Verfügungsbeschränkungen für besondere Fälle, in denen ein Verstoß die Unwirksamkeit des Geschäfts zur Folge hat.

Eine Rechtspflicht, dem anderen Ehegatten über den Stand des eigenen Vermögens *Auskunft* zu erteilen, sieht das Gesetz nur bei Beendigung des Güterstandes vor (1379 BGB). Will jedoch ein Ehegatte bei bestehender Ehe wissen, wie groß etwa das Vermögen des anderen Ehegatten ist oder wieviel er im Monat verdient, so würde es rechter ehelicher Gesinnung widersprechen, würde ihm eine Auskunft verweigert werden. Ein solches Auskunftsverlangen, das selbstverständlich nicht so weit geht wie das Recht auf Auskunft nach Beendigung des Güterstandes, kann darum auf § 1353 BGB gegründet werden (s.o. § 8 I 3).

Weigert sich ein Ehegatte grundlos und beharrlich, über den Bestand seines Vermögens Auskunft zu geben, so gibt § 1386 Abs. 3 BGB dem anderen Ehegatten das Recht, auf vorzeitigen Ausgleich des Zugewinns zu klagen.

2. Nach § 1364 BGB verwaltet jeder Ehegatte sein Vermögen selbständig. Es steht aber nichts im Wege, daß ein Ehegatte dem anderen sein ganzes Vermögen oder Teile zur Verwaltung überläßt. Für einen solchen Vertrag gelten die Vorschriften des Auftrags oder des Geschäftsbesorgungsvertrags, also die §§ 662 ff. BGB.

Nicht selten geschieht es, daß ein Ehegatte dem anderen *Bankvollmacht* erteilt. Eine solche Vollmacht soll es dem Bevollmächtigten ermöglichen, mit einer gewissen Selbständigkeit die Bedürfnisse der Familie zu befriedigen. Die Vollmacht dient damit im Regelfall der Verwirklichung der ehelichen Lebensgemeinschaft. Mißbraucht der Bevollmächtigte das in ihn gesetzte Vertrauen, überweist er z.B. Geld auf ein privates Konto, um es dem Berechtigten zu entziehen, so kann er von diesem nach § 687 Abs. 2 BGB (angemaßte Eigengeschäftsführung) in Anspruch genommen werden (OLG Düsseldorf FamRZ 1992, 439).

3. Besitzverhältnisse

An Hausrat und Ehewohnung besteht regelmäßig Mitbesitz. Alleinbesitz haben die Ehegatten normalerweise nur an den zum persönlichen

Gebrauch dienenden und den unter alleinigem Verschluß stehenden Sachen.

IV. Verfügungs- und Verpflichtungsbeschränkungen

Ausgangsfälle:

(1) Der verheiratete Kaufmann K bestellt zur Urkunde des Notars N für die Firma F eine Grundschuld in Höhe von 30.000 DM an seinem Grundstück. Durch die Belastung wird der Verkehrswert des Grundstücks im wesentlichen ausgeschöpft. Sonstiges nennenswertes Vermögen hat K nicht. N beantragt den Vollzug der Urkunde. Der Rechtspfleger weigert sich, die Eintragung zu verfügen, ehe nicht die Zustimmung der Ehefrau des K zu dieser Belastung beigebracht worden sei. Mit Recht?

(2) Eine Ehefrau (F) hat von ihren Eltern ein Fernsehgerät geschenkt bekommen. Der Ehemann (M) fürchtet einen nachteiligen Einfluß auf die Kinder und verkauft und übereignet das Gerät ohne Wissen der F an seinen Freund (D), der ihn für den Eigentümer hält. Als F das Gerät von D herausverlangt, erklärt dieser, er habe gutgläubig Eigentum an dem Gerät erworben. Hilfsweise macht er geltend, es stehe ihm so lange ein Zurückbehaltungsrecht zu, bis er den gezahlten Kaufpreis in Höhe von 600 DM zurückerhalten habe.

1. Da die bloße Verpflichtung der Gatten, bei Ausübung ihrer Vermögensrechte der ehelichen Gemeinschaft Rechnung zu tragen, keinen ausreichenden Schutz vor willkürlichen Verfügungen gibt, hat das Gesetz gewisse Verfügungsbeschränkungen aufgestellt. Die Beschränkung besteht darin, daß grundsätzlich der andere Ehegatte der Verfügung zustimmen muß.

Von der Zustimmung des anderen Ehegatten sind abhängig

(1) Verfügungen über das Vermögen im ganzen, § 1365 BGB,

(2) Verfügungen über Haushaltsgegenstände, § 1369 BGB.

a) Wie der Begriff „Verfügungen über das Vermögen im ganzen" zu verstehen ist, ist streitig. Gegenüber stehen sich die „Einzeltheorie" und die „Gesamttheorie".

Die *Gesamttheorie* will den Begriff des Vermögens so verstanden wissen, wie er in den §§ 310, 311, 330 und 1085 BGB verstanden wird. Alle diese Vorschriften sind nur anwendbar, wenn ein Rechtsgeschäft sich auf eine Gesamtheit von Gegenständen bezieht, die der Parteiwille mit dem Ausdruck „Vermögen" umfaßt. Sie sind nicht anwendbar, wenn ein Rechtsgeschäft über einen einzelnen Gegenstand geschlossen wird. Die Gesamttheorie beschränkt somit den Anwendungsbereich des

§ 1365 BGB im wesentlichen auf die typischen Gesamtgeschäfte: Hofübergabe, Unternehmensübertragung, vorweggenommene Erbfolge (Rittner, FamRZ 1961, 10 ff.; Tiedau, MDR 1961, 721; Benthin, FamRZ 1982, 338 ff.).

Die *Einzeltheorie* versteht demgegenüber den Begriff des Vermögens so, wie er in § 419 BGB verstanden wird. Danach kommt es nicht darauf an, ob ein Ehegatte über sein „Vermögen" verfügen möchte. Unter § 1365 BGB sollen vielmehr auch Rechtsgeschäfte über einen einzelnen Gegenstand (oder mehrere einzelne Gegenstände) fallen können, wenn dieser Gegenstand (oder diese Gegenstände) tatsächlich das ganze oder nahezu (im wesentlichen, so gut wie) das ganze Vermögen ausmacht (oder ausmachen).

Durchgesetzt hat sich die *Einzeltheorie*. Die weite Auslegung des § 1365 BGB wird damit begründet, daß Zweck dieser Vorschrift sei, die wirtschaftliche Grundlage der Familie zu sichern. Die wirtschaftliche Grundlage der Familie wird aber – so sagt man mit Recht – nicht nur dann gefährdet, wenn ein Ehegatte über sein „Vermögen" verfügt, sondern auch dann, wenn er nur über einen einzelnen Vermögensgegenstand verfügt, dieser Gegenstand aber praktisch sein gesamtes Vermögen ausmacht (BGHZ 35, 135; 43, 174; 64, 246).

Wann der Gegenstand „praktisch das ganze Vermögen" ausmacht, ist bisher noch nicht eindeutig geklärt. Im Interesse der Rechtssicherheit sind klare Grenzen wünschenswert. Die Vorschläge hierfür schwanken zwischen 70 % und 90 % Anteil am Gesamtvermögen (vgl. MünchKomm/Gernhuber, § 1365 Rz 21 m.w.N.). Nach Auffassung des BGH ist bei einem kleinen Vermögen die Veräußerung eines einzelnen Gegenstandes nur dann zustimmungsfrei, wenn mindestens 15 % vom ursprünglichen Gesamtvermögen zurückbehalten werden, bei größeren Vermögen genügt es regelmäßig, wenn dem Verfügenden 10 % seines Gesamtvermögens verbleiben (FamRZ 1980, 765; 1991, 669).

Die wirtschaftliche Existenz eines Menschen hängt heute nicht so sehr von seinem Vermögen ab, sondern von seinem *gesicherten Einkommen*. Gleichwohl kann nicht gesagt werden, daß jemand nicht über sein Vermögen im ganzen verfüge, wenn er in einem festen Arbeitsverhältnis steht. Die auf einem sicheren Arbeitsverhältnis beruhende Erwartung künftigen Arbeitseinkommens kann nicht als Vermögen i.S. des § 1365 BGB angesehen werden (BGH FamRZ 1987, 909). Dasselbe gilt auch für ein laufendes Renteneinkommen (selbst dann, wenn die Rente kapitalisiert werden könnte; vgl. BGH FamRZ 1989, 1051, 1052). Würde man anders entscheiden, würde den Ehegatten von Rentnern der Schutz des § 1365 BGB weitgehend entzogen.

b) Nach einer früher verbreiteten Auffassung ist die Verfügung über einen einzelnen Gegenstand in jedem Fall dann zustimmungsbedürftig, wenn der Gegenstand im wesentlichen das ganze Vermögen des Verfügenden ausmacht (*objektive Theorie*: Bosch, FamRZ 1959, 289, 294; Finger, JZ 1975, 461 ff.). Die h.M. läßt das objektive Vorliegen der Voraussetzungen des § 1365 BGB aber nicht genügen. Sie macht die Anwendung des § 1365 BGB noch von einem subjektiven Erfordernis abhängig: Der Vertragspartner des verfügenden Ehegatten muß wissen, daß es sich bei dem Vertragsgegenstand um praktisch das ganze Vermögen des Ehegatten handelt, oder muß zumindest die Verhältnisse des Verfügenden kennen, aus denen er einen entsprechenden Schluß ziehen kann (*subjektive Theorie*: BGHZ 43, 174, 176; 64, 246, 247).

Dieses subjektive Erfordernis hat – ebenso wie das objektive Erfordernis – im Zweifelsfall derjenige Ehegatte zu beweisen, der sich auf die Unwirksamkeit des Rechtsgeschäfts beruft (vgl. MünchKomm/Gernhuber, § 1365 Rz 30).

Hinter diesen beiden Theorien stehen zwei Prinzipien: Das Prinzip des Familienschutzes steht für die objektive Theorie, das Prinzip der Sicherheit im Rechts- und insbesondere Grundstücksverkehr spricht für die subjektive Theorie.

Der herrschenden Meinung ist beizupflichten. § 1365 BGB hat ein dem System des Bürgerlichen Rechts an sich fremdes absolutes Veräußerungsverbot geschaffen. Das spricht für eine enge Auslegung dieser Vorschrift, zumal die Einzeltheorie bereits zu einer Erweiterung geführt hat.

c) Eine teleologische Reduktion des § 1365 BGB ergibt sich ferner aus der sog. *Ausschöpfungslehre*. Sie besagt, daß eine Belastung (= Verfügung) des (Grund-)Vermögens dann nicht unter § 1365 BGB fällt, wenn der Wert des belasteten Gegenstandes durch die Belastung nicht ausgeschöpft wird.

Rein rechtlich gesehen wäre jede Belastung eines Grundstücks eine Verfügung über das Vermögen „im ganzen", wenn das Grundstück praktisch das gesamte Vermögen des Verfügenden darstellt. Eine solche Betrachtungsweise (vgl. etwa Bosch, FamRZ 1958, 469, 470; Haegele, FamRZ 1964, 594, 597) würde aber dem Zweck der Vorschrift nicht gerecht. Wird ein Grundstück, das einen Wert von 500.000 DM hat, mit einer Grundschuld im Wert von 50.000 DM belastet, so werden die wirtschaftliche Existenz der Familie und der zukünftige Zugewinnausgleichsanspruch des anderen Ehegatten nicht ernsthaft gefährdet.

Auf der anderen Seite wäre es mit dem Wortlaut von § 1365 BGB nicht vereinbar, würde man den Anwendungsbereich dieser Vorschrift auf Veräußerungsgeschäfte beschränken und bei bloßen Belastungen (z.B. mit Grundpfandrechten) den Eigentümer von der Zustimmung seines Ehegatten freistellen (so aber MünchKomm/Gernhuber, § 1365 Rz 61). Schließlich läßt sich nicht bestreiten, daß die Bestellung einer Grundschuld eine „Verfügung" über das Grundstück darstellt.

Aus der Ausschöpfungslehre ergibt sich aber, daß nicht jede Bestellung eines Grundpfandrechts unter § 1365 BGB fällt. Erstrangige Sicherheiten sind in jedem Fall zustimmungsfrei. Ist aber ein Grundstück bereits bis zu 70 % seines Verkehrswerts belastet, so würde jegliche weitere Belastung den Wert „ausschöpfen" (vgl. Erman/Heckelmann, § 1365 Rz 14 m.w.N.). Darum ist hier die Zustimmung des anderen Ehegatten notwendig, wenn das Grundstück praktisch das gesamte Vermögen des Verfügenden darstellt.

Nicht unter § 1365 BGB fällt eine Belastung des Grundstücks, die im Zusammenhang mit dem Erwerb erfolgt: Der Käufer zahlt 20 % des Kaufpreises in bar und sichert den Restkaufpreis durch eine Hypothek oder Grundschuld ab. Hier kommt § 1365 BGB nur dann zum Zuge, wenn der Betrag, den der Käufer als Barzahlung aufbringt, praktisch sein gesamtes Vermögen darstellt (Erman/Heckelmann, aaO).

Streitig ist, ob Belastungen eines Grundstücks, welche die Vermögenssubstanz unangetastet lassen, überhaupt unter § 1365 BGB fallen. So wird beispielsweise die Belastung eines Grundstücks mit einer Dienstbarkeit von manchen Autoren für nicht zustimmungsbedürftig gehalten (vgl. z.B. MünchKomm/Gernhuber, § 1365 Rz 63). Man sagt, die Belastung eines Grundstücks z.B. mit einem dinglichen Wohnrecht (§ 1093 BGB) könne nicht anders behandelt werden als eine langfristige Vermietung oder Verpachtung. Dem steht aber entgegen, daß eine solche Belastung den Verkehrswert eines bebauten Grundstücks sehr wohl zu beeinflussen vermag, nachhaltiger als eine langfristige Vermietung. Entscheidend muß es darum auch hier auf die wirtschaftliche Betrachtungsweise ankommen (BGH FamRZ 1989, 1051).

d) Sind Ehegatten Miteigentümer eines Grundstücks und stellt ein Ehegatte den Antrag auf eine *Teilungsversteigerung* (§ 180 ZVG), so „verfügt" er zwar durch diesen Antrag noch nicht über sein Vermögen. Gleichwohl stellt die herrschende Meinung diesen Antrag einer Verfügung gleich. Es kann keinen Unterschied machen, ob ein Ehegatte seinen Anteil freihändig veräußert oder ob auf seinen Antrag hin das Grundstück versteigert und dann der Erlös zwischen den Ehegatten aufgeteilt wird. Aus diesem Grund muß auch für den Antrag auf Teilungsversteigerung die Zustimmung des anderen Ehegatten eingeholt werden, wenn der Anteil am Grundstück praktisch das gesamte Vermögen des Antragstellers ausmacht (vgl. OLG Hamm FamRZ 1979, 128 mit ausführlicher Begründung; BayObLG FamRZ 1985, 1040; a.A. MünchKomm/Gernhuber, § 1365 Rz 55).

e) Wichtig: Zustimmungsbedürftig ist nicht erst das Verfügungsgeschäft, sondern bereits das *Verpflichtungsgeschäft*. Das Gesetz sagt (§ 1365 Abs. 1 BGB):„Ein Ehegatte kann sich nur mit Einwilligung des anderen Ehegatten verpflichten, über sein Vermögen im ganzen zu verfügen. Hat er sich ohne Zustimmung des anderen Ehegatten verpflichtet, so kann er die Verpflichtung nur erfüllen, wenn der andere Ehegatte einwilligt". Insofern ist die übliche Bezeichnung „Verfügungsbeschränkungen" nicht korrekt. Es handelt sich bei den §§ 1365 und 1369 BGB um Veräußerungs- (und Belastungs-)verbote, und zwar nicht um relative Veräußerungsverbote (im Sinne des § 135 BGB), sondern um *absolute Veräußerungsverbote* (BayObLG FamRZ 1967, 337). Ein gutgläubiger Erwerb, wie er bei relativen Veräußerungsverboten möglich ist (§ 135 Abs. 2 BGB), ist hier ausgeschlossen.

Der Umstand, daß nicht erst das Verfügungsgeschäft, sondern bereits das Verpflichtungsgeschäft auf seine Wirksamkeit geprüft werden muß, hat insbesondere Auswirkungen auf die Frage, wann – aufgrund der subjektiven Theorie – der Geschäftspartner des Ehegatten Kenntnis davon haben muß, daß es sich bei dem Vertragsgegenstand um praktisch das gesamte Vermögen des Ehegatten handelt. Diese Frage ist nicht nur in der Literatur, sondern war auch innerhalb der Rechtsprechung der Oberlandesgerichte lange Zeit sehr umstritten. Es liegt auf der Hand, daß eine Anwendung des § 1365 BGB umso eher in Betracht kommt, je weiter man den Zeitpunkt hinausschiebt, zu dem der Geschäftspartner noch hinsichtlich der Vermögensverhältnisse des Ehegatten gutgläubig sein muß.

Nach der strengsten Auffassung muß die Gutgläubigkeit bei der Veräußerung von Grundstücken noch bei der Vollendung des Rechtserwerbs, also bei Eintragung des Erwerbers im Grundbuch, vorliegen (OLG Saarbrücken FamRZ 1984, 587).

Nach a.A. schadet es nicht, wenn der Erwerber von den wahren Verhältnissen Kenntnis erlangt, nachdem der Antrag auf Eigentumsumschreibung bzw. Eintragung einer Auflassungsvormerkung im Grundbuchamt eingegangen ist (OLG Frankfurt FamRZ 1986, 275).

Nach richtiger Ansicht muß in den Fällen, in denen die dingliche Verfügung auf einem schuldrechtlichen Vertrag beruht, auf den *Zeitpunkt des Verpflichtungsgeschäftes* abgestellt werden. Dies ergibt sich schon aus dem Gesetz: Eine Einwilligung zum Verfügungsgeschäft ist nach § 1365 Abs. 1 Satz 2 BGB nur dann erforderlich, wenn die Zustimmung gem. § 1365 Abs. 1 Satz 1 BGB nicht eingeholt wurde. Daraus ist zu schließen, daß das Verfügungsgeschäft nicht zustimmungsbedürftig ist, wenn schon das Verpflichtungsgeschäft es nicht war. Außerdem würde der Schutz des rechtsgeschäftlichen Verkehrs, der durch die subjektive Theorie bezweckt wird, erheblich gefährdet, wenn man die Verwirklichung eines rechtswirksam erworbenen Anspruches wegen eines nachträglich eingetretenen Umstandes nicht zuließe. Auch der BGH hat sich mittlerweile dieser Auffassung angeschlossen (BGH FamRZ 1989, 475).

Festzuhalten ist also:

Zustimmungsbedürftig sind Geschäfte eines Ehegatten dann, wenn sie entweder das Vermögen im ganzen (praktisch das ganze Vermögen) oder Gegenstände des ehelichen Hausrats betreffen. Die Verfügung über andere Gegenstände, mögen sie noch so wichtig sein, rechtfertigt die Anwendung dieser Vorschriften nicht. So ist z.B. die Verfügung über die Familienwohnung nicht zustimmungsbedürftig, wenn der Verfügende daneben noch anderes Vermögen hat – ein seltsames Ergebnis, wenn man bedenkt, daß die Verfügung über Einrichtungsgegenstände zustimmungsbedürftig ist. Der andere Ehegatte kann sich lediglich auf § 1353 BGB berufen (s.o. § 8 I 3).

Ob der Verfügende eine *Gegenleistung* erhält, spielt für die Anwendbarkeit der §§ 1365 ff. BGB keine Rolle. Er bedarf der Zustimmung seines Ehegatten auch dann, wenn das Geschäft ihm wirtschaftliche Vorteile bringt (arg. e § 1365 Abs. 2 BGB: Wäre § 1365 BGB auf unentgeltliche Geschäfte beschränkt, so wäre § 1365 Abs. 2 BGB praktisch bedeutungslos; vgl. BGHZ 35, 135).

Über die Zweckmäßigkeit des § 1369 BGB in der vorliegenden Fassung kann man geteilter Meinung sein.

Beispiel: Der Ehemann verkauft die Eigentumswohnung, in der die Familie wohnt – die Zustimmung der Ehefrau ist nicht erforderlich (wenn nicht § 1365 BGB eingreift). Die Ehefrau will (nachdem die Kinder groß geworden sind) das Kinderbett, den Kinderwagen, den Laufstall verkaufen – der Ehemann muß zustimmen! Der Ehemann verkauft sein Auto – die Zustimmung der Ehefrau ist nur dann erforderlich, wenn sie den Kraftwagen mitbenutzt hat.

Ob § 1369 BGB auch dann gilt, wenn die Ehegatten *getrennt* leben, ist umstritten. Die herrschende Meinung bejaht die Anwendbarkeit mit dem Hinweis, gerade getrenntlebende Ehegatten seien besonders schutzbedürftig (vgl. BayObLG FamRZ 1980, 571, 572; OLG Koblenz FamRZ 1991, 1302). Aber: Getrenntlebende Ehegatten haben keinen „ehelichen Haushalt". Damit fehlt ein Tatbestandsmerkmal für die Anwendung des § 1369 BGB. Auch für eine analoge Anwendung besteht kein Anlaß. Der

Normzweck entfällt, wenn die Trennung der Ehegatten (wie meist) nicht mehr revidiert wird (MünchKomm/Gernhuber, § 1369 Rz 23).

2. Die Zustimmung des Ehegatten kann nach § 182 Abs. 1 BGB dem verfügenden oder sich verpflichtenden Ehegatten oder dem Dritten gegenüber erklärt werden. Die Zustimmung zu dem Verpflichtungsgeschäft deckt auch das Verfügungsgeschäft. Sie kann also nach dem Abschluß des Verpflichtungsgeschäfts nicht mehr widerrufen werden. Wäre es anders, könnte der Dritte aus dem (gültigen) Verpflichtungsgeschäft klagen und dann in das Vermögen des Ehegatten vollstrecken.

Wird die Zustimmung ohne ausreichenden Grund verweigert, kann sie durch das Vormundschaftsgericht auf Antrag des Ehegatten ersetzt werden, §§ 1365 Abs. 2, 1369 Abs. 2 BGB.

Die fehlende Einwilligung macht einen Vertrag schwebend unwirksam, aber durch Genehmigung heilbar, § 1366 Abs. 1 BGB. Ein einseitiges Rechtsgeschäft (z.B. Kündigung eines Gesellschaftsverhältnisses, wenn der Gesellschaftsanteil praktisch das gesamte Vermögen ausmacht) ist dagegen, wenn die Zustimmung fehlt, unheilbar nichtig, § 1367 BGB.

Der Vertragspartner des Ehegatten hat bei Verträgen während des Schwebezustandes zwei Möglichkeiten. Er kann einmal den Vertrag widerrufen, freilich nur dann, wenn er nicht gewußt hat, daß sein Vertragspartner verheiratet war, oder wenn dieser wahrheitswidrig die Einwilligung seines Ehegatten behauptet und der Dritte dieser Behauptung vertraut hat, § 1366 Abs. 2 BGB. Der Dritte kann aber auch den abschließenden Ehegatten auffordern, die erforderliche Genehmigung des anderen Ehegatten zu beschaffen. Hier muß dann der andere Ehegatte seine Genehmigung dem Dritten gegenüber erklären. Die Genehmigung gilt als verweigert, wenn sie nicht innerhalb von zwei Wochen erklärt wird, § 1366 Abs. 3 BGB.

3. Die §§ 1365 ff. BGB finden nur Anwendung, solange die *Ehe* (bzw. der Güterstand) *besteht*. Das bedeutet nicht, daß schwebend-unwirksame Rechtsgeschäfte mit Beendigung der Ehe in jedem Fall voll wirksam würden. Zwar ist es richtig, daß der verfügende Ehegatte nach Beendigung der Ehe erneut und nun auch voll wirksam über den Gegenstand verfügen könnte. Der Unterschied zwischen einer erneuten Verfügung und der rückwirkenden Heilung eines früheren Rechtsgeschäfts liegt aber darin, daß die rückwirkende Heilung Auswirkungen haben kann auf den Zugewinnausgleich oder die Hausratsverteilung, während diese Gefahr bei einer Neuvornahme des Rechtsgeschäfts nicht besteht.

Beispiel: M will sich von seiner Frau trennen. Er verkauft – ohne Wissen seiner Frau – ein größeres Grundstück (Bauerwartungsland), das praktisch sein gesamtes Vermögen ausmacht, um mit dem Erlös in einer anderen Stadt eine Eigentumswohnung zu erwerben. Ein Jahr danach erhebt er die Scheidungsklage. Inzwischen ist aus dem Bauerwartungsland überraschend Bauland geworden, der Wert um 100 % gestiegen. Kann nunmehr, nachdem die Ehe geschieden worden ist, die Frau sich noch immer auf die Unwirksamkeit der Veräußerung berufen?

Die Rechtsprechung nahm früher an, daß schwebend-unwirksame Geschäfte mit der Auflösung der Ehe zu voll wirksamen Geschäften erstarkten. Die Literatur kritisierte, daß dadurch die Rechte der Frau verkürzt würden. Ihr hat sich der BGH angeschlossen (FamRZ 1978, 396). Die Höhe des Anspruchs der Frau auf Zugewinnausgleich bestimmt sich danach, wie groß im Zeitpunkt der Rechtshängigkeit des Scheidungsantrags das Vermögen ihres Mannes war. Hat sich dieses Vermögen infolge der Veräußerung vermindert, so würde sich auch ihr Ausgleichsanspruch vermindern, wenn sie die Veräußerung gegen sich gelten lassen müßte.

Nur dann konvalesziert ein schwebend unwirksames Rechtsgeschäft mit Beendigung des Güterstandes zu voller Wirksamkeit, wenn die Interessen des anderen Ehegatten durch das Wirksamwerden nicht berührt werden können, etwa wenn der zustimmungsberechtigte Ehegatte stirbt: Die §§ 1365 ff. BGB bezwecken nicht den Schutz der Erben; vgl. BGH FamRZ 1982, 249.

4. Für die *Verfügung* gilt das Gleiche wie für den schuldrechtlichen Vertrag. Die fehlende Einwilligung macht die Verfügung schwebend unwirksam, die Verweigerung der Genehmigung hat die endgültige Nichtigkeit zur Folge, wenn die Genehmigung nicht durch das Vormundschaftsgericht ersetzt wird. Die Nichtigkeit wirkt gegenüber jedermann (vgl. BGHZ 40, 218). Der gute Glaube des Dritten an die Verfügungsbefugnis des Ehegatten wird nicht geschützt. § 135 Abs. 2 BGB ist nicht anwendbar. Absolutes Veräußerungsverbot! Der Verfügende kann vindizieren. Er braucht sich den Einwand des venire contra factum proprium nicht entgegenhalten zu lassen, weil die Vorschriften das Interesse des anderen Ehegatten schützen wollen.

Aber nicht nur der Verfügende, sondern auch der andere Ehegatte kann den Gegenstand der Verfügung herausverlangen. Beide Ehegatten haben die sog. revokatorische Klage (§ 1368 BGB). Der zustimmungsberechtigte Ehegatte macht damit freilich kein eigenes Recht geltend, sondern ein fremdes Recht im eigenen Namen (Prozeßstandschaft); vgl. MünchKomm/Gernhuber, § 1368 Rz 3.

5. Hinweise für die Lösung der Ausgangsfälle:

Fall 1:

a) K hat nicht über sein „Vermögen“ verfügt, sondern lediglich sein Grundstück belastet. Frage: Kann auch die Verfügung über einen einzelnen Gegenstand eine Verfügung über das Vermögen im ganzen sein? Die Frage ist mit der herrschenden „Einzeltheorie“ zu bejahen.

b) Wann ist die Belastung eines Grundstücks eine Verfügung über das Vermögen im ganzen?

Die Belastung eines Grundstücks ist eine Verfügung über das Grundstück. Sie fällt dann unter § 1365 BGB, wenn durch sie der Wert des Grundstücks „ausgeschöpft“ wird (s.o. 1.c)).

c) Spielt es eine Rolle, ob der Vertragspartner des Ehegatten weiß, daß es sich bei dem Verfügungsobjekt um praktisch das gesamte Vermögen des Verfügenden handelt?

Die objektive Theorie sagt nein, die herrschende subjektive Theorie sagt ja.

d) Kommt es auf die Kenntnis des Vertragspartners im Zeitpunkt des Abschlusses des Verpflichtungsgeschäfts an oder ist die Kenntnis zur Zeit der Vollendung des Erwerbstatbestandes entscheidend?

Fehlte dem Vertragspartner bei Abschluß des Verpflichtungsgeschäfts die erforderliche Kenntnis, so ist das Verpflichtungsgeschäft wirksam und muß deswegen auch erfüllt werden. Spätere Kenntnis kann ihm nicht mehr schaden (s.o. 1.e)).

e) Ergebnis:

Wußte F bei Abschluß des Verpflichtungsgeschäfts nicht, daß es sich bei dem Grundstück um praktisch das gesamte Vermögen des K handelte, so war das Geschäft auch ohne die Einwilligung des Ehegatten voll wirksam. Die Eintragung kann deswegen nicht vom Nachweis der Zustimmung des anderen Ehegatten abhängig gemacht werden (ausführliche Lösung bei Henrich, Fälle und Lösungen, Fall 10).

Fall 2:

a) Problem: § 1369 BGB betrifft Verfügungen eines Ehegatten über ihm gehörende Haushaltsgegenstände. Ist die Vorschrift auch dann – analog – anwendbar, wenn ein Ehegatte über Haushaltsgegenstände verfügt, die dem anderen Ehegatten gehören?

Die Frage ist bestritten. Die Befürworter einer analogen Anwendung berufen sich auf den Schutzzweck des § 1369 BGB (OLG Köln MDR 1968, 586; LG Berlin FamRZ 1982, 803; Dölle I, § 53 III; Gernhuber/Coester-Waltjen, § 35 III 1; Palandt/Diederichsen, § 1369 Rz 1). Die Gegner argumentieren: Eine Ausweitung des § 1369 würde die Verkehrssicherheit gefährden (müßten dann nicht auch Haushaltsgegenstände einbezogen werden, die keinem Ehegatten gehören, sondern einem Ehegatten nur leih- oder mietweise überlassen worden sind?). Außerdem ist sie praktisch nicht geboten (Verfügung des Nichteigentümers ist Verfügung eines Nichtberechtigten, darum grundsätzlich unwirksam, § 185 BGB. Gutgläubiger Erwerb scheitert daran, daß an Hausratsgegenständen die Ehegatten regelmäßig Mitbesitz haben; dem Eigentümer ist die Sache dann abhanden gekommen); vgl. Rittner, FamRZ 1961, 185 ff., 191 ff.; Staudinger/Thiele, § 1369 Rz 35 ff.

b) Nimmt man an, daß D deswegen kein Eigentum erworben hat, weil das Gerät der F abhanden gekommen ist, so kann D den Kaufpreis gem. § 440 Abs. 1, 323 Abs. 3 BGB von M herausverlangen. Wendet man § 1369 BGB analog an, so kann D seinen Herausgabeanspruch unmittelbar auf § 812 Abs. 1 Satz 1 BGB gründen, da in diesem Fall auch das Verpflichtungsgeschäft als unwirksam angesehen werden müßte. In beiden Fällen hat D aber nur gegen M Ansprüche. Gegenüber dem Herausgabeanspruch der F kann er deswegen kein Zurückbehaltungsrecht (§ 273 BGB) geltend machen. Vgl. dazu die ausführliche Lösung bei Henrich, Fälle und Lösungen, Fall 11.

§ 11 Der Zugewinnausgleich

Schrifttum: Battes, Ehegewinn und eheneutraler Erwerb, in: Bosch, Neuere Entwicklungen im Familienrecht. Symposium aus Anlaß des 80. Geburtstags von G. Beitzke (1989), 49; ders., Sinn und Grenzen des Zugewinnausgleichs, FuR 1990, 311.

I. Güterrechtlicher Ausgleich

1. Ein *wirklicher* Ausgleich des während der Ehe erzielten Zugewinns erfolgt regelmäßig nur, wenn der Güterstand auf andere Weise als durch den Tod eines Gatten beendet wird, also durch Nichtigerklärung, Aufhebung oder Scheidung der Ehe sowie durch Aufhebung des Güterstandes durch Vertrag oder durch Urteil auf vorzeitigen Zugewinnaus-

gleich, § 1372 BGB. Wird der Güterstand durch den Tod eines Gatten beendet, so erfolgt ein solcher „güterrechtlicher Ausgleich" nur ausnahmsweise, nämlich dann, wenn der überlebende Ehegatte weder Erbe noch Vermächtnisnehmer ist, § 1371 Abs. 2 BGB (s.u. II.).

2. In den Fällen eines güterrechtlichen Ausgleichs wird dem Ehegatten, der keinen Zugewinn in der Ehe erzielt hat oder dessen Zugewinn geringer ist als der Zugewinn des anderen, eine *Ausgleichsforderung* gegen den Ehegatten, der den größeren Zugewinn erzielt hat, zugebilligt. Errechnet wird der Zugewinn (für jeden Ehegatten gesondert) durch Vergleich des Anfangsvermögens, d.h. des Vermögens bei Eintritt des Güterstandes, mit dem Endvermögen, d.h. dem Vermögen bei Beendigung des Güterstandes, § 1373 BGB. Die Ausgleichsforderung beträgt die Hälfte des Betrages, um den der Zugewinn des einen Gatten den des anderen übersteigt, § 1378 Abs. 1 BGB.

Beispiel: Anfangsvermögen des Mannes: 10.000 DM; Endvermögen: 100.000 DM. Anfangsvermögen der Frau: 20.000 DM; Endvermögen: 40.000 DM. Zugewinn des Mannes folglich: 90.000 DM; Zugewinn der Frau: 20.000 DM. Die Frau hat gegen den Mann einen Ausgleichsanspruch in Höhe von 70.000 DM : 2 = 35.000 DM.

3. Die Ermittlung von Anfangs- und Endvermögen

a) Anfangsvermögen

Anfangsvermögen ist das Vermögen, das einem Ehegatten nach Abzug der Verbindlichkeiten beim Eintritt des Güterstandes gehört. Die Verbindlichkeiten können aber nach dem Willen des Gesetzgebers nur bis zur Höhe des tatsächlich vorhandenen Vermögens abgezogen werden. Das Anfangsvermögen ist also mindestens gleich null, § 1374 Abs. 1 BGB. Dem Ausgleichsschuldner soll nicht zugemutet werden, bei Auflösung der Ehe mehr als die Hälfte seines Netto-Endvermögens an den anderen herauszugeben.

Beispiel: M hat bei Eingehung der Ehe kein Vermögen und Schulden in Höhe von 20.000 DM. F hat ein Anfangsvermögen von 10.000 DM. Bei Beendigung der Ehe hat M seine Schulden abbezahlt und ein Aktivvermögen von 20.000 DM. Das Endvermögen der F beläuft sich ebenfalls auf 20.000 DM. Damit hat M während der Ehe insgesamt 40.000 DM erwirtschaftet. Trotzdem beläuft sich sein Zugewinn lediglich auf 20.000 DM, weil sein Anfangsvermögen gem. § 1374 Abs. 1, 2. Halbs. BGB mit Null angenommen wird. F hat einen Zugewinn von 10.000 DM erzielt. Folglich kann sie von M nur (20.000 – 10.000 =) 10.000 : 2 = 5.000 DM verlangen. Sie partizipiert also nur an dem Zugewinn, den M nach Abzahlung seiner Schulden erzielt. Gäbe es den § 1374 Abs. 1, 2. Halbs. BGB nicht, so könnte F (40.000 – 10.000 =) 30.000 : 2 = 15.000 DM verlangen.

Das Prinzip, daß derjenige Ehegatte, der den geringeren Zugewinn erzielt hat, vom anderen die Hälfte des Betrages verlangen kann, um den dessen Zugewinn den Zugewinn des Anspruchsberechtigten übersteigt, wird also durchbrochen, wenn ein Ehegatte bei Eingehung der Ehe Schulden hatte. Im Beispielsfall haben die Ehegatten zusammen insgesamt 50.000 DM erwirtschaftet. Von diesem Betrag bleiben der F aber nur 15.000 DM: die von ihr hinzuverdienten 10.000 DM und die 5.000 DM, die sie von M verlangen kann. 35.000 DM kommen dem M zugute. Der bei Eingehung der Ehe überschuldete Ehegatte wird also privilegiert. Gerecht ist das nicht! Die Regelung des § 1374 Abs. 1, Halbs. 2 BGB wird darum in der Literatur zu Recht kritisiert (Johannsen/Henrich/Jaeger, Eherecht, § 1374 Rz 16; MünchKomm/Gernhuber, § 1374 Rz 13).

Es ist bemerkenswert, daß andere Rechte, die den Güterstand der Zugewinngemeinschaft ebenfalls kennen, in diesem Punkt anders entschieden haben. So heißt es beispielsweise in Art. 1571 Abs. 2 Satz 2 des französischen Code civil (für den Wahlgüterstand des régime de participation aux acquêts): Wenn ein Ehegatte bei Eingehung der Ehe überschuldet war, werden die Schulden fiktiv seinem Endvermögen hinzugerechnet. Im Beispielsfall würde das bedeuten, daß das Endvermögen des M auf 40.000 DM festzusetzen wäre.

Die Tilgung vorehelicher Schulden auf Kosten des anderen Ehegatten kann freilich nicht in jedem Fall als grob unbillig angesehen werden. Hat beispielsweise ein Ehegatte bei Eingehung der Ehe BAföG-Leistungen zurückzuzahlen, die ihm darlehensweise gewährt wurden, so läßt sich argumentieren, daß die Ausbildung zu einem höheren Familieneinkommen während der Dauer der Ehe geführt habe und damit auch dem anderen Ehegatten zugute gekommen sei (vgl. zum schweizerischen Güterstand der sog. Errungenschaftsbeteiligung, die der Zugewinngemeinschaft des deutschen Rechts weitgehend entspricht: Näf-Hofmann, Das neue Ehe- und Erbrecht im Zivilgesetzbuch, 2. Aufl. 1989, S. 196). Das spricht für flexible Lösungen.

In bestimmten Grenzen werden *Billigkeitsgesichtspunkte* auch im deutschen Recht berücksichtigt. Der Schuldner kann die Erfüllung der Ausgleichsforderung verweigern, soweit der Ausgleich des Zugewinns nach den Umständen des Falles grob unbillig wäre (§ 1381 Abs. 1 BGB). Hätte im Beispielsfall die F einen Zugewinn von 30.000 DM erzielt und würde M von ihr 5.000 DM Zugewinnausgleich verlangen (weil sein Zugewinn nur 20.000 DM betrage), so könnte F ihm entgegenhalten, daß er ja weitere 20.000 DM zur Tilgung seiner Schulden verwendet habe und er deswegen von ihr nichts mehr verlangen könne. § 1381 BGB gewährt freilich nur ein Leistungsverweigerungsrecht. Er rechtfertigt nicht die fiktive Hinzurechnung der getilgten Schulden zum Endvermögen.

b) Hinzurechnung

Der Zugewinnausgleich geht auf die Vorstellung zurück, daß jeder Zugewinn des einen Ehegatten indirekt auch auf der Mitarbeit des anderen Ehegatten beruht (der Mann hätte nicht so viel ersparen können, wenn die Frau nicht „kostenlos" den Haushalt geführt hätte!). Darum gilt Vermögen, das einem Ehegatten unentgeltlich oder aufgrund besonderer persönlicher Beziehungen zugewendet worden ist, regelmäßig nicht als Zugewinn. Schenkungen, Ausstattungen, Erbschaften werden deswegen dem Anfangsvermögen hinzugerechnet (und auf diese Weise vom Zugewinnausgleich ausgenommen), § 1374 Abs. 2 BGB.

Beispiel: Hat die Frau, die bei Eingehung der Ehe kein Vermögen hatte, von ihren Eltern ein Grundstück geschenkt bekommen oder geerbt (Wert: 100.000 DM) und stellt dieses Grundstück bei Auflösung der Ehe ihr einziges Vermögen dar, so hat sie jedenfalls dann, wenn der Wert des Grundstücks noch immer 100.000 DM beträgt, keinen Zugewinn erzielt: Endvermögen und (fiktives) Anfangsvermögen haben denselben Wert.

Dem Anfangsvermögen hinzugerechnet wird nach § 1374 Abs. 2 BGB nur, was ein Ehegatte von Todes wegen, mit Rücksicht auf ein künftiges Erbrecht (Hofübergabe!), durch Schenkung oder als Ausstattung (§ 1624 BGB) erwirbt. Diese Aufzählung der privilegierten Erwerbsvorgänge ist *abschließend*. Der Gesetzgeber wollte als Prinzip die wertmäßig gleiche Beteiligung der Ehegatten am gesamten Hinzuerwerb. Aus den §§ 1373 ff. BGB läßt sich nicht ablesen, daß der Vermögenserwerb eines Ehegatten nur dann dem Zugewinnausgleich unterliegt, wenn der andere Ehegatte zu dem Erwerb beigetragen hat (BGH FamRZ 1977, 124). Eine analoge Anwendung des § 1374 Abs. 2 BGB auf andere Erwerbsvorgänge ist darum ausgeschlossen. Der Lottogewinn ist ebenso ausgleichspflichtig wie das einem Ehegatten von einem Dritten gezahlte Schmerzensgeld (BGH FamRZ 1981, 755) oder die als Schadensersatz für einen unfallbedingten Verdienstausfall gezahlte Abfindung (BGH FamRZ 1982, 148).

In den letztgenannten Punkten unterscheidet sich das deutsche Recht von den ausländischen Spielarten der Zugewinngemeinschaft. Nach griechischem Recht kann ein Ehegatte nur dann einen Zugewinnausgleich fordern, wenn er zu der Zunahme des Vermögens auf irgendeine Weise beigetragen hat (Art. 1400 gr. ZGB). In Frankreich sind Schadensersatzleistungen wegen eines dommage corporel ou moral (Artt. 1570, 1404 c.c.) und in der Schweiz Genugtuungsansprüche (Art. 198 Nr. 3 ZGB) vom Zugewinnausgleich ausdrücklich ausgenommen. Auch im deutschen Schrifttum hält man die Einbeziehung der Entschädigungszahlungen wegen einer Körperverletzung oder des Schmerzensgeldes in den

Zugewinnausgleich für unbefriedigend (Schwab, FamRZ 1984, 429, 435; Johannsen/Henrich/Jaeger, Eherecht, § 1374 Rz 27; Battes, in: Bosch, Neuere Entwicklungen im Familienrecht, 49, 57 f.). Bei Entschädigungszahlungen wegen einer Körper- oder Gesundheitsverletzung könnte man allerdings daran denken, die anstelle einer Rente gezahlte Kapitalabfindung (§ 843 Abs. 3 BGB) wieder in eine Rente zurückzurechnen. In das Endvermögen würde dann nicht die tatsächlich gezahlte Summe, sondern nur die Summe der Rentenbeträge fallen, die vor der Beendigung des Güterstandes fällig geworden wären (Gernhuber/Coester-Waltjen, § 36 V 6). Die h.M. hält in solchen Fällen nur eine Berufung auf § 1381 BGB für möglich. Damit kann aber nur dem Ausgleichspflichtigen geholfen werden, nicht dem Ausgleichsberechtigten (dessen Endvermögen im wesentlichen aus einer kapitalisierten Unfallrente besteht).

c) Insbesondere: Schenkungen unter Ehegatten

Daß Schenkungen an einen Ehegatten keine ausgleichspflichtigen Zuwendungen darstellen, beruht auf dem Gedanken, daß der andere Ehegatte zu ihnen nichts beigetragen hat. Das trifft aber nur zu, wenn dem Ehegatten von Dritten etwas geschenkt worden ist. Auf Schenkungen, die ein Ehegatte dem anderen macht, ist darum § 1374 Abs. 2 BGB nicht anwendbar (BGH FamRZ 1987, 791).

Beispiel: Beide Ehegatten hatten vor der Eheschließung kein Vermögen. Bei Auflösung der Ehe gehörte ihnen zusammen (je zur Hälfte) ein Haus im Wert von 400.000 DM. Der Mann hatte auf einem Grundstück, das ihm von seinen Eltern geschenkt worden war (Wert: 100.000 DM), mit seinen Ersparnissen ein Haus gebaut und die Hälfte dieses Hauses schenkweise seiner Frau übertragen.

Würde man hier die Schenkung des M dem Anfangsvermögen der F hinzurechnen, wie § 1374 Abs. 2 BGB es vorsieht, so wäre Anfangs- und Endvermögen der F gleich. M hätte dagegen einen Zugewinn in Höhe von (200.000 – 100.000 =) 100.000 DM. Die Hälfte davon könnte F grundsätzlich als Zugewinnausgleich verlangen. Allerdings müßte sie sich den Vorausempfang (200.000 DM) auf ihre Ausgleichsforderung anrechnen lassen (§ 1380 Abs. 1 BGB, s.u. 4 b). Nach § 1380 Abs. 2 BGB wäre aber in diesem Fall der Wert der Zuwendung dem Zugewinn des M hinzuzurechnen. Das hieße, der Zugewinn des M müßte dann mit 300.000 DM angenommen werden. Die Hälfte davon (150.000 DM) könnte F als Ausgleich geltend machen, müßte sich auf diese Forderung aber die bereits erhaltenen 200.000 DM anrechnen lassen. Damit könnte sie nichts verlangen. Fraglich wäre, ob man nicht darüber hinaus sagen müßte, daß F eine Forderung in Höhe von (150.000 – 200.000 =) – 50.000 DM hätte, woraus sich dann ein Anspruch des M auf Zahlung von 50.000 DM ergäbe.

Einfacher ist es, die Schenkung an die F von vornherein nicht unter § 1374 Abs. 2 BGB zu subsumieren. Die F hat dann einen Zugewinn von 200.000

DM, M einen Zugewinn von 100.000 DM. Daraus ergibt sich ein Zugewinnausgleichsanspruch des M in Höhe von 50.000 DM.

Und was ist dann mit § 1380 BGB? Er kommt nicht zum Zuge, weil die F keine Ausgleichsforderung geltend macht!

d) Endvermögen

Endvermögen ist zunächst einmal das Vermögen, das einem Ehegatten nach Abzug der Verbindlichkeiten bei der Beendigung des Güterstandes (im Fall der Scheidung: bei Rechtshängigkeit des Scheidungsantrags, § 1384 BGB) gehört, § 1375 Abs. 1 Satz 1 BGB. Der ermittelte Betrag kann aber – ebenso wie beim Anfangsvermögen – durch bestimmte *Hinzurechnungen* korrigiert werden.

So, wie es Fälle gibt, in denen vorhandenes Vermögen vom Zugewinnausgleich ausgenommen wird, gibt es auch Fälle, in denen nicht (mehr) vorhandenes Vermögen in den Zugewinnausgleich einbezogen wird. Ehegatten können zwar während der Ehe grundsätzlich über ihr Vermögen frei verfügen. Sie haben dabei aber auf die Interessen des jeweils anderen Ehegatten Rücksicht zu nehmen. Sie dürfen ihr Vermögen nicht in illoyaler Weise vermindern. Tun sie es trotzdem, so wird die Minderung ihrem Endvermögen hinzugerechnet. Das Endvermögen – als Rechnungsposten – wird größer und folglich erhöht sich auch der Anspruch des anderen Ehegatten auf Zugewinnausgleich.

Nach § 1375 Abs. 2 und 3 BGB wird dem Endvermögen der Betrag hinzugerechnet, um den dieses Vermögen dadurch vermindert ist, daß ein Ehegatte nach Eintritt des Güterstandes – ohne Einverständnis des anderen – unentgeltliche Zuwendungen gemacht hat, die nicht einer sittlichen oder Anstandspflicht entsprachen, Vermögen verschwendet oder Handlungen in der Absicht vorgenommen hat, den anderen Ehegatten zu benachteiligen. Die Hinzurechnung findet allerdings nur statt, wenn diese Vermögensminderungen innerhalb der letzten zehn Jahre vor Beendigung des Güterstandes vorgenommen wurden.

Beispiel: Anfangsvermögen des M: 0; Endvermögen des M: 300.000 DM. Während der Ehe (fünf Jahre vor Rechtshängigkeit des Scheidungsantrags) hat M seiner Freundin eine Eigentumswohnung gekauft (Wert: 250.000 DM) und 20.000 DM in einer Spielbank verspielt.

Anfangsvermögen der F: 0; Endvermögen der F: 70.000 DM.

Dem Endvermögen des M wird der Wert der Schenkung (250.000 DM) und des verschwendeten Vermögens (20.000 DM) hinzugerechnet. Es beträgt somit insgesamt 570.000 DM. Damit hat F eine Ausgleichsforderung in Höhe von (570.000 – 70.000 =) 500.000 DM : 2 = 250.000 DM.

Bei der Berechnung des Endvermögens wird über vieles gestritten: Wie steht es z.B., wenn der Ehemann während der Ehe eine *Lebensversiche-*

rung abgeschlossen hat, aufgrund derer ihm bei Vollendung seines 65. Lebensjahres 300.000 DM ausbezahlt werden sollen, er sich aber mit 50 Jahren scheiden läßt? Antwort: Zum Endvermögen gehört der für den Stichtag ermittelte Rückkaufswert (§ 176 VVG; vgl. BGH FamRZ 1984, 666).

Gehört zum Endvermögen des oder der Ehegatten auch die *Wohnungseinrichtung*? Die Wohnungseinrichtung ist Hausrat. Hausrat, der beiden Ehegatten gehört oder bei dem Miteigentum beider Ehegatten vermutet wird, kann nach der Scheidung (wie auch schon nach der Trennung, s.o. § 9 III 2) vom Richter verteilt werden (s.u. § 16 II). Maßgebend für diese Verteilung ist die sog. HausratsVO. Daraus schließt die herrschende Meinung, daß insoweit eine Sonderregelung vorliegt, welche die güterrechtlichen Vorschriften verdrängt (BGH FamRZ 1984, 144; kritisch dazu: MünchKomm/Gernhuber, § 1375, Rz 8).

e) Nachweis

Der Bestand des Endvermögens läßt sich im Regelfall ohne Schwierigkeiten ermitteln. Schwieriger ist es, das Anfangsvermögen nach längerer Ehedauer noch festzustellen. Das Gesetz verweist die Ehegatten hier auf die Möglichkeit, gemeinsam ein *Verzeichnis* zu errichten, in dem der Bestand und der Wert des Anfangsvermögens festgestellt wird. Ein solches Verzeichnis hat dann im Verhältnis der Ehegatten zueinander die Vermutung der Richtigkeit für sich, § 1377 Abs. 1 BGB. Wichtiger ist noch § 1377 Abs. 3 BGB: Ist kein solches Verzeichnis aufgenommen, so wird bis zum Beweis des Gegenteils vermutet, daß kein Anfangsvermögen vorhanden war, daß also m.a.W. das gesamte Endvermögen Zugewinn ist.

f) Bewertung

Schwieriger als der Nachweis des Vermögens ist häufig die Bewertung der einzelnen Vermögensgegenstände, die in vielen Zugewinnausgleichsverfahren eine zentrale Rolle spielt. Welchen Wert haben ein Bauernhof, ein Handwerksbetrieb, ein Einzelhandelsgeschäft, eine Beteiligung an einer OHG oder GmbH? Das Gesetz hat nur für einen Sonderfall, nämlich für land- und forstwirtschaftliche Betriebe, eine Sonderregelung getroffen (§ 1376 Abs. 4 BGB). Im übrigen gilt grundsätzlich der sog. *Verkehrswert*. Der Verkehrswert ist im allgemeinen der Wert, der bei einer Veräußerung erzielt werden kann. Verkehrswert und Veräußerungswert sind aber nicht immer gleich. Das gilt insbesondere dann, wenn es für einen bestimmten Vermögensgegenstand keinen Markt – keinen gewöhnlichen Geschäftsverkehr – gibt. Oft ist dem Ehegatten eine Veräußerung auf dem Markt auch gar nicht möglich, z.B. wenn sein Vermögen in einer Unternehmensbeteiligung besteht und im Gesellschaftsvertrag für den Fall des Ausscheidens eines Gesellschafters lediglich eine Abfindung (zum Nominalwert) vorgesehen ist. Bei Häusern kann es eine Rolle spielen, ob sie zur eigenen Nutzung oder zu Renditezwecken gekauft worden sind. Im einen Fall wird es mehr auf den Sachwert ankommen, im anderen Fall mehr auf den Ertragswert. Wer in einem Haus nicht selbst wohnen will, wird fragen: Wie groß ist der jährliche Mietertrag (und damit die Rendite)? Wer ein Haus selbst beziehen will, wird fragen: Wie ist die Lage des Hauses? Und nicht: Ist das eine gute Kapitalanlage?

Im allgemeinen gilt hier folgendes: Für *Grundstücke* ist der Verkehrswert (= Verkaufswert) jedenfalls dann maßgeblich, wenn das Grundstück verkauft werden muß, damit die Zugewinnausgleichsforderung befriedigt werden kann. Will der ausgleichspflichtige Ehegatte das Grundstück behalten, so kann zur Bestimmung des Verkehrswerts auf die Wertermittlungsverordnung vom 15.8.1972 (BGBl. I, S. 1417) zurückgegriffen werden. Von den dort vorgesehenen Bewertungsverfahren wird man bei einem Renditeobjekt das Ertragswertverfahren wählen (Beispiel: jährlicher Nettoertrag multipliziert mit 20), bei einem Eigenheim entweder das Sachwertverfahren oder den Mittelwert zwischen Sach- und Ertragswert (vgl. BGH FamRZ 1986, 37, 39).

Bei einem *Unternehmen* kommt es gleichfalls darauf an, ob der ausgleichspflichtige Ehegatte das Unternehmen fortführen will (oder kann) oder ob er es veräußern muß, um die Zugewinnausgleichsforderung befriedigen zu können. Im letzteren Fall ist der Liquidationswert einzusetzen, also der Betrag, der bei einer Veräußerung erzielt werden kann. Wird das Unternehmen fortgeführt, so ist dessen „objektiver" Wert zu ermitteln (BGH FamRZ 1976, 776, 779). Dieser wird sich im Regelfall nach dem Ertragswert richten. Der Ertragswert ist „richtiger" als der bloße Substanzwert (Summe der Sachwerte: Grundstücke, Anlagen), weil er auch den good will einschließt. Wegen der Unsicherheiten, die sich bei der Ermittlung des zukünftigen Ertrags häufig ergeben, wird man aber auch die sog. Mittelwertmethode zulassen können (die Summe aus dem halben Substanzwert und dem halben Ertragswert); vgl. Johannsen/Henrich/Jaeger, Eherecht, § 1376 Rz 17.

Ist der Ehegatte an einer *Handelsgesellschaft* beteiligt und sieht der Gesellschaftsvertrag im Fall seines Ausscheidens nur eine Abfindung (z.B. zum Nominalwert) vor, so ist der Wert der Beteiligung nur dann nach dieser Abfindungssumme festzustellen, wenn der Ehegatte tatsächlich ausscheidet. Bleibt er weiterhin Mitglied der Gesellschaft, ist der objektive Verkehrswert des Anteils zu ermitteln (Unternehmenswert einschließlich stiller Reserven und good will, Umfang der Beteiligung; vgl. BGH FamRZ 1986, 1196).

Sonderregeln gelten, wie gesagt, für *land- und forstwirtschaftliche Betriebe* (§ 1376 Abs. 4 BGB). Falls ein solcher Betrieb sowohl bei der Berechnung des Anfangsvermögens als auch des Endvermögens zu berücksichtigen ist, ist er mit dem *Ertragswert* anzusetzen. Der Ertragswert bestimmt sich nach dem Reinertrag, den der Betrieb nach seiner bisherigen wirtschaftlichen Bestimmung bei ordnungsmäßiger Bewirtschaftung nachhaltig gewähren kann (§ 2049 Abs. 2 BGB).

Der Gesetzgeber will mit dieser Regelung land- und forstwirtschaftliche Betriebe vor einer Zerschlagung schützen. Würde man hier nämlich vom Verkehrswert (Substanzwert, Verkaufswert) ausgehen, so ergäbe sich nicht selten aufgrund gestiegener Grundstückspreise (Ackerland wird zu Bauland) ein hoher Zugewinn, der nur durch die Veräußerung von Grundstücken ausgeglichen werden könnte. Setzt man dagegen sowohl für das Anfangsvermögen als auch für das Endvermögen den Ertragswert ein (das ist meistens der 25fache Betrag des jährlichen Reinertrags, gelegentlich auch der 18fache; vgl. Palandt/Edenhofer, Art. 137 EGBGB Rz. 2), so wird die Differenz zwischen Anfangs- und Endvermögen regelmäßig gering sein, da die Erträge dieser Betriebe bei weitem nicht so stark steigen (wenn überhaupt) wie die Grundstückspreise.

Diese offensichtliche Begünstigung der Inhaber land- und forstwirtschaftlicher Betriebe ist – rechtspolitisch – nur gerechtfertigt, wenn der Hof vom Eigentümer tatsächlich bewirtschaftet wird und später einmal auf die Abkömmlinge übergehen soll. Ist das nicht der Fall, ist der Hof beispielsweise verpachtet, dann handelt es sich für den Eigentümer bei dem Betrieb lediglich um eine Geldanlage wie jede andere auch. Ist der Wert dieser „Anlage" gestiegen, so wäre es mit Art. 3 Abs. 1 und Art. 6 Abs. 1 GG nicht vereinbar, würde man dem Ehegatten eine Teilhabe an diesem Zugewinn versagen (BVerfG FamRZ 1985, 256; FamRZ 1989, 939).

g) Wertsteigerung

Ein und derselbe Gegenstand kann bei Beendigung des Güterstandes einen höheren Wert haben als zu Beginn des Güterstandes. Das kann auf zwei Gründen beruhen: einem wirklichen Wertzuwachs und einem scheinbaren Wertzuwachs. Wenn Ackerland zu Bauland wird, ist sein Wert wirklich gestiegen. Wenn dagegen ein Kaufkraftschwund bei Sachwerten zu einem höheren Geldwert führt, dann liegt nur eine scheinbare Wertsteigerung vor.

Wirkliche Wertsteigerungen unterliegen dem Ausgleich. Der Ehemann, der von seinen Eltern eine Wiese geerbt hat, die später zu Bauland wurde, hat den Mehrwert mit seiner Ehefrau zu teilen, auch wenn diese zu der

Wertsteigerung nichts beigetragen hat. Das hängt damit zusammen, daß Anfangs- und Endvermögen nach deutschem Recht bloße Rechnungsposten sind. Es werden nicht die Gegenstände, die das Anfangsvermögen bilden oder diesem hinzugerechnet werden, aus dem Endvermögen herausgenommen, sondern es wird nur der Wert des Anfangsvermögens vom Wert des Endvermögens abgezogen.

Die Beteiligung an Wertsteigerungen des Anfangsvermögens wird von manchen für unbillig gehalten. Interessanterweise sind die ausländischen Rechte, die eine Zugewinngemeinschaft eingeführt haben, in diesem Punkt vom deutschen Vorbild abgewichen. So wird nach Art. 1571 Abs. 1 des französischen Code civil der Bewertung des Anfangsvermögens der Wert zugrundegelegt, den die Gegenstände, die das Anfangsvermögen bilden, im Zeitpunkt der Beendigung des Güterstandes haben (beziehungsweise, wenn sie vorher veräußert wurden, im Zeitpunkt ihrer Veräußerung hatten). In der Schweiz werden Vermögenswerte, die einem Ehegatten zu Beginn des Güterstandes bereits gehörten oder ihm später durch Erbgang oder sonstwie unentgeltlich zugefallen sind, zum sog. Eigengut gerechnet (Art. 198 Nr. 2 ZGB). Das Eigengut unterliegt nicht dem Zugewinnausgleich (in der Schweiz spricht man von der „Errungenschaftsbeteiligung“).

Im deutschen Recht läßt sich ein solches Ergebnis nur durch Ehevertrag erreichen (s.u. § 12 I, IV).

Wertsteigerungen, die lediglich auf einem *Kaufkraftschwund* beruhen, sind auch nach deutschem Recht nicht auszugleichen. Rechnerisch geschieht dies in der Weise, daß das Anfangsvermögen mit Hilfe des vom Statistischen Bundesamt errechneten Preisindex für die Lebenshaltung der privaten Haushalte hochgerechnet wird. Das Anfangsvermögen wird also mit dem Geldwert festgesetzt, der im Zeitpunkt der Beendigung des Güterstandes aufgewendet werden müßte, um das Anfangsvermögen neu zu beschaffen.

Der Preisindex für die Lebenshaltung aller privaten Haushalte wird in regelmäßigen Abständen veröffentlicht (vgl. z.B. FamRZ 1994, 621). Aus ihm ergibt sich z.B., wenn die Ehe 1980 geschlossen wurde, 1980 also das Basisjahr ist (Index 100), für den Monat Februar 1994 der Index 148,2. Daraus folgt: Hatte ein Ehegatte bei der Eheschließung ein Anfangsvermögen im damaligen Wert von 100.000 DM und wird sein Scheidungsantrag im Februar 1994 rechtshängig (§ 1384 BGB), so ist sein Anfangsvermögen mit 148.200 DM anzusetzen. Durch diese Höherbewertung des Anfangsvermögens vermindert sich zugleich sein Zugewinn: Der scheinbare Wertzuwachs reduziert sich auf den wirklichen Wertzuwachs (BGH FamRZ 1974, 83; 1978, 332; 1987, 791).

b) Substanzverlust

Eine Ehefrau hat bei der Eheschließung von ihren Eltern Möbel mitbekommen im (nach der Indexklausel hochgerechneten) Wert von 20.000 DM. Der Ehemann hat in die Ehe nichts eingebracht. Bei der Ehescheidung hat der Ehemann ein Vermögen von 75.000 DM, die Möbel der Frau haben infolge der Abnutzung nur noch einen Wert von 5000 DM. Die Frau selbst hat Ersparnisse aus ihrer Berufstätigkeit in Höhe von 20.000 DM. Wie hoch ist der Ausgleichsanspruch?

Zugewinn des M: 75.000 DM.

Zugewinn der F: 25.000 DM (Endvermögen) – 20.000 DM (Anfangsvermögen) = 5000 DM.

Der Ausgleichsanspruch beträgt somit (75.000 – 5000 =) 70.000 DM : 2 = 35.000 DM.

Die Ersparnisse der Frau werden also im Ergebnis dazu verwendet, den Substanzverlust des Anfangsvermögens auszugleichen. Der Substanzverlust mindert ihren Zugewinn.

4. Die Ausgleichsforderung

a) Grundsatz

Übersteigt der Zugewinn des einen Ehegatten den Zugewinn des anderen, so steht die Hälfte des Überschusses dem anderen Ehegatten als Ausgleichsforderung zu (§ 1378 BGB).

Der Zugewinn ist eine Rechengröße. Die Ausgleichsforderung ist darum eine Geldforderung. Nur in Ausnahmefällen kann das Familiengericht den Schuldner dazu verpflichten, Gegenstände seines Vermögens (unter Anrechnung auf die Ausgleichsforderung) auf den Ausgleichsberechtigten zu übertragen (§ 1383 BGB).

b) Anrechnung von Vorempfängen

Überträgt ein Ehegatte im Lauf der Ehe größere Vermögenswerte auf den anderen, so mehrt er damit regelmäßig dessen Zugewinn. Wird die Ehe später geschieden, so hat der andere – wegen des geschenkten Vermögens – regelmäßig einen geringeren Zugewinnausgleichsanspruch, als er ohne die Zuwendung haben würde.

Beispiel: Anfangsvermögen beider Ehegatten: 0; Endvermögen des Mannes: 300.000 DM; Endvermögen der Frau: 200.000 DM. Das Vermögen der Frau besteht aus einem Grundstück, das ihr von ihrem Mann während der Ehe schenkweise übertragen worden war. Da der Zugewinn des Mannes den Zugewinn der Frau um 100.000 DM übersteigt, stünde dieser an sich nach § 1378 BGB ein Ausgleichsanspruch in Höhe von 50.000 DM zu. Sie hätte damit insgesamt 250.000 DM, also die Hälfte des von ihrem Ehemann insgesamt erwirtschafteten Vermögens.

Nun gibt es aber eine besondere Regelung für diesen Fall, nämlich § 1380 BGB. Danach muß der Empfänger sich einen Vorausempfang auf seine Ausgleichsforderung anrechnen lassen. Auf der anderen Seite wird der Wert der Zuwendung bei der Berechnung der Ausgleichsforderung dem Zugewinn des Ehegatten hinzugerechnet, der die Zuwendung gemacht hat. Im obigen Beispielsfall wäre also folgendermaßen zu rechnen: Dem Zugewinn des M wäre der Wert des Grundstücks (200.000 DM) hinzuzurechnen, das er seiner Frau geschenkt hat. Sein Zugewinn würde sich damit insgesamt auf 500.000 DM belaufen. Daraus ergäbe sich für die Frau ein Ausgleichsanspruch im Wert von 250.000 DM (ihr eigener Zugewinn wäre ja, wenn sie das Grundstück nicht geschenkt bekommen hätte, gleich null). Auf diesen Anspruch müßte sie sich den Wert des Grundstücks (200.000 DM) anrechnen lassen, so daß sie insgesamt noch 50.000 DM fordern könnte.

Das Ergebnis ist also dasselbe, gleichgültig, ob § 1380 BGB angewandt wird oder nicht. Wozu dann diese Vorschrift?

Bedeutung gewinnt § 1380 BGB in den Fällen, in denen der beschenkte Ehegatte einen Teil des Geschenks für sich verbraucht hat.

Beispiel: Die Ehefrau wollte ein Geschäft eröffnen. Sie nahm zu diesem Zweck ein Darlehen in Höhe von 20.000 DM auf und sicherte es durch eine Hypothek auf dem geschenkten Grundstück. Das Geschäft erwies sich als unrentabel und mußte deswegen wieder geschlossen werden. Bei Scheidung der Ehe ist das Grundstück noch immer mit 20.000 DM belastet, hat also nur noch einen Wert von 180.000 DM.

Gäbe es den § 1380 BGB nicht, so müßte folgendermaßen gerechnet werden: Zugewinn des M: 300.000 DM; Zugewinn der Frau: 180.000 DM; Differenz: 120.000 DM; Ausgleichsforderung der Frau: 60.000 DM.

Legt man der Berechnung dagegen § 1380 BGB zugrunde, so hat die Frau ihren Verlust allein zu tragen. Sie kann, wie oben dargestellt, nur 50.000 DM von ihrem Mann fordern.

Dasselbe würde im übrigen gelten, wenn die Frau den geschenkten Gegenstand nicht (teilweise) für sich verbraucht hätte, sondern der Gegenstand untergegangen wäre (das geschenkte Haus brennt ab). Die Frau, deren Endvermögen dann gleich null wäre, kann nicht so tun, als ob ihr niemals etwas geschenkt worden wäre (und damit den Mann – mittelbar – an dem Verlust der geschenkten Sache beteiligen). Mit der Schenkung der Sache geht das *Sachrisiko* vom Zuwendenden auf den *Empfänger* über!

§ 1380 BGB kommt nur zum Zuge, wenn der Zuwendungsempfänger eine Ausgleichsforderung geltend macht. Aber wie steht es, wenn der

Zuwendungsempfänger zugleich derjenige ist, der den größeren Zugewinn erzielt hat?

Beispiel: Anfangsvermögen des M: 0; Endvermögen des M: 200.000 DM; Anfangsvermögen der F: 0; Endvermögen: 300.000 DM. Besteht hier das Endvermögen der F in einem Grundstück, das ihr von M geschenkt worden ist, so braucht nicht etwa mit negativen Zahlen gerechnet zu werden (fiktives Endvermögen des M: 500.000; Ausgleichsanspruch der F: 250.000 – 300.000 = – 50.000). Vielmehr bleibt in einem solchen Fall die Zuwendung unberücksichtigt. Der Ausgleichsanspruch des M ergibt sich aus § 1378 Abs. 1 BGB. Der Zugewinn der F übersteigt seinen eigenen Zugewinn um 100.000 DM. Folglich kann er 50.000 DM von F verlangen (BGH FamRZ 1982, 246, 248).

c) Leistungsverweigerung wegen grober Unbilligkeit

Der Zugewinnausgleich beruht auf dem Gedanken, daß der Zugewinn des einen Ehegatten vom anderen mit „verdient" worden ist. Dieser bekommt darum nur, was ihm zusteht. Dabei soll es grundsätzlich keine Rolle spielen, wer die Scheidung herbeigeführt („verschuldet") hat. Es kann aber Fälle geben, in denen die Zahlung des (vollen) Zugewinnausgleichs von jedem billig und gerecht Denkenden als grob unbillig empfunden würde. In solchen Fällen gibt § 1381 BGB dem Schuldner der Ausgleichsforderung das Recht, den (vollen) Ausgleich des Zugewinns auf Dauer einredeweise zu verweigern.

Eine derartige grobe Unbilligkeit kann insbesondere dann vorliegen, wenn der Ehegatte, der den geringeren Zugewinn erzielt hat, längere Zeit hindurch die wirtschaftlichen Verpflichtungen, die sich aus dem ehelichen Verhältnis ergeben, schuldhaft nicht erfüllt hat (§ 1381 Abs. 2 BGB); so z.B., wenn der Mann schuldhaft seiner Arbeit nicht nachgegangen ist oder einen übermäßigen Teil seines Einkommens für sich verbraucht hat oder wenn die nicht berufstätige Frau ihren Haushaltspflichten nicht nachgekommen ist.

Eheverfehlungen des Gläubigers, die *nicht wirtschaftlicher Natur* sind, berechtigen den Schuldner der Ausgleichsforderung grundsätzlich nicht dazu, die Erfüllung der Forderung zu verweigern, es sei denn, daß sie sich auf die wirtschaftliche Situation der Ehegatten ausgewirkt haben, etwa, wenn ein Ehegatte den anderen verlassen und längere Zeit von ihm getrennt gelebt hat (BGH FamRZ 1966, 560). Bloße eheliche Untreue, mag es sich auch um einen schweren Verstoß gegen die ehelichen Verpflichtungen handeln, rechtfertigt es nicht, dem anderen Ehegatten „seinen" Anteil am Zugewinn ganz oder teilweise vorzuenthalten. Der Zugewinnausgleich ist keine Belohnung für eheliches Wohlverhalten (Wiegmann, FamRZ 1990, 627, gegen OLG Hamm FamRZ 1989, 1188).

Zu berücksichtigen sind dagegen in jedem Fall die Einkommens- und Erwerbsverhältnisse der Ehegatten und ihre unterhaltsrechtliche Versorgungssituation. Würde der Ausgleichspflichtige infolge der Ausgleichszahlung in eine *Notlage* geraten, während der Ausgleichsberechtigte in seiner Versorgung nicht gefährdet ist, so kann § 1381 BGB geltend gemacht werden (BGH FamRZ 1973, 254). Dabei kann es auch eine Rolle spielen, daß der Zugewinn des Ausgleichspflichtigen im wesentlichen auf einer Entschädigung für erlittenen Körperschaden beruht und er auf diesen „Zugewinn“ gerade wegen seiner besonderen Bedürftigkeit (er ist beispielsweise aufgrund des Unfalls querschnittsgelähmt) dringend angewiesen ist (s.o. I. 3. b)).

Schließlich kann § 1381 BGB auch geltend gemacht werden, wenn der Ausgleichsberechtigte zu dem Zugewinn überhaupt nichts beigetragen hat und weitere Gesichtspunkte hinzukommen, welche die Ausgleichsforderung als grob unbillig erscheinen lassen. Hat z.B. ein Ehegatte durch ein vorwerfbares Verhalten die Trennung der Eheleute herbeigeführt, so kann es grob unbillig sein, wenn er eine Beteiligung auch an dem Zugewinn verlangt, den der andere erst nach der Trennung erzielt hat (BGH FamRZ 1980, 877).

Grob unbillig kann es auch sein, wenn ein Ehegatte seinen eigenen Verdienst zur Gänze oder zu einem wesentlichen Teil dazu verwendet hat, voreheliche Schulden zu tilgen, und nun am Zugewinn des anderen partizipieren möchte (s.o. I. 3. a)).

d) Stundung

Ehegatten müssen aufeinander Rücksicht nehmen. Das gilt sogar über den Zeitpunkt der Scheidung hinaus. Sie können darum nicht Zahlung einer Schuld „zur Unzeit“ verlangen. Der ausgleichspflichtige Ehegatte muß die Mittel zur Befriedigung des Zugewinnausgleichsanspruchs erst flüssig machen. Das kann einige Zeit dauern. Darum kann das Familiengericht auf Antrag eine Ausgleichsforderung stunden, soweit sie vom Schuldner nicht bestritten wird, wenn die sofortige Zahlung „auch unter Berücksichtigung der Interessen des Gläubigers zur Unzeit erfolgen würde“ (§ 1382 Abs. 1 Satz 1 BGB). Insbesondere soll die Stundung erfolgen, wenn ansonsten die Wohnverhältnisse oder sonstigen Lebensverhältnisse gemeinschaftlicher Kinder nachhaltig verschlechtert würden (§ 1382 Abs. 1 Satz 2 BGB), etwa weil der Ausgleichsschuldner ohne Stundung gezwungen wäre, das Familienheim, in dem er mit den Kindern wohnt, zu veräußern, oder sich eine billigere Wohnung zu suchen (mit der Folge eines Schulwechsels für die Kinder).

e) Auskunftsansprüche

Von großer praktischer Bedeutung ist der Auskunftsanspruch des § 1379 BGB. Damit soll beiden Ehegatten (sowohl dem potentiell Ausgleichsberechtigten als auch dem potentiell Ausgleichspflichtigen) die richtige Berechnung des Zugewinns des jeweils anderen Teils ermöglicht und erleichtert werden (BGH FamRZ 1982, 27, 28). Auskunft zu geben ist über den Bestand des Endvermögens. Kein Auskunftsanspruch besteht dagegen grundsätzlich bezüglich der dem Endvermögen nach § 1375 Abs. 2 BGB hinzuzurechnenden Beträge. Ein Ehegatte muß nicht auf bloßes Befragen Auskunft darüber geben, ob er Vermögen verschenkt oder verschwendet hat. Nur wenn der Auskunftsberechtigte konkrete Anhaltspunkte für ein Handeln im Sinne des § 1375 Abs. 2 BGB vorträgt, kann der Auskunftspflichtige aus § 242 BGB gehalten sein, dazu Stellung zu nehmen (BGH aaO.).

5. Ansprüche des Ausgleichsberechtigten gegen Dritte

Sind dem Endvermögen eines Ehegatten Beträge nach § 1375 Abs. 2 BGB – fiktiv – hinzuzurechnen, so kann es sein, daß sein tatsächliches Endvermögen nicht ausreicht, den Zugewinnausgleichsanspruch des anderen Teils zu befriedigen (vgl. § 1378 Abs. 2 BGB). Für diesen Fall räumt § 1390 BGB dem ausgleichsberechtigten Ehegatten einen *Bereicherungsanspruch* gegen diejenigen Personen ein, denen der ausgleichspflichtige Ehegatte in der Absicht, seinen Gatten zu benachteiligen, Zuwendungen gemacht hat.

Beispiel: Zugewinn der Frau: 0. Der Mann hat ein Jahr vor der Scheidung seinen gesamten bis dahin erzielten Zugewinn in Höhe von 20.000 DM seiner Freundin geschenkt. Ausgleichsanspruch der Frau: 10.000 DM. Vom Mann ist nichts zu bekommen. Hier hat die Frau einen Bereicherungsanspruch gegen die Freundin.

Ob der Dritte die Benachteiligungsabsicht gekannt hat, spielt bei einer unentgeltlichen Zuwendung keine Rolle, § 1390 Abs. 1 BGB. Handelt es sich um ein entgeltliches Rechtsgeschäft, das der Ehegatte in Benachteiligungsabsicht vorgenommen hat (z.B. um den Verkauf einer Sache weit unter ihrem Wert), so entsteht ein Bereicherungsanspruch gegen den Dritten nur dann, wenn dieser die Benachteiligungsabsicht nachweislich gekannt hat, § 1390 Abs. 2 BGB. Dies entspricht dem Grundgedanken des § 822 BGB.

6. Vorzeitiger Zugewinnausgleich

Unter bestimmten Voraussetzungen können Ehegatten auf vorzeitigen Ausgleich des Zugewinns klagen. Mit dieser Klage soll vor allem der ausgleichsberechtigte Ehegatte gesichert werden. Aber auch der ausgleichspflichtige Ehegatte kann sich ihrer bedienen, um eine ungerechtfertigte Beteiligung des anderen Gatten am Zugewinn auszuschließen. Die Klage kann erhoben werden:

a) wenn die Ehegatten seit mindestens drei Jahren getrennt leben, von jedem Ehegatten (§ 1385 BGB);

b) wenn der andere Ehegatte längere Zeit hindurch die wirtschaftlichen Verpflichtungen, die sich aus dem ehelichen Verhältnis ergeben, schuldhaft nicht erfüllt hat und anzunehmen ist, daß er sie auch in Zukunft nicht erfüllen wird (§ 1386 Abs. 1 BGB);

c) wenn der andere Ehegatte ohne Zustimmung seines Partners über sein Vermögen im ganzen verfügt oder sich zu einer solchen Verfügung verpflichtet hat und deswegen eine erhebliche Gefährdung der künftigen Ausgleichsforderung zu besorgen ist (§ 1386 Abs. 2 Nr. 1 BGB);

d) wenn der andere Ehegatte sein Vermögen durch Verschwendung, unentgeltliche Zuwendungen an Dritte oder in der Absicht, den Ausgleichsberechtigten zu benachteiligen, vermindert hat und eine erhebliche Gefährdung der künftigen Ausgleichsforderung zu besorgen ist (§ 1386 Abs. 2 Nr. 2 BGB);

e) wenn der andere Ehegatte sich grundlos und beharrlich weigert, Auskunft über den Bestand seines Vermögens zu geben (§ 1386 Abs. 3 BGB).

Mit der Rechtskraft des Urteils, das auf vorzeitigen Ausgleich des Zugewinns erkennt, wird der Güterstand aufgehoben; an die Stelle der Zugewinngemeinschaft tritt dann Gütertrennung (§ 1388 BGB).

II. Der Zugewinnausgleich beim Tod eines Ehegatten

1. Grundgedanken

Ein *wirklicher* Ausgleich des Zugewinns findet regelmäßig nur statt, wenn die Ehe auf andere Weise als durch den Tod eines Ehegatten aufgelöst wird. Für den „Normalfall" der Eheauflösung hat der Gesetzgeber den Gedanken des Zugewinnausgleichs wieder preisgegeben und durch eine *schematische Erhöhung des Erbrechts* ersetzt. An die Stelle des Zugewinnausgleichs tritt die Erhöhung des gesetzlichen Erbteils des überlebenden Ehegatten um ein Viertel der Erbschaft (§ 1371 Abs. 1 BGB). Grund für diesen Systembruch war die – im Prinzip richtige – Vorstellung, daß der überlebende Ehegatte es im Regelfall als eine Belästigung empfinden werde, wenn man ihm komplizierte Berechnungen abverlange. Richtig ist auch, daß im statistischen Normalfall (der Ehemann, der den größeren Zugewinn erzielt hat, stirbt vor der Ehefrau und wird von ihr und gemeinsamen Kindern beerbt) die Erhöhung des Erbteils des überlebenden Ehegatten zu einem Ergebnis führt, das sich von einem güterrechtlichen Ausgleich nicht wesentlich unterscheidet.

Beispiel: Im Verlauf seiner Ehe hat M einen Zugewinn in Höhe von 100.000 DM erwirtschaftet. F hat keinen Zugewinn erzielt. M stirbt. Der Nachlaß besteht zur Gänze aus dem Zugewinn. Erben sind kraft Gesetzes die F und der Sohn S.

Nach § 1931 Abs. 1 BGB ist in diesem Fall die F zu einem Viertel als gesetzliche Erbin berufen. Wird dieses Viertel gem. § 1371 Abs. 1 BGB um ein weiteres Viertel erhöht, so kann F ingesamt die Hälfte des Nachlasses für sich beanspruchen (50.000 DM). Die andere Hälfte fällt an S.

Bei einem güterrechtlichen Ausgleich bekäme die F zunächst die Hälfte des Zugewinns (50.000 DM). Der Rest wäre dann der Nachlaß. Daran wäre die F zu einem Viertel beteiligt (§ 1931 Abs. 1 BGB), bekäme also noch einmal 12.500 DM. Insgesamt würden somit auf die F 62.500 DM entfallen, auf S 37.500 DM.

Wäre die Ehe kinderlos geblieben, so lägen die Ergebnisse der erbrechtlichen und der güterrechtlichen Lösung noch näher beieinander. Auf die Frau entfielen hier kraft Erbrechts – neben Eltern oder Geschwistern des M – 1/2 (§ 1931 Abs. 1 BGB) + 1/4 (§ 1371 Abs. 1 BGB) = 3/4 des Nachlasses. Sie bekäme also insgesamt 75.000 DM. 25.000 DM erhielten die Eltern oder Geschwister des M. Bei einem güterrechtlichen Ausgleich bekäme F die Hälfte des Zugewinns und von dem verbleibenden Rest (50.000 DM) noch einmal die Hälfte (§ 1931 Abs. 1 BGB), ingesamt also 75.000 DM, d.h. denselben Betrag, der ihr auch aufgrund der erbrechtlichen Lösung zustände. 25.000 DM verblieben den Eltern oder Geschwistern des M.

Das Bild ändert sich, wenn nicht M, sondern F zuerst stirbt. Da F kein nennenswertes Vermögen hat, erbt M nichts. Er behält aber seinen Zugewinn. Stirbt er, geht sein gesamter Zugewinn auf seine Verwandten über. Das ist hinnehmbar, wenn aus der Ehe gemeinschaftliche Kinder hervorgegangen sind. Sie erben in jedem Fall das von ihren Eltern gemeinschaftlich erwirtschaftete Vermögen. Ist jedoch die Ehe kinderlos geblieben, so werden durch die erbrechtliche Lösung des Zugewinnausgleichs die Verwandten des Mannes besser gestellt als die Verwandten der Frau (wenn F vor M stirbt). Sie allein partizipieren dann an dem Zugewinn, den M während der Ehe erzielt hat. Die Verwandten der F gehen leer aus. Würde hier der Zugewinn güterrechtlich ausgeglichen, so gehörte der Anspruch der Frau auf Ausgleich des Zugewinns zu ihrem Nachlaß. Könnte die Frau – wie im obigen Beispielsfall – 50.000 DM verlangen, so stünde die Hälfte davon ihren Eltern oder Geschwistern zu. Bei der güterrechtlichen Lösung würde es also keine Rolle spielen, welcher Ehegatte zuerst verstirbt, derjenige, der den größeren Zugewinn erzielt hat, oder derjenige, der den kleineren Zugewinn erzielt hat. Die Angehörigen des erstversterbenden Ehegatten haben aber kein Recht, den güterrechtlichen Ausgleich zu fordern. Sie müssen sich mit der vom Gesetzgeber in Kauf genommenen Ungerechtigkeit abfinden. In diesem Punkt ist die gesetzliche Lösung nicht nur unbefriedigend, sondern auch mit Art. 3 Abs. 1 GG kaum vereinbar.

2. Voraussetzungen des erbrechtlichen Ausgleichs. Alternativen

§ 1371 Abs. 1 BGB spricht von der Erhöhung des *gesetzlichen Erbteils*. Der Zugewinn wird also nur dann erbrechtlich ausgeglichen, wenn der überlebende Ehegatte gesetzlicher Erbe geworden ist. Ausgenommen sind damit folgende Fälle: Der überlebende Ehegatte wird überhaupt nicht Erbe (und erhält auch sonst nichts aus dem Nachlaß), der überlebende Ehegatte wird zwar Erbe, schlägt die Erbschaft aber aus, der überlebende Ehegatte ist durch Verfügung von Todes wegen als Erbe eingesetzt oder mit einem Vermächtnis bedacht, erbt also nicht kraft Gesetzes.

a) Daß der überlebende Ehegatte nicht Erbe wird, kann verschiedene Gründe haben: Enterbung durch den Erblasser (§ 1938 BGB), Ausschluß, weil zur Zeit des Erbfalls die Voraussetzungen für die Scheidung der Ehe gegeben waren und der Erblasser auch bereits die Scheidung beantragt oder ihr zugestimmt hatte (§ 1933 BGB), Erbunwürdigkeit (§ 2339 BGB), Erbverzicht (2346 BGB). In all diesen Fällen tritt an die Stelle der erbrechtlichen Lösung der *güterrechtliche Ausgleich* (§ 1371 Abs. 2 BGB). Der überlebende Ehegatte kann eine Ausgleichsforderung geltend machen, wie sie ihm zustünde, wenn die Ehe nicht durch Tod, sondern durch einen anderen Umstand beendet worden wäre.

Hat der überlebende Ehegatte durch Vertrag mit dem Erblasser auf sein gesetzliches Erbrecht verzichtet (§ 2346 BGB), liegen im Zeitpunkt des Erbfalls die Voraussetzungen des § 1933 BGB vor, ist der überlebende Ehegatte durch Urteil für erbunwürdig erklärt worden (§§ 2339 ff., 2345 BGB) oder ist ihm mit Recht der Pflichtteil entzogen worden (§ 2335 BGB), so erhält er nur den Zugewinnausgleich nach der güterrechtlichen Lösung (wobei allerdings die Erben des Verstorbenen sich u.U. auf § 1381 BGB berufen können, z.B., wenn dem überlebenden Ehegatten wegen böswilliger Verletzung der Unterhaltspflicht der

Pflichtteil entzogen worden ist, § 2335 Nr. 4 BGB). Ein Anspruch auf den Pflichtteil steht ihm darüber hinaus nicht zu.

Ist der überlebende Ehegatte lediglich *enterbt* worden, so kann er nach § 1371 Abs. 2 BGB den güterrechtlichen Ausgleich geltend machen, daneben aber auch noch den Pflichtteil verlangen. Der Pflichtteil ist ein Geldanspruch, der in der Hälfte des Wertes des gesetzlichen Erbteils besteht (§ 2303 Abs. 1 Satz 2 BGB). Unter dem gesetzlichen Erbteil ist hier nur der Erbteil zu verstehen, der dem Ehegatten nach § 1931 BGB zustünde, also nicht der nach § 1371 Abs. 1 BGB erhöhte Erbteil.

Beispiel: Der Nachlaß des Erblassers im Wert von 100.000 DM besteht zur Gänze aus Zugewinn. Der Erblasser hat testamentarisch seine Kinder zu Alleinerben eingesetzt und die Ehefrau enterbt. In diesem Fall kann die Ehefrau Ausgleich des Zugewinns nach den §§ 1373 ff. BGB verlangen, daneben aber auch noch ihren Pflichtteil aus dem nichterhöhten Erbteil (den sog. „kleinen" Pflichtteil) geltend machen. Der güterrechtliche Ausgleichsanspruch ist (wenn die Ehefrau selbst keinen Zugewinn erzielt hat) 50.000 DM wert. Die verbleibenden 50.000 DM bilden den Nachlaß. Der Pflichtteil beträgt die Hälfte des Wertes des gesetzlichen Erbteils (§ 2303 Abs. 1 Satz 2 BGB). Der gesetzliche Erbteil des Ehegatten ist (neben Abkömmlingen) 1/4 des Nachlasses (§ 1931 Abs. 1 Satz 1 BGB). Die Ehefrau kann somit neben dem güterrechtlichen Ausgleich (50.000 DM) noch 1/8 des Nachlasses, also 6250 DM (50.000 : 8) verlangen.

b) Ist der überlebende Ehegatte Erbe geworden, hat er aber die Erbschaft *ausgeschlagen*, so stehen ihm dieselben Rechte zu, wie wenn er enterbt worden wäre (§ 1371 Abs. 3 BGB). Er kann also ebenfalls den güterrechtlichen Ausgleich des Zugewinns und daneben noch den kleinen Pflichtteil verlangen.

Das Gesetz sagt: Der Ehegatte, der die Erbschaft ausschlägt, kann den Pflichtteil auch dann verlangen, wenn dieser ihm nach den erbrechtlichen Bestimmungen nicht zustünde. Damit ist folgendes gemeint: Nach den erbrechtlichen Vorschriften (§§ 2303 ff. BGB) kann ein Pflichtteilsberechtigter den Pflichtteil verlangen, wenn er durch Verfügung von Todes wegen von der Erbfolge ausgeschlossen worden ist. Wer eine ihm zugefallene Erbschaft ausschlägt, kann grundsätzlich keinen Pflichtteil verlangen, es sei denn, daß die besonderen Voraussetzungen der §§ 2306, 2307 BGB vorliegen. Aus § 1371 Abs. 3 BGB ergibt sich somit, daß ein Ehegatte, der die Erbschaft ausgeschlagen hat, auch dann den Pflichtteil verlangen kann, wenn die Voraussetzungen der §§ 2306, 2307 BGB nicht vorliegen.

c) Der Fall, daß der überlebende Ehegatte durch Verfügung von Todes wegen *als Erbe eingesetzt* oder mit einem *Vermächtnis bedacht* ist, ist in § 1371 BGB nicht geregelt. Hier gilt folgendes:

Zunächst einmal kann sich der überlebende Ehegatte mit dem begnügen, was ihm vom Erblasser zugewandt worden ist. Er hat aber in jedem Fall einen Anspruch darauf, daß er mindestens den Pflichtteil erhält. Der Pflichtteil errechnet sich hier – weil die Voraussetzungen des § 1371 Abs. 2 und Abs. 3 BGB nicht gegeben sind – aus dem nach § 1371 Abs. 1 BGB erhöhten Erbteil („großer“ Pflichtteil). Das heißt: Bleibt der Wert des Vermögens, das dem überlebenden Ehegatten vom Erblasser zugewandt worden ist, hinter dem großen Pflichtteil zurück, so kann der überlebende Ehegatte nach den erbrechtlichen Vorschriften (§§ 2305, 2307 BGB) den sog. Pflichtteilsrestanspruch geltend machen. Er kann aber auch die Erbschaft oder das Vermächtnis ausschlagen und dann – gem. § 1371 Abs. 3 BGB - Zugewinnausgleich und den kleinen Pflichtteil verlangen.

Ist der überlebende Ehegatte durch die Einsetzung eines Nacherben, die Ernennung eines Testamentsvollstreckers oder eine Teilungsanordnung beschränkt oder ist er mit einem Vermächtnis oder einer Auflage beschwert, so gilt die Beschränkung oder Beschwerung als nicht angeordnet, wenn der ihm hinterlassene Erbteil nicht größer ist als der große Pflichtteil (§ 2306 Abs. 1 Satz 1 BGB). Der Ehegatte kann aber auch hier die Erbschaft oder das Vermächtnis ausschlagen und stattdessen die Rechte aus § 1371 Abs. 3 BGB geltend machen.

Beispiele:

(1) Ein Nachlaß in Höhe von 80.000 DM besteht ausschließlich aus Zugewinn. Der Erblasser wird überlebt von seiner Frau und seiner Tochter. Gesetzliches Erbrecht der Frau: 1/4 (§ 1931 Abs. 1 Satz 1 BGB) + 1/4 (§ 1371 Abs. 1 BGB) = 1/2 = 40.000 DM. Schlägt die Frau die Erbschaft aus, so kann sie – vorausgesetzt, daß sie selbst keinen Zugewinn erzielt hat – die Hälfte des Zugewinns (40.000 DM) und dazu den kleinen Pflichtteil (1/8 von 40.000 DM = 5000 DM) verlangen, zusammen also 45.000 DM. Die Ausschlagung scheint der Frau mehr einzubringen als das gesetzliche Erbrecht! Allerdings hat die Ausschlagung auch einen Nachteil: Als gesetzlicher Erbin gebührt der Frau nämlich der sog. Voraus (§ 1932 BGB), das sind die zum ehelichen Haushalt gehörenden Gegenstände, soweit sie zur Führung eines angemessenen Haushalts benötigt werden. Schlägt die Frau die Erbschaft aus, so geht ihr dieser Anspruch verloren.

(2) Der Ehemann setzt durch Testament seine Frau zu 1/8, seine Tochter zu 7/8 des Nachlasses als Erben ein.

Hier kann die Frau die Erbschaft ausschlagen und gem. § 1371 Abs. 3 BGB Ausgleich des Zugewinns und den kleinen Pflichtteil verlangen. Sie kann sich aber auch auf § 2305 BGB berufen und von der Tochter die Vervollständigung des Pflichtteils verlangen, wobei hier der große Pflichtteil zugrunde zu legen ist.

Ausschlaggebend wird bei dieser Wahl sein, in welcher Höhe der Nachlaß aus Zugewinn besteht. Ist der Nachlaß im Wert von 80.000 DM zur Gänze Zugewinn, so ist es für die Frau günstiger, den Zugewinnausgleich und den kleinen Pflichtteil zu wählen, als eine Pflichtteilsaufstockung bis zum Wert des großen Pflichtteils. Ist der Zugewinn gering, so kann für die Frau der Pflichtteilsrestanspruch günstiger sein. Umschließt beispielsweise der Nachlaß im Wert von 80.000 DM nur einen Zugewinn im Wert von 20.000 DM, so kann die Frau, wenn sie den Pflichtteilsrestanspruch geltend macht, insgesamt 20.000 DM verlangen (1/4 von 80.000 DM). Schlägt die Frau die Erbschaft dagegen aus, so erhält sie die Hälfte des Zugewinns (10.000 DM) und 1/8 des verbleibenden Nachlaßrestes, also (70.000 DM : 8 =) 8750 DM, zusammen somit 18.750 DM.

Der überlebende Ehegatte hat also eine Reihe von *Wahlmöglichkeiten*, die ihm die Entscheidung sehr erschweren können. Hinzukommt, daß die Ausschlagungsfrist nur sechs Wochen beträgt (§ 1944 Abs. 1 BGB) und innerhalb der Frist oft keine hinreichende Klarheit über den Bestand und den Wert des Nachlasses und die Höhe des Zugewinns des Verstorbenen zu erlangen sein wird und infolgedessen nicht zu übersehen ist, ob der Ausgleichsanspruch zuzüglich des kleinen Pflichtteils günstiger ist als der erhöhte gesetzliche Erbteil oder als das letztwillig Zugewandte zuzüglich eines etwaigen Zusatzpflichtteils.

3. Die Stellung der Stiefkinder

Die Erhöhung des Ehegattenerbteils verschlechtert die Position der nichtgemeinschaftlichen Abkömmlinge, d.h. der Kinder oder Kindeskinder, die entweder einer früheren Ehe des verstorbenen Ehegatten entstammen oder nichteheliche Kinder oder Adoptivkinder des Erblassers sind. Das gilt namentlich bei dem Tod desjenigen Ehegatten, der keinen Zugewinn erzielt hat, weil hier die Erhöhung des Erbteils des überlebenden Ehegatten der inneren Rechtfertigung entbehrt.

Diese Benachteiligung versucht § 1371 Abs. 4 BGB dadurch auszugleichen, daß er die Kinder des Erblassers, die nicht zugleich Kinder des überlebenden Ehegatten sind, unter bestimmten Voraussetzungen an dem Viertel des Nachlasses, das dem überlebenden Ehegatten zusätzlich zufließt, teilhaben läßt. Diese Kinder können nämlich von dem überlebenden Ehegatten die Mittel verlangen, die sie für eine *angemessene Ausbildung* benötigen, allerdings nur aus dem zusätzlichen Viertel und nur dann, wenn sie entsprechend bedürftig sind.

Das Gesetz erkennt den Ausbildungsanspruch des Stiefkindes aber nur an, wenn der überlebende Gatte den schematisch erhöhten Erbteil erhält, also gesetzlicher Erbe geworden ist. Was er als eingesetzter Erbe oder als Vermächtnisnehmer erhält, ist durch den Ausbildungsanspruch nicht belastet. Der überlebende Ehegatte kann durch Ausschlagung der Erbschaft den Eintritt der Verpflichtung verhindern. Da der Ausbildungsanspruch u.U. eine starke Belastung des überlebenden Gatten bedeuten kann, wird dieser sich überlegen müssen, ob es nicht vorteilhafter für ihn ist, wenn er die Erbschaft ausschlägt und dadurch den Pflichtteil (1/8) samt Zugewinnausgleich erhält, ohne an die Stiefkinder etwas zahlen zu müssen.

§ 12 Vertragliches Güterrecht

Schrifttum: Langenfeld, Handbuch der Eheverträge und Scheidungsvereinbarungen, 2. Aufl. 1989; ders., Praxis des Ehevertrags, FamRZ 1994, 201.

I. Eheverträge

Ehegatten können ihre güterrechtlichen Beziehungen durch Vertrag regeln (§ 1408 Abs. 1 BGB). Der Vertrag („Ehevertrag") kann auch schon vor Eingehung der Ehe geschlossen werden. Das ergibt sich aus dem Wortlaut „auch nach" in § 1408 Abs. 1, Halbs. 2 BGB. Der Abschluß muß bei gleichzeitiger Anwesenheit beider Teile zur Niederschrift eines Notars erfolgen (§ 1410 BGB).

Inhaltlich können die Ehegatten wählen zwischen einem der beiden vom Gesetzgeber angebotenen *Wahlgüterstände* (Gütertrennung, Gütergemeinschaft) und einem auf ihre persönlichen Verhältnisse zugeschnittenen Ehevertrag, der regelmäßig eine *Modifizierung* entweder der *Zugewinngemeinschaft* oder der Gütergemeinschaft sein wird. Sie können sich aber auch darauf beschränken, lediglich den gesetzlichen Güterstand der Zugewinngemeinschaft auszuschließen oder aufzuheben. In diesem Fall tritt kraft Gesetzes Gütertrennung ein (§ 1414 Satz 1 BGB). Dasselbe gilt übrigens, wenn die Ehegatten nicht die Zugewinngemeinschaft als solche, sondern nur den Zugewinnausgleich ausschließen (§ 1414 Satz 2 BGB). Hier blieben nämlich von der Zugewinngemeinschaft nur die Verfügungsbeschränkungen übrig. Die Verfügungsbeschränkungen hätten aber ihren Sinn verloren, weil sie ihrer Natur nach den Anspruch auf Zugewinnausgleich schützen sollen. Gütertrennung tritt ferner dann ein, wenn Ehegatten, die zunächst in Gütergemeinschaft gelebt hatten, die Gütergemeinschaft aufheben (§ 1414 Satz 2 BGB). Wollen die Ehegatten in einem solchen Fall in Zugewinngemeinschaft leben, müssen sie diese besonders vereinbaren.

Schließlich soll auch der Ausschluß des Versorgungsausgleichs (§§ 1587 ff. BGB) Gütertrennung zur Folge haben. Man sagt, dem Ehegatten, der den anderen nicht an seinen späteren Versorgungsbezügen teilhaben lassen möchte, solle nicht die Hoffnung verbleiben, vom Zugewinn des anderen u.U. profitieren zu können. Rechtspolitisch ist das nicht überzeugend. Regelmäßig wird nämlich derjenige Ehegatte, der den Ausschluß des Versorgungsausgleichs durchsetzt, auch derjenige sein, der den größeren Zugewinn erzielt (meist der Mann). Dem ohnehin schwächeren Teil (meist der Frau) wird somit durch die Regelung in § 1414 Satz 2 BGB zugleich mit dem Entzug des Anspruchs auf Teilhabe an den Versorgungsbezügen auch der Anspruch auf (erbrechtlichen oder güterrechtlichen) Ausgleich des Zugewinns entzogen. Wollen die Ehegatten dieses Ergebnis vermeiden, müssen sie zugleich mit dem Ausschluß des Versorgungsausgleichs durch Ehevertrag wiederum Zugewinngemeinschaft vereinbaren.

II. Gütertrennung

Gütertrennung bedeutet, daß die Ehegatten sich in vermögensrechtlicher Beziehung so gegenüberstehen, wie wenn sie nicht miteinander verheiratet wären. Die Vermögen bleiben getrennt. Jeder Gatte kann über sein Vermögen frei verfügen. Ein Ausgleich findet nicht statt.

Gemildert wird diese starre Trennung lediglich durch die allgemeinen Ehewirkungen, also die Verpflichtung zu ehelicher Lebensgemeinschaft und deren Folgen, die Schlüsselgewalt und die Unterhaltspflichten.

Gütertrennung entsteht, abgesehen von den Fällen, in denen sie kraft Gesetzes eintritt (§§ 1388, 1414, 1449 Abs. 1, 1470 Abs. 1 BGB), wenn sie als solche durch Ehevertrag vereinbart wird.

Selbstverständlich sind Ehegatten, die in Gütertrennung leben, nicht daran gehindert, gemeinschaftliches Vermögen zu bilden. Sie können zusammen ein Haus erwerben – als Miteigentümer zu Bruchteilen – oder einen Gesellschaftsvertrag schließen und als Gesellschafter Gesamthandseigentum begründen. Nur: Beziehungen dieser Art unterliegen allein den Vorschriften des Schuld- oder Sachenrechts, sie sind nicht familienrechtlicher Natur. Die allgemeinen Schranken rechtsgeschäftlicher Gestaltungen sind zu beachten. Ehegatten, die in Gütertrennung leben, können darum keine Verfügungsbeschränkungen nach Art der §§ 1365, 1369 BGB mit dinglicher Wirkung für sich vereinbaren (§ 137 Satz 1 BGB).

III. Gütergemeinschaft

1. Grundsätze

Bei der Gütergemeinschaft wird das Vermögen, das die Ehegatten bei Eingehung der Ehe haben oder später erwerben, grundsätzlich gemeinschaftliches Vermögen, *Gesamtgut*, das den Ehegatten zur gesamten Hand zusteht, § 1416 BGB.

Gesamthandsgemeinschaft bedeutet: Die Gemeinschaft besteht nicht an den einzelnen Gegenständen eines Vermögens, sondern an einem ganzen Sondervermögen. Jedem Gesamthänder steht nur ein Anteil an dem gemeinschaftlichen Vermögen zu. Im Hinblick auf die einzelnen Sachen ist jeder Gesamthänder Eigentümer der ganzen Sache, jedoch beschränkt dadurch, daß der andere Gesamthänder ebenfalls Eigentümer der ganzen Sache ist, so daß die Gesamthänder nur gemeinsam über die Sache verfügen können.

Die Gesamthandsgemeinschaft der Ehegatten ist die engste Gesamthand, die es gibt. Kein Ehegatte kann über seinen Anteil am Gesamtgut verfügen, erst recht nicht über einen Anteil an den einzelnen Gegenständen (denn einen solchen Anteil gibt es – entgegen der mißverständlichen Formulierung des Gesetzes – gar nicht!). Auch die Teilung kann nicht verlangt werden, § 1419 Abs. 1 2. Halbs. BGB. Selbst bei Beendigung der Gütergemeinschaft wird nicht danach gefragt, wer das Vermögen in das Gesamtgut eingebracht hat. Das Vermögen gebührt den Ehegatten zu gleichen Teilen, § 1476 BGB.

Zwischenfrage: Welche anderen Gesamthandsgemeinschaften gibt es? Wie unterscheiden sie sich von der Gesamthand bei der Gütergemeinschaft? Lies §§ 719 BGB, 2033 BGB! Was ist in § 719 Abs. 1 BGB abdingbar, was nicht? Beachte demgegenüber: In § 1419 Abs. 1 BGB kann nichts abbedungen werden!

Die Vermögensverschmelzung hat eine Kehrseite. Da das Gesamtgut die Hauptmasse des Vermögens der Ehegatten bildet, muß es grundsätzlich den Gläubigern eines Ehegatten auch als Haftungsobjekt dienen, unbeschadet der persönlichen (gesamtschuldnerischen) Haftung der Ehegatten (§§ 1437, 1459 BGB).

Von dem Grundsatz der Vermögensverschmelzung gibt es Ausnahmen. Ein Teil des Vermögens der Ehegatten bleibt persönliches Vermögen oder kann zumindest persönliches Vermögen bleiben, nämlich das sog. *Sondergut* (§ 1417 BGB) und das sog. *Vorbehaltsgut* (§ 1418 BGB). Das heißt: In einer Gütergemeinschaft kann es fünf Vermögensmassen geben: das Gesamtgut, das Sondergut des Mannes, das Sondergut der Frau, das Vorbehaltsgut des Mannes und das Vorbehaltsgut der Frau.

Verbreitet ist die Gütergemeinschaft auch heute noch namentlich in bäuerlichen Kreisen Süddeutschlands. In den Städten wird sie nur noch selten vereinbart.

2. Die Gütermassen

a) Das Gesamtgut

Das Gesamtgut umfaßt das ganze Vermögen der Gatten, sowohl das beim Eintritt der Gütergemeinschaft vorhandene, als auch das später erworbene, soweit es nicht ausnahmsweise Sonder- oder Vorbehaltsgut ist, § 1416 BGB. Die Vermutung spricht also für Gesamtgut.

Die Vergemeinschaftung erfolgt ipso iure mit dem Eintritt des Güterstandes bzw. mit dem späteren Erwerb eines Vermögensgegenstandes. Die Übertragung des Vermögens auf die Gesamthand geschieht also nicht durch ein besonderes Rechtsgeschäft.

Beispiele:

(1) M ist Eigentümer eines Hauses. Er heiratet und vereinbart Gütergemeinschaft. Im gleichen Augenblick verliert er das Alleineigentum und wird Miteigentümer des Gesamtgutes, zu dem dann auch das Haus gehört, zur gesamten Hand. Die Rechtsänderung vollzieht sich außerhalb des Grundbuchs. Das Grundbuch wird unrichtig. Jeder Gatte kann vom anderen verlangen, daß er die Erklärungen abgibt, die zur Berichtigung des Grundbuchs erforderlich sind, § 1416 Abs. 3 BGB, §§ 19, 22 GBO.

(2) M, der mit F in Gütergemeinschaft lebt, kauft ein Haus. Das Haus kann er kaufen entweder für die Gesamthand oder für sich. Kauft er das Haus für die Gesamthand, so werden im Grundbuch die Ehegatten als in Gütergemeinschaft mitberechtigt eingetragen. Kauft er das Haus für sich und läßt er sich auch im Grundbuch eintragen, so geht das Eigentum zwar zunächst auf ihn über, aber im selben Augenblick tritt die Gesamthand als Rechtsnachfolgerin kraft Gesetzes an seine Stelle. Das heißt: Im selben Augenblick, in dem er durch die Eintragung Eigentümer wird, wandelt sich das Alleineigentum in Miteigentum zur gesamten Hand. Das Grundbuch ist unrichtig und muß berichtigt werden.

Problem: Der Mann ist als Alleineigentümer – zu Unrecht – eingetragen. Er veräußert das Haus an einen Dritten. Wird der Dritte Eigentümer? Ja – kraft guten Glaubens, es sei denn, daß er die Unrichtigkeit des Grundbuchs gekannt hat, § 892 BGB. Ob die Gütergemeinschaft im Güterrechtsregister eingetragen war, spielt keine Rolle. Der öffentliche Glaube des Grundbuchs geht vor.

b) Sondergut

Sondergut eines Gatten sind die Gegenstände seines Vermögens, die nicht durch Rechtsgeschäft übertragen werden können (§ 1417 Abs. 2 BGB), z.B. unpfändbare Lohn- oder Gehaltsansprüche, Rentenansprüche aus der Sozialversicherung, ein Nießbrauch. Werden Gehälter, Renten, Schmerzensgelder etc. jedoch ausbezahlt, so fallen diese Beträge in das Gesamtgut (§ 1417 Abs. 3 Satz 2 BGB: Verwaltung „für Rechnung des Gesamtguts").

c) Vorbehaltsgut

Vorbehaltsgut entsteht aufgrund eines Rechtsgeschäfts sowie durch Surrogation, § 1418 BGB. Die Ehegatten können durch Ehevertrag Gegenstände (z.B. ein Hausgrundstück) zum Vorbehaltsgut erklären. Desgleichen ist Vorbehaltsgut, was durch Bestimmung eines Dritten in letztwilliger Verfügung oder bei unentgeltlicher Zuwendung zum Vorbehaltsgut erklärt worden ist. Hat auf diese Weise ein Ehegatte Vorbehaltsgut, so wird alles, was er aufgrund eines zum Vorbehaltsgut gehörenden Rechts oder als Ersatz für die Zerstörung eines zum Vorbehaltsgut gehörenden Gegenstandes oder durch Rechtsgeschäft erwirbt, das sich auf das Vorbehaltsgut bezieht, wiederum Vorbehaltsgut (Surrogation).

3. Die Verwaltung und die Haftung des Gesamtgutes

a) Die Ehegatten sollen in dem Ehevertrag, durch den sie Gütergemeinschaft vereinbaren, zugleich bestimmen, wer das Gesamtgut *verwalten* soll, der Mann oder die Frau. Treffen sie keine solche Bestimmung, so obliegt die Verwaltung ihnen beiden, § 1421 BGB. Die gemeinschaftliche Verwaltung ist die Regel. Sie wird in etwa 80 – 90 % aller Fälle gewählt.

b) Haben die Ehegatten die *gemeinschaftliche Verwaltung* gewählt, so können sie nur zusammen über das Gesamtgut und die Gegenstände des Gesamtguts verfügen, § 1450 Abs. 1 Satz 1 BGB. Die Verfügung eines Ehegatten ist in der Regel nur wirksam, wenn sie mit Zustimmung des anderen Ehegatten erfolgt. Verpflichtungsgeschäfte eines Gatten ohne Mitwirkung (Bevollmächtigung) des anderen sind zwar voll wirksam, verpflichten aber grundsätzlich nur den Handelnden persönlich mit seinem Vorbehalts- und Sondergut, ohne eine Haftung des Gesamtgutes zu begründen, § 1460 Abs. 1 BGB. Dabei ist allerdings zu beachten, daß eine Vollmacht nicht nur ausdrücklich, sondern auch stillschweigend erteilt werden kann. Auch eine Duldungsvollmacht kann zu einer Verpflichtung des anderen Ehegatten führen.

Hat ein Ehegatte ohne die Zustimmung des anderen Ehegatten über Gegenstände des Gesamtguts verfügt, so hat der andere Ehegatte die selbständige revokatorische Klage, §§ 1453, 1455 Nr. 8 BGB (s.o. § 10 IV 4).

4. Ende der Gütergemeinschaft und Fortsetzung

Die Gütergemeinschaft endet mit der Auflösung der Ehe; sie kann ferner beendet werden durch Ehevertrag (§ 1408 BGB) und durch Aufhebungsurteil (§§ 1449, 1470 BGB).

Wird die Ehe durch den Tod eines Ehegatten aufgelöst und sind gemeinschaftliche Abkömmlinge vorhanden, so kann die Gütergemeinschaft zwischen dem überlebenden Ehegatten und den Abkömmlingen fortgesetzt werden, §§ 1483 ff. BGB. Eine solche *„fortgesetzte" Gütergemeinschaft* tritt allerdings nur dann ein, wenn die Ehegatten in einem Ehevertrag eine entsprechende Vereinbarung getroffen haben. Solche Vereinbarungen kommen heute allerdings kaum noch vor.

IV. Die modifizierte Zugewinngemeinschaft

Ehegatten sind nicht darauf beschränkt, wenn sie die Zugewinngemeinschaft für sich nicht als passend empfinden, einen der vom Gesetzgeber angebotenen Wahlgüterstände zu vereinbaren. Sie können auch, wie sich aus § 1414 Satz 2 BGB ergibt, den gesetzlichen Güterstand durch Ehevertrag modifizieren. Solche Modifizierungen bieten sich insbesondere dort an, wo das gesetzliche Güterrecht Schwächen hat.

Ist ein Ehegatte beispielsweise Unternehmer oder an einem Unternehmen beteiligt, so wird er häufig Wert darauf legen, daß er im Fall der Scheidung nicht oder nicht in jedem Fall gezwungen werden kann, sein Unternehmen oder seine Unternehmensbeteiligung zu veräußern, um die Ausgleichsforderung befriedigen zu können. Dieses Ziel läßt sich auf verschiedenen Wegen erreichen:

Ein Weg ist der, den Zugewinnausgleich *für den Fall der Scheidung* gänzlich *auszuschließen*. Hier bleiben dann von der Zugewinngemeinschaft nur die Verfügungsbeschränkungen und der (erbrechtliche) Zugewinnausgleich bei Auflösung der Ehe durch den Tod eines Ehegatten übrig.

Eine andere Möglichkeit besteht darin, den Zugewinn für den Fall der Scheidung nicht gänzlich auszuschließen, aber doch davon abhängig zu machen, daß die Ehe längere Zeit bestanden hat oder die Ehefrau ehebedingte Nachteile erlitten hat.

Beispiel: Im Fall der Scheidung der Ehe findet ein Ausgleich nur statt, wenn die Ehe bis zur Rechtshängigkeit des Scheidungsantrags fünf [zehn, fünfzehn] Jahre gedauert hat. Oder: Im Fall der Scheidung findet ein Zugewinnausgleich nur statt, wenn die Ehefrau wegen der Geburt eines gemeinschaftlichen Kindes ihre Berufstätigkeit aufgegeben hat.

Geht es einem Ehegatten nur darum, sein *Unternehmen* zu sichern, so kann er es grundsätzlich bei dem Zugewinnausgleich belassen, aber das Unternehmen oder eine Unternehmensbeteiligung vom Zugewinnausgleich ausschließen. Daß eine solche Regelung einem Bedürfnis entspricht, zeigt z.B. das schweizerische Recht, nach welchem die Vermögenswerte, die einem Ehegatten zu Beginn des Güterstandes gehören, zum sog. Eigengut zu zählen sind, das der Ausgleichung nicht unterliegt (Art. 198 ZGB). Ähnlich ist es auch im österreichischen Recht, wo im Fall einer Scheidung nur das eheliche Gebrauchsvermögen und die ehelichen Ersparnisse unter den Ehegatten aufgeteilt werden, nicht aber Sachen, die ein Ehegatte in die Ehe eingebracht oder von Todes wegen erworben hat oder die ihm von einem Dritten geschenkt worden sind sowie – ausdrücklich – Sachen, die zu einem Unternehmen gehören oder Anteile an einem Unternehmen sind, wenn es sich nicht um bloße Wertanlagen handelt (§§ 81, 82 österr. EheG).

Statt Vermögensgegenstände gänzlich vom Zugewinnausgleich auszuschließen, können Ehegatten auch vereinbaren, daß nicht nur scheinbare, sondern auch *wirkliche Wertsteigerungen* des Anfangsvermögens nicht zu einer Ausgleichung führen sollen. Das kann etwa in der Weise geschehen, wie es das französische Recht vorsieht (Art. 1571 Abs. 1 Satz 1 C.c.), nämlich dadurch, daß bei der Bewertung des Anfangsvermögens die Gegenstände, die das Anfangsvermögen bilden, zu dem Wert angesetzt werden, den sie im Zeitpunkt der Beendigung des Güterstandes haben.

Vorbild könnte das französische Recht (Art. 1571 Abs. 2 Satz 2 C.c.) auch für eine andere Regelung sein: Ist das Anfangsvermögen eines Ehegatten negativ, hat er mit anderen Worten Schulden, so können die Ehegatten vereinbaren, daß die Schulden in genau bezeichneter Höhe bei Durchführung des güterrechtlichen Ausgleichs dem Endvermögen des Schuldners hinzugerechnet werden. Zum selben Ergebnis können die

Ehegatten gelangen, wenn sie § 1374 Abs. 1, 2. Halbs. BGB abbedingen, also die Vorschrift, wonach das Anfangsvermögen mindestens 0 beträgt, und stattdessen z.B. vereinbaren:"Das Anfangsvermögen wird mit - 50.000 DM festgesetzt".

Eine Schwäche des geltenden Rechts liegt auch darin, daß es für die Bewertung des Vermögens keine bestimmte Bewertungsmethode vorschreibt (s.o. § 11 I 3 e). Hier können die Ehegatten durch Ehevertrag die *Bewertungsmaßstäbe* festlegen.

Eine Erleichterung kann es auch bedeuten, wenn die Ehegatten bei Eingehung ihrer Ehe nicht nur den Bestand ihres Anfangsvermögens in einem Verzeichnis festhalten, sondern zugleich auch dessen Wert bestimmen (§ 1377 Abs. 1 BGB).

Selbstverständlich können bei der Wahl des Güterstandes auch *steuerrechtliche Gesichtspunkte* eine Rolle spielen. Wichtig ist hier insbesondere § 5 Abs. 1 des Erbschaftsteuergesetzes. Nach dieser Vorschrift bleibt das Viertel des Nachlasses, das der überlebende Ehegatte nach § 1371 Abs. 1 BGB erhält, zwar nicht in jedem Fall steuerfrei, wohl aber insoweit, als dem überlebenden Ehegatten auch bei güterrechtlichem Ausgleich ein entsprechender Betrag zustünde. Das spricht insbesondere in den Fällen, in denen Ehegatten den Zugewinnausgleich für den Fall der Scheidung ausschließen wollen, für eine Beibehaltung der Zugewinngemeinschaft im übrigen (also für den Erbfall) und gegen ihre Ersetzung durch Gütertrennung.

V. Güterrechtsregister

Das Güterrechtsregister soll Dritten die Möglichkeit verschaffen, sich – vor allem – über die güterrechtlichen Verhältnisse von Ehegatten zu unterrichten. Zur gesetzlichen Regelung vgl. §§ 1558-1563 BGB. Wichtig ist:

1. Eingetragen werden können nur solche güterrechtlichen Tatsachen (insbesondere Vereinbarungen), die eine Außenwirkung entfalten, d.h. die Rechtsstellung der Ehegatten gegenüber Dritten zu beeinflussen vermögen (BGH, WM 1976, 582; im einzelnen ist vieles streitig; vgl. MünchKomm/Kanzleiter, Vorbem. 6 ff. vor § 1558.

2. Es besteht keine Eintragungspflicht.

3. Dem *Schweigen des Registers* darf man vertrauen, nicht aber seinen positiven Angaben (sog. „negative Publizität"). Das heißt: Haben die Ehegatten Gütergemeinschaft mit gemeinschaftlicher Verwaltung verein-

bart, die Vereinbarung jedoch nicht in das Güterrechtsregister eintragen lassen, so kann sich die Frau, wenn der Mann Vermögensgegenstände einem gutgläubigen Dritten schenkt, diesem gegenüber nicht auf die fehlende Verfügungsmacht des Mannes (§ 1453 BGB) berufen (§ 1412 Abs. 1 BGB).

Oder: Ist im Güterrechtsregister Gütertrennung eingetragen, haben die Ehegatten inzwischen aber den gesetzlichen Güterstand der Zugewinngemeinschaft wiederhergestellt, so muß die Frau trotz § 1369 BGB es gegen sich gelten lassen, wenn der Mann an einen gutgläubigen Dritten ihm gehörende Hausratsgegenstände veräußert, § 1412 Abs. 2 BGB.

4. Die Publizitätsfunktion des Güterrechtsregisters schließt einen *gutgläubigen Erwerb* im Vertrauen auf die Richtigkeit des Grundbuchs (§ 892 BGB) nicht aus. Veräußert der im Grundbuch fälschlich als Alleineigentümer eingetragene Ehemann trotz der im Güterrechtsregister eingetragenen Gütergemeinschaft ein Grundstück, so wird der gutgläubige Erwerber geschützt.

§ 13 Vermögensrechtliche Beziehungen zwischen Ehegatten außerhalb des Güterrechts

Schrifttum: Apfelbacher, Ehebedingte Zuwendungen und Ehegatten-Eigenheimgesellschaft. Möglichkeiten zur Beeinträchtigung von Pflichtteilsansprüchen durch vorweggenommene Erbfolgen unter Ehegatten? (1993); Jaeger, Zur rechtlichen Deutung ehebezogener (sog. unbenannter) Zuwendungen und ihre Rückabwicklung, DNotZ 1991, 431; Kollhosser, Ehebezogene Zuwendungen und Schenkungen unter Ehegatten, NJW 1994, 2313; Lipp, Ehegattenzuwendungen und Zugewinnausgleich, JuS 1993, 89; Schotten, Die ehebedingte Zuwendung – ein überflüssiges Rechtsinstitut?, NJW 1990, 2841.

I. Schuldrechtliche Verträge zwischen Ehegatten

Ehegatten können wie unverheiratete Personen Verträge miteinander schließen: Kaufverträge, Schenkungsverträge, Geschäftsbesorgungsverträge, Arbeitsverträge, Gesellschaftsverträge (zu letzteren s.o. § 6 III 4).

Problematisch sind diese Verträge oft deswegen, weil die Ehegatten ein bestimmtes Verhalten zunächst nicht rechtsgeschäftlich qualifizieren und erst später, im Konfliktfall, einen Vertragsabschluß behaupten.

Das Vertragsrecht wird oft auch deswegen bemüht, weil die Ehegatten über die güterrechtlichen Verhältnisse irrige Auffassungen haben. Viele glauben, daß der gesetzliche Güterstand, die sog. Zugewinngemeinschaft, eine echte Gütergemeinschaft sei. Diese Auffassung ist jedoch falsch (s.o. § 10 II). Haben die Ehegatten in der Annahme, daß das beiderseitige Vermögen gemeinschaftlich sei, in einem konkreten Fall darauf verzichtet, ausdrücklich Miteigentum zu vereinbaren, so kann häufig nur mit Hilfe schuldrechtlicher Konzeptionen das von beiden Ehegatten ursprünglich gewollte Ergebnis erreicht werden.

Beispiel: Die Ehegatten legen ihre Ersparnisse zusammen und kaufen oder bauen gemeinschaftlich ein Haus.

Kein Zweifel, daß die Ehegatten das Haus gemeinschaftlich kaufen und daran Bruchteilseigentum begründen können! Wie steht es aber, wenn nur ein Ehegatte als Käufer in Erscheinung tritt? Hier wird man annehmen können, daß dann, wenn die Ehegatten sich einig waren, das Haus gemeinschaftlich erwerben zu wollen, der Ehegatte, der als Käufer aufgetreten ist, nach Auftragsvorschriften verpflichtet ist, dem anderen Ehegatten das aus der Geschäftsbesorgung Erlangte herauszugeben, d.h. ihm Miteigentum zu verschaffen (§ 667 BGB, vgl. BGH FamRZ 1960, 58).

Baut der Ehegatte ein Haus auf seinem Grundstück unter Verwendung von Ersparnissen seiner Frau, wird man die gleiche Konstruktion verwenden. Die Ehegatten betrachten den Hausbau als ihre gemeinschaftliche Sache. Beide wollten wohl auch letztlich mitberechtigt sein. Zwar trat nach außen hin nur der Mann als Bauherr auf. Im Innenverhältnis war er jedoch Beauftragter. Das Alleineigentum, das er zunächst erlangt, ist mehr, als ihm zufallen soll. Ein Miteigentumsanteil gebührt der Frau. Diesen hat er darum an die Frau zu übertragen. Dabei bestimmt sich die Größe des Anteils mangels einer entsprechenden Vereinbarung nach dem Verhältnis der beiderseitigen Aufwendungen (vgl. Henrich, FamRZ 1975, 533).

II. Schenkungen und unbenannte Zuwendungen

Besonders beschäftigt hat die Rechtsprechung das Problem, wann und in welchen Fällen Zuwendungen, die ein Ehegatte dem anderen gemacht hat, zurückverlangt werden können. Konkret: Kann eine Schenkung wegen *groben Undanks* widerrufen werden, wenn der Beschenkte die eheliche Treuepflicht verletzt hat? Kann eine während der Ehe erfolgte Zuwendung nach dem Scheitern der Ehe zurückverlangt werden mit der Begründung, die *Geschäftsgrundlage* sei entfallen?

Früher, als im Ehescheidungsrecht noch das Verschuldensprinzip galt, sah § 73 EheG vor, daß Schenkungen, die dem für allein schuldig erklärten Ehegatten gemacht worden waren, nach der Scheidung widerrufen werden konnten. Nach der Streichung dieser Vorschrift durch das 1. EheRG v. 14.6.1976 kam es zu Meinungsverschiedenheiten darüber, ob der Schenker sich nunmehr auf § 530 BGB (grober Undank) berufen könne, wenn das Scheitern der Ehe dem Beschenkten anzulasten war. Die Mehrheit sagte nein: Eheverfehlungen als solche sind noch kein grober Undank; denn sonst hätte es der Sonderregelung des § 73 EheG a.F. nicht bedurft. Manche zogen nun aus der Streichung des § 73 EheG a.F. den Schluß, daß der Schenker nur „in äußersten Fällen", bei „exzessivem Fehlverhalten" gegenüber dem geschiedenen Ehegatten sich auf § 530 BGB sollte berufen können. Außerdem müsse geprüft werden, ob es sich dann, wenn ein Ehegatte dem anderen etwas zuwende, überhaupt um eine Schenkung handle (und nicht vielmehr um die Erfüllung einer Unterhaltspflicht oder um einen vorweggenommenen Zugewinnausgleich); vgl. Bosch, FS Beitzke (1979), 121 ff. Der BGH lehnte jedoch eine Sonderbehandlung von Ehegattenschenkungen ab: grober Undank genüge auch hier für den Widerruf der Schenkung (BGH FamRZ 1983, 668). Auf der anderen Seite schränkte der BGH aber den Anwendungsbereich des § 530 BGB dadurch ein, daß er die Schenkungen abgrenzte von sog. unbenannten (ehebedingten) Zuwendungen: Wenn ein Ehegatte dem anderen etwas zuwende, z. B. ihm das Miteigentum an dem Familienheim übertrage, so sei das im Regelfall *keine Schenkung*. Vielmehr erfolge die Übertragung im Zweifel „in Anerkennung eines gleichwertigen Beitrags beider Ehepartner" zur Verwirklichung der ehelichen Lebensgemeinschaft (BGH FamRZ 1982, 246).

Diese Unterscheidung ist richtig. Eine Schenkung setzt voraus, daß die Parteien über die Unentgeltlichkeit der Zuwendung einig sind. Unentgeltlich ist eine Zuwendung nicht, wenn ihr eine Gegenleistung gegenübersteht. Diese Gegenleistung braucht mit der Zuwendung nicht in einem Gegenseitigkeitsverhältnis zu stehen. Es genügt, wenn die Zuwendung rechtlich die Geschäftsgrundlage hat, daß dafür eine Verpflichtung eingegangen oder eine Leistung bewirkt wird (die nicht notwendig in Geld zu bestehen braucht). So kann durch die Zuwendung z.B. auch der Beitrag des anderen Ehegatten zur Verwirklichung der ehelichen Lebensgemeinschaft „entgolten" werden (vgl. BGH FamRZ 1990, 600).

Man könnte auch sagen: Durch eine unbenannte Zuwendung wird – partiell – der spätere *Zugewinnausgleich vorweggenommen.* Die Ehegatten sind der Meinung, daß ihre Beiträge zum Familieneinkommen gleichwertig sind und es deshalb recht und billig ist, wenn derjenige, der den größeren Vermögenszuwachs erzielt hat, den anderen schon bei bestehender Ehe daran teilhaben läßt (statt ihn bis zur Auflösung der Ehe warten zu lassen). Darum macht der Ehemann, der mit „seinem" Geld ein Haus kauft und seine Frau als Miteigentümerin eintragen läßt, ihr (aus seiner Sicht, also subjektiv) kein „Geschenk", für das sie sich bedanken müßte. Die Ehefrau bekommt lediglich das sogleich, worauf sie auch bei einer späteren Scheidung der Ehe einen Anspruch hätte.

Vielfach ist es den Ehegatten zunächst auch gleichgültig, wer nach außen hin Inhaber des Vermögens ist, von dem sie im Innenverhältnis annehmen, daß es ihnen beiden zustehe. Wenn ein Ehegatte – Mann oder Frau – Einzahlungen auf einen vom jeweils anderen geschlossenen Bausparvertrag macht, so tut er das (aus seiner Sicht) nicht unentgeltlich (BGH FamRZ 1989, 147). Die Zahlungen sind kein Geschenk. Die Ehegatten wollen gemeinsam ein Haus bauen, das ihnen später als Familienheim dienen soll. Ihr gemeinsames Ziel ist die Verwirklichung der ehelichen Lebensgemeinschaft.

Diese Betrachtungsweise gilt freilich nur im Verhältnis der Ehegatten zueinander. Dritte bleiben geschützt. Ihnen gegenüber können sich die Ehegatten nicht auf die fehlende Unentgeltlichkeit der Zuwendung berufen; d.h. die unbenannte Zuwendung bleibt, auch wenn sie (aus der Sicht der Ehegatten) keine Schenkung ist, doch (objektiv) eine „unentgeltliche" Zuwendung. Das hat Bedeutung insbesondere für das Steuerrecht und das Konkursrecht. Unbenannte Zuwendungen unterliegen der Schenkungsteuerpflicht (BFH FamRZ 1994, 887) und können als „unentgeltliche Verfügungen" von den Gläubigern des Verfügenden nach § 32 Nr. 2 KO oder § 3 Abs. 1 Nr. 4 AnfG angefochten werden (BGHZ 71, 61; FamRZ 1991, 695). Streitig ist, ob ein Pflichtteilsberechtigter im Fall einer ehebedingten Zuwendung des Erblassers nach § 2325 BGB eine Ergänzung seines Pflichtteils verlangen kann (bejahend: BGH FamRZ 1992, 300; mit guten Gründen differenzierend: Apfelbacher, S. 107 ff.).

Was geschieht nun mit solchen unbenannten (ehebedingten) Zuwendungen, wenn die Ehe geschieden wird? Ein Widerruf scheidet aus. § 530 BGB ist – da keine Schenkung vorliegt – nicht anwendbar. Können Bereicherungsansprüche geltend gemacht werden? Auch das ist nicht möglich. Rechtsgrund der Zuwendung war ja nicht die Ehe; das gilt für die unbenannte Zuwendung ebenso wie für die Schenkung. Aber: Die Zuwendung ist erfolgt in der – beiderseitigen – Erwartung, daß die Ehe Bestand haben werde. Zumindest ist der Zuwendende – für den anderen

Ehegatten erkennbar – von dieser Erwartung ausgegangen. Schlägt diese Erwartung fehl, dann entfällt damit die *Geschäftsgrundlage der Zuwendung*.

Wegfall der Geschäftsgrundlage bedeutet nicht notwendig, daß die erbrachte Leistung zurückgefordert werden kann. Die Rechtsfolgen des Wegfalls der Geschäftsgrundlage bestimmen sich nach § 242 BGB. Entscheidend ist, ob die Beibehaltung der durch die Zuwendung geschaffenen Vermögensverhältnisse dem Zuwendenden zugemutet werden kann (BGH FamRZ 1982, 910; 1989, 147). Überraschenderweise wird dies meist der Fall sein.

Beispiel: M und F hatten bei Eingehung ihrer Ehe kein Vermögen. Später erbt F von ihren Eltern ein Grundstück (Wert: 100.000 DM). Auf diesem Grundstück baut M mit seinem Verdienst (F war nicht berufstätig) ein Haus (Baukosten: 300.000 DM). Bei Scheidung der Ehe hat M kein Vermögen (weil er seine gesamten Ersparnisse in das Haus investiert hat), F ist Eigentümerin des bebauten Grundstücks (Wert nunmehr: 400.000 DM). M hat folglich einen Ausgleichsanspruch in Höhe von (400.000 – 100.000 =) 300.000 DM : 2 = 150.000 DM. Würde er die Zuwendung rückgängig machen können, so hätte er ein Endvermögen und damit auch einen Zugewinn in Höhe von 300.000 DM. F hätte keinen Zugewinn: Ihr Endvermögen hätte keinen höheren Wert als ihr Anfangsvermögen. Folglich könnte sie von M 150.000 DM verlangen. Das Ergebnis wäre also das gleiche. Damit scheiden Ansprüche wegen Wegfalls der Geschäftsgrundlage aus. Die Beibehaltung des geschaffenen Vermögenszustandes ist dem M zumutbar.

Es zeigt sich also: Das Verfahren des Zugewinnausgleichs führt auch zu einem Ausgleich der während der Ehe erfolgten unbenannten Zuwendungen. Aus diesem Grund sind beim gesetzlichen Güterstand die Regeln über den Wegfall der Geschäftsgrundlage weitgehend ausgeschlossen. Die Vorschriften über den Zugewinnausgleich gehen vor. Ein Rückgriff auf § 242 BGB kommt nur in seltenen Ausnahmefällen in Betracht, nämlich wenn aufgrund besonderer Umstände der güterrechtliche Ausgleich zu einem nicht mehr tragbaren Ergebnis führen würde (BGH FamRZ 1989, 147, 149; 1991, 1169). Der Hauptanwendungsbereich der Lehre vom Wegfall der Geschäftsgrundlage als Ausgleichsinstrumentarium für unbenannte Zuwendungen liegt danach im Bereich der *Gütertrennung*. Dort allerdings ist es vonnöten, wenn unbillige Ergebnisse vermieden werden sollen (vgl. dazu auch Henrich, Fälle und Lösungen, Fall 5). Allerdings ist auch bei Gütertrennung zu bedenken, daß eine angemessene Beteiligung beider Ehegatten am gemeinsam Erarbeiteten dem Charakter der ehelichen Lebensgemeinschaft als einer Schicksalsgemeinschaft entspricht. Hat eine Ehefrau ihrem Ehemann jahrelang den Haushalt geführt und Kinder großgezogen, so ist es nicht unbillig, wenn ihr der Miteigentumsanteil am Haus belassen wird, der ihr von ihrem Ehemann eingeräumt worden ist, auch wenn sie zum Erwerb des Hauses finanziell nichts beigetragen hat (BGH FamRZ 1989, 599).

Mit der Lehre vom Wegfall der Geschäftsgrundlage kann auch dann geholfen werden, wenn die Eheleute schon *vor ihrer Eheschließung* auf dem Grundstück eines von ihnen sich ein Haus gebaut haben. War das Haus bei der Eheschließung bereits fertig, so gehört sein Wert zum Anfangsvermögen des Grundstückseigentümers. Scheitert die Ehe nach kurzer Zeit, ergibt sich kein Zugewinn. Die Sach- und Arbeitsleistungen, die der andere Ehegatte in den Hausbau investiert hat, blieben nach den güterrechtlichen Vorschriften ohne Ausgleich. Auch hier muß der Benachteiligte sich darum auf den Wegfall der Geschäftsgrundlage berufen können (BGH FamRZ 1992, 160; dazu Tiedtke, JZ 1992, 1025).

III. Gesamtschuldnerausgleich

Ein anderer Punkt, der die Rechtsprechung sehr beschäftigt hat, ist der Gesamtschuldnerausgleich zwischen Ehegatten bei Scheidung ihrer Ehe. Eine gesamtschuldnerische Verpflichtung der Ehegatten ist insbesondere dann, wenn das Eigenheim oder die Eigentumswohnung finanziert werden soll, nicht selten. Häufig bestehen die Banken auf einer solchen gesamtschuldnerischen Verpflichtung, auch wenn die Ehefrau – als Hausfrau – keine eigenen Einkünfte hat und das Darlehen allein vom Ehemann getilgt wird.

Ist von einem Darlehen, das Ehegatten gemeinschaftlich aufgenommen haben, bei Scheidung der Ehe ein Teil noch nicht zurückbezahlt, so erscheint die Gesamtschuld bei der Berechnung des Endvermögens der beiden Ehegatten als Passivposten. Da mehrere Gesamtschuldner im Verhältnis zueinander im Zweifel zu gleichen Anteilen verpflichtet sind (§ 426 Abs. 1 Satz 1 BGB), ist die Gesamtschuld vom Endvermögen beider Ehegatten *grundsätzlich je zur Hälfte* abzuziehen.

Hat ein Ehegatte die Gesamtschuld allein getilgt, hat er in der Regel gegen den anderen einen Ausgleichsanspruch. Das gilt nicht nur für Tilgungsleistungen, die nach Beendigung des Güterstandes erfolgen, sondern auch für Leistungen, die schon vor diesem Zeitpunkt erbracht worden sind. Der Gesamtschuldnerausgleich wird also nicht durch den Zugewinnausgleich verdrängt (BGH FamRZ 1989, 147). Hat ein Ehegatte vor Rechtshängigkeit des Scheidungsantrags Tilgungsleistungen erbracht, so steht ihm (im Zweifel) ein Ausgleichsanspruch zu. Dieser

Anspruch ist – als Aktivposten – bei der Berechnung seines Endvermögens zu berücksichtigen und entsprechend – als Passivposten – bei dem Endvermögen des Ausgleichspflichtigen.

§ 426 Abs. 1 Satz 1 BGB gilt freilich nur, wenn zwischen den Gesamtschuldnern *nichts anderes bestimmt* ist. Eine solche andere Bestimmung kann sich sowohl aus einer ausdrücklichen oder stillschweigend getroffenen Vereinbarung als auch aus der besonderen Gestaltung des tatsächlichen Geschehens ergeben (BGH FamRZ 1983, 795; 1987, 1239). So dürfte es im Fall einer Einverdienerehe der Normalfall sein, daß das Darlehen, solange die Eheleute noch zusammenleben, vom alleinverdienenden Ehegatten bedient wird (der andere Ehegatte erbringt seinen Beitrag zum Familienunterhalt durch die Führung des Haushalts), während nach der Trennung der Eheleute im Zweifel von einer Haftung zu gleichen Anteilen ausgegangen werden muß (BGH FamRZ 1983, 795).

§ 14 Die Ehescheidung

Schrifttum: Dethloff, Die einverständliche Scheidung (1994); Hattenhauer, Über ehestabilisierende Rechtstechniken, FamRZ 1989, 225; Henrich, Eherecht und soziale Wirklichkeit, in: FS Müller-Freienfels (1986), 289; Knütel, Scheidungsverzicht und Scheidungsausschlußvereinbarungen, FamRZ 1985, 1089; Smid, Der Verfahrens- und Entscheidungsverbund im Scheidungsprozeß, Jura 1990, 400; Verschraegen, Die einverständliche Scheidung in rechtsvergleichender Sicht (1991).

I. Geschichtliche Entwicklung – Statistik

1. Das römische und das ältere deutsche Recht kannten die Scheidung durch privaten, nicht an gerichtliche oder priesterliche Mitwirkung geknüpften Vertrag oder einseitige Erklärung.

Im 10. Jh. erlangte die Kirche die Gerichtsbarkeit in Ehescheidungssachen. Damit wurde das kirchliche Recht und damit der Grundsatz von der Unauflöslichkeit der Ehe maßgebend.

Die Reformatoren, die die sakramentale Natur der Ehe leugneten, ließen die Scheidung dem Bande nach wegen Ehebruchs zu. Damit war die erste Bresche geschlagen, andere Gründe folgten: das böswillige Verlassen (desertio), die Quasi-desertio usw. Während die Scheidung zuerst durch einseitige private Erklärung erfolgte, verlangte die protestantische Lehre später die nachfolgende obrigkeitliche Feststellung, daß die Ehe geschieden sei. Noch später wurde die trennende Kraft in den obrigkeitlichen Ausspruch selbst verlegt.

Die Aufklärungszeit des 18. Jh. sah die Ehe als bloßes bürgerlichrechtliches Vertragsverhältnis an (contractus civilis) und ebnete dadurch einem neuen staatlichen überkonfessionellen Scheidungsrecht die Bahn.

Am scheidungsfreundlichsten war unter den partikularrechtlichen Regelungen die des preußischen ALR, das u.a. für die kinderlose Ehe die gegenseitige Einwilligung und für alle Ehen einseitige unüberwindliche Abneigung als Scheidungsgründe anerkannte.

Das Personenstandsgesetz v. 6.2.1875 beseitigte die kirchliche Gerichtsbarkeit in Ehesachen dort, wo sie noch bestand, ließ das materielle zersplitterte Scheidungsrecht aber mit einer Ausnahme unverändert; es bestimmte nur, daß anstelle der vom bisherigen Recht etwa vorgesehenen Trennung von Tisch und Bett stets die Auflösung der Ehe dem Bande nach auszusprechen sei.

Das BGB brachte eine einheitliche Ordnung des materiellen Scheidungsrechts. Es erkannte als Scheidungsgründe vier Fälle schuldhafter Verletzung der ehelichen Pflichten an, nämlich

a) Ehebruch,

b) Lebensnachstellung,

c) bösliches Verlassen,

d) schuldhafte Zerrüttung der Ehe durch schwere Pflichtverletzung oder ehrloses oder unsittliches Verhalten,

dazu, als einzige Ausnahme vom Verschuldensprinzip, die unheilbare Geisteskrankheit.

Im Jahre 1938 wurde das Scheidungsrecht aus dem BGB herausgenommen und im Ehegesetz neu geregelt. Wichtigste Neuerung war die Ergänzung der Verschuldenstatbestände durch die Einführung der Ehescheidung wegen unheilbarer Ehezerrüttung nach dreijähriger Heimtrennung ohne das Erfordernis eines Verschuldens. Das Ehegesetz wurde 1946 – von nationalsozialistischen Bestandteilen gereinigt – neu verkündet. Auf ihm beruhte das Ehescheidungsrecht bis zum 1. Eherechtsreformgesetz.

Das 1. EheRG vom 14.6.1976 hat das Scheidungsrecht auf eine völlig neue Basis gestellt. An die Stelle des seit der Reformationszeit herrschenden *Verschuldensprinzips* ist nun das *Zerrüttungsprinzip* getreten. Eine Ehe wird nicht geschieden, weil ein Ehegatte gegen eine Verhaltenspflicht schuldhaft verstoßen hat, sondern allein deswegen, weil die Ehe zerrüttet ist, die Ehegatten nicht mehr „miteinander können". Eine Ehescheidung wegen Eheverfehlungen gibt es nicht mehr.

2. Im Jahr 1967 wurden im Gebiet der Bundesrepublik Deutschland 62.835 Ehen geschieden. 1991 waren es im alten Bundesgebiet 127.341, in ganz Deutschland 136.317. Die Scheidungshäufigkeit hat sich also in dieser Zeit mehr als verdoppelt. Am scheidungsanfälligsten sind Ehen mit vier- bis sechsjähriger Dauer.

Vergleicht man die Zahl der Ehescheidungen mit der Zahl der Eheschließungen, so zeigt sich, daß nach der Statistik damit gerechnet werden muß, daß jede dritte Ehe geschieden wird. Diese Entwicklung ist nicht auf die Bundesrepublik beschränkt. In anderen Staaten ist die Scheidungsanfälligkeit zum Teil sogar noch größer: In den USA wird jede zweite Ehe geschieden!

Wer heute einen Scheidungsantrag stellt, kann mit nahezu 100prozentiger Sicherheit damit rechnen, auch tatsächlich geschieden zu werden. Von 136.672 Scheidungsanträgen wurden im Jahr 1991 nur 355 abgewiesen: also 3 von 1000!

II. Die Grundstrukturen des Scheidungsrechts nach dem 1. EheRG

1. Das 1. EheRG kennt nur noch einen einzigen Scheidungsgrund: die unheilbare Zerrüttung der Ehe. Das Gesetz spricht von der Scheidbarkeit einer „gescheiterten" Ehe, § 1565 Abs. 1 BGB. Diese Formulierung ist deswegen nicht glücklich, weil sie dazu verleitet, jede Ehe als einen „Versuch" zu betrachten. Eine Ehe soll aber nicht als „Versuch" begonnen, sondern von den Eheleuten „auf Lebenszeit" geschlossen werden (§ 1353 Abs. 1 Satz 1 BGB). Die Gemeinschaft der Ehegatten kann zerstört werden durch äußere Einflüsse ebenso wie durch menschliches Versagen der Ehegatten. Diese Zerstörung läßt sich am besten mit den Worten „unheilbare Zerrüttung" ausdrücken.

2. Der Gesetzgeber wollte mit der Neuregelung erreichen, daß nicht mehr – wie früher – bei jeder Ehescheidung „schmutzige Wäsche" gewaschen wird. Er hat aus diesem Grund neben einem Generalklauseltatbestand (§ 1565 BGB) zwei Vermutungstatbestände geschaffen, bei deren Vorliegen das „Scheitern" der Ehe unwiderlegbar vermutet wird:

(1) Die Ehegatten leben seit drei Jahren getrennt, § 1566 Abs. 2 BGB.

(2) Die Ehegatten leben seit einem Jahr getrennt und wollen beide die Scheidung, § 1566 Abs. 1 BGB.

Ein Hauptgrund, weswegen früher ein Ehegatte (meist die Ehefrau) sich gegen eine Scheidung wehrte, war die oft *ungenügende Versorgung*. Im neuen Ehescheidungsrecht nehmen deswegen die Unterhalts- und Versorgungsansprüche breiten Raum ein. Der bedürftige Ehegatte (aber auch nur der wirklich bedürftige Ehegatte) soll Unterhalt verlangen können, gleichgültig, ob er zum „Scheitern" der Ehe beigetragen hat oder nicht. Darüber hinaus ist vorgesehen, daß die Versorgungsrechte, die einem Ehegatten während der Ehe zugewachsen sind, nach dem Grundsatz des Zugewinnausgleichs beiden Ehegatten gleichermaßen zugute kommen.

III. Die Scheidungsvoraussetzungen im einzelnen

1. Der Grundtatbestand

a) Eine Ehe kann geschieden werden, wenn sie „gescheitert" ist, § 1565 Abs. 1 Satz 1 BGB. „Gescheitert" ist eine Ehe, wenn die *Lebensgemeinschaft* der Ehegatten *nicht mehr besteht* und nicht erwartet werden kann, daß die Ehegatten sie wieder herstellen, § 1565 Abs. 1 Satz 2 BGB. Lebensgemeinschaft ist nicht dasselbe wie häusliche Gemeinschaft. Sie kann auch dann noch gegeben sein, wenn die Ehegatten getrennt leben. Ein Ende findet sie erst dann, wenn die Ehegatten jegliche ehelichen Beziehungen abgebrochen haben oder zumindest ein Ehegatte sich vom anderen definitiv abgewandt hat. Aber selbst dann kann die Ehe noch nicht geschieden werden. Hinzukommen muß die *fehlende Aussicht einer Wiederherstellung*. Solange noch Chancen einer Heilung der Ehe bestehen, ist die Scheidung ausgeschlossen. Der Richter muß der Ehe also eine Prognose stellen. Dazu wird er regelmäßig die Ursachen erforschen müssen, die zur Zerrüttung geführt haben. Erst dann, wenn diese Untersuchung ergibt, daß zwischen den Ehegatten eine völlige Entfremdung eingetreten ist, die es als ausgeschlossen erscheinen läßt, daß die

Ehegatten jemals wieder eheliche Beziehungen zueinander aufnehmen, kann die Scheidung ausgesprochen werden.

Ursprünglich nahm man an, daß die Voraussetzungen des § 1565 BGB nicht leicht zu beweisen sein würden. Schließlich muß nach dem Wortlaut des Gesetzes das Gericht durch Tatsachen davon überzeugt werden, daß die Lebensgemeinschaft der Ehegatten nicht mehr besteht und auch nicht erwartet werden kann, daß die Ehegatten sie wieder herstellen. In der Praxis sieht es jedoch anders aus. Nach der Statistik wird in ca. 20 % aller Scheidungsfälle der Scheidungsantrag auf § 1565 Abs. 1 BGB gestützt. Da der Antrag praktisch nie abgewiesen wird, darf man vermuten, daß die Gerichte sich in aller Regel mit dem zufrieden geben, was ihnen vorgetragen wird, d.h. auf eine eigene gründliche Analyse der Ehe und auf eine sorgfältige Prognose ihrer Heilbarkeit oder Unheilbarkeit verzichten.

Es gibt allerdings Ausnahmen. So heißt es beispielsweise in einer Entscheidung des OLG Koblenz (FamRZ 1980, 253), es sei das erklärte Ziel des Regierungsentwurfs zum 1. EheRG gewesen, die Scheidung einer noch heilbaren Ehe nicht zuzulassen, weil andernfalls die innere Bereitschaft und die äußeren Voraussetzungen für eine Wiederannäherung der Eheleute verschlechtert würden. Außerdem entspreche es regelmäßig dem Interesse der Ehegatten, wenn eine Scheidung vermieden und die Aussöhnung erreicht werde. Auch für die Entwicklung und den späteren Lebensweg des Kindes könne es von entscheidender Bedeutung sein, daß die Eltern eine Ehekrise überwänden und den Zusammenhalt von Ehe und Familie selbst in einer schwierigen Lebenslage vorlebten. Die Scheidung mit ihren leidvollen Begleiterscheinungen solle deshalb nur in einer ausweglosen Lage zugelassen werden. Entscheidungen solcher Art sind aber selten.

Die Tatsachen, durch die das Scheitern der Ehe belegt werden soll, sind meist solche, die auch schon nach früherem Recht – unter der Herrschaft des Verschuldensprinzips – als Scheidungsgründe vorgetragen wurden: Beleidigungen, Ehebruch, dauernde Lieblosigkeit, Mißhandlungen, Trunksucht, Vernachlässigung des Hauswesens oder der Kinder. Zwar kann auch ein schicksalshafter Verlauf oder eigenes Fehlverhalten des die Scheidung begehrenden Ehegatten angeführt werden; aber das ist nicht die Regel, sondern eher die Ausnahme (vgl. z.B. OLG Zweibrücken FamRZ 1982, 293: Der Ehemann, der sich von seiner Familie abgewandt und eine Beziehung zu einer anderen Frau aufgenommen hat, begehrt die Scheidung). In diesem Punkt hat der Gesetzgeber sein Ziel, die Scheidung zu entemotionalisieren, das Schuldprinzip aus dem Scheidungsrecht zu eliminieren, nicht erreicht.

Allerdings gewinnt man den Eindruck, daß Schuldgesichtspunkte, die in das Verfahren eingebracht werden, zunehmend nur noch die Bedeutung von Formeln haben, deren man sich bedienen muß, um das angestrebte Ziel, die Scheidung, zu erreichen (nicht anders als bei den Konventionalscheidungen des früheren Rechts, soweit sie auf schwere Eheverfehlungen gegründet wurden). Sie werden von den Betroffenen nicht mehr so ernst genommen oder als so ehrenkränkend empfunden, wie sie nach außen hin gelegentlich erscheinen. Gestritten wird heute nicht mehr so sehr über die Scheidung als solche – der Antragsgegner weiß, daß sein Protest die Scheidung nicht verhindern wird – als über die Scheidungsfolgen. Hier findet die eigentliche Auseinandersetzung statt. Hier können Schuldgesichtspunkte tatsächlich noch streitentscheidend sein. Deswegen werden sie dort auch mit mehr Vehemenz geltend gemacht als zum Beweis des Scheiterns der Ehe.

b) Auf den Grundtatbestand des § 1565 Abs. 1 BGB können sich Ehegatten nur dann berufen, wenn sie seit *mindestens einem Jahr getrennt* leben. Ist die Jahresfrist noch nicht abgelaufen, so kann die Ehe nur geschieden werden, wenn die Fortsetzung der Ehe für den Antragsteller aus Gründen, die in der Person des anderen Ehegatten liegen, eine unzumutbare Härte darstellen würde (§ 1565 Abs. 2 BGB).

Der Weg über § 1565 Abs. 2 BGB ist unter allen Wegen, die zur Scheidung führen, der unsicherste. Er wird deswegen auch am seltensten gewählt, nämlich nur in ca. 5 % aller Fälle.

Unsicher ist dieser Weg zur Scheidung deswegen, weil die Formulierung des Gesetzes eine Reihe von Zweifelsfragen aufwirft: Unter welchen Voraussetzungen kann von einem „Getrenntleben" der Eheleute gesprochen werden? Was bedeutet „Fortsetzung der Ehe"? In welchen Fällen stellt die Fortsetzung der Ehe eine „unzumutbare Härte" dar?

Eheleute können auch innerhalb der ehelichen Wohnung getrennt leben (§ 1567 Abs. 1 Satz 2 BGB). Dem Wortsinn würde es entsprechen, würde man hier fordern, daß die Ehegatten in verschiedenen Räumen wohnen und schlafen, die beiderseitigen Lebensbereiche also völlig separieren. Es gibt aber viele Entscheidungen, die die Annahme eines Getrenntlebens auch dann für möglich halten, wenn die Eheleute das Schlafzimmer weiterhin gemeinsam benutzen, die Ehefrau für den Ehemann die Wäsche besorgt oder weiterhin für die ganze Familie kocht (OLG Köln NJW 1978, 2556). Das Getrenntleben kann indessen nur nach äußeren Trennungsmerkmalen beurteilt werden. Es erscheint darum als verfehlt, wenn Gerichte entscheidend auf die fehlende geistige Gemeinschaft der Ehegatten abstellen und das äußere Miteinanderleben (gemeinsame Einnahme der Mahlzeiten, gemeinsames Sitzen vor dem Fernsehgerät) als bloße „Äußerlichkeit" abtun (nicht unbedenklich deswegen OLG Düsseldorf FamRZ 1982, 1014; zutreffend dagegen OLG Köln FamRZ 1982, 807).

Die Frage, was „Fortsetzung der Ehe" bedeutet, ist inzwischen vom Bundesgerichtshof dahin geklärt worden, daß damit nicht die Fortsetzung der ehelichen Lebensgemeinschaft, sondern die *Aufrechterhaltung des ehelichen Bandes* gemeint ist (BGH FamRZ 1981, 127). Unzumutbar muß bei § 1565 Abs. 2 BGB also schon das bloß formelle Weiterbestehen einer Ehe mit dem Ehegatten sein.

Und was schließlich die „unzumutbare Härte" betrifft, so umschreibt die Rechtsprechung diesen Begriff heute folgendermaßen: Bei der Prognose, daß die Wiederherstellung der Lebensgemeinschaft der Ehegatten nicht mehr erwartet werden kann, müssen über den Tatbestand des Scheiterns der Ehe hinaus in der Person des Antragsgegners liegende Gründe nachgewiesen werden, die so schwer wiegen, daß dem Antragsteller bei objektiver Beurteilung nicht mehr angesonnen werden kann, an den Antragsgegner als Ehepartner weiterhin gebunden zu sein (BGH aaO.). All das ist nicht leicht zu beweisen (vgl. Henrich, Fälle und Lösungen, Fall 12).

Nimmt man hinzu, daß § 1565 Abs. 2 BGB als Ausnahme gegenüber § 1565 Abs. 1 BGB konzipiert und daher eng auszulegen ist, wird die Zurückhaltung der Ehegatten, diesen Weg bei der Scheidung einzuschlagen, verständlich.

Gleichwohl wird auch hier der Scheidungsantrag nur in etwa drei Fällen von hundert abgewiesen. Das hängt damit zusammen, daß die Gerichte vielfach dann, wenn bei Einreichung des Scheidungsantrags die Eheleute noch nicht ein Jahr getrennt gelebt haben und die Voraussetzungen für eine vorzeitige Scheidung gem. § 1565 Abs. 2 BGB nicht vorliegen, durch schleppendes Betreiben der Folgesachen das Verfahren über die Jahresfrist hinwegretten und dann die Ehe nach § 1565 Abs. 1 BGB scheiden (vgl. KG FamRZ 1983, 821 mit kritischer Anmerkung von Braeuer).

2. Die Vermutungstatbestände

a) Beantragen *beide* Ehegatten die Scheidung oder stimmt der Antragsgegner der Scheidung zu, so wird das Scheitern der Ehe unwiderlegbar vermutet, wenn die Ehegatten seit *einem Jahr* getrennt leben, § 1566 Abs. 1 BGB. Die meisten Ehegatten, die geschieden werden wollen, gehen diesen Weg (ca. 65 %). Die einzige Hürde, die das Gesetz hier vor der Scheidung aufgerichtet hat, ist das Erfordernis einjährigen Getrenntlebens (sieht man von der Verpflichtung ab, zugleich mit dem Scheidungsantrag einen gemeinsamen Vorschlag, beziehungsweise eine Einigungserklärung über die in § 630 ZPO genannten Angelegenheiten vorzulegen, s.u. V. 4.). Diese Hürde ist aber, wenn beide Ehegatten die Scheidung wollen, nicht allzu hoch. Weil nämlich Ehegatten auch innerhalb der ehelichen Wohnung getrennt leben können (§ 1567 Abs. 1 Satz 2 BGB), ist es für den Richter kaum nachprüfbar, wenn die Ehegatten behaupten, sie lebten schon seit einem Jahr derart getrennt.

Praktisch wird hier die Scheidung auf das *Einverständnis* der Ehegatten gestützt. Die Ehe wird damit im Ergebnis – allen anders lautenden Behauptungen zum Trotz – zur Disposition der Ehegatten gestellt. Würde man die Scheidung tatsächlich von einem Scheitern der Ehe abhängig machen, könnte man auf die Prognose ihrer Heilbarkeit oder Unheilbarkeit nicht verzichten. Ehrlicher wäre es darum, hier nicht von der Scheidung einer gescheiterten Ehe, sondern von der Scheidung einer Ehe aufgrund Einverständnisses der Ehegatten zu sprechen, so wie dies in einer Reihe von neueren Scheidungsgesetzen anderer Staaten geschehen ist (Schweden, Frankreich, Österreich, Griechenland).

b) Sind sich die Ehegatten über die Scheidung *nicht einig*, so gibt es ebenfalls einen Vermutungstatbestand: Das Scheitern der Ehe wird unwiderlegbar vermutet, wenn die Eheleute seit *drei Jahren* getrennt leben, § 1566 Abs. 2 BGB.

§ 1566 Abs. 2 BGB wird dem Anliegen des Gesetzgebers, die Intimsphäre der Parteien vor gerichtlicher Ermittlungstätigkeit abzuschirmen, bei streitigen Ehescheidungen am besten gerecht. Wegen dieses Vorteils ging man bei der Verabschiedung des Gesetzes davon aus, daß die Scheidung unter Berufung auf die Scheiternsvermutung die Regel, die Scheidung durch konkreten Nachweis der Zerrüttung eher die Ausnahme sein werde. Diese Erwartung hat sich indessen nicht erfüllt. Die Scheidungen gem. § 1565 Abs. 1 BGB sind doppelt so häufig wie die Scheidungen gem. § 1565 Abs. 1 i.V.m. § 1566 Abs. 2 BGB.

Fragt man nach den Ursachen dieser Entwicklung, so wird schnell klar, daß der Gesetzgeber die Trennungsfrist des § 1566 Abs. 2 BGB offensichtlich zu lang bemessen hat. Ehegatten trennen sich meist erst dann, wenn sie sich auch scheiden lassen wollen. Wenn sie sich aber scheiden lassen wollen, wollen sie bald geschieden sein, nicht erst nach Ablauf von drei Jahren.

Ein Blick auf ausländische Scheidungsgesetze bestätigt diesen Eindruck. Der formalisierte Nachweis des Scheiterns der Ehe scheint sich immer mehr durchzusetzen. Er wird aber nur dort von den Scheidungswilligen angenommen, wo die Trennungsfristen nicht zu lang sind. Sind die Trennungsfristen sehr lang (fünf Jahre in England, sechs Jahre in Frankreich), weichen die scheidungswilligen Ehegatten auf andere (meist Verschuldenstatbestände) aus. Die Entwicklung geht deswegen dahin, die Trennungsfristen, die für den Nachweis des Scheiterns gefordert werden, zu verkürzen. So wurde in Italien im Jahr 1987 die bis dahin geltende fünfjährige Trennungsfrist auf drei Jahre verkürzt (wobei entweder die Trennung in einem besonderen Verfahren gestattet oder das Bestehen der Trennung gerichtlich festgestellt werden muß). Für das deutsche Recht ergibt sich daraus der Schluß, daß die Dreijahresfrist des § 1566 Abs. 2 BGB de lege ferenda verkürzt werden sollte. Parallel dazu könnten dann die Scheidungsvoraussetzungen des § 1565 Abs. 1 BGB verschärft (oder von den Gerichten ernst genommen) werden.

3. Die Härteklausel

Ein Ehegatte, der nicht geschieden werden will, wird zunächst, wenn das Scheitern der Ehe nicht unwiderlegbar vermutet wird, nachzuweisen versuchen, daß seine Ehe nicht zerrüttet oder die eingetretene Zerrüttung noch heilbar ist. Mißlingt dieser Nachweis oder besteht eine unwiderlegliche Vermutung des Scheiterns der Ehe, so bleibt ihm noch eine Möglichkeit, die Scheidung zu verhindern. Er muß nachweisen, daß die Aufrechterhaltung der Ehe im Interesse der aus der Ehe hervorgegangenen noch minderjährigen Kinder aus besonderen Gründen ausnahmsweise notwendig ist oder daß die Scheidung für ihn aufgrund außergewöhnlicher Umstände eine so schwere Härte darstellen würde, daß die Aufrechterhaltung der Ehe auch unter Berücksichtigung der Belange des Antragstellers ausnahmsweise als geboten erscheint, ungeachtet dessen, daß sie gescheitert ist, § 1568 Abs. 1 BGB. Das ist die sog. *Härteklausel*. Um sie ist im Gesetzgebungsverfahren viel gestritten worden. Große praktische Bedeutung hat sie nicht erlangt. Sie ist als Ausnahme gedacht (wie ihr Wortlaut überdeutlich erkennen läßt) und wird auch nur in Ausnahmefällen die Scheidung einer unheilbar zerrütteten Ehe verhindern. Nach einer bayerischen Statistik wurde im Jahr 1988 die Scheidung aufgrund der Härteklausel in fünf Fällen abgelehnt, in fünf von 19.696 Fällen!

Auffällig ist, daß das *Kindesinteresse* nur in ganz seltenen Fällen (und dabei regelmäßig ohne Erfolg) geltend gemacht wird. Von den seit 1981 veröffentlichten Entscheidungen zu § 1568 BGB wurde nur in OLG Köln FamRZ 1981, 959, in OLG Zweibrücken FamRZ 1982, 293, und in OLG Hamburg FamRZ 1986, 469, eine Verletzung des Kindesinteresses geltend gemacht, in den beiden ersten Fällen ohne Erfolg und nur im letzten Fall mit Erfolg (Gefahr der Selbsttötung des Kindes). Das ist erstaunlich, wenn man bedenkt, daß das Kindeswohl allenthalben – nur eben nicht im Scheidungsrecht – als oberste Richtschnur richterlichen Handelns angesehen wird. Es scheint der Satz, daß das Kindeswohl in einer gescheiterten Ehe generell mehr beeinträchtigt sei als im Fall einer Scheidung, als Gewißheit zu gelten. Ob den Eltern nicht zugemutet werden kann, im Interesse ihrer Kinder einen erneuten Versuch zu machen, ihre gegenseitige Abneigung zu überwinden, erlittene Kränkungen zu vergeben, ihre vermeintlich gescheiterte Ehe aufrecht zu erhalten in der Hoffnung, daß die Zeit Wunden heilt, wird keiner Prüfung für wert erachtet.

Freilich: Eine zerrüttete Ehe wird nicht dadurch geheilt, daß ein Scheidungsantrag abgewiesen wird. Eheliche Konflikte lassen sich nicht mit den Mitteln des Rechts lösen. Insbesondere wird die Abweisung eines Scheidungsantrags den „Verlierer" nicht zu einem freundlicheren Verhalten gegenüber seinem Ehegatten bewegen. Das Bemühen um die Rettung der Ehe muß vorher einsetzen, z.B. durch verstärkte *Eheberatung*. In der Schweiz haben nach Art. 171 ZGB in der seit 1.1.1988 geltenden Fassung die Kantone dafür zu sorgen, daß sich die Ehegatten bei Eheschwierigkeiten gemeinsam oder einzeln an Ehe- oder Familienberatungsstellen wenden können. Nach Art. 172 ZGB können die Ehegatten bei Streitigkeiten gemeinsam oder einzeln den Richter um Vermittlung anrufen. Der Richter mahnt die Ehegatten an ihre Pflichten und versucht, sie zu versöhnen. Das ist besser als die sofortige Einleitung eines Scheidungsverfahrens. In Deutschland sieht § 17 SGB VIII im Rahmen der Jugendhilfe eine Beratung von Vätern und Müttern in Fragen der Partnerschaft vor. Die Beratung soll helfen, ein partnerschaftliches Zusammenleben in der Familie aufzubauen, Konflikte und Krisen in der Familie zu bewältigen und im Fall der Trennung oder Scheidung die Bedingungen für eine dem Wohl der Kinder förderliche Wahrnehmung der Elternverantwortung zu schaffen.

Es mag richtig sein, daß die Aufrechterhaltung einer zerrütteten Ehe dem Kindeswohl nicht förderlich ist. Aber auch die Scheidung ist dem Kindeswohl abträglich (vgl. zur Situation der Kinder aus geschiedenen Ehen: Fthenakis/Niesel/Kunze, Ehescheidung. Konsequenzen für Eltern und Kinder, 1982, S. 145 ff.). Dem Wohl der Kinder dient allein die Überwindung der ehelichen Konflikte durch das gemeinsame Bemühen der Eltern (ausführlich zu diesem Fragenkreis: Henrich, FS Müller-Freienfels, 1986, 289 ff., insbesondere S. 315 ff.).

IV. Wie geht es weiter?

Die Entwicklung des deutschen Scheidungsrechts ist anders verlaufen, als der Gesetzgeber es sich gedacht hatte. In seiner Rede zur Verabschiedung des 1. EheRG im Bundestag stellte der damalige Bundesminister der Justiz Dr. Vogel fest: Das neue Recht ändert nichts an dem Grundsatz, daß die Ehe auf Lebenszeit geschlossen wird. Vielmehr bekräftigt es ihn noch, in dem es ihn ausdrücklich in das Gesetz aufnimmt. Der Gang zum Gericht wird künftig nicht bequemer („recht" – Informationen des BMdJ – 1975, 211 f.). Tatsache ist indessen, daß die Scheidung erleichtert worden ist. Die ehestabilisierenden Elemente, deren Aufnahme in das Gesetz von der damaligen Opposition durchgesetzt wurde (§ 1353 Abs. 1 Satz 1 BGB: Die Ehe wird auf Lebenszeit geschlossen; § 1568 BGB: Härteklausel), haben im Scheidungsrecht – wie gezeigt – praktisch keine Bedeutung erlangt.

Ob dieser Rechtszustand mit Art. 6 Abs. 1 GG vereinbar ist, wird von manchen bezweifelt. Er ist aber ein Faktum. Eine Änderung des Scheidungsrechts mit dem Ziel einer Erschwerung der Scheidung ist nicht zu erwarten. Der internationale Trend geht vielmehr dahin, bestehende Schranken weiter abzubauen (etwa durch Verkürzung als zu lang empfundener Trennungsfristen; vgl. z.B. für Italien: Patti, FamRZ 1990, 703, 705).

Sowohl die Rechtsgeschichte als auch die Rechtssoziologie zeigen, daß die Ehestabilität und damit auch die Scheidungshäufigkeit nicht von der jeweiligen Ausgestaltung des Scheidungsrechts abhängt. Im klassischen römischen Recht war die gebräuchliche „manus-freie" Ehe nach dem Gesetz jederzeit scheidbar. Gleichwohl genoß sie ein so hohes Ansehen, daß sich praktisch kein Mann ohne einen ganz besonders schwerwiegenden Grund von seiner Frau lossagen konnte. Auf der anderen Seite hat im Jahr 1900 der Übergang von den teilweise recht liberalen Scheidungsrechten der einzelnen deutschen Staaten zum strengeren Recht des BGB den Anstieg der Scheidungszahlen nicht gebremst. Im Jahr 1938 befürchteten viele, die Vermehrung der Scheidungsgründe durch das neue Ehegesetz werde verheerende Folgen haben. Sie sind ausgeblieben (vgl. Gernhuber/Coester-Waltjen, FamR, § 24 IV 9). International gesehen bietet sich dasselbe Bild, wie insbesondere Rheinstein in seiner berühmten Untersuchung (Marriage Stability, Divorce and the Law, Chicago 1971) gezeigt hat. Wenn die Scheidung überhaupt zulässig ist, hängt die Zahl der Scheidungen nicht von der Ausgestaltung des Scheidungsrechts ab, sondern von außerrechtlichen Faktoren. Will man Ehen stabilisieren, muß darum im außerrechtlichen Bereich etwas geschehen (vgl. auch dazu Henrich, FS Müller-Freienfels, S. 321).

V. Der Scheidungsprozeß

1. Bis zum Erlaß des 1. EheRG war der Scheidungsprozeß ein streitiges Verfahren. Es gab einen Kläger und einen Beklagten, häufig, nämlich im Fall einer Widerklage, auch zwei Kläger und zwei Beklagte. Ein Ehegatte mußte gegen den anderen selbst dann klagen, wenn dieser ebenfalls geschieden sein wollte. Der Fall, daß die Ehegatten sich bereits vor dem Prozeß einigten, wer „die Schuld übernehmen" sollte, war deswegen nicht selten.

Nach dem nunmehr geltenden Recht wird nicht mehr auf Scheidung geklagt. Das Scheidungsverfahren wird vielmehr durch einen *Antrag* eingeleitet, der sowohl von einem der Ehegatten als auch von beiden gestellt werden kann, § 1564 Satz 1 BGB. Dementsprechend heißt es in der Zivilprozeßordnung: Das Verfahren auf Scheidung wird durch Einreichung einer Antragsschrift anhängig, § 622 Abs. 1 ZPO.

2. Entsprechend dem Charakter der Ehe ist das Antragsrecht höchstpersönlicher Natur. Auch der beschränkt geschäftsfähige Ehegatte kann den Antrag stellen, ohne zuvor oder danach seinen gesetzlichen Vertreter fragen zu müssen. Er ist für das Scheidungsverfahren prozeßfähig, § 607 Abs. 1 ZPO. Nur für den Geschäftsunfähigen muß der gesetzliche Vertreter das Verfahren führen, bedarf dazu aber der Genehmigung des Vormundschaftsgerichts, § 607 Abs. 2 ZPO.

3. Das Scheidungsverfahren gehört zu den *Ehesachen* (§§ 606 ff. ZPO), einer Verfahrensart, die sich von gewöhnlichen Verfahren in vielen Beziehungen unterscheidet. Es gilt der Untersuchungsgrundsatz. Das Gericht hat ein eigenes Ermittlungsrecht. Es kann zur Aufrechterhaltung der Ehe auch solche Tatsachen berücksichtigen, die von den Parteien nicht vorgebracht worden sind (ob es von dieser Befugnis Gebrauch machen wird, ist eine andere Frage!), § 616 ZPO. Die Dispositionsmaxime ist beschränkt. Behauptete ehefeindliche Tatsachen dürfen nicht als wahr unterstellt werden, wenn sie nicht bestritten werden, §§ 617 i.V.m. 138 Abs. 3 ZPO. Das Gericht soll das Verfahren von Amts wegen aussetzen, wenn nach seiner Überzeugung Aussicht auf Fortsetzung der Ehe besteht (gegen den Widerspruch beider Ehegatten aber nur dann, wenn die Ehegatten noch nicht länger als ein Jahr getrennt leben, und insgesamt auf die Dauer von höchstens einem Jahr, bzw. bei einer mehr als dreijährigen Trennung auf die Dauer von höchstens sechs Monaten), § 614 Abs. 2, 4 ZPO.

Das Ehescheidungsverfahren findet vor den *Familiengerichten* statt (§ 606 ZPO), die bei den Amtsgerichten neu gebildet wurden (§ 23 b GVG). Dem Verfahren muß heute nicht mehr – wie früher – ein

Sühneversuch vorangehen, doch soll das Gericht, wenn es das Verfahren aussetzt, den Ehegatten nahelegen, eine Eheberatungsstelle in Anspruch zu nehmen, § 614 Abs. 5 ZPO.

Besonders geregelt ist in den §§ 620-620 g ZPO der Erlaß *einstweiliger Anordnungen*. Das Gericht kann – auf Antrag eines der Ehegatten – durch solche Anordnungen die elterliche Sorge für ein gemeinschaftliches Kind und den persönlichen Umgang des nichtsorgeberechtigten Elternteils mit dem Kind regeln, die Herausgabe des Kindes an den anderen Elternteil anordnen, bestimmen, wie im Verhältnis der Ehegatten zueinander für den Unterhalt eines Kindes zu sorgen ist, das Getrenntleben der Ehegatten gestatten, den Unterhalt eines Ehegatten sicherstellen sowie über die Benutzung der Ehewohnung und des Hausrats und die Herausgabe oder Benutzung der zum persönlichen Gebrauch eines Ehegatten oder eines Kindes bestimmten Sachen entscheiden und schließlich einen Ehegatten zur Leistung eines Prozeßkostenvorschusses verpflichten (§ 620 Satz 1 Nr. 1-9 ZPO).

Die Frage, wem die elterliche Sorge über ein gemeinschaftliches Kind zustehen soll, kann das Gericht auch von Amts wegen durch einstweilige Anordnung regeln (§ 620 Satz 2 ZPO).

4. Die wichtigste Neuerung auf dem Gebiet des Scheidungsverfahrensrechts ist – neben der Einrichtung der Familiengerichte – die *Entscheidungskonzentration*, die gleichzeitige Erledigung der Scheidung und der Scheidungsfolgen. Vor dem 1. EheRG wurde im Scheidungsverfahren (damals noch vor dem Landgericht) nur über die Scheidung entschieden (von den einstweiligen Anordnungen abgesehen). Die Regelung des Sorgerechts und des persönlichen Umgangs mit den Kindern blieb dem Vormundschaftsgericht vorbehalten, über Unterhaltsfragen hatten die Amtsgerichte zu entscheiden, desgleichen über die Zuweisung der Ehewohnung und die Verteilung des Hausrats.

Nunmehr bestimmt § 623 Abs. 1 ZPO: Soweit in Familiensachen (elterliche Sorge, persönlicher Umgang des nichtsorgeberechtigten Elternteils mit dem Kind, Herausgabe des Kindes an den anderen Elternteil, Unterhaltspflicht gegenüber einem Kind und gegenüber dem Ehegatten, Versorgungsausgleich, Ehewohnung und Hausrat, Ansprüche aus dem ehelichen Güterrecht, Verfahren nach den §§ 1382, 1383 BGB; vgl. § 621 ZPO) eine Entscheidung für den Fall der Scheidung zu treffen ist und von einem Ehegatten rechtzeitig begehrt wird, ist hierüber gleichzeitig und zusammen mit der Scheidungssache zu verhandeln und, sofern dem Scheidungsantrag stattgegeben wird, zu entscheiden. Das bedeutet: Gegen den Willen eines Partners kann eine Scheidung nunmehr erst dann ausgesprochen werden, wenn die vor allem von diesem Partner für regelungsbedürftig gehaltenen Scheidungsfolgen gerichtlich geklärt sind.

Auch der Partner, der der Scheidung selbst nicht widersprechen kann (z.B. weil die Ehegatten seit mehr als drei Jahren getrennt leben und deswegen die Zerrüttungsvermutung eingreift), kann auf diese Weise erreichen, daß nicht zunächst einmal die Ehe geschieden wird und erst danach die Scheidungsfolgen geregelt werden. Er braucht nur den Antrag zu stellen, daß über diese Fragen eine Entscheidung herbeigeführt wird. In jedem Fall – und das ist besonders wichtig – wird in das Scheidungsverfahren die Regelung der elterlichen Sorge über die gemeinschaftlichen Kinder und die Durchführung des Versorgungsausgleichs in den Fällen des § 1587 b BGB miteinbezogen (§ 623 Abs. 3 ZPO).

Die Gefahr übereilter Scheidungen ist besonders groß, wenn *beide Ehegatten* die Scheidung wollen. Hier ist § 630 ZPO bedeutsam: Der Antrag auf Scheidung nach § 1565 i.V.m. § 1566 Abs. 1 BGB muß enthalten

- die Mitteilung, daß der andere Ehegatte der Scheidung zustimmt oder in gleicher Weise die Scheidung beantragt,
- den gemeinsamen und übereinstimmenden Vorschlag der Ehegatten zur Regelung der elterlichen Sorge über die gemeinschaftlichen Kinder und über die Regelung des persönlichen Umgangs des nichtsorgeberechtigten Elternteils mit dem Kind,
- die Einigung der Ehegatten über die Regelung der Unterhaltspflichten gegenüber ihren Kindern,
- die Einigung der Ehegatten über die durch die Ehe begründete gesetzliche Unterhaltspflicht,
- die Einigung der Ehegatten über die Rechtsverhältnisse an Ehewohnung und Hausrat.

Es wird damit also der Scheidungsausspruch von der einverständlichen Regelung der wichtigsten Scheidungsfolgen abhängig gemacht.

Können sich die Ehegatten, die zunächst eine einverständliche Scheidung versucht haben, über die Scheidungsfolgen nicht einigen, bleibt ihnen nur der Weg über § 1565 Abs. 1 BGB (wenn sie nicht zwei weitere Jahre warten wollen, § 1566 Abs. 2 BGB): Das heißt, sie müssen dann die Zerrüttung ihrer Ehe konkret nachweisen (OLG Hamburg FamRZ 1979, 702).

5. Das Ehescheidungsurteil ist ein Gestaltungsurteil. Mit seiner Rechtskraft wird die Ehe aufgelöst (§ 1564 Satz 2 BGB).

§ 15 Unterhalt nach der Scheidung

Schrifttum: Battes, Rechtsvergleichendes zum Unterhaltsanspruch des geschiedenen Ehegatten, in: Gaul (Hrsg.), Familienrecht in Geschichte und Gegenwart (1992), 69; Bosch, Unterhaltsverzichtsvereinbarung, in: FS Habscheid (1989), 23; Derleder, Die ehelichen Lebensverhältnisse. Zur Struktur des nachehelichen Unterhalts, FuR 1990, 9; Diederichsen, Teilhabegerechtigkeit in der Ehe, FamRZ 1992, 1; van Els, Nacheheliche Solidarität, FamRZ 1992, 625; Graba, Unterhalt nach den ehelichen Lebensverhältnissen, NJW 1989, 2786; Krenzler, Unterhalt „nach den ehelichen Lebensverhältnissen", FamRZ 1990, 221; Luthin, Zum Bedarf nach den ehelichen Lebensverhältnissen unter besonderer Berücksichtigung der Rechtsprechung des Bundesgerichtshofs, FamRZ 1988, 1109; Richter, Der Halbteilungsgrundsatz im Unterhaltsrecht, in: FS Rebmann (1989), 675.

I. Unterhaltsregelung und heutiges Eheverständnis

Die Regelung des nachehelichen Unterhalts kann nicht losgelöst von dem jeweils herrschenden Eheverständnis betrachtet werden. Wer – wie die katholische Kirche – die Ehe als unauflöslich ansieht und den Ehegatten nur gestattet, von Tisch und Bett getrennt zu leben, hat keine Schwierigkeiten, den während intakter Ehe unterhaltspflichtigen Ehegatten auch nach der Trennung weiterhin mit der Unterhaltspflicht zu belasten. Wer andrerseits in der Ehe nicht mehr sieht als einen jederzeit oder jedenfalls bei Vorliegen eines wichtigen Grundes kündbaren Vertrag, kann den geschiedenen Ehegatten unterhaltsrechtlich nicht so stellen, wie wenn er nicht geschieden worden wäre. Wer berechtigterweise einen Vertrag kündigt, kann nicht zum Ersatz des Erfüllungsinteresses verpflichtet werden. Ein Ehegatte kann aus dieser Sicht zwar verpflichtet werden, dem anderen für ehebedingte Nachteile (insbesondere: Verzicht auf beruflichen Aufstieg) Ersatz zu leisten oder ihm – als Nachwirkung des „Vertrags" – den Übergang zur Selbständigkeit zu erleichtern, er kann aber – im Grundsatz – nicht verpflichtet werden, über eine Übergangszeit hinaus Unterhalt zu zahlen oder den geschiedenen Partner an seinem (nachehelichen) beruflichen Aufstieg teilhaben zu lassen.

Früher, als nur der schuldige Ehegatte zur Zahlung von Unterhalt verpflichtet wurde, konnte man noch an die Parallele zu § 324 BGB denken:"Wird die aus einem gegenseitigen Vertrag dem einen Teil obliegende Leistung aus einem Grund unmöglich, den der andere Teil zu vertreten hat, so behält er den Anspruch auf die Gegenleistung". Nach der Abschaffung der Verschuldensscheidung und dem Übergang zum Zerrüttungsprinzip läßt sich diese Parallele nicht mehr ziehen.

Gleichwohl ist das Unterhaltsrecht von der Änderung des Scheidungsrechts unberührt geblieben. Es wurde sogar noch ausgeweitet. Auch der „Mitschuldige", ja sogar der „Alleinschuldige" an der Scheidung hat grundsätzlich Anspruch auf Unterhalt, wenn er bedürftig ist, grundsätzlich sogar Anspruch auf vollen Unterhalt, also auf Beibehaltung des bisherigen Lebensstandards, u.U. sogar Teilhabe am beruflichen Aufstieg seines geschiedenen Gatten.

Hier tritt wiederum der *Kompromißcharakter* des geltenden Scheidungsrechts deutlich zutage (vgl. Dieckmann, FamRZ 1984, 946, 951). Die Ehe wird auf Lebenszeit geschlossen. Daraus wird eine grundsätzlich lebenslang währende Verantwortung abgeleitet. Andrerseits ist die Ehe eine Partnerschaft gleichberechtigter, selbstverantwortlicher Menschen, bei deren Trennung es zwar eine Auseinandersetzung gibt, auch eine nachwirkende Verantwortung, dem Partner bei dem (Wieder-)Einstieg in das Berufsleben behilflich zu sein, aber grundsätzlich keine Pflicht, ihn weiterhin so zu stellen, wie er stehen würde, wenn die Ehe nicht geschieden worden wäre. Eine Scheidung, welche unterhaltsrechtlich das Fortbestehen der Ehe faktisch fingieren würde, wäre eine „divorce à effets limités", ein geschiedener Ehemann, der nach seiner Wiederverheiratung im Prinzip für den Unterhalt zweier Frauen zu sorgen hat, wie wenn er mit beiden verheiratet wäre, lebte in einer „bigamie sociale" (Mazeaud-Juglart, Leçons de droit civil, Bd. I, 3, 6. Aufl. 1976, Nr. 1500).

Wandelt sich das Eheverständnis und wird diesem gewandelten Verständnis im Scheidungsrecht Rechnung getragen, so kann dies nicht ohne Auswirkungen auf die Pflicht zum nachehelichen Unterhalt bleiben. In England hat man daraus Konsequenzen gezogen. Im Zusammenhang mit der Scheidungsreform des Jahres 1969 hieß es noch, der Richter habe die Pflicht, „to place the parties, so far as it is practicable and, having regard to their conduct, just to do so, in the financial position in which they would have been if the marriage had not broken down" (so zuletzt noch sec. 25 Matrimonial Causes Act 1973). Unter dem Eindruck der Kritik, die sich an dieser Formel entzündete, wurde die inkriminierte Passage durch den Matrimonial Proceedings and Property Act 1984 gestrichen. Die Ehe, so sagten die Kritiker, könne heute nicht mehr als „commitment for life", als eine lebenslange „support institution" verstanden werden. Deshalb habe die Pflicht zur Unterhaltsleistung nur die Funktion, das Wohl der Kinder sicherzustellen und den Ehegatten den Übergang zur Selbsthilfe zu erleichtern, „to secure a smooth transition from the status of marriage to the status of independance" (Law Commission, Report v. 14.12.1981, Nr. 112 para. 46).

In Deutschland gab und gibt es eine ähnliche Diskussion. Als man daranging, das Scheidungsrecht neu zu regeln (Ablösung des Verschuldens- durch das Zerrüttungsprinzip), stellte man zunächst einen Gesetzentwurf zur Diskussion, der den Satz enthielt:"Nach der Scheidung hat jeder Ehegatte selbst für seinen Unterhalt zu sorgen". Unterhalt sollte nur ausnahmsweise und nur bei ehebedingten Bedürfnislagen und nur – vom Unterhalt wegen Alters oder Krankheit abgesehen – für eine Übergangszeit verlangt werden können. Außerdem sollte sich insbesondere bei Ehen von kürzerer Dauer die Höhe des Unterhalts mehr an dem vorehelichen Lebensstandard des Bedürftigen orientieren als an den ehelichen Lebensverhältnissen (vgl. Freimuth u.a., FamRZ 1970, 431 ff.).

Die Kritik an diesem Entwurf war heftig. Der Gesetzgeber trug ihr dadurch Rechnung, daß er Unterhaltsansprüche für nahezu alle Bedürfnislagen schuf (und damit die Ausnahme fast zur Regel machte) und außerdem den Unterhaltsanspruch an den ehelichen Lebensverhältnissen ausrichtete.

Damit hatte er aber nur die eine Seite (repräsentiert insbesondere durch die Frauenverbände) zufriedengestellt. Die andere Seite erhob alsbald lauten Protest gegen die lebenslange „Unterhaltsknechtschaft" (vgl. Johannsen/Henrich/Voelskow, Eherecht, vor §§ 1569-1586 b, Rz 3). Auch sie hatte schließlich Erfolg.

Nach dem „Gesetz zur Änderung unterhaltsrechtlicher, verfahrensrechtlicher und anderer Vorschriften" v. 20.2.1986, das am 1.4.1986 in Kraft trat, wurde die Möglichkeit geschaffen, den Unterhalt in bestimmten Fällen zeitlich zu begrenzen oder den „vollen" (d.h. an den ehelichen Lebensverhältnissen ausgerichteten) Unterhalt nach einer Übergangszeit auf einen „angemessenen" (etwa am vorehelichen Lebensstandard ausgerichteten) Betrag herabzusetzen.

Aber damit ist die Auseinandersetzung immer noch nicht zu Ende. Eine Regelung des Unterhaltsrechts darf die tatsächlichen Gegebenheiten nicht außer Acht lassen. Sowohl die zeitliche Befristung des Unterhaltsanspruchs als auch die zeitliche Befristung der Zahlung des vollen Unterhalts setzen eine Situation voraus, die den geschiedenen Ehegatten die (Wieder-)Eingliederung in das Berufsleben ermöglicht. Je größer der Anteil der nichterwerbstätigen Ehefrauen ist und je größer die Schwierigkeiten sind, auf dem Arbeitsmarkt eine „angemessene" Berufstätigkeit zu finden, desto größer wird der politische Widerstand der Betroffenen (meist: der Frauen) sein.

II. Unterhaltstatbestände

Unterhaltsansprüche nach der Scheidung sollen nach der Systematik des Gesetzes (anders als Unterhaltsansprüche getrenntlebender Ehegatten) nicht die Regel, sondern die Ausnahme sein. Unterhalt kann ein Ehegatte nach der Scheidung nur dann verlangen, wenn er nicht selbst für seinen Unterhalt sorgen kann, heißt es in § 1569 BGB.

Betrachtet man das Gesetz, so könnte man allerdings meinen, daß Regel und Ausnahme sich umgekehrt hätten: So groß ist die Zahl der Tatbestände, bei deren Vorliegen Unterhalt verlangt werden kann. Die Statistik bestätigt jedoch wiederum den Grundsatz: In der Mehrzahl der Fälle wird kein Unterhalt gezahlt. Nur etwa ein Sechstel aller geschiedenen Frauen erhalten Unterhalt (Unterhaltsklagen von Männern kommen praktisch kaum vor); vgl. Schwenzer, Vom Status zur Realbeziehung S. 94.

Die Fälle, in denen Unterhalt verlangt werden kann, sind im Gesetz enumerativ aufgezählt. Man spricht in diesem Zusammenhang von den Unterhaltstatbeständen.

1. Unterhalt wegen Betreuung eines Kindes, § 1570 BGB

Der geschiedene Ehegatte kann Unterhalt verlangen, solange und soweit von ihm wegen der Pflege oder Erziehung eines gemeinschaftlichen Kindes eine Erwerbstätigkeit nicht erwartet werden kann.

Das bedeutet: Der Elternteil, dem die elterliche Sorge für die Kinder übertragen wird, kann regelmäßig auch für sich selbst Unterhalt verlangen. Man kann wohl davon ausgehen, daß diese Konsequenz gelegentlich Mitursache des erbitterten Streits um die Kinder ist.

Wie weit von einem Ehegatten neben der Pflege und Erziehung des Kindes noch eine *Erwerbstätigkeit* erwartet werden kann, hängt von dem Alter des Kindes ab. Hat das Kind das 8. Lebensjahr noch nicht vollendet, wird eine Erwerbsobligation regelmäßig verneint (BGH FamRZ 1984, 356). Ist das Kind älter als acht Jahre, so kommt es nach Auffassung des BGH auf die persönlichen Verhältnisse des betreuenden Elternteils und die Umstände des Einzelfalls an (BGH FamRZ 1989, 487). Ist das Kind 11-15 Jahre alt, wird dem betreuenden Elternteil regelmäßig wenigstens eine Teilzeitbeschäftigung zugemutet (BGH FamRZ 1981, 752). Und wenn das Kind älter als 15 Jahre ist, muß der betreuende Elternteil auch ganztägig arbeiten, um sich seinen Lebensunterhalt zu verdienen (BGH FamRZ 1985, 50).

2. Unterhalt wegen Alters, Krankheit oder Gebrechen, §§ 1571, 1572 BGB

Im Gesetz wird keine feste Altersgrenze genannt, von der ab Unterhalt wegen Alters verlangt werden könnte. Der geschiedene Ehegatte muß nachweisen, daß er aufgrund seines Alters keine angemessene Erwerbstätigkeit finden oder seinen Bedarf nicht voll decken kann.

Hier wie auch im Fall des Unterhaltsanspruchs wegen Krankheit oder Gebrechen sind die sog. *Einsatzzeitpunkte* zu beachten. Ein geschiedener Ehegatte kann nicht, wenn er alt oder krank wird, Unterhalt verlangen. Die Bedürftigkeit muß zu einem bestimmten Zeitpunkt bestehen, nämlich entweder am Ende der Ehe (d.h. bei Rechtskraft des Scheidungsurteils) oder in deren Nachwirkungsbereich (bei Beendigung der Pflege oder Erziehung eines gemeinschaftlichen Kindes). Treten erst nach diesem Zeitpunkt alters- oder krankheitsbedingte Erschwernisse auf, so fällt dies nicht mehr in den Risikobereich des anderen Ehegatten.

Andrerseits umfaßt § 1572 Nr. 1 BGB auch Krankheiten oder Gebrechen, die schon zur Zeit der Eheschließung bestanden. Die Erkrankung muß also nicht ehebedingt sein (BGH FamRZ 1981, 1164: Ein Ehegatte litt schon bei Eingehung der Ehe an multipler Sklerose). Desgleichen gilt § 1571 Nr. 1 BGB auch dann, wenn der Unterhaltskläger bei der Eheschließung schon alt (und erwerbsunfähig) war, also nicht erst in der Ehe alt geworden ist (BGH FamRZ 1983, 150).

3. Unterhalt bis zur Erlangung einer angemessenen Erwerbstätigkeit, § 1573 Abs. 1, 3, 4 BGB

Wenn ein Ehegatte nicht oder nicht mehr aus den in den §§ 1570-1572 BGB genannten Gründen an einer Erwerbstätigkeit gehindert ist, muß er sich grundsätzlich nach der Scheidung, bzw. nach dem Wegfall der Betreuungsbedürftigkeit der Kinder oder der Wiedergenesung (§ 1573 Abs. 3 BGB) selbst unterhalten. Er muß zu diesem Zweck aber nicht jede Arbeit annehmen. Er ist nur verpflichtet, eine „angemessene" Erwerbstätigkeit auszuüben, § 1574 Abs. 1 BGB. Solange und soweit ihm das nicht gelingt und er entsprechende Bemühungen nachweisen kann, kann er von seinem geschiedenen Partner nach § 1573 Abs. 1 BGB Unterhalt verlangen.

Der Anspruch aus § 1573 Abs. 1 BGB endet, wenn der Ehegatte nach der Scheidung (oder nach dem in § 1573 Abs. 3 BGB genannten Zeitpunkt) eine angemessene Erwerbstätigkeit gefunden hat und die Einkünfte daraus seine Unterhaltsbedürfnisse decken. Nach § 1573 Abs. 4 BGB lebt der Anspruch aber wieder auf, wenn die Einkünfte aus der Erwerbstätigkeit wegfallen, weil es dem Ehegatten trotz seines Bemühens nicht gelungen war, seinen Unterhalt durch die Erwerbstätigkeit nachhaltig zu sichern, er z.B. nach einer Probezeit wieder ausgestellt wird.

§ 1573 Abs. 4 BGB gilt im Regelfall auch dann, wenn der Ehegatte schon vor der Scheidung – in deren Erwartung – eine Arbeit gefunden hat, diese aber nach der Scheidung alsbald wieder verliert (BGH FamRZ 1985, 54).

Um eine angemessene Erwerbstätigkeit ausüben zu können, muß sich ein Ehegatte nötigenfalls *ausbilden, fortbilden oder umschulen* lassen (§ 1574 Abs. 3 BGB), vorausgesetzt, ein erfolgreicher Abschluß steht zu erwarten. Für die Dauer dieser Qualifizierungsphase steht ihm ebenfalls ein Unterhaltsanspruch zu (BGH FamRZ 1984, 561, 563).

Angemessen ist eine Erwerbstätigkeit, wenn sie der Ausbildung, den Fähigkeiten, dem Lebensalter und dem Gesundheitszustand des Geschiedenen sowie den ehelichen Lebensverhältnissen entspricht (§ 1574 Abs. 2 BGB).

Die *Ausbildung* ist allerdings nur relevant, wenn sie prägenden Einfluß auf die Lebensstellung der Ehegatten gewonnen hat. Weisen Ausbildung (z.B. zur Bürogehilfin) und Lebensverhältnisse (z.B. 20jährige Hausfrauenehe mit einem Lehrer) in verschiedene Richtungen, so gebührt letzteren der Vorrang (BGH FamRZ 1987, 144). Haben die Ehegatten in gehobenen Lebensverhältnissen gelebt, so kann von der Ehefrau nicht erwartet werden, daß sie nach der Scheidung eine Arbeit aufnimmt, die keinerlei berufliche Qualifikation erfordert oder für sie jedenfalls einen sozialen Abstieg bedeuten würde (vgl. OLG Hamm FamRZ 1983, 181: Anlerntätigkeit für die Frau eines Oberarztes nach 20jähriger Ehe und Kindererziehung und – abgebrochenem – Studium nicht zumutbar; andrerseits BGH FamRZ 1991, 416: Tätigkeit als Verkäuferin in einem gehobenen Einrichtungshaus ist für eine gelernte Erzieherin, die zwanzig Jahre mit einem Diplom-Ingenieur verheiratet war und in guten Vermögensverhältnissen gelebt hat, nicht von vornherein unangemessen, auch wenn das Entgelt bescheiden ist).

Auf die ehelichen Lebensverhältnisse kommt es – entscheidend – aber nur an, wenn sie sich verfestigt haben (also nicht nach einer nur sehr kurzen Ehedauer). Zu einem problematischen Fall vgl. Henrich, Fälle und Lösungen, Fall 13.

4. Aufstockungsunterhalt, § 1573 Abs. 2 BGB

Sind nach der Scheidung beide Ehegatten erwerbstätig, wird es häufig so sein, daß ein Ehegatte – wie auch schon während der Ehe – mehr verdient als der andere. Der weniger verdienende Ehegatte könnte dann zwar von seinem Verdienst leben, nicht aber den Lebensstandard halten, den er während der Ehe gehabt hat. Seine Einkünfte reichen nicht aus, ihm den vollen, d.h. den an den ehelichen Lebensverhältnissen ausgerichteten Unterhalt (§ 1578 BGB) zu sichern. In einem solchen Fall kann er nach § 1573 Abs. 2 BGB den Unterschiedsbetrag zwischen seinen Einkünften und dem vollen Unterhalt verlangen. Das ist der sog. *Aufstockungsunterhalt.*

Beruht der geringere Verdienst des einen Ehegatten darauf, daß er wegen der Betreuung von Kindern oder alters- oder krankheitsbedingt nicht voll erwerbstätig sein kann oder daß er wegen der Lage auf dem Arbeitsmarkt nur eine Teilzeitbeschäftigung findet, so kommen für seinen Unterhaltsanspruch sowohl die §§ 1570-1572 und 1573 Abs. 1 BGB als auch § 1573 Abs. 2 BGB in Betracht. Hier gilt folgendes: Kann ein Ehegatte wegen Kindesbetreuung, Alters oder Krankheit nicht voll erwerbstätig sein oder findet er auf dem Arbeitsmarkt keine Ganztagsstelle, so steht ihm – zunächst – ein Anspruch nach den §§ 1570-1572 oder 1573 Abs. 1 BGB zu. Nach diesen Vorschriften kann er aber Unterhalt nur bis zur Höhe des Mehreinkommens verlangen, das er durch eine volle Erwerbstätigkeit erzielen könnte. Wenn der ihm hiernach zustehende Unterhalt zusammen mit dem Einkommen aus der Teilerwerbstätigkeit zu seinem vollen Unterhalt (§ 1578) nicht ausreicht, kommt zusätzlich ein Unterhaltsanspruch nach § 1573 Abs. 2 BGB in Betracht (BGH FamRZ 1990, 492; 1993, 789).

Ist ein Ehegatte zunächst wegen der Betreuung eines Kindes oder wegen Krankheit an einer Erwerbstätigkeit gehindert und fällt dieser Hinderungsgrund später weg, kommt ebenfalls § 1573 BGB zum Zuge. Findet er nunmehr keine angemessene oder keine Erwerbstätigkeit, die seinen vollen Unterhalt abdeckt, kann er einen Anspruch nach § 1573 Abs. 1 oder Abs. 2 BGB geltend machen (sog. *Anschlußunterhalt*: § 1573 Abs. 3 BGB).

5. Zeitliche Begrenzung des Arbeitslosen- und des Aufstockungsunterhalts, § 1573 Abs. 5 BGB

Arbeitslosen- und Aufstockungsunterhalt sind rechtspolitisch fragwürdig. Für Arbeitslose zu sorgen, ist Aufgabe des Staates. Für eine Wirtschaftspolitik, die zu Arbeitslosigkeit führt, ist nicht der geschiedene Ehegatte verantwortlich. Durch den Aufstockungsunterhalt wird dem geschiedenen Ehegatten eine Lebensstandardgarantie gewährt, die sich nach Auflösung der Ehe dogmatisch kaum rechtfertigen läßt (wenngleich das BVerfG ihre Verfassungsmäßigkeit festgestellt hat: FamRZ 1981, 745, 750 f.).

Um diesen Bedenken Rechnung zu tragen, hat der Gesetzgeber mit dem Unterhaltsänderungsgesetz von 1986 die Möglichkeit geschaffen, die Unterhaltsansprüche nach § 1573 Abs. 1-4 BGB *zeitlich zu begrenzen,* allerdings nur „soweit insbesondere unter Berücksichtigung der Dauer der Ehe sowie der Gestaltung von Haushaltsführung und Erwerbstätigkeit ein zeitlich unbegrenzter Unterhaltsanspruch unbillig wäre". Keine zeitliche Begrenzung soll es in der Regel geben, „wenn der Unterhaltsberechtigte nicht nur vorübergehend ein gemeinschaftliches Kind allein oder überwiegend betreut hat oder betreut".

Eine zeitliche Begrenzung des Unterhaltsanspruchs kommt insbesondere in Betracht, wenn die Ehe nicht lange Bestand gehabt hat, wenn aus ihr keine Kinder hervorgegangen sind und wenn der Ehegatte, der nunmehr Unterhalt verlangt, aufgrund der Ehe keine beruflichen Nachteile erlitten hat (z.B. weil er nach der Eheschließung weiterhin berufstätig geblieben ist).

Eine lange Ehedauer allein schützt freilich noch nicht vor einer zeitlichen Begrenzung des Unterhaltsanspruchs. Es kommt darauf an, wie weit die Ehegatten ihre Lebensführung aufeinander abgestellt haben und sich deswegen eine wechselseitige Abhängigkeit entwickelt hat. Eine feste Zeitschranke, ab der der Unterhaltsanspruch nicht mehr begrenzt werden kann (manche Autoren und einige Gerichte hatten eine Zehnjahresgrenze vorgeschlagen) gibt es nicht (BGH FamRZ 1990, 857). Auch das bloße Vorhandensein von Kindern schließt eine zeitliche Begrenzung nicht aus. Entscheidend ist, ob der Ehegatte, der Unterhalt verlangt, wegen der Kindesbetreuung berufliche Nachteile erlitten hat (OLG Karlsruhe FamRZ 1989, 511).

Die *Dauer der Befristung* hängt davon ab, wie lange der Berechtigte voraussichtlich benötigt, um sich beruflich auf die neue Situation nach der Scheidung einstellen zu können. Bei einem berufstätigen Ehegatten kann diese Frist sehr kurz bemessen werden, bei einem nichterwerbstätigen Ehegatten muß sie länger dauern. Verfehlt wäre es, sie schematisch nach den zurückgelegten Ehejahren zu berechnen (so aber OLG Düsseldorf FamRZ 1987, 162: achtjährige Ehedauer, achtjährige Befristung; dagegen zutreffend: OLG Schleswig FamRZ 1989, 1092).

6. Ausbildung, Fortbildung, Umschulung, § 1575 BGB

Auch wenn ein Ehegatte an sich eine angemessene Erwerbstätigkeit ausüben könnte, braucht er es dann nicht zu tun, wenn er in Erwartung der Ehe oder während der Ehe eine Schul- oder Berufsausbildung nicht aufgenommen oder abgebrochen hat. Er kann in einem solchen Fall die berufliche Qualifikation nachholen und für diese Zeit Unterhalt verlangen, § 1575 Abs. 1 BGB.

Bei diesem Anspruch geht es, anders als im Fall des § 1574 Abs. 3 BGB, nicht darum, die Voraussetzungen für eine angemessene Erwerbstätigkeit zu schaffen, sondern darum, *ehebedingte Nachteile* auszugleichen.

Zu finanzieren ist nicht unbedingt die Fortsetzung des abgebrochenen Studiums oder der abgebrochenen Ausbildung. Insbesondere nach längerer Ehedauer kann es für den Ehegatten schwierig sein, ein abgebrochenes anspruchsvolles Studium einfach fortzusetzen. Er kann darum auch die Finanzierung einer anderen – gleichwertigen – Ausbildung verlangen. Seine akademische Freiheit ist aber begrenzt: Der Anspruch besteht nur für die Zeit, in der eine solche Ausbildung im allgemeinen abgeschlossen werden kann. Wenn der geschiedene Ehegatte nach einem neunsemestrigen Studium noch immer nicht das Vordiplom abgelegt hat, das üblicherweise nach vier Semestern erreicht wird, kann der andere Ehegatte seine Unterhaltszahlungen einstellen (OLG Hamm FamRZ 1988, 1280).

Ein Unterhaltsanspruch steht einem Ehegatten auch dann zu, wenn er zwar über eine abgeschlossene Berufsausbildung verfügt, sich aber fortbilden oder umschulen läßt, um ehebedingte Nachteile auszugleichen, § 1575 Abs. 2 BGB.

Findet der geschiedene Ehegatte nach dem Abschluß der Ausbildung, Fortbildung oder Umschulung keinen Arbeitsplatz, dann kann er zwar grundsätzlich nach § 1573 Abs. 1 BGB Unterhalt verlangen, aber nur dann, wenn er keinen seinem früheren Ausbildungsstand entsprechenden Arbeitsplatz findet. Bei der Bestimmung der ihm angemessenen Erwerbstätigkeit (§ 1574 BGB) bleibt der durch die Ausbildung oder Fortbildung erreichte höhere Ausbildungsstand außer Betracht (§ 1575 Abs. 3 BGB). Die kaufmännische Angestellte, die ein Soziologiestudium erfolgreich abgeschlossen hat, kann sich nicht auf § 1573 Abs. 1 BGB berufen, wenn sie zwar keine Stelle als Soziologin findet, wohl aber wieder als kaufmännische Angestellte tätig sein könnte.

7. Unterhalt aus Billigkeitsgründen, § 1576 BGB

Unterhalt verlangen kann ein Ehegatte schließlich auch dann, wenn von ihm aus sonstigen schwerwiegenden Gründen eine Erwerbstätigkeit nicht erwartet werden kann und die Versagung von Unterhalt unter Berücksichtigung der Belange beider Ehegatten grob unbillig wäre (§ 1576 Satz 1 BGB).

Typischer Fall ist der Unterhaltsanspruch eines geschiedenen Ehegatten, der ein Kind aus erster Ehe zu versorgen hat. § 1570 BGB hilft ihm nicht. Nach dieser Vorschrift kann Unterhalt nur verlangen, wer ein *gemeinschaftliches* Kind betreut. Gleichwohl ist er bedürftig.

Die bloße Behinderung durch ein Kind reicht allerdings nicht aus, einen Härtefall anzunehmen. Die Betreuung eines nicht gemeinschaftlichen Kindes steht der Betreuung eines gemeinschaftlichen Kindes nicht gleich. Es müssen darum noch besondere Gründe hinzukommen, die die Zubilligung von Unterhalt als gerechtfertigt, bzw. die Versagung von Unterhalt als grob unbillig erscheinen lassen. Solche Gründe sind etwa gegeben, wenn die Eheleute gemeinsam ein Pflegekind aufgenommen haben (BGH FamRZ 1984, 361) oder wenn ein Ehegatte ein voreheliches Kind mit in die Ehe gebracht hat und auf Drängen des anderen Ehegatten seine Erwerbstätigkeit aufgegeben hat, um sich ganz der Haushaltsführung widmen zu können (BGH FamRZ 1983, 800).

III. Bemessung des Unterhalts

1. Voller Unterhalt

Grundsätzlich kann ein Ehegatte, wenn einer der Unterhaltstatbestände vorliegt, „vollen Unterhalt" verlangen. Der volle Unterhalt (der Gesetzgeber verwendet diesen Begriff in den §§ 1573 Abs. 2 und 1577 Abs. 2 BGB) bestimmt sich nach den ehelichen Lebensverhältnissen (§ 1578 Abs. 1 Satz 1 BGB). Die ehelichen Lebensverhältnisse werden wiederum in erster Linie von den Einkommensverhältnissen der Ehegatten geprägt.

Die Einkommensverhältnisse der Ehegatten sind aber kein absoluter Maßstab. Haben die Eheleute etwa besonders sparsam gelebt, also zugunsten der Vermögensbildung Konsumverzicht geübt, so braucht sich der Unterhaltsbedürftige nach der Scheidung an diesem Konsumverzicht nicht festhalten zu lassen (BGH FamRZ 1984, 358). Andrerseits gibt es keinen objektiven Maßstab dafür, welcher Teil des Einkommens für den Familienunterhalt und welcher Teil für die Vermögensbildung bestimmt zu werden pflegt. Die Ehegatten entscheiden darüber grundsätzlich frei. Nur in Ausnahmefällen (an Geiz grenzende Sparsamkeit, an Verschwendung grenzender Luxus) sind Korrekturen möglich (BGH FamRZ 1983, 678).

Als Regel gilt: Die Eheleute sollen nach der Scheidung *denselben Lebensstandard* beibehalten, den sie *während der Ehe* hatten. Freilich ist dies in der Mehrzahl der Fälle Ideal, in der Wirklichkeit nicht zu erreichen. Soll nämlich der Lebensstandard, der während der Ehe bestand, nach der Scheidung erhalten bleiben, so brauchen die Eheleute dafür einen größeren Betrag, als sie während der Ehe für ihren Unterhalt aufgewendet haben. Zwei Haushalte kosten mehr als einer.

Das bedeutet, daß der volle Unterhalt nur dann tatsächlich gezahlt werden kann, wenn entweder die Ehegatten während der Ehe nicht das gesamte Einkommen für den Unterhalt verwendet haben oder der Unterhaltspflichtige nach der Scheidung mehr verdient als während der Ehe oder wegen einer neu aufgenommenen Erwerbstätigkeit des Berechtigten eine Anrechnung stattfindet.

2. Zeitlicher Anknüpfungspunkt: Lebensverhältnisse zur Zeit der Scheidung

Maßgebend sind die „ehelichen" Lebensverhältnisse. Weil die „Ehe" bis zur Scheidung dauert, stellt die h.M. auf die Verhältnisse der Ehegatten *unmittelbar vor der Scheidung* ab. Das entspricht zwar dem Gesetz, ist aber gleichwohl merkwürdig, wenn man berücksichtigt, daß der Scheidung meist eine Trennung vorangeht, die oft jahrelang dauert. Die Entwicklung, die sich nach der Trennung ergibt, wird nicht mehr von beiden Ehegatten getragen. Es wäre darum sinnvoller gewesen, hätte man der Unterhaltsbemessung nicht die Verhältnisse zur Zeit der Scheidung, sondern die Verhältnisse zur Zeit der Trennung zugrunde gelegt. Das sieht auch der BGH. Darum läßt er Ausnahmen von der Regel zu, wenn die Einkommensverhältnisse eines Ehegatten nach der Trennung eine unerwartete, vom Normalverlauf erheblich abweichende Entwicklung genommen haben (BGH FamRZ 1982, 576). Allerdings können berufliche und wirtschaftliche Dispositionen, die der Unterhaltspflichtige in der Zeit zwischen Trennung und Scheidung unter Verletzung seiner Erwerbsobliegenheit getroffen hat, die für die Bemessung des nachehelichen Unterhalts maßgebenden ehelichen Lebensverhältnisse nicht zum Nachteil des Unterhaltsberechtigten verändern. Die ehelichen Lebensverhältnisse sind in einem solchen Fall nach dem erzielbaren Einkommen zu bemessen (BGH FamRZ 1992, 1045).

Geht man von den Einkommensverhältnissen im Zeitpunkt der Scheidung aus, so heißt das noch nicht, daß damit die Unterhaltszahlungen des Schuldners ein für allemal feststünden. Löhne und Gehälter werden von Jahr zu Jahr der Geldentwertung angeglichen. Für die Unterhaltszahlungen kann an sich nichts anderes gelten. Es hätte darum nahegelegen, die Unterhaltszahlungen mit dem Lebenshaltungskostenindex zu verknüpfen und jährlich fortzuschreiben, wie dies in manchen Ländern auch tatsächlich geschieht (z.B. in Belgien – Art. 301 § 2 C.c. – und in Italien; vgl. Patti, FamRZ 1990, 703, 707). Das lehnt der BGH jedoch ab. Er meint, durch die Ankoppelung der Unterhaltszahlungen an den Lebenshaltungskostenindex könne der Fall eintreten, daß der Unterhaltspflichtige auch dann mehr zahlen müsse, wenn seine eigenen Einkünfte gefallen seien. Das müsse vermieden werden (BGH FamRZ 1987,

459). Stattdessen stellt der BGH auf die individuellen Verhältnisse ab (kritisch dazu Luthin, FamRZ 1987, 462). Die grundsätzliche Anknüpfung an den Lebenshaltungskostenindex schließt freilich Ausnahmen nicht aus. So ist z.B. in Italien nicht an den Lebenshaltungskostenindex anzuknüpfen, wenn der Richter dies als unbillig ansieht (Art. 5 Abs. 7 Satz 2 des Scheidungsgesetzes).

Läßt man die individuellen Verhältnisse entscheiden, so stellt sich die Frage, ob der bedürftige Ehegatte nicht nur an Gehalts- oder Lohnanpassungen partizipiert, sondern auch am *beruflichen Aufstieg* seines geschiedenen Ehegatten teilhat. Die Antwort kann nur lauten: nein! Am beruflichen Aufstieg kann nur ein Ehegatte teilnehmen, nicht ein früherer Ehegatte. Aber: Nach Ansicht des BGH sind die ehelichen Lebensverhältnisse mehr als die aktuellen Einkommensverhältnisse. Sie umfassen auch die begründete Aussicht, daß sich die Lebensumstände in kalkulierbarer Weise künftig günstiger gestalten werden (BGH FamRZ 1987, 461). Mit dieser Begründung hat der BGH der mit hoher Wahrscheinlichkeit zu erwartenden Beförderung eines Berufsoffiziers, der im Zeitpunkt der Ehescheidung Hauptmann war, zum Major und Oberstleutnant Einfluß auf die ehelichen Lebensverhältnisse eingeräumt (BGH FamRZ 1982, 684). Überzeugend ist das nicht! Zutreffend hat der BGH dagegen in einem anderen Fall entschieden, daß es keinen Einfluß auf die ehelichen Lebensverhältnisse habe, wenn ein Diplommathematiker, der im Zeitpunkt der Ehescheidung Hochschulassistent war, zweieinhalb Jahre später eine gut bezahlte Stellung in der Computerindustrie erhält. Diese Entwicklung sei im Zeitpunkt der Ehescheidung noch nicht mit Sicherheit vorhersehbar gewesen (BGH FamRZ 1985, 791).

Die für den Unterhaltsanspruch maßgebenden ehelichen Lebensverhältnisse werden auch durch die *Unterhaltsverpflichtungen gegenüber Kindern* beeinflußt. Eltern, die für ihre Kinder zu sorgen haben, leben in aller Regel bescheidener als Ehegatten, die keine Kinder haben. Insbesondere bei kleinen und mittleren Einkommen werden die Lebensverhältnisse der Eltern durch den Unterhalt ihrer Kinder dauerhaft geprägt. Das hat Einfluß auch auf den nachehelichen Unterhalt. Steigen die Unterhaltsbedürfnisse der Kinder (mit zunehmendem Alter), so muß sich der unterhaltsbedürftige Ehegatte mit einer geringeren Unterhaltszahlung zufrieden geben. Werden auf der anderen Seite mit der wirtschaftlichen Selbständigkeit der Kinder Mittel frei, so kann der unterhaltsbedürftige Ehegatte entsprechend mehr verlangen. Das gilt nur dann nicht, wenn die Ehegatten während der Unterhaltsbedürftigkeit ihrer Kinder sich nicht einschränken mußten, sondern nur an der Vermögensbildung gehindert waren. Mittel, die nicht zum Unterhalt verwendet worden sind, können die ehelichen Lebensverhältnisse auch nicht geprägt haben. Aber solche

Fälle sind nicht die Regel, sondern die Ausnahme. Vgl. dazu – grundlegend – BGH FamRZ 1990, 1085.

3. Halbteilungsgrundsatz

Daraus, daß der Unterhaltsanspruch sich nach den ehelichen Lebensverhältnissen richtet, zieht die Rechtsprechung den Schluß, daß grundsätzlich *jedem Ehegatten* die *Hälfte* des verteilungsfähigen Einkommens zuzubilligen sei; denn der eheliche Lebensstandard sei für beide Ehegatten der gleiche gewesen (BGH FamRZ 1988, 265, 267).

Dabei wird aber eines übersehen: In den meisten Ehen ist es noch heute so, daß ein Ehegatte vorwiegend Geldleistungen für den Unterhalt erbringt, der andere allein oder vorwiegend den Haushalt versorgt. Beide Ehegatten tragen, jeder auf seine Weise, zum Familienunterhalt bei (§ 1360 Satz 2 BGB). Mit der Scheidung entsteht darum für den einen Ehegatten ein Geldbedarf, für den anderen Ehegatten ein Bedarf an Arbeitsleistung. Der Halbteilungsgrundsatz berücksichtigt nur den Geldbedarf des einen Ehegatten, er berücksichtigt nicht die Arbeitsleistungen, die dem Barunterhaltspflichtigen nunmehr entgehen. Es wäre darum nur konsequent, würde man dem Ehegatten, der auf Barunterhalt in Anspruch genommen wird, zubilligen, den Unterhaltsanspruch um einen Betrag zu mindern, der dem weggefallenen Einsatz des Unterhaltsberechtigten für den gemeinschaftlichen Haushalt entspricht (kritisch zum „Halbteilungsgrundsatz“ auch Weychardt, FamRZ 1989, 239).

Es ist bezeichnend, daß der Halbteilungsgrundsatz kaum irgendwo im Ausland praktiziert wird. Soweit überhaupt dem geschiedenen Ehegatten eine Quote am bisher gemeinschaftlichen Einkommen oder an der Differenz der beiderseitigen Einkommen zugestanden wird, liegt sie selten höher als ein Drittel. Ein Drittel des Nettoeinkommens des Pflichtigen pflegen z.B. die österreichischen Gerichte dem Bedürftigen zuzusprechen (Bergmann/Ferid/Schwimann, Internationales Ehe-und Kindschaftsrecht, Österreich, S. 153), ähnliches wird aus England berichtet, in Belgien steht die Drittelquote (als Maximalquote) im Gesetz (Art. 301 § 4 C.c.). Hat ein Mann an Frau und Kinder Unterhalt zu zahlen, so kann er sowohl in England als auch in Frankreich wenigstens die Hälfte seines Einkommens für sich behalten. In Dänemark beträgt der Ehegattenunterhalt grundsätzlich ein Viertel der Differenz zwischen dem Bruttoeinkommen der beiden Ehegatten. In keinem Fall braucht der Mann an Frau und Kinder mehr als ein Drittel seines Bruttoeinkommens abzuführen (weitere Nachweise bei Henrich, in: Weyers (Hrsg.), Unterhalt nach Scheidung. Betrag, Dauer, Billigkeit, S. 80 ff.).

Tatsache ist, daß auch im deutschen Recht in der Mehrzahl der Fälle, nämlich immer dann, wenn der Unterhaltspflichtige erwerbstätig ist und der Bedürftige nicht, vom *Halbteilungsgrundsatz abgewichen* wird. Das geschieht aber nicht, um dem Unterhaltspflichtigen einen Ausgleich für die weggefallene Mitarbeit des anderen Ehegatten im Haushalt zu verschaffen, sondern „um den mit einer Berufstätigkeit verbundenen höheren Aufwand zu berücksichtigen und zugleich einen Anreiz zur Erwerbstätigkeit zu schaffen“ (BGH FamRZ 1988, 265, 267).

Üblicherweise wird dem Berechtigten ein Anspruch auf 3/7 oder 2/5 des Nettoeinkommens des Pflichtigen zugebilligt. Diese Quoten finden sich, wie vieles im Unterhaltsrecht, in den Tabellen und Leitlinien, die von den Oberlandesgerichten jeweils für ihren Bezirk als Richtlinie für die Praxis formuliert worden sind. Diese Tabellen und Leitlinien vermögen die Gerichte selbstverständlich nicht zu binden – sie sind nicht Gesetz –, werden aber in der Praxis weitgehend befolgt. Die meisten Oberlandesgerichte orientieren sich an der *Düsseldorfer Tabelle* (zuletzt: FamRZ 1992, 398). Die Düsseldorfer Tabelle sieht auch die 3/7-Quote vor. Die 2/5-Quote entspricht z.B. der Frankfurter Praxis (FamRZ 1992, 771).

Ist kein Ehegatte erwerbstätig (sind z.B. beide Ehegatten schon im Rentenalter), soll es nach der Rechtsprechung beim Halbteilungsgrundsatz bleiben (BGH FamRZ 1984, 662, 664).

4. Anrechnung des eigenen Einkommens des Unterhaltsberechtigten: Differenz- und Anrechnungsmethode

Wie überall im Unterhaltsrecht, so gilt auch für den Unterhaltsanspruch geschiedener Ehegatten: Unterhalt erhält nur, wer bedürftig ist. Nach § 1577 Abs. 1 BGB kann der geschiedene Ehegatte keinen Unterhalt verlangen, solange und soweit er sich aus seinen Einkünften und aus seinem Vermögen selbst unterhalten kann. Hat er sich nicht hinreichend um eine Erwerbstätigkeit bemüht, so können ihm fiktive Einkünfte zugerechnet werden. Vermögen, über das ein Unterhaltsbedürftiger verfügt (auch solches, das er als Zugewinnausgleich erhalten hat), muß er so anlegen, daß er daraus Erträge erwirtschaftet. Wird beispielsweise das Haus, in dem die Eheleute bis zur Scheidung gewohnt haben, verkauft, so hat der Unterhaltsbedürftige den auf ihn entfallenden Teil des Erlöses verzinslich anzulegen. Die Zinserträge muß er sich auf seinen Unterhaltsanspruch anrechnen lassen (BGH FamRZ 1986, 437). U.U. muß er sein Vermögen auch umschichten, um eine höhere Rendite zu erwirtschaften (BGH FamRZ 1992, 423).

Hat der Bedürftige ein eigenes Einkommen, so sind bei der Frage, wie dieses Einkommen bei der Festsetzung des Unterhalts zu berücksichtigen ist, zwei Fallgruppen zu unterscheiden:

(1) Der Unterhaltskläger war schon vor der Scheidung berufstätig;

(2) der Unterhaltskläger hat erst nach der Scheidung eine Berufstätigkeit aufgenommen.

a) War der Unterhaltskläger schon vor der Scheidung berufstätig, so ist i.d.R. davon auszugehen, daß die ehelichen Lebensverhältnisse durch sein Einkommen mitgeprägt worden sind. Hier ist nach h.M. nach der sog. *Differenzmethode* zu verfahren. Auszugleichen ist die Differenz der beiderseitigen Einkommen. Das geschieht in der Weise, daß dem Unterhaltsberechtigten eine Quote der Differenz (meist entweder 3/7 oder 2/5) zugesprochen wird (vgl. BGH FamRZ 1984, 358, 360).

b) Hat der Unterhaltskläger erst nach der Scheidung eine Berufstätigkeit aufgenommen, so haben die Einkünfte daraus die ehelichen Lebensverhältnisse nicht mehr geprägt. Hier verfährt die Rechtsprechung nach der sog. *Anrechnungsmethode*. Der Unterhaltsbedarf wird danach bemessen, was dem Unterhaltskläger während der Ehe an Mitteln zur Verfügung stand. Das war, wenn die Ehegatten in einer Alleinverdienerehe lebten, ein Bruchteil (3/7, 2/5) des Einkommens des anderen. Auf den Anspruch, der sich danach ergibt, muß sich der Unterhaltskläger dann anrechnen lassen, was er nunmehr selbst verdient.

Bei dieser Formel ist aber zweierlei noch zu berücksichtigen: Wenn schon der Bedürftige zu seinem Unterhalt selbst beiträgt, soll er auch den vollen Unterhalt bekommen, d.h. so leben können, wie er während der Ehe gelebt hat. Dazu reicht die 3/7- oder 2/5-Quote regelmäßig nicht aus. Durch die Trennung entsteht ein Mehrbedarf. Dieser trennungsbedingte Mehrbedarf ist daher bei der Ermittlung des Unterhaltsbedarfs zu berücksichtigen. Was der Unterhaltsbedürftige hier nachweisen kann, ist der Quote hinzuzurechnen. Außerdem entstehen nun auch dem Unterhaltsberechtigten berufsbedingte Aufwendungen. Begünstigt man den Pflichtigen – wegen seiner Erwerbstätigkeit – dadurch, daß man ihm 4/7 (oder 3/5) seines Einkommens beläßt, so muß man auch dem Berechtigten das Recht zubilligen, von seinem Einkommen 1/7 (oder 1/5) für berufsbedingte Aufwendungen (und als Anreiz für die Erwerbstätigkeit) abzuziehen (vgl. BGH FamRZ 1985, 908; 1990, 1085).

Beispiel: Der unterhaltspflichtige Ehemann hat bei der Scheidung ein Nettoeinkommen von 4200 DM. Daraus errechnet sich für die Ehefrau, die bis zur Scheidung nicht erwerbstätig war, ein Unterhaltsbedarf von 3/7 oder 1800 DM. Kann sie trennungsbedingten Mehrbedarf in Höhe von 200 DM nachweisen, so beläuft sich ihr voller Unterhalt auf 2000 DM. Angenommen, sie selbst verdient aus einer Tätigkeit, die sie nach der Scheidung aufgenommen hat, netto 2100 DM, so kann sie davon 1/7 = 300 DM vorweg abziehen. Den Rest (1800 DM) muß sie sich auf ihren Unterhaltsanspruch anrechnen lassen, so daß sie insgesamt 200 DM als Aufstockungsunterhalt geltend machen kann.

c) Nicht leicht verständlich ist § 1577 Abs. 2 BGB: Nach dieser Vorschrift sind Einkünfte nicht anzurechnen, soweit der Verpflichtete nicht den vollen Unterhalt leistet. Einkünfte, die den vollen Unterhalt übersteigen, sind insoweit anzurechnen, als dies unter Berücksichtigung der beiderseitigen Umstände der Billigkeit entspricht. Gemeint ist damit folgendes:

Einkünfte aus einer angemessenen und von dem Ehegatten auch zu erwartenden Tätigkeit sind stets anzurechnen. § 1577 Abs. 2 BGB gilt deswegen nur für Einkünfte aus einer Erwerbstätigkeit, zu welcher der Ehegatte *nicht verpflichtet* ist, sei es, weil er überhaupt nicht verpflichtet ist, eine Erwerbstätigkeit auszuüben, oder sei es, weil die ausgeübte Erwerbstätigkeit nicht angemessen ist (BGH FamRZ 1983, 146).

Zahlt ein Mann seiner Frau keinen Unterhalt, so kann er sich nicht darauf berufen, daß die Frau Arbeitseinkünfte habe, von denen sie leben könne, wenn die Frau zur Arbeitsaufnahme nicht verpflichtet war. Was die Frau durch unzumutbare Arbeit verdient, wird auf ihren Unterhaltsanspruch entweder überhaupt nicht angerechnet (wenn das, was die Frau verdient – zusätzlich zu dem, was ihr Mann ihr an Unterhalt zahlt – den Betrag nicht erreicht, den sie zu ihrem vollen Unterhalt benötigt) oder nur nach Billigkeit, d.h. im Zweifel zur Hälfte (soweit ihr mehr verbleibt, als sie zu ihrem vollen Unterhalt braucht).

5. Leistungsfähigkeit des Verpflichteten

Unterhaltspflichtig ist nur, wer *leistungsfähig* ist (vgl. § 1581 Satz 1 BGB). Leistungsfähig ist nicht nur, wer tatsächlich ein Einkommen hat, sondern auch, wer bei entsprechenden Bemühungen ein (höheres) Einkommen haben könnte. Wer arbeitslos ist, muß sich eine neue Arbeitsstelle suchen, wer bei einem Berufs- oder Ortswechsel mehr verdienen könnte, muß den Beruf oder den Arbeitsplatz wechseln, wenn er nur dadurch seinen Unterhaltsverpflichtungen nachkommen kann (OLG Schleswig FamRZ 1985, 809). Wer seinen Arbeitsplatz ohne zureichenden Grund aufgibt, wird weiterhin als leistungsfähig behandelt. Dasselbe gilt, wenn jemand durch ein verantwortungsloses Verhalten seine berufliche Stellung verloren hat. Hier wird das, was er verdienen könnte, als fiktives Einkommen der Unterhaltsberechnung zugrunde gelegt (BGH FamRZ 1994, 240).

Ist ein Unterhaltspflichtiger nach seinen Erwerbs- und Vermögensverhältnissen unter Berücksichtigung seiner sonstigen Verpflichtungen außer Stande, ohne Gefährdung des eigenen angemessenen Unterhalts Unterhalt zu zahlen, so braucht er nur insoweit Unterhalt zu leisten, als es mit Rücksicht auf die Erwerbs- und Vermögensverhältnisse der geschiedenen Ehegatten der Billigkeit entspricht, § 1581 Satz 1 BGB.

In dieser Formulierung sind zwei Begriffe erklärungsbedürftig: Was ist unter dem „eigenen angemessenen Unterhalt“ zu verstehen, und was entspricht der „Billigkeit“?

Nach dem allgemeinen (Verwandten-)Unterhaltsrecht ist nicht unterhaltspflichtig, wer bei Berücksichtigung seiner sonstigen Verpflichtungen außer Stande ist, ohne Gefährdung seines angemessenen Unterhalts den Unterhalt zu gewähren (§ 1603 Abs. 1 BGB). Den Betrag, den der Unterhaltspflichtige nach dieser Vorschrift für sich zurückbehalten kann, bezeichnet man als den „angemessenen“ oder „großen“ *Selbstbehalt* oder *Eigenbedarf* (im Gegensatz zum „notwendigen“ oder „kleinen“ Selbstbehalt, der den Eltern gegenüber dem Unterhaltsanspruch von minderjährigen unverheirateten Kindern zugebilligt wird, § 1603 Abs. 2 BGB). Den großen Selbstbehalt beziffert die Düsseldorfer Tabelle derzeit auf mindestens 1600 DM (FamRZ 1992, 398).

Als „angemessen“ bezeichnet man aber auch den Unterhalt, der sich aus den ehelichen Lebensverhältnissen ergibt (§ 1578 BGB).

Auf die Frage: Wann ist der eigene angemessene Unterhalt gefährdet? gibt es darum zwei mögliche Antworten. Nach der einen ist der eigene angemessene Unterhalt gefährdet, wenn dem Ehegatten weniger verbliebe als der große Selbstbehalt, nach der anderen ist der eigene angemessene Unterhalt gefährdet, wenn der Ehegatte mit dem, was ihm verbliebe, nicht mehr so leben könnte, wie er während der Ehe gelebt hat.

Welche Antwort den Vorzug verdient, ergibt sich aus folgender Erwägung: Der geschiedene Ehegatte kann im Fall seiner Bedürftigkeit den eheangemessenen Unterhalt verlangen (§ 1578 BGB). Haben die Ehegatten während der Ehe ihr gesamtes Einkommen für ihren Unterhalt verwendet, so wird der nach der Scheidung zur Verfügung stehende Betrag häufig nicht ausreichen, den vollen Unterhalt beider Ehegatten zu sichern; denn zwei Haushalte kosten mehr als einer. In diesem Fall kann es nicht richtig sein, dem bedürftigen Ehegatten den vollen Unterhalt zuzusprechen und den pflichtigen Ehegatten solange als leistungspflichtig zu erklären, wie ihm sein großer Selbstbehalt verbleibt. Daraus folgt, daß unter dem eigenen angemessenen Unterhalt des Pflichtigen stets der *eheangemessene Unterhalt* im Sinne des § 1578 BGB zu verstehen ist (BGH FamRZ 1990, 260, 264).

Die Frage, welcher Unterhalt im Fall des § 1581 BGB der Billigkeit entspricht, kann nur von Fall zu Fall beantwortet werden. Diskutiert wird hier nur über die Untergrenze, über den Betrag, der dem Pflichtigen in jedem Fall verbleiben muß. Nach Auffassung des Bundesgerichtshofs wird dieser Betrag im Regelfall höher liegen als der sog. kleine Selbstbehalt, aber niedriger sein als der große Selbstbehalt (BGH FamRZ 1990, 265).

6. Zeitliche Begrenzung des Anspruchs auf vollen Unterhalt

Zugleich mit der Möglichkeit, den Arbeitslosen- und den Aufstokkungsunterhalt zeitlich zu begrenzen (s.o. II. 5.), hat das UÄndG vom 20.2.1986 auch die Möglichkeit geschaffen, den Anspruch auf vollen Unterhalt *zeitlich zu begrenzen*. Das heißt: Die Bemessung des Unterhaltsanspruchs nach den ehelichen Lebensverhältnissen muß nicht ein für allemal gelten. Die Unterhaltsregelung kann auch so aussehen, daß dem Unterhaltspflichtigen die Zahlung des vollen Unterhalts nur für einen bestimmten Zeitraum angesonnen wird und für die Zeit danach der Unterhalt auf den „angemessenen Lebensbedarf" abgesenkt wird (§ 1578 Abs. 1 Satz 2 BGB). Diese Möglichkeit soll allerdings nur gegeben sein, „soweit insbesondere unter Berücksichtigung der Dauer der Ehe sowie der Gestaltung von Haushaltsführung und Erwerbstätigkeit eine zeitlich unbegrenzte Bemessung nach Satz 1 unbillig wäre". Sie soll i.d.R. nicht gegeben sein, „wenn der Unterhaltsberechtigte nicht nur vorübergehend ein gemeinschaftliches Kind allein oder überwiegend betreut hat oder betreut".

Verwirrend ist in diesem Zusammenhang die Verwendung des Begriffs „angemessener Lebensbedarf"; denn auch der nach § 1578 Abs. 1 Satz 1 BGB, d.h. nach den ehelichen Lebensverhältnissen, bemessene Unterhalt sollte den angemessenen Lebensbedarf decken. M.a.W.: Der angemessene Lebensbedarf kann nach einiger Zeit auf den angemessenen Lebensbedarf abgesenkt werden! Gemeint ist folgendes: Der angemessene Lebensbedarf, auf den der volle Unterhalt nach einiger Zeit herabgesetzt werden kann, kann nicht mehr derjenige sein, der sich aus den ehelichen Lebensverhältnissen ergibt. Andrerseits wird durch die Verwendung des Wortes „angemessen" zum Ausdruck gebracht, daß der Betrag, der nunmehr gezahlt werden soll, höher sein soll als der Mindestbedarf. Im Regelfall wird sich der angemessene Lebensbedarf aus den *Lebensverhältnissen* ergeben, in denen der Unterhaltsbedürftige *vor der Ehe* gelebt hat (BGH FamRZ 1986, 886, 888).

Aus der Formulierung des § 1578 Abs. 1 Satz 2 BGB ist zu schließen, daß eine zeitliche Begrenzung des vollen Unterhalts umso weniger in Betracht kommt, je mehr die Bedürftigkeit des Berechtigten auf ehebedingte Nachteile zurückzuführen ist (Kinderbetreuung, Haushaltsführung). Typischer Anwendungsfall ist der, daß ein Ehegatte vor und während der Ehe berufstätig war, also durch die Ehe keine beruflichen Nachteile erlitten hat, und die Ehe nicht lange (nicht länger als zehn Jahre) gedauert hat.

Häufig wird in einem solchen Fall § 1578 Abs. 1 Satz 2 BGB mit § 1573 Abs. 5 BGB konkurrieren. Hier können beide Vorschriften miteinander kombiniert werden: Zunächst soll von einem bestimmten Zeitpunkt an der Unterhalt herabgesetzt werden, einige Zeit später dann gänzlich wegfallen.

IV. Konkurrierende Unterhaltsansprüche

Heiratet ein Unterhaltspflichtiger erneut, so entstehen für ihn Unterhaltspflichten auch aus dieser neuen Verbindung: Die geschiedene Frau verlangt Zahlung von Unterhalt, die jetzige Frau verlangt Haushaltsgeld. Zur Befriedigung beider Ansprüche wird das Einkommen des Pflichtigen häufig nicht ausreichen. In einem solchen Mangelfall gilt folgendes (§ 1582 BGB): *Grundsätzlich* geht der Unterhaltsanspruch des *früheren* Ehegatten dem Unterhaltsanspruch des *jetzigen* Ehegatten vor. Ausnahme: Der jetzige Ehegatte wäre bei entsprechender Anwendung der §§ 1569-1574, 1576 und des § 1577 Abs. 1 BGB unterhaltsberechtigt (Beispiel: Die jetzige Frau ist krank oder hat Kinder zu versorgen oder kann keine Arbeit finden). In einem solchen Fall sind die Unterhaltsansprüche des früheren und des jetzigen Ehegatten grundsätzlich gleichrangig. Das Einkommen des Unterhaltspflichtigen ist – folgt man der Düsseldorfer Tabelle – im Verhältnis 4 : 3 : 3 zu verteilen (falls nicht auch Kinder zu berücksichtigen sind und dem Verpflichteten sein Selbstbehalt verbleibt). Gegenausnahme: Ist der frühere Ehegatte nach § 1570 oder nach § 1576 BGB unterhaltsberechtigt oder war die Ehe mit dem früheren Ehegatten von langer Dauer, so genießt sein Unterhaltsanspruch wiederum Vorrang.

An dieser Regel ist viel Kritik geübt worden. Gerechtfertigt wird sie mit dem Schutzbedürfnis des geschiedenen Ehegatten und mit dem Argument, der jetzige Ehegatte habe bei der Heirat gewußt, worauf er sich einlasse. Kritisiert wird vor allen Dingen der Vorrang des geschiedenen Ehegatten, der lediglich auf § 1576 BGB oder auf der langen Dauer der früheren Ehe beruht, vor dem jetzigen Ehegatten, der kleine Kinder zu betreuen hat (vgl. Johannsen/Henrich/Voelskow, Eherecht, § 1582 Rz. 11-13).

Das BVerfG hat § 1582 Abs. 1 Satz 2 BGB in einem Fall für verfassungsmäßig erklärt, in dem sowohl der frühere als auch der jetzige Ehegatte durch die Pflege und Erziehung von Kindern an einer Erwerbstätigkeit gehindert war (BVerfG FamRZ 1984, 346). Der BGH hält darüber hinaus die Regelung auch insoweit für verfassungsmäßig, als sie dem früheren Ehegatten auch bei bloßer langer Ehedauer den Vorrang vor dem jetzigen Ehegatten einräumt, der wegen der Betreuung eines Kindes nicht berufstätig sein kann (BGH FamRZ 1985, 362). Befriedigende Lösungen ließen sich vermutlich nur dann erzielen, wenn man den Gerichten gestatten würde, von Fall zu Fall zu entscheiden.

Hat der Unterhaltsanspruch des früheren Ehegatten Vorrang, so bedeutet dies, daß er seinen vollen Unterhalt verlangen kann und daß für den jetzigen Ehegatten nur der dann noch verbleibende Rest zur Verfügung steht (BGH FamRZ 1986, 790, 792). Eine Gegenmeinung, wonach zunächst der Mindestbedarf des Geschiedenen und des jetzigen Ehegatten sicherzustellen sei und nur das dann noch vorhandene Einkommen vorrangig an den früheren Ehegatten falle (OLG Schleswig FamRZ 1982, 705), wurde vom BGH explizit abgelehnt (aaO.), nach dem Buchstaben des Gesetzes wohl zu Recht, rechtspolitisch aber fragwürdig (Johannsen/Henrich/Voelskow, Eherecht, § 1582 Rz. 10).

V. Unterhaltsanspruch bei grober Unbilligkeit

Je schwerer die Unterhaltslast, desto größer der Wunsch (und das Bedürfnis), in Härtefällen von dieser Last befreit zu werden. Unter der Herrschaft des Verschuldensprinzips wußte man: Zu Unterhaltszahlungen ist nur der schuldige gegenüber dem nicht schuldigen Ehegatten verpflichtet, nicht aber umgekehrt der unschuldige gegenüber dem schuldigen. Wurde die Ehe aufgrund unheilbarer Zerrüttung geschieden und enthielt das Urteil keinen Schuldausspruch, so war grundsätzlich derjenige Ehegatte zur Unterhaltszahlung verpflichtet, der die Scheidung verlangt hatte (§§ 58 ff. EheG a.F.). Als – weltweit – das Verschuldensprinzip durch das Zerrüttungsprinzip ersetzt wurde, gab es allenthalben Streit darüber, wieweit künftig bei der Frage des nachehelichen Unterhalts das Verschulden noch zu berücksichtigen sei. Zunächst war man geneigt, Schuldgesichtspunkte nicht nur aus dem Scheidungsrecht, sondern auch aus dem Scheidungsfolgenrecht gänzlich zu verbannen. Aber dann setzten sich doch diejenigen durch, die dem Unterhaltsverlangen des „Schuldigen" Grenzen setzen wollten. So kam es zu der sog. *Härteklausel* des § 1579 BGB.

Nach § 1579 BGB ist ein Unterhaltsanspruch zu versagen, herabzusetzen oder zeitlich zu begrenzen, soweit die Inanspruchnahme des Verpflichteten auch unter Wahrung der Belange eines dem Berechtigten zur Pflege oder Erziehung anvertrauten gemeinschaftlichen Kindes aus den in den Ziff. 1-7 dieser Vorschrift genannten Gründen grob unbillig wäre.

Zu prüfen ist also immer dreierlei: das Vorliegen eines der in § 1579 Ziff. 1-7 BGB genannten Gründe, grobe Unbilligkeit, Wahrung der Kindesbelange.

1. Härtegründe

a) Der erste Härtegrund ist die *kurze Dauer der Ehe*. Die Verantwortung der Ehegatten füreinander wächst mit der Dauer ihrer Beziehung. Wer nur kurze Zeit verheiratet war, soll nicht ein Leben lang zahlen müssen. Kurz bedeutet nach der Rechtsprechung weniger als zwei Jahre. Für nicht mehr kurz wird – in der Regel – eine Ehedauer von mehr als drei Jahren gehalten. Für die Zeit dazwischen muß von Fall zu Fall entschieden werden. Ausschlaggebend ist jeweils, ob die Ehegatten ihre Lebensposition aufeinander eingestellt und in wechselseitiger Abhängigkeit auf ein gemeinsames Leben ausgerichtet haben (BGH FamRZ 1986, 886, 887).

Als „Ehedauer" gilt die Zeit von der Eheschließung bis zur Rechtshängigkeit des Scheidungsantrags (BGH FamRZ 1990, 492, 495). Ihr steht gleich die Zeit, „in welcher der Berechtigte wegen der Pflege oder Erziehung eines gemeinschaftlichen Kindes nach § 1570 Unterhalt verlangen konnte". Betreut also der unterhaltsbedürftige Ehegatte ein gemeinschaftliches Kind, so soll die „Ehedauer" nicht mit Rechtshängigkeit des Scheidungsantrags enden. Hier kommt es vielmehr auf den Zeitpunkt der Entscheidung an.

Ursprünglich wollte die Rechtsprechung sogar das Wort „konnte" durch die Formulierung „voraussichtlich verlangen kann" ersetzen (BGH FamRZ 1987, 572, 573). Diese Interpretation hätte zu dem Ergebnis geführt, daß der Unterhaltsanspruch des sorgeberechtigten Ehegatten niemals an dem Härtegrund des § 1579 Nr. 1 BGB hätte scheitern können; denn die Unterhaltspflicht währt in jedem Fall länger als drei Jahre.

Das war vom Gesetzgeber indessen nicht gewollt. Ein solches Ergebnis würde auch gegen das Verhältnismäßigkeitsprinzip verstoßen (übermäßige Einengung des Unterhaltspflichtigen in seiner Dispositionsfreiheit, Art. 2 Abs. 1 GG). Darum ist diese Interpretation vom BVerfG durch eine andere ersetzt worden (BVerfG FamRZ 1989, 941): Auszugehen ist zunächst von der tatsächlichen Ehezeit und erst anschließend ist die zur Wahrung der Belange des Kindes vorgesehene Abwägung vorzunehmen.

Das bedeutet: Hat die Ehe nur kurze Zeit gedauert, so kann dem Ehegatten, der wegen Betreuung eines Kindes unterhaltsbedürftig ist, grundsätzlich die Härteklausel entgegengehalten werden. Weil aber die Kindesbelange gewahrt werden müssen, wird man ihm einen Unterhaltsanspruch nur in Ausnahmefällen gänzlich versagen können (s.u. sub 3). Eine Reduzierung des Unterhalts auf das zur Kindesbetreuung unbedingt erforderliche Maß ist aber möglich.

b) Zweiter Härtegrund ist ein *Verbrechen* oder ein *schweres vorsätzliches Vergehen* gegen den Verpflichteten oder einen nahen Angehörigen des Verpflichteten. Wer versucht hat, seinen Ehegatten umzubringen, soll, wenn der Versuch fehlschlägt und die Ehe daraufhin geschieden wird, nicht Unterhalt verlangen können.

c) Dritter Härtegrund ist die *mutwillige Herbeiführung der Bedürftigkeit.* Mutwillig bedeutet nicht vorsätzlich. Mutwillig handelt sowohl derjenige, der aus Arbeitsscheu seine Stellung kündigt oder wegen ständigen Fernbleibens seine Kündigung provoziert, als auch der Alkohol- oder Drogenabhängige, der sich leichtfertig weigert, sich einer Entziehungskur zu unterziehen (BGH FamRZ 1988, 375).

d) Vierter Härtegrund ist die *Verletzung von Vermögensinteressen des Verpflichteten.* Darunter fallen z.B. das Anschwärzen beim Arbeitgeber oder wissentlich falsche Strafanzeigen (Gefährdung des Arbeitsplatzes!). Vermögensinteressen des Verpflichteten gefährdet aber auch derjenige, der im Unterhaltsprozeß verschweigt, daß er einen Arbeitsplatz gefunden hat und darum gar nicht mehr bedürftig ist oder sein vom Ehegatten finanziertes Studium abgebrochen hat (in diesem Zusammenhang kommen auch die Härtegründe der Nrn. 2 und 7 in Frage; vgl. BGH FamRZ 1990, 1095).

e) Beim fünften Härtegrund (*Verletzung der Pflicht, zum Familienunterhalt beizutragen*) ist zu beachten, daß nur Verletzungen der Unterhaltspflicht vor der Trennung angesprochen werden. Nach der Trennung gibt es keinen Anspruch auf „Familienunterhalt" mehr. Die Frau, die mit der Trennung die Haushaltsführung aufgibt, begeht deswegen keine Pflichtverletzung i.S. des § 1579 Nr. 5 BGB.

f) Lebhaft gestritten wurde und wird noch immer über den sechsten Härtegrund: das offensichtlich schwerwiegende, eindeutig bei dem Berechtigten liegende *Fehlverhalten.* Es wird gesagt, hier habe das Verschuldensprinzip, das man ja eigentlich abschaffen wollte, über die Hintertür wieder Eingang ins Scheidungsrecht gefunden (zur Kritik an § 1579 Nr. 6 BGB siehe etwa Ramm, JZ 1986, 164, 166 ff.). Indessen lassen sich Verschuldensgesichtspunkte bei den Scheidungsfolgen nicht gänzlich ausschließen. Es gibt Fälle, in denen die Zusprechung von Unterhalt „mit den einfachsten Anforderungen der Gerechtigkeit nicht in Einklang gebracht" werden kann (Hillermeier, FamRZ 1976, 577, 579). Auch in anderen Rechtsordnungen, in denen das Verschuldensprinzip durch das Zerrüttungsprinzip ersetzt worden ist, wird die Zubilligung von Unterhalt verneint, so etwa in England, wenn das Fehlverhalten eines Ehegatten „both obvious and gross“ war, so daß eine Verpflichtung zu Unterhaltszahlungen „repugnant to anyone's sense of justice“ wäre (Lord Denning in der Leitentscheidung Wachtel v. Wachtel, [1973] 1 All E.R. 829, 835 f.). Weitere rechtsvergleichende Hinweise finden sich bei Henrich, Schuld ohne Sühne?, FS Ferid I, 1978, 525, 536 ff.

Freilich sollte man sich hüten, allzu bereitwillig Bedürftigkeitsgesichtspunkte hinter Schulderwägungen zurücktreten zu lassen. Nicht in jedem Fall, in dem sich ein Ehegatte gegen den Willen des anderen von der Ehe abkehrt und einem anderen Partner zuwendet, kann seine Unterhaltsklage als venire contra factum proprium zurückgewiesen werden. Es kommt auf die Umstände des Einzelfalls an. Zu fragen ist: Lag das Fehlverhalten eindeutig bei ihm oder war die Ehe zuvor schon zerrüttet? Hat auch der jetzt auf Unterhalt in Anspruch genommene Ehegatte zu der allmählichen Entfremdung beigetragen, die schließlich zu dem „Fehlverhalten“ geführt hat? Die Anwendung der Härteklausel ist vom Gesetzgeber für Ausnahmefälle vorgesehen. Sie darf darum nicht zur Regel werden.

Der BGH hat diesen Härtegrund unter anderem bejaht, wenn ein Ehegatte schon während der Ehe ein nachhaltiges, auf längere Dauer angelegtes intimes Verhältnis mit einem anderen Partner oder intime Beziehungen zu wechselnden Partnern aufgenommen hat (BGH FamRZ 1982, 463; 1983, 670). Als schwerwiegendes Fehlverhalten hat es der BGH auch gewertet, wenn eine Frau ihrem Ehemann beteuert, ein von ihr während der Ehe empfangenes Kind stamme von ihm, obwohl sie ziemlich sicher ist, daß sie es von einem Dritten empfangen hat (BGH FamRZ 1985, 267).

g) Der siebte Härtegrund (ein anderer Grund, der ebenso schwer wiegt wie die in den Nrn. 1-6 aufgeführten Gründe) ist ein *Auffangtatbestand.* Auf ihn wird sich der Unterhaltspflichtige insbesondere dann berufen, wenn dem Berechtigten entweder kein Fehlverhalten vorgeworfen werden kann oder wenn das Fehlverhalten jedenfalls nicht eindeutig beim Berechtigten liegt. Nach einer Formel des BGH greift der Härtegrund des § 1579 Nr. 7 BGB ein, wenn die aus einer Unterhaltspflicht entstehende Belastung für den Pflichtigen die Grenzen des Zumutbaren überschreiten würde (BGH FamRZ 1987, 689, 690). Das ist – anders als manche geschiedene Ehemänner meinen – nicht schon dann der Fall, wenn die geschiedene Ehefrau eine nichteheliche Lebensgemeinschaft mit einem neuen Partner eingeht. Die Eingehung einer nichtehelichen Lebensgemeinschaft steht der Eingehung einer Ehe (die den Unterhaltsanspruch enden läßt, § 1586 Abs. 1 BGB) nicht gleich. Aber: Wenn der

Unterhaltsberechtigte von einer Eheschließung mit dem neuen Partner nur deshalb absieht, weil er den Unterhaltsanspruch gegen seinen geschiedenen Ehegatten nicht verlieren will, oder wenn er mit seinem neuen Partner in einer „ehegleichen ökonomischen Solidarität" lebt (die geschiedene Frau führt ihrem neuen Lebensgefährten den Haushalt und kann von ihm auch ein auskömmliches Haushaltsgeld bekommen) oder wenn sich die Beziehung so verfestigt hat (etwa nach zwei- bis dreijähriger Dauer), daß damit gleichsam ein nichteheliches Zusammenleben an die Stelle einer Ehe getreten ist (BGH FamRZ 1989, 487, 489 ff.; 1991, 542), greift § 1579 Nr. 7 BGB ein.

2. Grobe Unbilligkeit

Das Vorliegen eines Härtegrundes allein genügt noch nicht. Zusätzlich ist zu prüfen, ob es angesichts des Härtegrundes *grob unbillig* wäre, den Unterhaltsverpflichteten in Anspruch zu nehmen. Dabei kann insbesondere die Dauer der Ehe eine Rolle spielen. Je länger die Ehedauer, desto größer im Regelfall die Abhängigkeit des unterhaltsbedürftigen Ehegatten und damit auch die Schwere des Verlustes (BGH FamRZ 1986, 443, 444). Hier wird sich aber der Berechtigte wenigstens eine Herabsetzung oder zeitliche Begrenzung seines Unterhaltsanspruchs gefallen lassen müssen (BGH FamRZ 1983, 670, 672).

3. Wahrung der Kindesbelange

Besondere Bedeutung kommt den Kindesbelangen zu. Sie sind nicht nur zu „berücksichtigen", sondern zu „wahren". Das bedeutet: Wenn der Unterhaltsberechtigte für ein gemeinschaftliches Kind zu sorgen hat, kommt eine Versagung, Herabsetzung oder zeitliche Begrenzung des Unterhaltsanspruchs nur in Betracht, wenn die Pflege und Erziehung des Kindes gleichwohl gesichert ist. Das schließt eine *gänzliche* Versagung des Unterhalts im Regelfall aus (falls nicht der unterhaltsbedürftige Ehegatte von anderer Seite die Mittel bekommen kann, die er zu seinem Unterhalt braucht, oder Pflege und Erziehung des Kindes in anderer Weise – z.B. durch die im Haus lebenden Großeltern – sichergestellt werden können). Eine Herabsetzung auf den notdürftigen Unterhalt ist dagegen möglich (vgl. Henrich, FamRZ 1986, 401; BGH FamRZ 1989, 1279).

VI. Gestaltung und Ende des Unterhaltsanspruchs

Der Unterhalt ist durch eine Geldzahlung zu gewähren, der laufende Unterhalt monatlich im voraus zu entrichten (§ 1585 Abs. 1 BGB). Sonderbedarf (z.B. unfallbedingte Krankheitskosten) kann auch im Nachhinein geltend gemacht werden (§ 1585 b Abs. 1 BGB).

Die Ehegatten können über die Unterhaltspflicht für die Zeit nach der Scheidung Vereinbarungen treffen (§ 1585 c BGB). Die bei weitem häufigste Form einer solchen Vereinbarung ist der Unterhaltsverzicht. Wie Untersuchungen ergeben haben, wird in mehr als 50 % aller Scheidungsverfahren auf Unterhalt verzichtet (Schwenzer, Vom Status zur Realbeziehung, S. 97).

Bei *Unterhaltsverzichtsvereinbarungen* ist allerdings Vorsicht geboten. Zwar geht der BGH grundsätzlich von der Möglichkeit eines solchen Verzichts aus (BGH FamRZ 1987, 40, 46). Der Unterhaltsverzicht ist aber nichtig (§ 138 BGB), wenn in Anbetracht der wirtschaftlichen Situation der Eheleute der Verzicht zwingend dazu führt, daß der verzichtende Ehegatte der Sozialhilfe anheimfällt (BGH FamRZ 1992, 1403). Außerdem kann die Berufung auf den Verzicht gegen Treu und Glauben verstoßen (BGH FamRZ 1991, 306). Dergleichen bejaht der BGH insbesondere in den Fällen, in denen der Verzicht zu Lasten eines Kindes gehen würde (BGH FamRZ 1992, 1403). Manche Autoren halten einen solchen Verzicht – weil gegen das Kindesinteresse verstoßend – sogar generell für unwirksam (Bosch, FS Habscheid, 1989, S. 23 ff.).

Unbedenklich ist der Verzicht nur dann, wenn er mit einer Abfindung verbunden ist.

Statt der Rente kann der Berechtigte auch ohne Vertrag eine Abfindung in Kapital verlangen, wenn ein wichtiger Grund vorliegt und der Verpflichtete dadurch nicht unbillig belastet wird (§ 1585 Abs. 2 BGB). Von dieser Möglichkeit wird in der Praxis aber nur selten Gebrauch gemacht.

Der Unterhaltsanspruch *endet* mit der Wiederheirat oder dem Tod des Berechtigten, § 1586 Abs. 1 BGB. Er endet nicht mit dem Tod des Verpflichteten. Stirbt der Verpflichtete, so geht die Unterhaltspflicht als Nachlaßverbindlichkeit auf den oder die Erben über. Der Erbe haftet jedoch nicht über den Betrag hinaus, der dem Pflichtteil entspricht, welcher dem Berechtigten zustünde, wenn die Ehe nicht geschieden worden wäre, § 1586 b Abs. 1 BGB.

§ 16 Sonstige Scheidungsfolgen

Schrifttum: Graba, Einführung in den Versorgungsausgleich, JuS 1990, 464.

I. Versorgungsausgleich

1. Grundgedanken

Nach früherem Recht erwarb ein Ehegatte, der während der Ehe nicht oder nicht voll erwerbstätig war, regelmäßig keine oder nur eine im Vergleich zu der Versorgung des anderen Ehegatten geringfügige eigene Alters- und Invaliditätssicherung. Darin lag eine offensichtliche Benachteiligung der Ehefrau, die wegen der Führung des Haushalts oder der Kindererziehung nicht erwerbstätig war oder sein konnte. Diese Unbilligkeit hat das 1. Eherechtsreformgesetz beseitigt. Versorgungsanwartschaften, die einem Ehegatten während der Ehe zugewachsen sind, sollen nunmehr nach dem Grundsatz des Zugewinnausgleichs beiden Ehegatten gleichermaßen zugute kommen, § 1587 BGB. Dabei sind unter Versorgungsanwartschaften sowohl Anwartschaften nach öffentlichem Recht (Rentenanwartschaften aus den gesetzlichen Rentenversicherungen, Anwartschaften auf beamtenrechtliche Versorgung) als auch privatrechtlich begründete Versorgungsanwartschaften (Anwartschaften aufgrund betrieblicher Ruhegeldzusagen, Rentenanwartschaften aus der privaten Rentenversicherung) zu verstehen, § 1587 a Abs. 2 BGB.

Daß der Versorgungsausgleich auf den *Zuwachs während der Ehe* beschränkt wird, hat folgenden Grund: Versorgungsansprüche (Beamtenpensionen z.B.) werden nach der sog. ruhegehaltsfähigen Dienstzeit berechnet. Je länger die ruhegehaltsfähige Dienstzeit, desto höher das Ruhegehalt. War der Ehegatte, dem der Versorgungsanspruch zusteht, nur während eines Teiles seiner ruhegehaltsfähigen Dienstzeit verheiratet, so wäre es unbillig, den anderen Ehegatten am gesamten Ruhegehalt teilhaben zu lassen (wie er ja auch bei dem Zugewinnausgleich nur an dem während der Ehe erzielten Zugewinn partizipiert).

Beispiel: Ein 32jähriger Beamter wird nach 11jähriger Ehe geschieden. Seine ruhegehaltsfähige Dienstzeit beträgt im Zeitpunkt der Scheidung ebenfalls 11 Jahre. Bei seiner Pensionierung (mit 65 Jahren) würde seine ruhegehaltsfähige Dienstzeit also 44 Jahre betragen. Von diesen 44 Jahren war er 11 Jahre verheiratet. Folglich hat er ein Viertel seiner Ruhegehaltsbezüge auszugleichen. Beläuft sich sein Ruhegehalt auf 2400 DM, so unterliegt also ein Betrag von 600 DM der Ausgleichspflicht. Bezieht der Mann ein 13. Monatsgehalt

(Weihnachtsgeld), so ist der Monatsbetrag um 1/12 zu erhöhen. Auszugleichen sind damit 650 DM. Hat die Frau keine eigenen Versorgungsansprüche erworben, so wären folglich nach der Pensionierung des Mannes 325 DM monatlich an sie abzuführen, wenn es nicht die sog. Dynamisierung gäbe. Darunter versteht man die Anpassung des Versorgungsanrechts an die Einkommensentwicklung. Ebenso wie die Löhne und Gehälter steigen auch die Renten. Wer im Zeitpunkt der Scheidung eine Rentenanwartschaft im Wert von 325 DM erwirbt, kann damit rechnen, daß ihm im Versicherungsfall (wenn der Beamte pensioniert wird oder der Angestellte in Rente geht) mehr ausbezahlt wird als die bei der Scheidung festgesetzte Summe.

2. Technische Durchführung

Die technische Durchführung des Versorgungsausgleichs hängt von dem *Versorgungsträger* ab, gegen den der Anspruch des ausgleichspflichtigen Ehegatten gerichtet ist. Das Gesetz unterscheidet fünf Fallgruppen (§ 1587 a Abs. 2 BGB):

a) Versorgung oder Versorgungsanspruch aus einem öffentlich-rechtlichen Dienstverhältnis (*Beamtenversorgung*) oder aus einem Arbeitsverhältnis mit Anspruch auf Versorgung nach beamtenrechtlichen Vorschriften (Geistliche, Lehrer an Privatschulen); hier ist Versorgungsträger der Dienstherr.

b) Renten oder Rentenanwartschaften aus den *gesetzlichen Rentenversicherungen*; hier ist Versorgungsträger bei Angestellten die Bundesversicherungsanstalt für Angestellte (BfA) in Berlin, bei Arbeitern sind es die jeweiligen Landesversicherungsanstalten (LVA), in Bergbauregionen gehören auch die Knappschaften in diese Gruppe.

c) Leistungen, Anwartschaften oder Aussichten auf Leistungen der *betrieblichen Altersversorgung*; Versorgungsträger ist der Betrieb.

d) Sonstige Renten oder ähnliche wiederkehrende Leistungen, die der Versorgung wegen Alters oder Berufs- oder Erwerbsunfähigkeit zu dienen bestimmt sind, oder Anwartschaften oder Aussichten hierauf; hierunter fallen vor allen Dingen die *berufsständischen Versicherungen* der Ärzte, Notare, Rechtsanwälte, Architekten, Apotheker.

e) Renten oder Rentenanwartschaften aufgrund eines Versicherungsvertrags, der zur Versorgung des Versicherten eingegangen wurde (*Lebensversicherung auf Rentenbasis*).

Hat der ausgleichspflichtige Ehegatte Versorgungsanrechte in den *gesetzlichen Rentenversicherungen* erworben (das ist die bei weitem größte Gruppe), so überträgt das Familiengericht einen Teil dieser Rentenanwartschaften auf den Ausgleichsberechtigten (§ 1587 b Abs. 1 BGB). Man nennt dies *Splitting*. Buchhalterisch geschieht dies dadurch, daß von dem Konto des einen Ehegatten (z.B. bei der BfA) monatliche Rentenanwartschaften in der vom Gericht festgesetzten Höhe auf das

Konto des anderen Ehegatten (z.B. bei einer LVA) übertragen werden. Dabei werden aber nicht DM-Beträge gutgeschrieben, sondern Werteinheiten. Die Rentenversicherung rechnet den ihr mitgeteilten DM-Betrag in Werteinheiten um. Diese Werteinheiten werden dann im späteren Versicherungsfall unter Berücksichtigung der zwischenzeitlich eingetretenen Rentensteigerungen wieder in DM zurückgerechnet.

Hat der ausgleichspflichtige Ehegatte als *Beamter* Versorgungsanrechte erworben, so ist ein Splitting ausgeschlossen. Anwartschaften auf eine Beamtenversorgung können nicht auf eine andere Person übertragen werden. Hier geschieht der Ausgleich in der Weise, daß das Familiengericht für den ausgleichsberechtigten Ehegatten Rentenanwartschaften in einer gesetzlichen Rentenversicherung begründet (§ 1587 b Abs. 2 BGB). Der Dienstherr des Beamten leistet der Rentenversicherungsanstalt Ersatz und kürzt entsprechend die Versorgung des Beamten. Weil diese Kürzung das beamtenrechtliche Verhältnis betrifft, ist sie nicht im BGB, sondern in den §§ 57 und 58 des Beamtenversorgungsgesetzes geregelt. Im Ergebnis steht diese Form des Ausgleichs dem Splitting gleich. Man spricht darum von einem *Quasi-Splitting*.

Kann der Ausgleich weder auf dem Wege der Anwartschaftsübertragung nach § 1587 b Abs. 1 BGB noch auf dem der Anwartschaftsbegründung nach § 1587 b Abs. 2 BGB erfolgen, sind also in der Ehezeit Versorgungsanrechte weder in der gesetzlichen Rentenversicherung noch in einem öffentlich-rechtlichen Dienstverhältnis aufgebaut worden, ist vielmehr die Vorsorge für den Fall des Alters oder der Invalidität auf andere Weise, etwa durch eine betriebliche Altersversorgung oder eine berufsständische Versicherung oder durch eine Lebensversicherung auf Rentenbasis getroffen worden, so richtet sich der Versorgungsausgleich nach dem Gesetz zur Regelung von Härten im Versorgungsausgleich (VAHRG) v. 21.2.1983. Dieses Gesetz ist an die Stelle des vom BVerfG für nichtig erklärten § 1587 b Abs. 3 Satz 1 Halbs. 1 BGB getreten.

Das Gericht hat hier zunächst zu prüfen, ob die jeweilige Versorgungsregelung eine Aufteilung des Anrechts unter den Ehegatten vorsieht. Ist dies der Fall, dann nimmt das Gericht eine solche Aufteilung vor (*Realteilung*), § 1 Abs. 2 VAHRG.

Ist eine Realteilung – wie meist – nicht zulässig, muß weiter geprüft werden, ob der Versorgungsträger einen öffentlichrechtlichen oder einen privatrechtlichen Status hat. Einen öffentlichrechtlichen Status haben z.B. die Abgeordneten-Versorgungen oder die Versorgungsträger der öffentlichrechtlichen Rundfunkanstalten oder berufsständische Versorgungseinrichtungen wie etwa die Bayerische Notarversorgung. Bei diesen gelten die Vorschriften über das Quasi-Splitting sinngemäß, § 1 Abs. 3 VAHRG.

Ist dagegen der Versorgungsträger privatrechtlich organisiert, findet grundsätzlich der sog. *schuldrechtliche Versorgungsausgleich* statt, § 2 VAHRG. Der schuldrechtliche Versorgungsausgleich geschieht in der Weise, daß ein Ehegatte an den anderen eine Geldrente zahlt: Der Ehegatte, dessen auszugleichende Versorgung die des anderen übersteigt, hat diesem als Ausgleich eine Geldrente in Höhe der Hälfte der jeweiligen Differenz zu entrichten (§ 1587 g Abs. 1 Satz 1 BGB). Diese sog. Ausgleichsrente kann allerdings erst dann verlangt werden, wenn beide Ehegatten eine Versorgung erlangt haben oder wenn der ausgleichspflichtige Ehegatte eine Versorgung erlangt hat und der andere Ehegatte entweder wegen Krankheit oder anderer Gebrechen eine ihm zumutbare Erwerbstätigkeit nicht ausüben kann oder das 65. Lebensjahr vollendet hat (§ 1587 g Abs. 1 Satz 2 BGB). Stirbt der ausgleichspflichtige Ehegatte, ehe der Versorgungsfall eingetreten ist, geht der Berechtigte zwar im Regelfall nicht leer aus. Er kann dann, wenn er - wäre die Ehe nicht geschieden worden - vom Versorgungsträger eine Hinterbliebenenversorgung erhalten hätte (aber auch nur dann), bis zur Höhe dieser Versorgungsbezüge die Ausgleichsrente nach § 1587 g BGB verlangen, wie sie vom Verstorbenen zu zahlen gewesen wäre (§ 3a VAHRG). Gleichwohl hat er damit eine deutlich schwächere Stellung als der Ehegatte, dem ein Anspruch auf einen öffentlichrechtlichen Versorgungsausgleich (Splitting, Quasi-Splitting) zusteht. Um diese schwächere Stellung wenigstens teilweise wieder auszugleichen, läßt § 3 b VAHRG zwei Ausnahmen vom Grundsatz des § 2 VAHRG zu:

Stand dem Verpflichteten neben einem durch Splitting oder Quasi-Splitting auszugleichenden Versorgungsanrecht noch ein weiteres nur schuldrechtlich auszugleichendes unverfallbares Versorgungsanrecht zu, so kann das Familiengericht dem Berechtigten im Rahmen des Splitting oder Quasi-Splitting mehr Anrechte übertragen als ihm eigentlich zustünden (in Anrechnung auf den später erst entstehenden Anspruch auf schuldrechtlichen Ausgleich). Man nennt dies *Supersplitting* oder *Super-Quasi-Splitting*.

Das Familiengericht kann aber auch dem Verpflichteten aufgeben, für den Berechtigten Beiträge zur gesetzlichen Rentenversicherung zu leisten, den Berechtigten also in einer Rentenversicherung „einzukaufen“, wenn dem Verpflichteten dies wirtschaftlich zumutbar ist (ein „Einkauf“ ist teuer: 100 DM Renten kosten rund 19.000 DM!).

Nur dann, wenn beide Möglichkeiten nicht bestehen, verbleibt es beim schuldrechtlichen Versorgungsausgleich.

Zum *schuldrechtlichen Versorgungsausgleich* kommt es darum z.B. bei einer Anwartschaft auf eine Betriebsrente, die noch nicht „unverfallbar“ geworden ist (§ 1587 a Abs. 2 Nr. 3 Satz 3 BGB; § 3 b VAHRG bezieht sich nur auf unverfallbare Anrechte!). Unverfallbar ist ein Anrecht dann, wenn es einem Arbeitnehmer auch dann verbleibt, wenn er vor Eintritt des Versorgungsfalles das Arbeitsverhältnis zu seinem Arbeitgeber vorzeitig beendet. Wann dies der Fall ist, ergibt sich aus dem Gesetz zur Verbesserung der betrieblichen Altersversorgung (BetrAVG). Nach diesem tritt Unverfallbarkeit dem Grunde nach ein, wenn der Arbeitnehmer das 35. Lebensjahr vollendet hat und entweder für ihn die Versorgungszusage 10 Jahre lang bestanden hat oder der Beginn der Betriebszugehörigkeit mindestens 12 Jahre zurückliegt und die Versorgungszusage mindestens drei Jahre bestanden hat (§ 1 Abs. 1 BetrAVG). Zur Unverfallbarkeit der Höhe nach vgl. § 2 BetrAVG.

Durch den Versorgungsausgleich wird dem Verpflichteten ein Opfer auferlegt. Er verliert einen Teil seiner Altersversorgung. Dieses Opfer wird ihm aber nur dann zugemutet, wenn der Berechtigte davon auch einen Nutzen hat. Stirbt der Berechtigte, bevor er das Rentenalter erreicht hat, soll dieser Tod nicht dem Versorgungsträger zugute kommen. Vielmehr wird in einem solchen Fall die Kürzung der Versorgungsbezüge des Pflichtigen wieder rückgängig gemacht (§ 4 Abs. 1 VAHRG).

3. Vereinbarungen über den Versorgungsausgleich

Die Vorschriften über den Versorgungsausgleich sind nicht zwingendes Recht. Die Ehegatten können Vereinbarungen über den Versorgungsausgleich treffen (§ 1587 o BGB) und ihn sogar gänzlich ausschließen (§ 1408 Abs. 2 BGB). Wegen der besonderen Bedeutung solcher Verträge ist notarielle Beurkundung vorgeschrieben.

Der *Ausschluß* des Versorgungsausgleichs durch Ehevertrag steht den Ehegatten völlig frei. Allerdings darf der Ausschluß nicht im Zusammenhang mit einer Ehescheidung erfolgen. Wird innerhalb eines Jahres nach Vertragsschluß Antrag auf Scheidung der Ehe gestellt, so ist der Ausschluß unwirksam (§ 1408 Abs. 2 Satz 2 BGB).

Die *Vereinbarungen* über den Versorgungsausgleich, von denen in § 1587 o BGB die Rede ist, erfolgen *im Zusammenhang mit der Scheidung*. Für eine solche Vereinbarung ist die Genehmigung des Familiengerichts erforderlich, die allerdings nur dann verweigert werden soll, wenn unter Einbeziehung der Unterhaltsregelung und der Vermögensauseinandersetzung die vereinbarte Leistung zur Sicherung des Berechtigten offensichtlich nicht geeignet ist oder zu keinem nach Art und Höhe angemessenen Ausgleich unter den Ehegatten führt (§ 1587 o Abs. 2 Satz 4 BGB).

4. Härteklauseln

Ähnlich wie beim Zugewinnausgleich (§ 1381 BGB) gibt es auch beim Versorgungsausgleich Härteklauseln, die unter bestimmten Voraussetzungen eine Ausgleichsverpflichtung ausschließen (§§ 1587 c, 1587 h BGB), Fälle, in denen die Inanspruchnahme des Verpflichteten *grob unbillig* wäre.

Wenn beispielsweise die Ehefrau durch ihre Erwerbstätigkeit den wesentlichen Teil des Familienunterhalts bestritten und es dadurch dem Ehemann ermöglicht hat, während der Ehezeit zu studieren, kann dieser, wenn er sich nach erfolgreichem Abschluß des Studiums scheiden läßt, nicht auch noch Versorgungsausgleich verlangen. Hier wäre die Inanspruchnahme der Ehefrau grob unbillig (§ 1587 c Nr. 1 BGB; vgl. BGH FamRZ 1988, 600).

Keine Rolle soll es grundsätzlich spielen, wer die „Schuld" an der Scheidung trägt. Aber das zu § 1381 Gesagte (s.o. § 11 I 4 c) gilt auch hier: Gänzlich absehen von dem Verhalten, das zur Scheidung geführt hat, läßt sich nicht. Freilich können nur sehr schwerwiegende Verfehlungen eine Herabsetzung des Versorgungsausgleichs aus Billigkeitsgründen rechtfertigen.

II. Ehewohnung und Hausrat

Eine wichtige Scheidungsfolge ist auch die Auseinandersetzung der Gatten hinsichtlich der gemeinschaftlichen Wohnung und des Hausrats. Rechtsgrundlage dafür bildet die 6. DVO zum EheG v. 21.10.1944 i.d.F. des 1. EheRG, die sog. *Hausratsverordnung*. Danach gilt:

1. Wenn die Gatten sich anläßlich der Scheidung nicht darüber einigen können, wer von ihnen die Ehewohnung künftig bewohnen und wer die Wohnungseinrichtung und den sonstigen Hausrat erhalten soll, so regelt der *Richter auf Antrag* die Rechtsverhältnisse an der Wohnung und dem Hausrat, § 1 Abs. 1 HausratsVO. Zuständig ist das Familiengericht, bei dem die Scheidungssache anhängig ist, bzw., wenn keine Scheidungssache anhängig ist, das Familiengericht, in dessen Bezirk die Ehegatten zuletzt gemeinsam gewohnt haben, § 11 HausratsVO.

2. Das Gericht entscheidet nach *billigem Ermessen* unter Berücksichtigung aller Umstände des Einzelfalles, § 2 HausratsVO. Haben die Ehegatten Kinder, wird es deren Wohl in aller Regel gebieten, die Wohnung demjenigen Ehegatten zuzuweisen, dem die Sorge für die Kinder übertragen wird. Ist ein Ehegatte Eigentümer des Hauses, in dem

sich die Ehewohnung befindet, so soll die Wohnung dem anderen Gatten nur zugewiesen werden, wenn dies notwendig ist, um unbillige Härten zu vermeiden, § 3 HausratsVO. Bei einer Mietwohnung kann der Richter bestimmen, daß ein von beiden Gatten eingegangenes Mietverhältnis von einem Gatten allein fortgesetzt wird oder daß ein Ehegatte anstelle des anderen in ein von diesem eingegangenes Mietverhältnis eintritt, § 5 HausratsVO.

3. Den beiden Gatten *gemeinsam gehörenden Hausrat* verteilt der Richter gerecht und zweckmäßig. Hausrat, der während der Ehe angeschafft wurde, gilt als gemeinsames Eigentum, es sei denn, daß das Alleineigentum eines Gatten feststeht. Die Gegenstände gehen in das Alleineigentum des Gatten über, dem der Richter sie zuteilt. Je nach der Sachlage ist diesem die Zahlung eines Kaufpreises oder einer Ausgleichssumme aufzuerlegen, § 8 HausratsVO. Der Richter kann auch einen im Alleineigentum eines Gatten stehenden Gegenstand dem anderen zuweisen, wenn dieser auf seine Weiterbenutzung angewiesen und dem anderen Gatten die Überlassung zuzumuten ist. In diesem Fall kann der Richter einen Zwangsmietvertrag diktieren oder bei Notwendigkeit einer endgültigen Auseinandersetzung sogar das Eigentum gegen angemessenes Entgelt übertragen, § 9 HausratsVO.

4. In der Praxis findet der Kampf um die Ehewohnung und den Hausrat meist schon *vor der Scheidung* statt, sei es im isolierten Verfahren bei Getrenntleben der Ehegatten (§§ 1361 a, 1361 b BGB), sei es im Scheidungsverbund durch Anträge auf Erlaß einstweiliger Anordnungen gem. § 620 Satz 1 Nr. 7 ZPO. Daß eine Entscheidung über die Ehewohnung erst im Verbund mit dem Scheidungsurteil getroffen wird, ist eher selten. Im Zeitpunkt der Scheidung hat sich die zunächst nur vorläufige Wohnungssituation meist schon so sehr verfestigt, daß es einer endgültigen Regelung durch das Gericht nicht mehr bedarf. Gleichwohl sind die Vorschriften der HausratsVO auch im vorprozessualen Raum von Bedeutung. Sie tragen zur gütlichen Beilegung von Streitigkeiten bei bzw. erleichtern es dem aus gewichtigen Gründen aus der Ehewohnung ausgeschlossenen Ehegatten, sich mit dieser Situation abzufinden.

III. Widerruf von Schenkungen

Nach früherem Recht konnte nach einer Scheidung, bei der ein Ehegatte für alleinschuldig erklärt wurde, der andere Schenkungen, die er ihm gemacht hatte, widerrufen. Diese Möglichkeit ist mit dem Inkrafttreten des 1. EheRG entfallen. Will ein Ehegatte heute Schenkungen widerrufen, muß er dem anderen *groben Undank* nachweisen (§ 530 BGB). Unter bestimmten Voraussetzungen kann er auch Wegfall der Geschäftsgrundlage geltend machen; s.o. § 13 II.

IV. Namensrechtliche Folgen

Der geschiedene Ehegatte behält den Ehenamen grundsätzlich bei. Er kann durch (öffentlich beglaubigte) Erklärung gegenüber dem Standesbeamten aber auch seinen Geburtsnamen oder einen anderen Namen wieder annehmen, den er bis zur Bestimmung des Ehenamens geführt hat, oder seinen Geburtsnamen dem Ehenamen voranstellen oder anfügen. § 1355 Abs. 5 BGB.

§ 17 Abstammung

Schrifttum: Beitzke, Reform der Ehelichkeitsanfechtung, in: FS Müller-Freienfels (1986), 31; ders., Rechtsvergleichende Bemerkungen zum künstlich gezeugten Kind, in: Gaul (Hrsg.), Familienrecht in Geschichte und Gegenwart (1992), 49; Coester-Waltjen, Künstliche Fortpflanzung und Zivilrecht, FamRZ 1992, 369; Frank, Recht auf Kenntnis der genetischen Abstammung?, FamRZ 1988, 113; Gaul, Ehelichkeitsstatus und Recht des volljährigen Kindes auf Klärung der eigenen Abstammung, in: Gaul (Hrsg.), Familienrecht in Geschichte und Gegenwart (1992), 23; ders., Die pater-est-Regel der §§ 1591, 1592 BGB in ihrer herkömmlichen Bedeutung und in der Reformdiskussion, in: FS Gernhuber (1993), 619; Giesen, Moderne Fortpflanzungstechniken im Licht des deutschen Familienrechts, in: FS Hegnauer (1986), 55; Gottwald, Recht auf Kenntnis der biologischen Abstammung?, in: FS Hubmann (1985), 111; Harder, Wer sind Vater und Mutter? - Familienrechtliche Probleme der Fortpflanzungsmedizin, JuS 1986, 505; Hohloch, „Kinder mit drei Eltern" - Medizintechnologie und Personenstandsrecht, StAZ 1986, 153; Hassenstein, Der Wert der Kenntnis der eigenen genetischen Abstammung, FamRZ 1988, 120; Kollhosser, Rechtsprobleme bei medizinischen Zeugungshilfen, JA 1985, 553; Mutschler, Emanzipation und Verantwortung. Zur Neuordnung des Abstammungsrechts, FamRZ 1994, 65; Ramm, Ehelichkeitsanfechtung und

Bundesverfassungsgericht, NJW 1989, 1594; Schwab/Henrich (Hrsg.), Entwicklungen des europäischen Kindschaftsrechts (1994); Schwenzer, Empfiehlt es sich, das Kindschaftsrecht neu zu regeln?, Gutachten A für den 59. Deutschen Juristentag (1992).

I. Grundsätzliches

Jedes Kind hat einen Vater und eine Mutter und über sie noch weitere Verwandte. Diese Beziehung zwischen einem Kind und seinen Eltern und den sonstigen Verwandten ist nicht nur eine natürliche, blutmäßige, sondern auch eine rechtliche. Voraussetzung dafür, daß sie entsteht, ist die *Feststellung der Abstammung*. Die Abstammung eines Kindes von seiner Mutter festzustellen, ist i.d.R. (oder war jedenfalls bis vor kurzem) nicht schwer. Dagegen wußten schon die Römer: Pater semper incertus. Darum hat das Recht Regeln für die Feststellung der Abstammung eines Kindes von seinem Vater aufgestellt.

Mit der Feststellung der Abstammung (hier verstanden als blutmäßige Abstammung) könnte sich das Recht an sich zufrieden geben. Es tut aber mehr. Es unterscheidet zwischen *ehelicher* und *nichtehelicher* Abstammung. Das hat seinen Grund nicht nur darin, daß für die Abstammung eines Kindes vom Ehemann seiner Mutter eine Vermutung spricht, die Feststellung darum im Normalfall unproblematisch ist, sondern auch darin, daß die Rechte eines ehelichen Kindes – noch immer – andere sind als die Rechte eines nichtehelichen Kindes.

Von der ehelichen oder nichtehelichen Abstammung hängt z.B. ab, wem die elterliche Sorge über das Kind zusteht, wessen Namen und Staatsangehörigkeit das Kind erwirbt, wie es mit seinen Unterhalts- und Erbansprüchen bestellt ist u.a.m. Darum sind Kriterien erforderlich, aus denen sich ergibt, welche Kinder als ehelich anzusehen sind und welche nicht.

Der Gesetzgeber darf sich aber nicht darauf beschränken, die Voraussetzungen der ehelichen Abstammung zu bestimmen, er muß auch den Weg bezeichnen, auf dem die zunächst für die Ehelichkeit eines in einer Ehe geborenen Kindes sprechende Vermutung widerlegt werden kann, und er muß schließlich die Frage beantworten, ob jedermann die Nichtehelichkeit eines Kindes geltend machen kann oder ob nur bestimmte Personen ein Anfechtungsrecht haben sollen.

II. Die eheliche Abstammung

Ehelich sind alle Kinder, deren Eltern im Zeitpunkt der Geburt miteinander verheiratet sind (auch wenn sie erst einen Tag vor der Geburt geheiratet haben!) oder – wenn ihre Ehe vor der Geburt durch Tod, Scheidung oder gerichtliche Aufhebung aufgelöst oder durch gerichtliches Urteil für nichtig erklärt worden ist – im Zeitpunkt der Zeugung miteinander verheiratet waren.

Es müssen also zwei Voraussetzungen gegeben sein:

(1) Geburt während der Ehe oder innerhalb einer bestimmten Frist nach Auflösung oder Nichtigerklärung der Ehe und
(2) Zeugung durch den Ehemann der Mutter.

Von diesen beiden Voraussetzungen läßt sich die erste ohne Schwierigkeiten feststellen. Dagegen ist die zweite Voraussetzung der Ehelichkeit, daß nämlich die Mutter das Kind vom Ehemann empfangen hat, schwieriger nachzuweisen. Das Gesetz hilft sich deshalb mit einer *Ehelichkeitsvermutung*: Pater est, quem nuptiae demonstrant.

Genau gesehen stellt das BGB zwei Vermutungen auf: eine Beiwohnungsvermutung und eine Vaterschaftsvermutung.

1. Die Beiwohnungsvermutung

Die Beiwohnungsvermutung geht davon aus, daß der Mann seiner Frau innerhalb der sog. Empfängniszeit beigewohnt hat, § 1591 Abs. 2 Satz 1 BGB.

Die *Empfängniszeit* ist der Zeitraum, der für die Erzeugung eines Kindes nach den Erfahrungen der ärztlichen Wissenschaft in Betracht kommt; als Empfängniszeit gilt die Zeit vom 181. bis 302. Tag vor der Geburt unter Einschluß dieser Tage, § 1592 Abs. 1 BGB.

Daß der Mann seiner Frau beigewohnt hat, wird allerdings (vom Ausnahmefall des § 1591 Abs. 2 Satz 2 BGB abgesehen) nur vermutet, wenn und soweit die Empfängniszeit *in die Ehe* fällt. Der Gesetzgeber wollte keine Vermutung aufstellen, daß unverheiratete Personen geschlechtlich miteinander verkehren. Liegt die Empfängniszeit vor der Eheschließung oder wird die Beiwohnungsvermutung für den in die Ehe fallenden Teil der Empfängniszeit widerlegt, so hat das Kind die voreheliche Beiwohnung zu beweisen.

Das Fehlen der Vermutung in diesem Fall bedeutet selbstverständlich nicht, daß ein Kind, das innerhalb von fünf Monaten nach dem Eheschluß geboren wird, als nichtehelich gilt. Der Standesbeamte, dem die Geburt eines Kindes angezeigt wird, wird das Kind als ehelich eintragen, wenn die Eltern des Kindes miteinander verheiratet sind, gleichgültig, wann die Ehe geschlossen wurde. Die fehlende Vermutung hat Konsequenzen nur dann, wenn die Ehelichkeit des Kindes angefochten wird. In diesem Fall braucht nämlich der Ehemann nicht die Vermutung zu widerlegen, daß er mit der Mutter des Kindes geschlechtlich verkehrt hat. Die Frage, ob ein Verkehr stattgefunden hat, unterliegt freier richterlicher Beweiswürdigung.

Gegen die Beiwohnungsvermutung ist der einfache Gegenbeweis zulässig, daß der Mann der Frau innerhalb der Empfängniszeit nicht beigewohnt hat.

2. Die Vaterschaftsvermutung

Die Vaterschaftsvermutung, die aus § 1591 Abs. 1 Satz 2 BGB abgeleitet werden kann, geht von der *Ursächlichkeit der Beiwohnung* für die Erzeugung des Kindes aus. Es wird also vermutet, daß das Kind bei der – vermuteten – Beiwohnung gezeugt worden ist.

Auch hier ist der Gegenbeweis zugelassen. Dabei müssen Umstände dargetan werden, wonach die Empfängnis vom Ehemann offenbar unmöglich ist, § 1591 Abs. 1 Satz 2 BGB. Offenbar unmöglich ist die Empfängnis dann, wenn sie in hohem Grade unwahrscheinlich ist (vgl. BGHZ 7, 116).

Es genügt also noch nicht der Nachweis, daß die Frau während der Empfängniszeit mit anderen Männern geschlechtlich verkehrt hat, wohl aber z.B. der Nachweis, daß die Frau, als sie zum ersten Mal mit ihrem Mann geschlechtlich verkehrte, bereits schwanger war, oder der Nachweis, daß ein nach dem Tod des Ehemannes geborenes Kind nach seinem Reifegrad nicht mehr von dem verstorbenen Ehemann gezeugt sein kann, wie z.B. ein Siebenmonatskind, das neun Monate nach dem Tod des Ehemannes geboren wird.

Für den Nachweis der offenbaren Unmöglichkeit kommt der *Blutuntersuchung* große Bedeutung zu. Nach § 372 a ZPO haben alle Beteiligten die Pflicht, die Entnahme von Blutproben in familienrechtlichen Streitigkeiten zu dulden, und zwar ohne Rücksicht auf ein etwaiges Zeugnisverweigerungsrecht. Wenn sich bei dem Kind eine Blutgruppe oder Blutfaktoren feststellen lassen, die bei der Mutter und deren Ehemann fehlen, kann dieser nicht der Erzeuger sein. Die Unmöglichkeit der Vaterschaft kann u.U. auch durch ein erbbiologisches Gutachten dargetan werden (vgl. BGH NJW 1954, 83; FamRZ 1961, 306).

3. Rechtsvergleichendes

Die pater est-Regel ist heute nicht mehr unbestritten. Manche wollen sie ausschließen, wenn die Ehe im Empfängniszeitraum nur noch formal bestand, die Mutter aber nicht mehr mit ihrem Ehemann zusammenlebte (Schwenzer, Vom Status zur Realbeziehung, S. 234 f.).

In der kanadischen Provinz Ontario steht gleichberechtigt neben der Vaterschaftsvermutung aufgrund der Ehe die Vermutung, daß das Kind von dem Mann abstammt, der mit der Mutter in einer nichtehelichen Gemeinschaft gelebt hat. Treffen in einem Fall mehrere Vaterschaftsvermutungen zusammen, so heben sie sich gegenseitig auf (Children's Law Reform Act sec. 8).

In der Schweiz gilt zwar ein in der Ehe geborenes Kind grundsätzlich als Kind des Ehemannes der Mutter. Wenn das Kind aber zu einer Zeit gezeugt worden ist, in der der gemeinsame Haushalt aufgegeben war, braucht die Anfechtung nicht weiter begründet zu werden (Art. 256 b Abs. 1 ZGB). Das heißt nichts anderes, als daß die Beiwohnungsvermutung in einem solchen Fall nicht gilt.

In Frankreich gilt die pater est-Regel nicht, wenn die Mutter das Kind nur unter ihrem Namen (oder unter ihrem Namen und dem Namen des wirklichen Vaters) eintragen läßt und das Kind nur ihr gegenüber die sog. possession d'état hat, d.h. von der Umwelt nur als ihr Kind, nicht auch als Kind ihres Ehemannes angesehen wird (Art. 313-1 C.c.).

Zu den Bedenken, die gegen die Übernahme solcher Regeln in das deutsche Recht sprechen, vgl. Beitzke, FS Müller-Freienfels, S. 31 ff.

4. Künstliche Fortpflanzung

Die Regeln des BGB sind auf die natürliche Fortpflanzung zugeschnitten. Bei künstlicher Fortpflanzung kann eine Anpassung erforderlich werden. Dabei sind verschiedene Fallgruppen zu unterscheiden:

Künstliche Fortpflanzung ist zunächst die *künstliche Befruchtung*, bei der die Frau entweder mit dem Samen ihres Ehemannes oder mit dem Samen eines Dritten befruchtet wird. Im ersten Fall spricht man von homologer, im zweiten Fall von heterologer Insemination.

a) Homologe Insemination

Die homologe Insemination ist zwar keine „Beiwohnung" i.S. des § 1591 BGB, wird dieser aber gleichgesetzt. Das Kind ist ehelich, auch wenn die Beiwohnungsvermutung des § 1591 Abs. 2 BGB widerlegt wird.

b) Heterologe Insemination

Bei der heterologen Insemination ist die Rechtslage im Prinzip dieselbe, wie wenn die Frau mit einem Dritten geschlechtlich verkehrt hätte. Die Ehelichkeit des Kindes wird vermutet. Die Vermutung kann aber durch den Nachweis widerlegt werden, daß eine Beiwohnung durch den Ehemann nicht stattgefunden hat und/oder die Empfängnis vom Ehemann offenbar unmöglich ist.

In diesem Zusammenhang ist streitig, ob der Ehemann der Mutter die Ehelichkeit des Kindes auch dann anfechten kann (§ 1594 BGB), wenn er der Fremdbefruchtung *zugestimmt* hat. Manche meinen, der Mann, der mit der Fremdbefruchtung zunächst einverstanden gewesen sei, handle rechtsmißbräuchlich, wenn er später die Ehelichkeit anfechte (vgl. etwa Staudinger/Göppinger, § 1591 Rz 40).

Soweit im Ausland diese Frage inzwischen gesetzlich geregelt worden ist, wurde entweder die Anfechtungsklage des Ehemannes ausgeschlossen (Schweiz: Art. 256 Abs. 3 ZGB) oder bestimmt, daß das Kind als Kind des Ehemannes gelte, wenn nicht nachgewiesen werden könne, daß dieser mit der Befruchtung nicht einverstanden gewesen sei (England: Human Fertilization and Embryology Act 1990, Sec. 28).

Nach Auffassung des BGH reicht die Einwilligung des Ehemannes in die Fremdbefruchtung allein nicht aus, das Anfechtungsrecht auszuschließen. Ein rechtsgeschäftlicher Ausschluß sei nicht möglich. Die vom Gesetz vorgesehene Anfechtungsfrist, die einen Zeitraum der Überlegung sichern soll, dürfe nicht durch eine Vereinbarung verkürzt werden. Darum könne auch die Einwilligung nicht als Verzicht auf das Anfechtungsrecht gewertet werden. Nur in besonders gelagerten Ausnahmefällen könne dem Mann, der sich auf die Ungültigkeit seines Verzichts berufe, der Einwand der Treuwidrigkeit entgegengehalten werden (BGH FamRZ 1983, 686). Ein Beispiel für einen solchen Ausnahmefall findet sich bei OLG Düsseldorf FamRZ 1988, 762. Ausführlich dazu: Harder, JuS 1986, 505, 506 f., sowie Henrich, Fälle und Lösungen, Fall 14.

c) Eiübertragung und In-vitro-Fertilisation

Von einer Eiübertragung spricht man, wenn einer Frau eine (unbefruchtete) Eizelle eingepflanzt wird, die von einer anderen Frau (Eispenderin) stammt. Eine In-vitro-Fertilisation liegt vor, wenn das Ei einer Frau nicht im Mutterleib (in vivo), sondern im Reagenzglas befruchtet wird. Dabei lassen sich vier Fälle unterscheiden:

(1) Das Ei stammt von der Ehefrau, der Same vom Ehemann;
(2) das Ei stammt von der Ehefrau, der Same von einem Dritten (Samenspender);
(3) das Ei stammt von einer fremden Frau (Eispenderin), der Same vom Ehemann;
(4) das Ei, das der Ehefrau eingepflanzt werden soll, stammt von einer Eispenderin und wurde mit dem Samen eines Samenspenders befruchtet.

Die Eiübertragung und die Fälle (3) und (4) der In-vitro-Fertilisation sind in Deutschland verboten: Es darf einer Frau weder eine fremde unbefruchtete Eizelle übertragen werden, noch ist es erlaubt, eine Eizelle zu einem anderen Zweck künstlich zu befruchten, als eine Schwangerschaft der Frau herbeizuführen, von der die Eizelle stammt (Embryonenschutzgesetz v. 13.12.1990, § 1 Abs. 1 Nrn. 1 und 2).

Zulässig ist die In-vitro-Fertilisation in den Fällen (1) und (2). Dort sind auch die Rechtsfolgen eindeutig: Der Fall (1) steht einer homologen Insemination gleich, der Fall (2) einer heterologen Insemination.

Zweifelhaft ist die Rechtslage dagegen in den *verbotenen* Fällen (die es nach wie vor gibt, weil nicht überall Verbotsgesetze wie in Deutschland existieren): Wer ist Mutter, wenn das Ei nicht von der Gebärenden stammt?

Die ganz herrschende Meinung weist die Mutterrolle derjenigen Frau zu, die das Kind ausgetragen und *geboren* hat (vgl. Harder, JuS 1986, 505, 508; Hohloch, StAZ 1986, 153). Auch hier ist darum das Kind ehelich, wenn die „Mutter" verheiratet ist. Diskutiert wird, ob die Ehelichkeit angefochten werden kann. Eine Anfechtung durch den Ehemann der Mutter scheidet aus, wenn dieser auch der Samenspender war: Er kann nicht geltend machen, nicht der Vater des Kindes zu sein. Zu denken wäre an ein Anfechtungsrecht der Ehefrau. Ein solches ist jedoch de lege lata nicht vorgesehen und sollte auch de lege ferenda nicht eingeführt werden. Die Ehefrau, der ein Ei oder ein Embryo eingepflanzt wird, übernimmt damit eine Verantwortung für das Kind. Im Interesse des Kindes darf ihr nicht gestattet werden, sich dieser Verantwortung später wieder zu entziehen (Harder, JuS 1986, 505, 509; Kollhosser, JA 1985, 553, 555 f.). Durchaus vorstellbar wäre dagegen – de lege ferenda – ein Anfechtungsrecht des Kindes. Das Kind hat ein Recht nicht nur auf Kenntnis seiner Abstammung (s.u. IV 4), sondern auch darauf, sich aus einer verwandtschaftlichen Beziehung zu lösen, die nur zum Schein besteht. Freilich: Ist die Beziehung des Kindes zu der Frau, die es geboren hat, wirklich nur eine scheinbare Verwandtschaftsbeziehung?

Im Fall (4) hat zwar eine Ehefrau während der Ehe ein Kind geboren, und darum ist auch hier das Kind zunächst einmal ehelich (so jedenfalls die h.M.; vgl. Staudinger/Göppinger, § 1591 Rz. 48; kritisch: Harder, JuS 1986, 505, 509). Genetisch ist aber eine andere Frau die Mutter und ein anderer Mann als ihr Ehemann der Vater. Hier ist die Rechtsposition des Scheinvaters dieselbe wie im Fall einer heterologen Insemination (Anfechtung nach h.M. also möglich), und die Rechtsposition von Mutter und Kind dieselbe wie im Fall (3).

d) Ersatzmutterschaft

Schließlich gibt es eine letzte Fallgruppe: Nicht die Ehefrau bringt das Kind zur Welt, sondern eine andere Frau, die sog. Ersatzmutter, bei der entweder eine künstliche Befruchtung durchgeführt wurde oder der ein Embryo eingepflanzt wurde, der in vitro entstanden ist.

Auch diese Fortpflanzungstechnik ist verboten (§ 1 Abs. 1 Nr. 7 Embryonenschutzgesetz), kommt aber gleichwohl vor.

In diesem Fall ist das Kind zunächst einmal *Kind der Frau, die es geboren hat*, also der Ersatzmutter. War die Ersatzmutter verheiratet, hat das Kind den Status eines ehelichen Kindes der Ersatzmutter und ihres Ehemannes. War die Ersatzmutter nicht verheiratet, ist das Kind nichtehelich. Die genetischen Eltern haben keine Möglichkeit, ihre Elternschaft feststellen zu lassen. Nur dem Ehemann der Ersatzmutter (wenn diese verheiratet war) steht ein Anfechtungsrecht zu, jedenfalls, wenn man der herrschenden Meinung folgt, wonach das Einverständnis mit einer Fremdbefruchtung das Anfechtungsrecht nicht ausschließt. Ob auch die Ersatzmutter ihre „Mutterschaft“ anfechten kann, ist zweifelhaft, de lege lata wohl ausgeschlossen (str.; vgl. Giesen, FamR, Rz. 519 m. Nachw. auch der Gegenmeinung). Den genetischen Eltern bleibt nur die Möglichkeit, „ihr“ Kind zu adoptieren (wenn die Ersatzmutter und ihr Ehemann damit einverstanden sind). Verträge zwischen den genetischen Eltern und der Ersatzmutter, in denen sich diese bereiterklärt, das Kind herauszugeben, und jene sich verpflichten, das Kind „abzunehmen“ (auch wenn es z.B. behindert sein sollte!), sind unwirksam (wie auch Verträge zur Ersatzmuttervermittlung; vgl. § 13 c Adoptionsvermittlungsgesetz i.d.F. der Neubekanntmachung v. 27.11.1989) und auf keinen Fall zwangsweise durchsetzbar (Umgehung zwingender Vorschriften des Adoptionsrechts, §§ 1747, 1750 BGB, Sittenwidrigkeit bei Vereinbarung eines Entgelts: Das Kind darf nicht zur Handelsware degradiert werden; vgl. Kollhosser, JA 1985, 553, 556, 559 f.). Das ist jedenfalls in Deutschland herrschende Meinung. In den USA wird teilweise (nicht überall) im Fall einer Ersatzmuttervereinbarung der genetischen Elternschaft der Vorrang eingeräumt (Johnson v. Calvert, 19 Family Law Reports 2021, Cal. Supr. Court 1993).

III. Die Geltendmachung der Nichtehelichkeit

1. Hier lautet der wichtigste Satz: „Die Nichtehelichkeit eines Kindes, das während der Ehe oder innerhalb von 302 Tagen nach Auflösung oder Nichtigerklärung der Ehe geboren ist, kann nur geltend gemacht werden, wenn die Ehelichkeit angefochten und die Nichtehelichkeit rechtskräftig

festgestellt ist", § 1593 BGB. Dieser Satz wird durch einen zweiten ergänzt: Die Ehelichkeit eines Kindes kann nur angefochten werden

(1) von dem Mann, der als sein ehelicher Vater gilt (§ 1594 BGB),
(2) nach dem Tod des Mannes von seinen Eltern (§ 1595 a BGB) und
(3) unter bestimmten Voraussetzungen auch vom Kind selbst (§ 1596 BGB).

Das heißt: Wird die Ehelichkeit von diesen Personen nicht angefochten, so kann sich *niemand auf die Nichtehelichkeit des Kindes berufen*, mag sie noch so offenkundig sein. Das gilt auch für die Anfechtungsberechtigten selbst. So kann z.B. der Scheinvater des Kindes, d.h. der Ehemann der Mutter, die das Kind im Ehebruch empfangen hat, die an das Kind gezahlten Unterhaltsbeträge vom Erzeuger so lange nicht ersetzt verlangen, als die Ehelichkeit noch nicht angefochten und die Nichtehelichkeit noch nicht rechtskräftig festgestellt ist.

2. Das Hauptinteresse an der Beseitigung der Ehelichkeit des Kindes hat der *Mann*, der als sein *Vater* gilt. Darum ist jedenfalls er zur Anfechtung berechtigt, § 1594 Abs. 1 BGB.

3. Die *Eltern des Mannes* können die Ehelichkeit anfechten, wenn die Anfechtung der Ehelichkeit durch den Mann durch dessen Tod vereitelt worden ist. Das heißt: Den Eltern steht das Anfechtungsrecht zu, wenn der Mann gestorben ist, ohne von der Geburt des Kindes Kenntnis erlangt zu haben, ferner, wenn der Mann innerhalb von zwei Jahren seit der Geburt des Kindes (d.h. innerhalb der Frist, in der er die Ehelichkeit hätte anfechten können) gestorben ist, ohne die Ehelichkeit angefochten zu haben. Im letzteren Fall ist das Anfechtungsrecht der Eltern aber ausgeschlossen, wenn feststeht, daß der Mann die Ehelichkeit des Kindes nicht anfechten wollte, § 1595 a BGB.

4. Dem *Kind* steht nach dem Gesetz ein Anfechtungsrecht nur in bestimmten Fällen zu (§ 1596 Abs. 1 BGB), nämlich wenn:

(1) der Mann gestorben oder für tot erklärt ist, ohne sein Anfechtungsrecht verloren zu haben,
(2) die Ehe geschieden, aufgehoben oder für nichtig erklärt ist oder wenn die Ehegatten seit drei Jahren getrennt leben und nicht zu erwarten ist, daß sie die eheliche Lebensgemeinschaft wieder herstellen,
(3) die Mutter den Mann geheiratet hat, der das Kind gezeugt hat (hier ist die Anfechtung der Ehelichkeit Voraussetzung für eine Legitimation nach § 1719 BGB),
(4) die Anfechtung wegen ehrlosen oder unsittlichen Lebenswandels oder wegen einer schweren Verfehlung des Mannes gegen das Kind sittlich gerechtfertigt ist oder

(5) die Anfechtung wegen einer schweren Erbkrankheit des Mannes sittlich gerechtfertigt ist (Verminderung der Heiratsaussichten!).

Das Anfechtungsrecht des Kindes ist damit nach dem Willen des Gesetzgebers praktisch auf den Fall beschränkt, daß die Ehe seiner Mutter mit dem Scheinvater nicht mehr besteht oder gescheitert ist (§ 1596 Abs. 1 Nr. 2 BGB). Lebt die Mutter mit dem Scheinvater weiterhin zusammen, so soll das Kind seine Ehelichkeit nicht anfechten können (sieht man einmal von den Ausnahmefällen der Nrn. 4 und 5 des § 1596 Abs. 1 BGB ab). Hinter dieser Regelung steht der Gedanke, daß durch eine Anfechtung der Ehelichkeit der Familienfriede und der Bestand der Ehe gefährdet werden könnten. Das Bundesverfassungsgericht hat indessen diesem Eheschutz das Interesse des – volljährigen – Kindes an seiner Individualitätsfindung gegenübergestellt und die gesetzliche Regelung jedenfalls in den Fällen für verfassungswidrig erklärt, in denen durch die Anfechtung eine Gefährdung der Ehe oder des Familienfriedens nicht zu erwarten ist (z.B. weil Mutter und Scheinvater beide mit der Ehelichkeitsanfechtung einverstanden sind, der Scheinvater aber wegen Versäumung der Ausschlußfrist – § 1594 BGB – die Ehelichkeit selbst nicht mehr anfechten kann); BVerfG FamRZ 1989, 255.

Die Entscheidung ist auf Kritik gestoßen (s. insbes. Ramm, NJW 1989, 1594). Gleichwohl ist sie richtig. Der Eheschutzartikel der Verfassung (Art. 6 Abs. 1 GG) ist nicht dazu da, eine Fassade gutbürgerlicher Wohlanständigkeit zu schützen, wenn es um die Feststellung der Wahrheit geht. Im übrigen ist es wenig wahrscheinlich, daß eine Ehe, die immerhin, trotz der Tatsache eines Ehebruchs, 18 Jahre lang – bis zur Volljährigkeit des Kindes – gehalten hat, zerbricht, wenn das Kind nunmehr seine Ehelichkeit anficht. Ob der Mutter und ihrem Ehemann eine solche Anfechtungsklage angenehm ist, kann demgegenüber nicht entscheidend ins Gewicht fallen.

Noch unklar ist, welche Folgerungen aus der Entscheidung des BVerfG zu ziehen sind. Zwei Wege sind denkbar (und vom BVerfG ausdrücklich für gangbar erklärt worden): Es kann der Katalog der Anfechtungsgründe in § 1596 Abs. 1 BGB erweitert werden, oder es kann dem scheinehelichen Kind die Möglichkeit eingeräumt werden, seine wahre Abstammung entgegen § 1593 BGB auch ohne vorherige Anfechtung seiner Ehelichkeit feststellen zu lassen. Letzteres würde freilich dazu führen, daß das Kind nunmehr zwei Väter hätte: den Scheinvater (gegen den das Kind nach wie vor – weil die Rechtsbeziehung ja noch besteht – Unterhalts- und Erbansprüche geltend machen könnte) und den wirklichen Vater, wobei zu klären wäre, welche Rechtswirkung eine solche Feststellung dann haben soll. Vermutlich käme nur eine ideelle Wirkung in Frage: Das Kind wüßte nun sicher, wer sein leiblicher Vater ist, hätte gegen ihn aber keine materiellen Ansprüche. Der erste Weg dürfte der bessere sein. Er schafft klare Verhältnisse. Das Kind muß wissen, daß es das Rechtsband zwischen sich und dem Scheinvater zerschneiden muß, ehe es ein neues Rechtsband zwischen sich und dem wirklichen Vater knüpfen kann (gegen eine Feststellung der Vaterschaft vor Anfechtung der Ehelichkeit auch OLG Düsseldorf FamRZ 1990, 796).

Daß ein Anfechtungsrecht des Kindes auch in den Fällen, in denen die Ehe zwischen seiner Mutter und dem Scheinvater noch besteht, nichts Ungewöhnliches ist, zeigt auch die Rechtsvergleichung: Nicht nur in England, wo die Ehelichkeit eines Kindes ohnehin von jedermann und in jedem Verfahren (allerdings jeweils nur mit Wirkung inter partes) bestritten werden kann, sondern auch in den skandinavischen Staaten (Dänemark, Norwegen und Schweden), in Polen, Ungarn und den Nachfolgestaaten des früheren Jugoslawien sowie in Italien und Spanien gibt es ein solches Recht (vgl. die rechtsvergleichende Übersicht bei Dopffel, Ehelichkeitsanfechtung durch das Kind, 1990). Unzuträglichkeiten haben sich in diesen Ländern, soweit ersichtlich, nicht ergeben.

5. *Kein Anfechtungsrecht* hat nach deutschem Recht die *Mutter* des Kindes. Das wird damit begründet, daß ein nichteheliches Kind seiner Mutter gegenüber die Stellung eines ehelichen Kindes habe. Werde die Ehelichkeit des Kindes angefochten, so ändere sich dadurch nichts an der Beziehung der Mutter zu dem Kind. Nur die Beziehungen des Kindes zu dem Scheinvater und dessen Verwandten würden aufgelöst.

Überzeugend ist das nicht. Schließlich werden durch die Ehelichkeitsvermutung auch die Interessen der Mutter tangiert. Sie muß die elterliche Sorge für das Kind mit dem Scheinvater teilen; bei Trennung oder Scheidung kann auch dem Scheinvater das Sorgerecht übertragen werden. Aus diesem Grund halten manche Autoren den Ausschluß der Mutter aus dem Kreis der Anfechtungsberechtigten sogar für verfassungswidrig, sei es wegen Verstoßes gegen Art. 3 Abs. 2 GG (Gernhuber/Coester-Waltjen, § 51 II 2), sei es wegen Unvereinbarkeit mit Art. 6 Abs. 2 GG (Schwenzer, Vom Status zur Realbeziehung, 242 f.). Mag man diese Ansicht auch nicht teilen, so ist das Bedürfnis für eine Änderung der Rechtslage doch evident.

Freilich ist es schon heute so, daß es vielfach die Mutter des Kindes ist, die die Ehelichkeitsanfechtungsklage erhebt. Das geschieht dann aber nicht im eigenen Namen, sondern im Namen des Kindes (vgl. § 1597 BGB). Diese Möglichkeit allein genügt aber nicht. Sie ist nur dann gegeben, wenn der Mutter nach der Scheidung von ihrem Ehemann die elterliche Sorge (und damit auch die Vertretungsbefugnis) für ihr Kind übertragen worden ist. Es kann aber durchaus Fälle geben, in denen die

Mutter schon vor der Scheidung von ihrem Ehemann den wahren Personenstand ihres Kindes feststellen lassen möchte. Hier bleibt ihr (wegen §§ 1629 Abs. 2, 1795 Abs. 1 Nr. 3 BGB) de lege lata nur der Weg, das Vormundschaftsgericht zu der Bestellung eines Pflegers zu veranlassen, der dann namens des Kindes die Anfechtungsklage (unter den Voraussetzungen des § 1596 Abs. 1 BGB) erheben kann.

6. *Kein Anfechtungsrecht* hat schließlich auch der *wirkliche Vater* des Kindes. Der Gesetzgeber hat eine solche Möglichkeit von vornherein nicht in Erwägung gezogen. Der BGH hat die Klage eines wirklichen Vaters auf Feststellung, daß das Kind nicht vom Ehemann seiner Mutter, sondern von ihm abstamme, als unzulässig verworfen, weil § 1593 BGB dem Feststellungsbegehren entgegenstehe, und den Ausschluß des Anfechtungsrechts mit dem Schutz des Familienfriedens und damit auch des Kindeswohls begründet (BGH FamRZ 1981, 538). Dieses Argument trifft freilich nur dann zu, wenn die Mutter des Kindes mit ihrem Ehemann weiterhin zusammenlebt. Es trifft nicht zu, wenn die Mutter (z.B.) mit dem wirklichen Vater des Kindes zusammenlebt oder wenn sowohl die Mutter als auch ihr Ehemann verstorben sind oder wenn die Mutter und ihr Ehemann das Kind zur Adoption freigeben wollen. In solchen Fällen könnte durchaus – de lege ferenda – daran gedacht werden, nach dem Vorbild ausländischer Rechte auch dem wirklichen Vater die Möglichkeit zu schaffen, zu „seinem“ Kind zu kommen (vgl. Beitzke, FS Müller-Freienfels, 31, 51 ff.; Schwenzer, Vom Status zur Realbeziehung, 244 ff.).

7. Die Anfechtung der Ehelichkeit durch den Mann oder seine Eltern erfolgt bei Lebzeiten des Kindes durch *Anfechtungsklage* gegen das Kind. Das Kind ficht die Ehelichkeit an durch Klage gegen den Scheinvater, § 1599 Abs. 1 BGB.

Nach dem Tod des Kindes tritt an die Stelle der Anfechtungsklage der Antrag auf *Feststellung der Nichtehelichkeit*. Über den Antrag entscheidet in diesem Fall das Vormundschaftsgericht. Das gleiche gilt, wenn das Kind nach dem Tod des Mannes seine Ehelichkeit anficht, § 1599 Abs. 2 BGB.

8. Die Ausübung des Anfechtungsrechts ist regelmäßig an eine *Ausschlußfrist* gebunden. Der Mann muß die Ehelichkeit binnen zwei Jahren anfechten (§ 1594 Abs. 1 BGB). Die Frist beginnt mit dem Zeitpunkt, in dem er Kenntnis von den Umständen erlangt, die für die Nichtehelichkeit des Kindes sprechen (etwa einem Ehebruch der Mutter während der Empfängniszeit), frühestens aber mit der Geburt des Kindes, § 1594 Abs. 2 BGB. Ein Versuch, die zeitliche Beschränkung der Anfechtung für verfassungswidrig erklären zu lassen, scheiterte am Bundesverfassungsgericht (BVerfG FamRZ 1975, 82).

Für die Eltern gilt eine Ausschlußfrist von einem Jahr. Hier beginnt die Frist mit dem Zeitpunkt, in dem ein Elternteil Kenntnis vom Tod des Mannes und von der Geburt des Kindes erlangt hat, § 1595 a Abs. 1 Satz 4 und 5 BGB.

Für das Anfechtungsrecht des Kindes gilt in den Fällen des § 1596 Abs. 1 Nr. 1-3 ebenfalls eine Ausschlußfrist von zwei Jahren, in den übrigen Fällen ist das Anfechtungsrecht nicht fristgebunden. Soweit das Anfechtungsrecht fristgebunden ist, beginnt die Frist mit dem Zeitpunkt, in dem das Kind von den Umständen, die für seine Nichtehelichkeit sprechen, und von dem Sachverhalt Kenntnis erlangt, der es zur Anfechtung berechtigt, § 1596 Abs. 2 BGB. Ist das Kind minderjährig, so kommt es auf die Kenntnis des gesetzlichen Vertreters an (§ 166 Abs. 1 BGB), falls dieser zur Vertretung des Kindes im Anfechtungsprozeß berechtigt ist (OLG Bamberg FamRZ 1992, 220). Solange die Mutter als gesetzliche Vertreterin nicht allein sorgeberechtigt ist, läuft die Anfechtungsfrist somit nicht!

Fraglich ist, welche Anfechtungsfrist in den Fällen gelten soll, in denen das volljährig gewordene Kind, dessen Mutter und dessen Scheinvater nach wie vor zusammenleben, seine Ehelichkeit anficht.

Nach § 1598 BGB kann das volljährig gewordene Kind in den Fällen des § 1596 Abs. 1 Nr. 1-3 seine Ehelichkeit anfechten, wenn sein gesetzlicher Vertreter nicht rechtzeitig angefochten hat. Die Anfechtung ist allerdings nicht mehr zulässig, wenn seit dem Eintritt der Volljährigkeit zwei Jahre verstrichen sind. Hält man sich an den Wortlaut des § 1598 BGB, so wäre eine Anfechtung nach Ablauf dieser Zweijahresfrist nicht mehr zulässig. Dem steht jedoch der Satz des BVerfG (FamRZ 1989, 255) entgegen, daß eine Beschränkung des Anfechtungsrechts des Kindes mit der Verfassung nicht vereinbar ist, wenn eine Gefährdung der Ehe oder des Familienfriedens nicht zu erwarten ist. Andrerseits dienen Fristen der Rechtssicherheit. Ein Recht ist auch dann noch „gewährleistet", wenn es nur innerhalb einer bestimmten Frist ausgeübt werden kann. Will man beiden Sätzen Rechnung tragen, so wird man den § 1598 BGB so interpretieren, daß in den vom BVerfG genannten Fällen es zwar bei der Zweijahresfrist bleibt, die Frist aber erst mit dem Zeitpunkt beginnt, zu dem das Kind von den Umständen, die für seine Nichtehelichkeit sprechen, Kenntnis erlangt hat (so nun auch BVerfG FamRZ 1994, 881).

Dies gilt auch in den Fällen, in denen ein Anfechtungsrecht des Kindes schon bisher gegeben war. Angenommen, die Ehe der Eltern ist geschieden, der Scheinvater hat aber innerhalb der Anfechtungsfrist (bewußt) keine Anfechtungsklage erhoben. Kann hier das Kind auch noch nach seinem 20. Geburtstag seine Ehelichkeit anfechten mit dem Argument, es habe erst nach Eintritt seiner Volljährigkeit von seiner nichtehelichen Abstammung erfahren? Das OLG Bremen hat diese Frage verneint (FamRZ 1989, 1228) mit dem Argument, das familienrechtliche Band zwischen dem Kind und seinem (Schein-)Vater sei auch nach der Scheidung noch schutzwürdig. Mit der Auffassung des BVerfG ist dies schwerlich zu vereinbaren. Läßt man bei der Ehelichkeitsanfechtung eines Kindes, dessen Eltern noch zusammenleben, die Anfechtungsfrist erst vom Zeitpunkt der Kenntniserlangung an laufen, so muß dasselbe erst recht gelten, wenn die Mutter von dem Scheinvater geschieden ist (so auch OLG Frankfurt FamRZ 1990, 315).

9. Die Anfechtung ist ein *höchstpersönlicher Akt.* Darum ist eine Anfechtung durch einen gewillkürten Vertreter nicht zulässig, § 1595 Abs. 1 BGB. Für ein minderjähriges Kind kann nur der gesetzliche Vertreter die Ehelichkeit anfechten. Er bedarf dazu aber der Genehmigung des Vormundschaftsgerichts (§ 1597 Abs. 1 BGB), das vor der Erteilung der Genehmigung zu prüfen hat, ob die Anfechtung im Interesse des Kindes liegt. Vor der Entscheidung ist auch das Jugendamt zu hören (§ 49 Abs. 1 Nr. 1 a FGG).

Gesetzlicher Vertreter wird in den Fällen des § 1596 Abs. 1 Nr. 1-3 BGB meistens die Mutter sein. Besteht die Ehe noch, muß ein Pfleger bestellt werden, §§ 1629 Abs. 2 Satz 1, 1795 Abs. 1 Nrn. 1 u. 3, 1909 BGB. Will ein Vormund oder Pfleger die Ehelichkeit anfechten, so soll das Vormundschaftsgericht die Genehmigung nur erteilen, wenn die Mutter des Kindes einwilligt, § 1597 Abs. 3 BGB.

10. Für das Verfahren im Anfechtungsprozeß gelten die besonderen Vorschriften der sog. Statusprozesse, §§ 640 ff. ZPO.

IV. Die nichteheliche Abstammung

1. Grundsätzliches

a) 1991 wurden 15 % aller Kinder in der Bundesrepublik nichtehelich geboren. 1968 waren es 4,76 %. Der Prozentsatz steigt. Die Parallele zur Entwicklung der nichtehelichen Lebensgemeinschaften ist offenkundig. 1972 schätzte man die Zahl der nichtehelichen Lebensgemeinschaften mit Kindern auf 25.000, 1991 auf 378.000. In anderen Ländern sind ähnlich hohe oder sogar noch höhere Zahlen zu verzeichnen. In Österreich lag 1991 der Anteil der nichtehelichen Geburten bei 25 %, in Großbritannien und in den USA 1990 bei 28 %, in Schweden ist er innerhalb von 25 Jahren von 10 % auf 50 % gestiegen.

Diese Zahlen machen einen sozialen Wandel deutlich. Konsequenzen für den Gesetzgeber sind unausweichlich. Sie sind jedoch vornehmlich in dem Bereich der Auswirkungen des Kindschaftsverhältnisses zu ziehen. Bei der Feststellung des Kindschaftsverhältnisses kann es bei der bisherigen Unterscheidung zwischen ehelicher und nichtehelicher Abstammung bleiben. Beide unterscheiden sich dadurch, daß dann, wenn die Eltern verheiratet sind, eine Vermutung für die Vaterschaft des Ehemannes spricht, während bei einer unverheirateten Mutter nicht ohne weiteres vermutet werden kann, daß ein bestimmter Mann ihr in der Empfängniszeit beigewohnt habe.

In ausländischen Rechtsordnungen wird zwar gelegentlich auch das nichteheliche Zusammenleben der Eltern als ein Kriterium verwandt, das die Feststellung der Vaterschaft erleichtert (vgl. die Nachweise bei Schwenzer, Vom Status zur Realbeziehung, 231 f.). Dagegen spricht jedoch, daß der Ehemann der Mutter ohne weiteres feststellbar ist (Eintragung im Heiratsbuch), nicht dagegen der nichteheliche Partner. Darum sollte diesem Vorbild nicht Folge geleistet werden.

b) Ausgangspunkt der gesetzlichen Regelung ist § 1600 a BGB. Nach dieser Vorschrift wird bei nichtehelichen Kindern die Vaterschaft entweder durch *Anerkennung* oder durch *gerichtliche Entscheidung* festgestellt. Die Feststellung erfolgt mit Wirkung für und gegen alle. Die Anerkennung ist die Regel. Mehr als 85 % aller Väter erkennen ihre nichtehelichen Kinder freiwillig an.

§ 1600 a BGB wurde durch das Gesetz über die rechtliche Stellung der nichtehelichen Kinder v. 19.8.1969 („Nichtehelichengesetz") in das BGB eingefügt. Früher war es anders. Die Rechtsbeziehung zwischen dem nichtehelichen Kind und seinem Vater erschöpfte sich in einer bloßen Unterhaltsverpflichtung des „Zahlvaters". Zahlvater war, wer der Mutter während der Empfängniszeit beigewohnt hatte und die daraus resultierende Vaterschaftsvermutung nicht widerlegen konnte (durch Nachweis entweder der offenbaren Unmöglichkeit der Abstammung oder eines Geschlechtsverkehrs der Mutter auch mit anderen Männern, der sog. Mehrverkehrseinrede oder exceptio plurium). Die Feststellung der Zahlvaterschaft hatte keine statusbegründende Wirkung. Sie wirkte nur inter partes. Verbindlich festgestellt wurde nur die Unterhaltsverpflichtung, nicht auch die Vaterschaft.

Nach geltendem Recht haben Anerkennung der Vaterschaft und gerichtliche Feststellung konstitutive Wirkung. Vor der Anerkennung oder der gerichtlichen Feststellung können die Rechtswirkungen der Vaterschaft nicht geltend gemacht werden, § 1600 a Satz 2 BGB.

2. Die Anerkennung der Vaterschaft

a) Die Feststellung der Vaterschaft durch Anerkennung setzt zweierlei voraus: die *Anerkennung durch den Vater* und die *Zustimmung des Kindes* (§ 1600 c Abs. 1 BGB). Die Zustimmung des Kindes ist als Sicherung dagegen erforderlich, daß jemand das Kind anerkennt, der gar nicht der wirkliche Vater ist. Nur allzu leicht könnte sonst eine Adoption umgangen werden.

Vom Vater wird eine unbedingte und unbefristete Erklärung verlangt, in der er seine Vaterschaft anerkennt (§ 1600 b Abs. 1 BGB). Die Erklärung muß in der Form einer öffentlichen Urkunde erfolgen (§ 1600 e Abs. 1 BGB). Für die Beurkundung sind neben dem Notar (§ 1 BeurkG, § 20 BNotO) auch die Amtsgerichte (§ 62 BeurkG, § 641 c ZPO), die Standesbeamten (§ 29 a PStG) und die Jugendämter (§ 59 Abs. 1 Nr. 1 SGB VIII) zuständig.

Die Zustimmung des Kindes ist dem Anerkennenden oder dem Standesbeamten gegenüber zu erklären, § 1600 c Abs. 2 BGB. Auch für sie ist öffentliche Beurkundung vorgeschrieben, § 1600 e Abs. 1 BGB.

Selbst erklären kann das Kind seine Zustimmung aber erst dann, wenn es das 14. Lebensjahr vollendet hat. Vorher kann nur sein gesetzlicher Vertreter der Anerkennung zustimmen. Und auch das Kind, welches das 14. Lebensjahr vollendet hat, braucht für die Zustimmung, solange es noch minderjährig ist, die Zustimmung seines gesetzlichen Vertreters, § 1600 d Abs. 2 BGB. Die letzte Entscheidung über die Zustimmung zur Anerkennung liegt also bei dem gesetzlichen Vertreter des Kindes. Gesetzlicher Vertreter in dieser Frage ist hier – falls eine Amtspflegschaft besteht (zum Ausschluß der Amtspflegschaft vgl. § 1707 BGB) – nicht die Mutter des Kindes, sondern ein Pfleger (meist das Jugendamt; vgl. §§ 1706, 1709 BGB). Der Gesetzgeber fürchtete offenbar einen Interessenkonflikt (wird die Mutter nein sagen, wenn ein Mann, der sie heiraten will, die Vaterschaft aus Gefälligkeit anerkennt, ohne in Wahrheit der Vater zu sein?).

Die *Zustimmung der Mutter* wird *nicht* verlangt. Ihr ist lediglich eine beglaubigte Abschrift der Anerkennungserklärung zu übersenden, § 1600 e Abs. 2 BGB. Ist sie mit der Anerkennung nicht einverstanden, so kann sie die Anerkennung anfechten (§ 1600 g Abs. 1 BGB).

Anerkennender und Zustimmender müssen ihre Erklärungen selbst abgeben. Sie können keinen Bevollmächtigten schicken, § 1600 d Abs. 3 BGB. Der Vater des Kindes muß die Anerkennung auch dann selbst erklären, wenn er noch minderjährig ist. Es kann also nicht sein gesetzlicher Vertreter für ihn die Vaterschaft anerkennen. Die Anerkennung ist ein höchstpersönliches Geschäft. Allerdings braucht der Minderjährige für die Anerkennung die Zustimmung seines gesetzlichen Vertreters (§ 1600 d Abs. 1 BGB)

b) Entspricht die Anerkennung den genannten Voraussetzungen, so kann sie nur durch eine *Anfechtung*, verbunden mit einer gerichtlichen Feststellung, daß der Mann nicht der Vater des Kindes ist, wieder vernichtet werden, § 1600 f Abs. 1 BGB.

Das bedeutet: Eine bewußt wahrheitswidrige Anerkennung der Vaterschaft ist nicht nichtig!

Enthielte § 1600 f Abs. 1 BGB nicht das Wort „nur", so käme man über § 169 StGB (Personenstandsfälschung) und § 134 BGB zur Nichtigkeit der bewußt wahrheitswidrigen Vaterschaftsanerkennung!

Anfechtungsberechtigt sind der Mann, der die Vaterschaft anerkannt hat, die Mutter und das Kind, außerdem die Eltern des Mannes (nach dessen Tod), § 1600 g BGB.

Der Kreis der Anfechtungsberechtigten ist also fast der gleiche wie bei einem ehelichen Kind. Ausnahme: Bei einem nichtehelichen Kind hat auch die Mutter ein Anfechtungsrecht. Sie muß die Möglichkeit haben zu verhindern, daß jemand sich als Vater des Kindes ausgibt, ohne es in Wahrheit zu sein. Hält man ihre Zustimmung zur Anerkennung für entbehrlich, kann man ihr doch nicht das Recht nehmen, die Vaterschaft des Anerkennenden zu bestreiten.

Die *Anfechtungsfrist* beträgt für den Mann, seine Eltern und die Mutter ein Jahr, für das Kind zwei Jahre. Für den Mann und grundsätzlich auch für das Kind beginnt die Frist mit dem Zeitpunkt, in dem ihm die Umstände bekannt geworden sind, die gegen die Vaterschaft sprechen, für die Eltern des Mannes ist der Zeitpunkt maßgebend, in dem einem Elternteil der Tod des Mannes und die Anerkennung bekannt geworden sind, und für die Mutter des Kindes schließlich läuft die Frist von dem Zeitpunkt an, in dem sie von der Anerkennung erfahren hat, §§ 1600 h, 1600 i BGB.

Ebenso wie bei der Anfechtung der Ehelichkeit eines Kindes muß auch bei der Anfechtung der Anerkennung eines nichtehelichen Kindes – jedenfalls grundsätzlich – eine *Vermutung* widerlegt werden. Es wird nämlich vermutet, daß das Kind von dem Mann gezeugt ist, der die Vaterschaft anerkannt hat. Diese Vermutung gilt nur dann nicht, wenn der Mann anficht und geltend macht, seine Anerkennungserklärung leide unter einem Willensmangel nach § 119 Abs. 1 BGB (in der Praxis kaum vorstellbar) oder nach § 123 BGB (arglistige Täuschungen sind keine Seltenheit). Hier ist es zunächst Sache des Kindes zu beweisen, daß der Mann der Mutter innerhalb der Empfängniszeit beigewohnt hat. Nur wenn dieser Beweis geführt werden kann, muß der Mann seinerseits die weitere Vermutung entkräften, daß das Kind aus dieser Beiwohnung stammt, §§ 1600 m, 1600 o Abs. 2 BGB.

3. Die Feststellung der Vaterschaft durch gerichtliche Entscheidung

a) Durch *gerichtliche Entscheidung* muß die Vaterschaft dann festgestellt werden, wenn der Vater des Kindes die Vaterschaft nicht anerkennt oder seine Anerkennung deswegen nicht wirksam wird, weil die Zustimmung des Kindes verweigert wird. Auf die Feststellung klagen kann sowohl das Kind (das ist der Normalfall), das dabei regelmäßig durch einen Pfleger vertreten wird (§ 1706 BGB), als auch der Erzeuger (wenn die Zustimmung verweigert wird), § 1600 n Abs. 1 BGB. Zuständig ist das Amtsgericht, § 23 a GVG. Das Verfahren ist ein Statusprozeß i.S. der §§ 640 ff. ZPO. Die Mutter ist zum Termin zu laden, § 640 e ZPO.

Nach dem Tod des Mannes oder des Kindes tritt an die Stelle der Feststellungsklage ein Antrag an das Vormundschaftsgericht. Antragsberechtigt ist beim Tod des Mannes das Kind, beim Tod des Kindes die Mutter, § 1600 n Abs. 2 BGB.

Die Abstammung kann auf zwei Wegen vom Gericht festgestellt werden. Der erste ergibt sich aus § 1600 o Abs. 1 BGB, der zweite aus § 1600 o Abs. 2 BGB. Nach § 1600 o Abs. 1 BGB ist als Vater der Mann festzustellen, der das Kind erzeugt hat. Für eine solche Feststellung ist erforderlich, daß die Abstammung voll, d.h. mit an Sicherheit grenzender Wahrscheinlichkeit, bewiesen wird. Der Beweis wird mit wissenschaftlichen Gutachten geführt. In Frage kommen hier vor allem Blutgruppengutachten, serostatistische Gutachten und anthropologisch-erbbiologische Gutachten.

Mit Hilfe der *Blutgruppengutachten* lassen sich zunächst einmal praktisch alle (99,9 %) untersuchten Nichtväter von der Vaterschaft ausschließen. Die Untersuchung bezieht nicht nur die klassischen Blutgruppen (A, B, 0) und Untergruppen, sondern auch zahlreiche weitere Faktoren ein. Läßt sich bei dem Kind eine Bluteigenschaft feststellen, die sich weder bei der Mutter noch bei dem angeblichen Beischläfer findet, so kann dieser nicht der Vater des Kindes sein. Auf diese Weise bleibt in der Endphase des Prozesses regelmäßig nur ein Mann übrig, dessen Vaterschaft nicht ausgeschlossen werden kann. Das bedeutet aber noch nicht, daß dieser dann der wirkliche Vater sein muß. Es könnte ja sein, daß es noch irgendjemanden gibt, der ebenfalls nicht als Vater ausgeschlossen werden könnte.

Hier helfen dann häufig die *serostatistischen Gutachten* weiter. Diese Gutachten beruhen auf der unterschiedlichen Häufigkeit des Vorkommens der verschiedenen Blutmerkmale in der Bevölkerung: Manche

Blutmerkmale sind häufig, andere selten. Je mehr seltene Blutmerkmale der Beklagte und das Kind gemeinsam haben, desto größer ist die Wahrscheinlichkeit, daß das Kind vom Beklagten abstammt. Ab einem Prozentsatz von 99,73 % gilt die Vaterschaft als praktisch erwiesen. In der Praxis sind verschiedene Verfahren gebräuchlich; am verbreitetsten ist das Esser-Möller-Verfahren.

Irrtümer sind allerdings bei den serostatistischen Verfahren – trotz ihrer hohen Verläßlichkeit – nicht gänzlich auszuschließen. Vorsicht ist insbesondere geboten, wenn als mögliche Väter mehrere Personen in Betracht kommen, die miteinander verwandt sind; denn je näher die Verwandtschaft, desto größer ist die Wahrscheinlichkeit, daß auch die Bluteigenschaften weitgehend übereinstimmen. Bei eineiigen Zwillingen sind die Bluteigenschaften gleich!

Kommt das serostatistische Gutachten zu dem Ergebnis: Vaterschaft praktisch erwiesen, steht aber fest, daß die Mutter außer mit dem Beklagten noch mit einem anderen Mann in der Empfängniszeit geschlechtlich verkehrt hat, muß das Gericht auch diesen Mann in die Begutachtung einbeziehen. Geht es um eine Vaterschaftsfeststellung nach § 1600 o Abs. 1 BGB, so muß jedem Anhaltspunkt, daß auch ein anderer Mann als Vater in Frage kommen könnte, nachgegangen werden (BGH FamRZ 1990, 615).

Kann die Abstammung nicht nach § 1600 o Abs. 1 BGB festgestellt werden (sprechen etwa die Gutachten nur von einer hohen Wahrscheinlichkeit), so ist auf § 1600 o Abs. 2 BGB zurückzugreifen. Nach dieser Vorschrift wird grundsätzlich vermutet, daß derjenige der Vater ist, welcher der Mutter während der Empfängniszeit *beigewohnt* hat. Hier ist also zunächst die Beiwohnung zu beweisen. Dabei ist es nicht zulässig, zum Beweis der Beiwohnung auf Gutachten zurückzugreifen, die den als Vater in Anspruch genommenen Mann „mit hoher Wahrscheinlichkeit" als Vater bezeichnen. Aus einer Ähnlichkeit zwischen dem Kind und dem als Vater in Anspruch genommenen Mann, die dem Richter noch nicht die Überzeugung der Abstammung verschafft hat, kann nicht auf eine Beiwohnung als Grundlage der Abstammung geschlossen werden (BGH FamRZ 1976, 24).

Für den Beweis der Beiwohnung kommt es in erster Linie auf die Aussage der Mutter an. Wird diese Aussage bestritten, so hat das Gericht zu prüfen, ob es aufgrund einer Würdigung der Beweisaufnahme die Überzeugung gewinnen kann, daß die Aussage der Kindesmutter über einen Geschlechtsverkehr mit dem Inanspruchgenommenen wahr ist.

Steht nach Überzeugung des Gerichts die Beiwohnung fest, wird nach § 1600 o Abs. 2 Satz 1 BGB vermutet, daß der Beischläfer der Vater des Kindes ist. Diese Vermutung gilt nur dann nicht, wenn nach Würdigung aller Umstände „schwerwiegende Zweifel" an der Vaterschaft verbleiben, § 1600 o Abs. 2 Satz 2 BGB.

Schwerwiegende Zweifel an der Vaterschaft verbleiben insbesondere, aber nicht nur, wenn ein Mehrverkehr der Mutter feststeht oder mit hoher Wahrscheinlichkeit angenommen werden muß und der oder die anderen Beischläfer – z.B. weil sie nicht mehr zu ermitteln oder gestorben sind – nicht in die Untersuchung einbezogen werden können (vgl. OLG Düsseldorf FamRZ 1971, 379; BGH NJW 1973, 2249). In diesen Fällen muß dann die Feststellungsklage bzw. der Antrag an das Vormundschaftsgericht abgewiesen werden.

Gilt die Vermutung, so bleibt dem Mann nur die Möglichkeit, sie durch wissenschaftliche Gutachten zu widerlegen. Dabei muß er nachweisen, daß er nicht der Vater des Kindes sein kann. In Betracht kommen hier wiederum vornehmlich die Blutgruppen- und Tragezeitgutachten. Liegt der bewiesene Beischlaf neun Monate zurück, ist das Kind aber ein Siebenmonatskind, so kann es nicht aus diesem Beischlaf stammen.

b) Die Feststellung der Vaterschaft durch eine gerichtliche Entscheidung kann nicht durch eine Anfechtung wieder beseitigt werden. Hier gibt es nur den Weg der *Wiederaufnahme des Verfahrens* (§§ 578 ff. ZPO). Bedeutsam ist in diesem Zusammenhang § 641 i ZPO: Danach findet nämlich eine Restitutionsklage gegen ein rechtskräftiges Urteil, in dem über die Vaterschaft entschieden worden ist, außer in den Fällen des § 580 ZPO auch dann statt, wenn die Partei ein neues Gutachten über die Vaterschaft vorlegt, das entweder allein oder in Verbindung mit den in dem früheren Verfahren erhobenen Beweisen eine andere Entscheidung herbeigeführt haben würde.

4. Recht des Kindes auf Kenntnis des leiblichen Vaters

Voraussetzung für eine gerichtliche Vaterschaftsfeststellung ist, daß jemand als möglicher Vater bekannt wird. Dazu ist das Kind – als Kläger – bzw. das Jugendamt als Amtspfleger (§§ 1706 Nr. 1, 1709 BGB) auf die Mithilfe der Mutter angewiesen. Sie weiß am besten, mit wem sie in der Empfängniszeit geschlechtlich verkehrt hat. Was aber geschieht, wenn die Mutter nicht bereit ist, den Namen des möglichen Erzeugers preiszugeben? Kann sie zur Preisgabe gezwungen werden?

Hier stehen sich das Recht des Kindes auf Kenntnis seines leiblichen Vaters und das Recht der Mutter auf Wahrung ihrer Intimsphäre gegenüber. Nach einer Entscheidung des Bundesverfassungsgerichts sind in einem solchen Fall die *Kindesinteressen* aufgrund der Wertentscheidung des Verfassungsgebers (Artt. 2 und 6 Abs. 5 GG) *vorrangig* (BVerfG FamRZ 1989, 147).

Die Entscheidung wird in der Literatur heftig kritisiert (s. etwa Ramm, NJW 1989, 1594; Koch, FamRZ 1990, 569). In der Tat hat sie weniger Überzeugungskraft als die spätere Entscheidung zum Ehelichkeitsanfechtungsrecht des Kindes (s.o. § 17 III 4). Es macht einen Unterschied, ob ein Kind aus einer „unwahren" Beziehung ausbrechen möchte, oder ob es seine Individualitätsfindung (Ramm spricht von der Anerkennung privater Neugier – oder Neurose, aaO. S. 1596) ohne Rücksicht auf die Intimsphäre seiner Mutter durchzusetzen versucht.

Gegen die Entscheidung sprechen aber nicht nur grundsätzliche Bedenken. Ansprüche haben nur dann einen Sinn, wenn sie auch durchgesetzt werden können. Ein Anspruch auf Auskunft über den wirklichen Vater (schon die Anspruchsgrundlage ist vage; zitiert wird meist § 1618 a BGB, der Eltern und Kinder zur gegenseitigen Rücksichtnahme verpflichtet) kann aber nicht durchgesetzt werden, wenn die Mutter nicht will. Das BVerfG hat sich zur Durchsetzung und Vollstreckbarkeit des Anspruchs wohlweislich nicht geäußert. Es ist schwer vorstellbar, daß gegen eine Mutter tatsächlich ein Zwangsgeld oder eine Zwangshaft verhängt wird, wenn sie den Namen des Vaters nicht preisgibt. Dergleichen ist bisher auch noch nicht geschehen. Die Entscheidung des BVerfG wird nur dazu führen, daß Mütter, die den Namen des Vaters nicht preisgeben wollen, einfach erklären, den Namen nicht zu wissen oder sich an den Namen nicht mehr erinnern zu können. Wer will ihnen das Gegenteil beweisen?

Gleichwohl mehren sich die Fälle, in denen (meist schon erwachsene) Kinder ihre Mütter auf Benennung des Vaters oder der möglicherweise in Betracht kommenden Väter verklagen (vgl. z.B. LG Münster FamRZ 1990, 1031).

Konsequenzen kann die Anerkennung des Rechts des Kindes auf Kenntnis seiner Abstammung dort haben, wo Dritte über die Vaterschaft Bescheid wissen, nämlich bei der *heterologen Insemination*. Wird nämlich das Kindesinteresse schon höher eingestuft als das Interesse der Mutter an der Wahrung ihrer Intimsphäre, so muß es auch höher eingestuft werden als das Interesse des Samenspenders an der Wahrung seiner Anonymität. Das bedeutet, daß der Staat die Ärzte verpflichten muß, den Namen des Spenders auf zuverlässige Weise zu dokumentieren, damit jedenfalls das Kind nach Erreichen der Volljährigkeit seine Abstammung feststellen lassen kann (so auch Starck, JZ 1989, 338 f.). Ein Arzt, der sich weigert, dem Kind den Namen des Spenders zu offenbaren, oder der einen Samencocktail verwendet hat, ist dem Kind schadensersatzpflichtig (§ 823 Abs. 1 BGB: Verletzung des allgemeinen Persönlichkeitsrechts); vgl. Giesen, FamR, Rz. 518.

§ 18 Allgemeine Wirkungen der Abstammung und der Zugehörigkeit zur Hausgemeinschaft

Schrifttum: Gernhuber, „Eltern und Kinder sind einander Beistand und Rücksicht schuldig", in: FS Müller-Freienfels (1986), 159; Knöpfel, Beistand und Rücksicht zwischen Eltern und Kindern (§ 1618 a BGB), FamRZ 1985, 554; Wagenitz, Grundlinien des neuen Familiennamensrechts, FamRZ 1994, 409.

I. Grundsätzliches

Das Verhältnis zwischen Eltern und Kindern wird hauptsächlich geprägt durch die elterliche Sorge, die bei ehelichen Kindern den Eltern, bei nichtehelichen Kindern der Mutter obliegt, §§ 1626, 1705 BGB. Neben der elterlichen Sorge bestehen zwischen dem Kind und seinen Eltern aber auch noch andere familienrechtliche Beziehungen. Diese Rechtsbeziehungen ergeben sich z.T. aus der Abstammung, z.T. sind sie Folge der Hausgemeinschaft, z.T. beeinflussen sie die Persönlichkeitssphäre, z.T. haben sie vermögensrechtliche Bedeutung.

II. Allgemeine Rechtswirkungen der Abstammung im persönlichen Bereich

1. Die Staatsangehörigkeit des Kindes

Das Kind erwirbt mit der Geburt die deutsche Staatsangehörigkeit, wenn auch nur ein Elternteil die deutsche Staatsangehörigkeit besitzt. Ist das Kind nichtehelich, so erhält es die deutsche Staatsangehörigkeit seines Vaters allerdings nur dann, wenn die Vaterschaft nach deutschem Recht wirksam festgestellt worden ist (§ 4 Abs. 1 RuStAG).

2. Der Name des Kindes

a) Der Name des ehelichen Kindes

Das eheliche Kind erhält den Ehenamen seiner Eltern, § 1616 Abs. 1 BGB.

Führen die Eltern keinen Ehenamen, so bestimmen sie durch Erklärung gegenüber dem Standesbeamten, welchen ihrer beiden Namen das Kind erhalten soll, § 1616 Abs. 2 BGB. Haben sie binnen eines

Monats nach der Geburt des Kindes noch keine Bestimmung getroffen, so überträgt das Vormundschaftsgericht das Bestimmungsrecht einem Elternteil. Das Vormundschaftsgericht kann dabei dem Elternteil für die Ausübung des Bestimmungsrechts eine Frist setzen. Ist nach Ablauf dieser Frist das Bestimmungsrecht noch nicht ausgeübt worden, so erhält das Kind den Namen des Elternteils, dem das Bestimmungsrecht übertragen worden ist (§ 1616 Abs. 3 BGB).

b) Der Name des nichtehelichen Kindes

Das nichteheliche Kind erhält den Familiennamen, den die Mutter z.Zt. seiner Geburt führt. Ist die Mutter verheiratet, so ist dies der Ehename der Mutter, § 1617 Abs. 1 Satz 1 BGB.

Der gem. § 1355 Abs. 3 BGB dem Ehenamen hinzugefügte Name kann als höchstpersönlicher Familiennamensbestandteil nicht auf das Kind übertragen werden, § 1617 Abs. 1 Satz 2 BGB. Wenn also die Ehegatten den Namen des Mannes als Ehenamen gewählt haben und die Frau diesem Namen ihren Geburtsnamen vorangestellt hat, so bekommt ihr nichteheliches Kind nicht diesen Doppelnamen, sondern lediglich den zum Ehenamen gewordenen Namen des Mannes.

Diesen Namen behält das Kind auch dann, wenn der Ehemann der Mutter die Ehelichkeit des Kindes mit Erfolg angefochten hat. Der Ehemann der Mutter kann also nicht verlangen, daß das Kind nach der Feststellung seiner Nichtehelichkeit den Geburtsnamen der Mutter zu führen habe.

Die Regelung, daß das Kind nur den Namen seiner Mutter erhält und nicht auch (anstelle des mütterlichen Namens oder zusätzlich zu diesem) den Namen seines Vaters, verstößt nicht gegen die Verfassung (BayObLG FamRZ 1984, 1146).

Ändert sich der Name der Mutter, so ist zu unterscheiden:

(1) Heiratet die Mutter den Vater des Kindes und wählen die Ehegatten als Ehenamen den Namen des Mannes, so erhält auch das Kind diesen Namen, wenn es noch nicht 5 Jahre alt ist. Ist es älter als 5 Jahre, so erhält es den Namen nur dann, wenn es sich der Namensänderung durch Erklärung anschließt. Ist es älter als 14 Jahre, so kann es diese Erklärung nur selbst abgeben, bedarf dazu allerdings der Zustimmung seines gesetzlichen Vertreters. Ist es noch keine 14 Jahre alt, bedarf die in seinem Namen abgegebene Anschlußerklärung der Genehmigung des Vormundschaftsgerichts, § 1720 Abs. 1 BGB.

    Führen die Eltern keinen Ehenamen, so können sie binnen eines Monats nach der Eheschließung durch Erklärung gegenüber dem Standesbeamten den Geburtsnamen des Kindes bestimmen. Hat das

Kind das 5. Lebensjahr vollendet, ist die Bestimmung nur wirksam, wenn es sich ihr anschließt, § 1720 Abs. 2 BGB.

(2) Heiratet die Mutter einen anderen Mann als den Vater des Kindes und bekommt sie infolge dieser Eheschließung einen anderen Namen, so erstreckt sich diese Namensänderung nicht auf das Kind, § 1617 Abs. 3 BGB.

(3) Ändert sich der Familienname der Mutter aus anderen Gründen (z.B. durch Wiederannahme des Geburtsnamens nach Scheidung der Ehe, § 1355 Abs. 5 Satz 2 BGB), so erstreckt sich diese Änderung auf den Namen des nichtehelichen Kindes in jedem Fall dann, wenn das Kind noch nicht fünf Jahre alt ist. Ist das Kind älter als fünf Jahre, so nimmt es an der Namensänderung der Mutter nur dann teil, wenn es sich der Namensänderung durch eine gegenüber dem Standesbeamten abzugebende Erklärung anschließt, § 1617 Abs. 2 BGB. Diese Erklärung hat das Kind selbst abzugeben, wenn es das 14. Lebensjahr vollendet hat. Es braucht dazu allerdings die Zustimmung seines gesetzlichen Vertreters. Ist es noch nicht 14 Jahre alt, so ist zu unterscheiden: Für das Kind, das noch nicht das 7. Lebensjahr vollendet hat, kann nur sein gesetzlicher Vertreter handeln. In der Spanne zwischen dem 7. und dem 14. Lebensjahr kann die Erklärung sowohl von dem gesetzlichen Vertreter als auch vom Kind selbst mit Zustimmung des gesetzlichen Vertreters abgegeben werden. Beachte zur Vertretung des Kindes die §§ 1706 Nr. 1 und 1707 BGB!
Grund für diese Regelung ist das Interesse, das ein Kind an einer Namenskontinuität haben kann (man denke an die Schwierigkeiten, die auftreten können, wenn die Zeugnissse, die für das Fortkommen des Kindes von Bedeutung sind, auf einen anderen Namen lauten als den, den das Kind später führt).

(4) Ist im Zeitpunkt der Namensänderung der Mutter das Kind bereits verheiratet, so ist die Namensänderung ohne Bedeutung, wenn nicht der Name des nichtehelichen Kindes, sondern der Name seines Ehegatten der Ehe- und Familienname geworden ist. Ist der Geburtsname des nichtehelichen Kindes zum Ehe- und Familiennamen geworden, so erstreckt sich die Namensänderung seiner Mutter auf den Ehe- und Familiennamen nur dann, wenn beide Ehegatten gemeinsam sich dieser Namensänderung anschließen, § 1617 Abs. 4 BGB.

c) Die Einbenennung durch die Mutter und deren Ehemann

Heiratet die Mutter eines nichtehelichen Kindes nach dessen Geburt einen anderen Mann als den Vater des Kindes, so bleibt nach dem Gesagten der Name des Kindes auch dann unberührt, wenn sich der

Name der Mutter ändert. Die Mutter und ihr Ehemann können aber dem Kind ihren gemeinsamen Ehenamen erteilen, § 1618 Abs. 1 Satz 1 BGB. Eine solche „Einbenennung" hat den Zweck, die Namenseinheit innerhalb der Familie herzustellen. Erwünschter Nebenzweck ist häufig, die Tatsache der Nichtehelichkeit zu verschleiern. Die Einbenennung geschieht durch öffentlich beglaubigte Erklärung gegenüber dem Standesbeamten. Für ihre Wirksamkeit ist die Einwilligung des Kindes erforderlich. Für das Kind kann sein gesetzlicher Vertreter handeln. Ist das Kind allerdings 14 Jahre alt, so kann es die Einwilligung nur selbst erteilen, braucht dazu aber noch die Zustimmung seines gesetzlichen Vertreters, § 1618 Abs. 2 BGB. Beachte zur Vertretung des Kindes die §§ 1706 Nr. 1 und 1707 BGB!

d) Die Einbenennung durch den Vater des Kindes

Das früher geltende Recht kannte nur eine Einbenennung durch den Ehemann der Mutter. Das Nichtehelichengesetz hat auch dem Vater des Kindes das Recht eingeräumt, dem Kind seinen Namen zu erteilen, § 1618 Abs. 1 BGB. Mutter und Kind müssen aber ihre Einwilligung geben, wenn die Einbenennung wirksam werden soll.

Sinnvoll kann eine solche Einbenennung z.B. sein, wenn der Vater zwar die elterliche Sorge der Mutter nicht antasten will (und darum weder an eine Ehelicherklärung noch an eine Adoption des Kindes denkt), sich mit dem Kind aber doch so sehr verbunden fühlt, daß er es als Nachfolger in sein Unternehmen holen möchte.

3. Der Wohnsitz des Kindes

Ein minderjähriges Kind teilt den Wohnsitz seiner Eltern; es teilt nicht den Wohnsitz eines Elternteils, dem das Recht fehlt, für die Person des Kindes zu sorgen, § 11 Satz 1 BGB. Da bei nichtehelichen Kindern allein der Mutter das Personensorgerecht zusteht (§ 1705 BGB), heißt das, daß nichteheliche Kinder den Wohnsitz der Mutter teilen.

4. Gegenseitige Pflicht zu Beistand und Rücksichtnahme

Eltern und (auch erwachsene) Kinder sind einander Beistand und Rücksicht schuldig, § 1618 a BGB. Diese „Generalklausel" des Kindschaftsrechts hat bisher noch wenig Konturen gewonnen. Für ihren Inhalt kann auf die Parallelvorschrift des Eherechts (§ 1353 BGB) zurückgegriffen werden (s.o. § 6 I). Beistand wird vor allem dem Hilfsbedürftigen geschuldet (nicht nur die Eltern schulden ihren Kindern Pflege im Krankheitsfall; dieselbe Pflicht trifft auch die Kinder gegenüber den Eltern). Die Rücksicht kann es z.B. gebieten, eine Schadensersatzforderung gegenüber einem Kind oder gegenüber einem Elternteil – zumindest vorübergehend – nicht geltend zu machen oder auf eine Urlaubsreise zu verzichten, wenn Mithilfe im Haushalt oder Betrieb dringend erforderlich ist. Einige Gerichte haben aus § 1618 a BGB einen Anspruch des nichtehelichen Kindes gegenüber seiner Mutter hergeleitet, den Namen des Vaters (oder den Namen der mehreren möglicherweise als Väter in Betracht kommenden Männer) zu nennen (s.o. § 17 IV 4). Ob die Vorschrift so weit reicht, ist zweifelhaft. Im übrigen ließe sich fragen, ob nicht auch die Mutter von dem Kind Rücksichtnahme verlangen kann (keine Verletzung ihrer Intimsphäre).

III. Folgen der Zugehörigkeit zum elterlichen Hausstand

Nach § 1619 BGB ist ein Kind, solange es dem elterlichen Hausstand angehört und von den Eltern erzogen oder unterhalten wird, verpflichtet, in einer seinen Kräften und seiner Lebensstellung entsprechenden Weise den Eltern in ihrem Hauswesen und Geschäft Dienste zu leisten.

Die *Mitarbeitspflicht* des Kindes im elterlichen Hauswesen oder Geschäft ist also von zwei Voraussetzungen abhängig:

(1) Zugehörigkeit zum elterlichen Hausstand. Dem elterlichen Hausstand gehört ein Kind an, wenn es dort den Mittelpunkt seiner Lebensbeziehungen hat. Bloßes Schlafen im Elternhaus genügt nicht. Andrerseits ist das Wohnen im Elternhaus nicht immer erforderlich (Studium, Wehrpflicht).

(2) Entweder Erziehung durch die Eltern (das betrifft minderjährige Kinder) oder Unterhaltsgewährung durch die Eltern (das ist bedeutsam, wenn die Kinder volljährig geworden sind).

Sind diese Voraussetzungen gegeben, so besteht zwischen den Eltern und dem Kind ein *familienrechtliches Verhältnis*, aufgrund dessen das Kind zu Dienstleistungen verpflichtet ist. Für diese Dienste kann das Kind nach einhelliger Auffassung kein Entgelt verlangen (BGH FamRZ 1965, 431; Fenn, FamRZ 1968, 291, 292). Andrerseits dürfen die Dienste nur in einem solchen Umfang gefordert werden, daß die Ausbildung des Kindes darunter nicht leidet; vgl. BGH FamRZ 1960, 359; ferner auch § 1 JugArbSchG.

Durch die Bestimmung des § 1619 BGB wird nicht ausgeschlossen, daß ein Kind, obwohl es dem elterlichen Hausstand angehört und von den Eltern unterhalten wird, mit seinen Eltern einen *Vertrag* schließt, aus dem sich ein Vergütungsanspruch ergibt; vgl. Dölle, FamR II, § 90 III. Eine solche Vereinbarung braucht nicht notwendig ausdrücklich, sondern kann auch stillschweigend getroffen werden. In Frage kommen hier namentlich Dienst-, Arbeits- oder Gesellschaftsverträge.

Beachte: An sich müßte dem Minderjährigen für den Abschluß eines solchen Vertrages ein Pfleger bestellt werden. Aber: Die Pflegerbestellung kann hier (im Fall eines Arbeitsvertrages, nicht im Fall eines Gesellschaftsvertrages; vgl. §§ 113, 1822 Nr. 3, 1643 Abs. 1 BGB) durch eine Ermächtigung nach § 113 BGB ersetzt werden; vgl. Fenn, Die Mitarbeit in den Diensten Familienangehöriger, S. 282 f.

Wer das Bestehen vertraglicher Beziehungen behauptet, trägt dafür die Beweislast. Der bloße Umstand, daß ein Sohn voll im Betrieb seiner Eltern mitarbeitet, reicht für die Annahme eines Vertragsverhältnisses noch nicht aus. Man wird weiter fragen müssen: Hat der Vater oder haben die Eltern dem Kind einen wirklichen Lohn ausbezahlt und für das Kind Beiträge zur Sozialversicherung geleistet? Wurden Lohnsteuern entrichtet?

Ausdrücklich werden Arbeits- oder Gesellschaftsverträge häufig (zumindest auch) aus steuerlichen Gesichtspunkten geschlossen (Vorsicht! Steuerliche Anerkennung nur, wenn Vertrag wie zwischen Fremden durchgeführt wird). Arbeitslohn kann als Betriebsausgabe abgesetzt werden; die Progression der Einkommensteuer wird aufgehalten durch die Verteilung des Gewinns auf mehrere Schultern; sind Kinder Mitgesellschafter, so braucht für den Zuwachs der stillen Reserven keine Erbschaftsteuer entrichtet zu werden usw. Auch sozialversicherungsrechtliche Vorteile spielen oft eine Rolle.

Der stillschweigende Abschluß eines Vertrages wird regelmäßig von dem mitarbeitenden Kind behauptet, das nach einiger Zeit eine Vergütung für seine Mitarbeit erhalten möchte. Die Arbeitsgerichte neigen dazu, in einem solchen Fall § 612 BGB als Anspruchsgrundlage heranzuziehen (vgl. etwa BAG, AP Nr. 13, 15, 20, 22, 23 und 24 zu § 612 BGB). Indessen wird es hier oft an einem rechtsgeschäftlichen Bindungswillen der Partner, vor allem der Eltern, fehlen. Meistens liegt der Fall so, daß dem Kind irgendeine Gegenleistung (spätere Hof- oder Geschäftsübernahme) zwar nicht rechtsverbindlich versprochen, aber doch in Aussicht gestellt worden ist. Schlägt diese Erwartung später fehl, so kann das Kind einen Bereicherungsanspruch geltend machen (§ 812 Abs. 1 Satz 2, 2. Alt. BGB); vgl. BGH FamRZ 1965, 317; 1966, 25; Dölle, FamR II, § 90 III 5; kritisch zur Anwendung des § 612: Canaris, Atypische faktische Arbeitsverhältnisse, BB 1967, 165; Lieb, Ehegattenmitarbeit, S. 71 ff.; Staudinger/Richardi, § 612 Rz 24 ff.

IV. Vermögensrechtliche Hilfspflichten und Hilfeleistungen

1. Unterhalt

Eltern und Kinder sind Verwandte in gerader Linie und deswegen gem. § 1601 BGB verpflichtet, einander Unterhalt zu gewähren. Wegen der Einzelheiten s.u. § 23.

2. Aussteuer

Nach früherem Recht hatten Töchter gegen ihre Eltern im Fall der Verheiratung einen Anspruch auf Aussteuer, d.h. auf Zuwendung der zur angemessenen Einrichtung des Haushalts gehörenden Gegenstände. Diese Vorschrift ist durch das Gleichberechtigungsgesetz ersatzlos gestrichen worden.

3. Ausstattung

Statt der Aussteuer gibt es nunmehr die sog. Ausstattung. Unter Ausstattung versteht das Gesetz eine Zuwendung, die einem Kind von den Eltern mit Rücksicht auf seine Verheiratung oder auf die Erlangung einer selbständigen Lebensstellung gemacht wird und über den gewöhnlichen Unterhalt hinausgeht, § 1624 BGB.

a) Die Ausstattung ist im Verhältnis zur Aussteuer der weitere Begriff. Die Aussteuer ist eine besondere Art der Ausstattung, auf die die Tochter nach früherem Recht einen Anspruch hatte. Nachdem der Aussteueranspruch der Tochter beseitigt worden ist, weil heute die Töchter geradeso wie die Söhne eine Berufsausbildung erhalten, bleibt es jetzt der *freien Entscheidung* der Eltern überlassen, ob und inwieweit sie einer Tochter eine Aussteuer als Ausstattung geben können oder wollen, ebenso wie es ihnen überlassen bleibt, ob sie dem Sohn und der Tochter, die ihr Examen bestanden haben, die Mittel zur Einrichtung einer Anwaltskanzlei oder einer ärztlichen Praxis zur Verfügung stellen wollen.

b) Ein Anspruch auf eine derartige Zuwendung besteht also nicht. Ausstattung ist eine *freiwillige Leistung.*

Dessenungeachtet entspricht eine derartige elterliche Hilfeleistung der sittlichen Idee der Familiengemeinschaft. Sie gilt deshalb im Zweifel nicht als Schenkung. Als Schenkung wird sie nur dann angesehen, wenn sie das den Vermögensverhältnissen der Eltern und den sonstigen Umständen entsprechende Maß übersteigt, § 1624 Abs. 1 BGB.

Konsequenzen: Das Versprechen einer Ausstattung ist nicht formbedürftig (§ 518 BGB); eine gewährte Ausstattung kann nicht wegen Undanks widerrufen werden (§ 530 BGB). Sehr bestritten ist, ob eine Ausstattung von den Gläubigern der Eltern wegen *Gläubigerbenachteiligung* angefochten werden kann (§ 3 Abs. 1 Nr. 3 AnfG; § 32 Nr. 1

KO). Die h.M. sagt ja: Angefochten werden können „unentgeltliche Verfügungen". Dieser Begriff ist umfassender als der der Schenkung. Auch wenn darum die Ausstattung keine Schenkung sein sollte, muß hier doch das Interesse des Kindes hinter die Interessen der Konkursgläubiger zurücktreten; vgl. Staudinger/Coester, § 1624 Rz 4; a.A. Palandt/Diederichsen, § 1624 Rz. 3.

c) Als Ausstattung kommt nicht nur eine Geldzuwendung in Betracht, sondern alles, was einem Kind mit Rücksicht auf die Verheiratung oder auf die Erlangung einer selbständigen Lebensstellung von einem Elternteil zugewandt wird.

Beispiele: Den Kindern wird freie Wohnung gewährt; der Vater der Braut zahlt Schulden des künftigen Ehemannes; der Sohn, der eine Arztpraxis eröffnen will, erhält die Einrichtung oder ein Auto; vgl. Staudinger/Coester, § 1624 Rz 9 f. Siehe ferner Henrich, Fälle und Lösungen, Fall 15.

d) Die Ausstattung darf, wenn das Kind eigenes Vermögen hat, diesem Vermögen entnommen werden. Wenn der Elternteil, der die Ausstattung gewährt, das Kindesvermögen verwaltet, ist im Zweifel anzunehmen, daß die Ausstattung aus diesem Vermögen gewährt wird, § 1625 BGB.

4. Mitgift

Von der Ausstattung zu unterscheiden ist die Mitgift. Der Begriff „Mitgift" wird im allgemeinen Sprachgebrauch häufig verwendet, findet sich aber nicht im Gesetz. Mitgift ist eine Vermögensgabe, die einer Frau mit Rücksicht auf ihre Verheiratung zugewendet wird.

Eine Mitgift kann der Frau von den Eltern gegeben werden und fällt dann unter den Begriff der Ausstattung. Sie kann aber auch von Dritten (Großvater, Onkel) gegeben werden und ist dann meist eine Schenkung. Wird ein Mitgiftversprechen gegenüber dem Mann anläßlich der bevorstehenden Verehelichung abgegeben, so ist im Zweifel anzunehmen, daß das Versprechen zugunsten der Frau abgegeben worden ist, also ein Vertrag zugunsten Dritter (§ 328 BGB) vorliegt.

§ 19 Elterliche Sorge für eheliche Kinder

Schrifttum: Belling, Die Entscheidungskompetenz für ärztliche Eingriffe bei Minderjährigen, FuR 1990, 68; Dopffel (Hrsg.), Kindschaftsrecht im Wandel. Zwölf Länderberichte mit einer vergleichenden Summe (1994); Peschel-Gutzeit, Elterliche Vertretung und Minderjährigenschutz, FamRZ 1993, 1009; Ramm, Die gesetzliche Vertretung durch die Eltern: überholt und verfassungswidrig, NJW 1989, 1708; Reuter, Elterliche Sorge und Verfassungsrecht, AcP 191 (1991), 108; Schlüter/Liedmeier, Das Verbleiben eines Kindes in der Pflegefamilie nach § 1632 Abs. 4 BGB, FamRZ 1990, 122; Schmidt, Die gesetzliche Vertretung durch die Eltern: notwendig und verfassungsmäßig, NJW 1989, 1712; Schwab/Henrich (Hrsg.), Entwicklungen des europäischen Kindschaftsrechts (1994); Wieser, Die gewaltsame Rückführung eines Kindes zu seinen Eltern, FamRZ 1990, 693.

I. Wesen

Unter elterlicher Sorge versteht das Gesetz das Recht und die Pflicht der Eltern, für das minderjährige Kind zu sorgen. Dieses Sorgerecht umfaßt die Sorge für die Person (Personensorge) und die Sorge für das Vermögen des Kindes (Vermögenssorge) sowie seine Vertretung, §§ 1626, 1629 Abs. 1 BGB.

Früher sprach der Gesetzgeber – in Anklang an die patria potestas des römischen Rechts – von „elterlicher Gewalt" (noch früher von „väterlicher Gewalt"). Freilich hatte diese elterliche Gewalt mit der patria potestas des römischen Rechts wenig mehr gemein. Die patria potestas gab dem Hausvater ein Herrschaftsrecht über das Kind mit Gewalt über Leben und Tod. Die elterliche Gewalt gab den Eltern dagegen – ähnlich der Munt des germanischen Rechts – nicht nur Rechte, sondern legte ihnen vor allen Dingen Pflichten auf. Die Sorge für das Kind stand im Vordergrund der Eltern-Kind-Beziehung, nicht das „Herrschaftsrecht". Insofern ist die Umwandlung des Begriffs „elterliche Gewalt" in „elterliche Sorge"durch das Gesetz zur Neuregelung des Rechts der elterlichen Sorge v. 18.7.1979 zwar treffend, bringt aber in der Sache nichts grundlegend Neues.

II. Elterliche Sorge und Elternrecht

Nach Art. 6 Abs. 2 GG sind Pflege und Erziehung der Kinder das natürliche Recht der Eltern. Dieses Elternrecht ist nicht dasselbe wie die elterliche Sorge. Es ist ein echtes *Grundrecht*, das gem. Art. 1 Abs. 3 GG Gesetzgebung, vollziehende Gewalt und Rechtsprechung als unmittelbar geltendes Recht bindet; BVerfGE 4, 52, 57; 7, 320; 10, 59. Die Eltern können sich gegen jeden staatlichen Akt wehren, der sie in diesem Grundrecht verletzt. Das Elternrecht ist allerdings ein Grundrecht, das den Eltern auch Pflichten auferlegt. Zur Pflege und Erziehung der Kinder sind die Eltern nicht nur berechtigt, sondern auch verpflichtet. Entziehen sich die Eltern ihrer Verantwortung, so muß der Staat die Kinder schützen (Art. 6 Abs. 2 Satz 2 GG). Es tritt dann „Jugendhilfe" ein; denn: „Jeder junge Mensch hat ein Recht auf Förderung seiner Entwicklung und auf Erziehung zu einer eigenverantwortlichen und gemeinschaftsfähigen Persönlichkeit" (§ 1 SGB VIII). Im schlimmsten Fall („wenn die Erziehungsberechtigten versagen oder wenn die Kinder aus anderen Gründen zu verwahrlosen drohen", Art. 6 Abs. 3 GG) – aber auch nur dann – hat der Staat sogar ein Recht, die Kinder den Eltern wegzunehmen.

III. Die eigenverantwortliche Ausübung der elterlichen Sorge durch die Eltern

1. Die Eltern haben die elterliche Sorge in eigener Verantwortung auszuüben, § 1627 BGB. Das heißt: Die Verantwortung für alle Maßnahmen und Entscheidungen, die in den Rahmen der elterlichen Sorge fallen, tragen allein die Eltern, und zwar bei ehelichen Kindern beide Eltern gemeinsam. Kein Elternteil kann auf die elterliche Sorge verzichten; auch nicht auf Einzelbestandteile der elterlichen Sorge. Auch eine Übertragung der elterlichen Sorge, sei es auf Dritte, sei es auf den anderen Elternteil, ist nicht zulässig. [Auch bei der Adoption findet keine Übertragung statt. Die elterliche Sorge der natürlichen Eltern endet kraft Gesetzes. Die Adoptiveltern erwerben die elterliche Sorge originär.] Die Eltern können lediglich die *Ausübung* der elterlichen Sorge (in jederzeit widerruflicher Weise) auf einen Dritten oder einen Elternteil übertragen. Eine solche Übertragung der Ausübung enthebt die Eltern freilich nicht der Verpflichtung, darüber zu wachen, daß derjenige, der nunmehr die elterliche Sorge ausübt, dies auch in der rechten Weise tut.

2. Die Eltern haben die elterliche Sorge in *gegenseitigem Einvernehmen* auszuüben, § 1627 BGB. Das bedeutet nicht, daß jede Einzelmaßnahme von den Eltern gemeinsam beschlossen und gemeinsam ausgeführt werden muß. Das wäre in der Praxis auch gar nicht möglich. Es genügt, wenn sich die Eltern über die Grundsätze einig sind, nach denen sie die elterliche Sorge ausüben wollen. Häufig wird sich zwischen den Eltern eine natürliche Aufgabenteilung einspielen. Handelt dann ein Elternteil allein, so wird er sich auf das mutmaßliche Einverständnis des anderen Teils oder (Dritten gegenüber) auf eine stillschweigende Bevollmächtigung berufen können. Im Bereich der Vertretung kommt auch eine Duldungsvollmacht in Frage; vgl. LArbG Düsseldorf FamRZ 1967, 47. Nur wichtige Entscheidungen (Schul- und Berufswahl, Konfession) müssen die Eltern grundsätzlich (Eilfälle, z.B. eine dringend notwendige Operation ausgenommen) gemeinsam treffen. Können sich die Eltern über eine Frage der elterlichen Sorge, die für das Kind von erheblicher Bedeutung ist, nicht einigen, so bleibt als Ausweg nur die Anrufung des Vormundschaftsgerichts, welches dann die Entscheidung einem Elternteil übertragen kann, sofern dies dem Wohl des Kindes entspricht, § 1628 Abs. 1 BGB. Vor einer Entscheidung soll das Vormundschaftsgericht jedoch darauf hinwirken, daß sich die Eltern auf eine dem Wohl des Kindes entsprechende Regelung einigen, § 1628 Abs. 2 BGB.

3. Die *Vertretung des Kindes* ergibt sich aus dem Sorgerecht. Sind beide Eltern sorgeberechtigt, vertreten sie darum das Kind gemeinschaftlich, § 1629 Abs. 1 Satz 2 BGB (es sei denn, daß in einem Streitfall das Vormundschaftsgericht einem Elternteil die Entscheidung übertragen hat, §§ 1628 Abs. 1, 1629 Abs. 1 Satz 3 BGB). Hat ein Elternteil das Kind allein vertreten, ohne vom anderen ausdrücklich oder stillschweigend bevollmächtigt worden zu sein, und liegt auch keine Duldungsvollmacht vor, so gelten die Regeln über die Vertretung ohne Vertretungsmacht (§§ 177, 178 BGB). Das Rechtsgeschäft ist in der Schwebe, kann jedoch durch Genehmigung des anderen Elternteils regelmäßig noch wirksam werden; vgl. Gernhuber/Coester-Waltjen, FamR, § 58 III 2.

Für einen *Schaden*, den die Eltern bei der Ausübung der elterlichen Sorge dem Kind zufügen, haften sie nach § 1664 BGB (nach h.M. Anspruchsgrundlage, nicht nur – wofür der Wortlaut spricht – Haftungsmaßstab!). Nach dieser Vorschrift haben die Eltern für die Sorgfalt einzustehen, die sie in eigenen Angelegenheiten anzuwenden pflegen. Für grobe Fahrlässigkeit haften die Eltern jedoch in jedem Fall, § 277 BGB. § 1664 BGB gilt – ebenso wie § 1359 BGB, s.o. § 8 I 4 d – nicht für Schadenszufügungen, die nicht mit der Ausübung der elterlichen Sorge zusammenhängen, z.B. bei schuldhaft herbeigeführten

Unfällen im Straßenverkehr; im einzelnen ist vieles streitig, vgl. MünchKomm/Hinz, § 1664 Rz 6.

Haben sich die Eltern zur Erfüllung ihrer Pflichten *anderer Personen* bedient (Arzt, Rechtsanwalt, Hauspersonal), und entsteht dem Kind durch ein Verschulden dieser Personen ein Schaden, so ist zu unterscheiden: Für die Auswahl und die Überwachung der Hilfsperson haften die Eltern nach § 1664 BGB. Ob die Eltern darüber hinaus auch für ein Verschulden der Hilfsperson nach § 278 BGB einzustehen haben, hängt davon ab, wozu sie dem Kind gegenüber verpflichtet waren: zu eigenem Tun oder lediglich zur Zuziehung einer Fachkraft. Die Eltern haften darum z.B. dem Kind für eine grob fahrlässige Vernachlässigung der Aufsichtspflicht durch eine Hausangestellte (hier hätten die Eltern auch selbst tätig werden können), jedoch nicht für eine grobe Fahrlässigkeit des das Kind behandelnden Arztes; vgl. Staudinger/Engler, § 1664 Rz 26.

Sind für einen Schaden beide Eltern verantwortlich, so haften sie als *Gesamtschuldner*, § 1664 Abs. 2 BGB.

IV. Die Achtung vor dem Willen des Kindes

Wenn Eltern die elterliche Sorge ausüben, brauchen sie, von bestimmten Ausnahmen abgesehen, ihre Kinder nicht zu fragen. So jedenfalls sagte man früher. Heute gebietet aber nicht nur das Grundgesetz den Respekt auch vor der kindlichen Würde und kindlichen Persönlichkeit, sondern es geht auch das neue Verständnis des Elternrechts als pflichtgebundenes Recht in diese Richtung. Zu schützen ist der Jugendliche nicht nur „nach außen“, sondern auch „nach innen“, nämlich gegen eine seinem Entwicklungsstand nicht mehr angemessene Abhängigkeit. So gesehen ist die Volljährigkeit nur der letzte Punkt eines allmählichen Abbaues der elterlichen Sorge. Dieser allmähliche Abbau kommt an verschiedenen Stellen im Gesetz zum Ausdruck, etwa bei der religiösen Erziehung, bei Namensfragen, bei der Zustimmung zu einer Anerkennung durch den nichtehelichen Vater, zu einer Ehelicherklärung oder zu einer Adoption oder bei der Testamentserrichtung. Man wird indessen darüber hinaus dem Kind Anhörungs- und Mitentscheidungsrechte in allen Angelegenheiten einräumen müssen, die seine Persönlichkeitssphäre stark berühren, vorausgesetzt, es hat das für eine solche Mitsprache nötige Alter erreicht. Das betrifft etwa Fragen der Ausbildung, der Berufswahl, des Abschlusses von Arbeitsverträgen, der Geltendmachung von Schmerzensgeldansprüchen wegen Verletzung der Persönlichkeit und dergleichen mehr. Das Gesetz formuliert (sehr vorsichtig): „Bei der Pflege und Erziehung berücksichtigen die Eltern die wachsende Fähigkeit und das wachsende Bedürfnis des Kindes zu selbständigem verantwortungsbewußtem Handeln. Sie besprechen mit dem Kind, soweit es nach dessen Entwicklungsstand angezeigt ist, Fragen der elterlichen Sorge und streben Einvernehmen an", § 1626 Abs. 2 BGB (i.d.F. des Gesetzes zur Neuregelung des Rechts der elterlichen Sorge).

Diese *Anhörungs-* und *Mitspracherechte* der Kinder sind gerichtlich durchsetzbar. Bei Meinungsverschiedenheiten kann das Vormundschaftsgericht auf Anregung eines Kindes den Eltern einen Teilbereich der elterlichen Sorge (z.B. das Berufsbestimmungsrecht) entziehen und auf einen Pfleger übertragen (vgl. § 1630 BGB) oder die erforderlichen Erklärungen der Eltern ersetzen (vgl. etwa § 1631 a BGB zu Fragen der Ausbildung und der Berufswahl).

V. Die Personensorge

1. Als Hauptinhalt der Personensorge bezeichnet § 1631 Abs. 1 BGB das Recht und die Pflicht, das Kind zu pflegen, zu erziehen, zu beaufsichtigen und seinen Aufenthalt zu bestimmen.

Das ist selbstverständlich keine erschöpfende Aufzählung. Zum Personensorgerecht gehören anerkanntermaßen auch

- das Recht, dem Kind einen Vornamen zu geben,
- das Recht und die Pflicht, die Ausbildung (Schulbesuch, Lehre) zu bestimmen und sie zu überwachen,
- das Recht, einer Eheschließung zuzustimmen (§ 3 EheG),
- das Recht und die Pflicht, über die Gesundheit des Kindes zu wachen, insbesondere für eine ärztliche Behandlung zu sorgen und über die Vornahme einer Operation zu entscheiden,
- das Recht und die Pflicht, angemessene Erziehungsmaßnahmen zu treffen, die den Umständen, der Individualität und dem Alter des Kindes anzupassen sind.

a) Bei Fragen der *Ausbildung* haben die Eltern auf die Eignung und die Neigung des Kindes Rücksicht zu nehmen. In Zweifelsfällen soll der Rat eines Lehrers oder einer anderen geeigneten Person eingeholt werden (§ 1631 a Abs. 1 BGB).

b) Im Bereich der *Gesundheitsfürsorge* ist zu unterscheiden zwischen dem Abschluß eines Behandlungsvertrages (mit einem Arzt oder einem

Krankenhaus) und der Einwilligung in die Operation oder den sonstigen Eingriff. Im ersten Fall geht es um ein Rechtsgeschäft. Regelmäßig werden die Eltern den Vertrag schließen, sei es im eigenen Namen (als Vertrag zugunsten Dritter; das Kind hat eigene Ansprüche bei fehlerhafter Behandlung) oder sei es im Namen des Kindes. Schließt das Kind selbst den Vertrag, so gelten die §§ 107 ff. BGB. Im zweiten Fall – Einwilligung in den Eingriff – handelt es sich nicht um eine rechtsgeschäftliche Willenserklärung; die Erklärung soll lediglich die „Körperverletzung" rechtfertigen. Zur Abgabe einer solchen Erklärung kann auch ein Minderjähriger in der Lage sein, vorausgesetzt, er hat die erforderliche Einsichtsfähigkeit. Hat er diese nicht, sind die §§ 107 ff. BGB analog anwendbar. Dagegen können die Eltern nicht anstelle ihres Kindes Erklärungen solcher Art abgeben, wenn das Kind die Schwere des Eingriffs selbst richtig zu beurteilen vermag: Der Eingriff in die körperliche Integrität gegen den Willen des einsichtsfähigen Minderjährigen würde dessen (grundrechtlich geschütztes) Selbstbestimmungsrecht in so grober Weise verletzen, daß er als unzulässig angesehen werden muß. Die Eltern können deswegen nicht anstelle ihres Kindes handeln und z.B. einen Schwangerschaftsabbruch vornehmen lassen, wenn die schwangere Tochter – ihre Einsichtsfähigkeit vorausgesetzt – damit nicht einverstanden ist (Gernhuber/Coester-Waltjen, § 57 VII 4; Lüderitz, AcP 178 (1978), 263, 278: zumindest aufschiebendes Vetorecht). Andrerseits ist die Einwilligung der Eltern nicht in jedem Fall erforderlich. Die Einwilligung des einsichtsfähigen Minderjährigen genügt, wenn die Zustimmung des gesetzlichen Vertreters nicht rechtzeitig eingeholt werden kann, z.B. bei einer dringenden Operation (BGH FamRZ 1959, 200 mit kritischer Anmerkung Bosch).

Streitig ist, ob auch dann, wenn die Einwilligung des gesetzlichen Vertreters eingeholt werden könnte, der einsichtsfähige Minderjährige allein in einen Heileingriff oder in einen Schwangerschaftsabbruch wirksam einwilligen kann. Manche neigen dazu, diese Frage zu bejahen (so z.B. Palandt/Diederichsen, § 1626 Rz. 14). Richtig dürfte es indessen sein, sie zumindest grundsätzlich zu verneinen (so der BGH jedenfalls bei nicht unwichtigen, aber aufschiebbaren Entscheidungen: NJW 1972, 335, 337). Ausnahmen sind denkbar, wenn anderenfalls das leibliche oder geistige Wohl des Kindes erheblich gefährdet würde. In einem solchen Fall kann nicht nur die verweigerte Einwilligung vom Vormundschaftsgericht ersetzt werden (§ 1666 BGB), sondern es kann auch – ausnahmsweise – von ihrer Einholung abgesehen werden (z.B. wenn Fehlverhalten der Eltern bei Kenntnis der Schwangerschaft zu erwarten ist); vgl. Lüderitz, AcP 178, 278 f.; zum Einwilligungsrecht der Eltern: AG Celle FamRZ 1987, 738.

c) Angemessene *Erziehungsmaßnahmen* sind z.B. Ermahnungen, Verweise, ein Ausgehverbot oder ein Entzug des Taschengelds. Auch körperliche Züchtigungen sind möglich, unterliegen aber engen Schranken. Zulässig sind sie nur als angemessene Reaktion auf kindlichen Ungehorsam und nur unter Rücksichtnahme auf Alter, Gesundheit, seelische und körperliche Reife des Kindes. Sie sind nicht zulässig, wenn sie nur Abreaktion elterlicher Affekte sind (MünchKomm/Hinz, § 1631 Rz 23). Gegen Überschreitungen wird das Kind – oft freilich nur theoretisch – geschützt durch § 1666 BGB: Das Vormundschaftsgericht ist zum Einschreiten verpflichtet. Außerdem können sich die Eltern strafbar machen, § 223 b StGB. Gänzlich unzulässig sind entwürdigende Erziehungsmaßnahmen, § 1631 Abs. 2 BGB: Das Kind darf nicht dem Gespött und der Verachtung Dritter preisgegeben werden.

2. Das Erziehungsrecht schließt das Recht zur *religiösen Erziehung* ein. Die religiöse Erziehung ist in einem besonderen Gesetz geregelt, nämlich im Reichsgesetz über die religiöse Kindererziehung v. 15.7.1921 (RKEG). Danach entscheidet über die religiöse Erziehung eines Kindes in erster Linie die freie Einigung der Eltern, soweit ihnen das Personensorgerecht zusteht. Die Einigung ist jederzeit widerruflich und wird durch den Tod eines Gatten gelöst, § 1 RKEG. Verträge über die religiöse Erziehung (etwa bei der Eheschließung) sind gem. § 4 RKEG ohne bürgerliche Wirkung, d.h. nicht durchsetzbar.

Sind sich die Eltern nicht oder nicht mehr einig, so gelten nach § 2 Abs. 1 RKEG die Vorschriften des BGB über das Recht der Personensorge, d.h. den Eltern, die sich nicht einigen können, bleibt nur der Weg zum Vormundschaftsgericht (§ 1628 BGB).

Ob die Bestimmung des religiösen Bekenntnisses freilich überhaupt justiziabel ist, ist sehr bestritten. Der Richter darf in keinem Fall eine Religion gegen die andere abwägen. Nur pädagogische Gesichtspunkte dürfen, wie in § 2 Abs. 3 Satz 2 RKEG ausdrücklich betont wird, für seine Entscheidung ausschlaggebend sein, z.B. die Erwägung, daß bei mehreren Kindern eine einheitliche religiöse Erziehung wünschenswert ist.

In der Praxis wird die Entscheidung des Richters dadurch erleichtert, daß der Streit der Eltern meist erst bei der Schuleinschreibung vor die Gerichte getragen wird. Zu diesem Zeitpunkt hat aber die religiöse Erziehung des Kindes in aller Regel bereits eingesetzt. Der Richter kann sich dann auf pädagogische Erkenntnisse berufen, etwa darauf, daß ein Wechsel in der religiösen Erziehung nach Möglichkeit vermieden werden sollte, oder darauf, daß der Ehegatte, der sich bisher tatsächlich um die religiöse Erziehung des Kindes gekümmert hat, die bessere Gewähr für eine solche Erziehung bietet als der andere.

Das Kind unterliegt der religiösen Erziehung bis zum vollendeten 14. Lebensjahr. Von da ab steht ihm die Entscheidung darüber frei, zu welchem Bekenntnis es stehen will. Nach Vollendung des 12. Lebensjahres kann ein Konfessionswechsel nicht mehr gegen seinen Willen bestimmt werden, § 5 RKEG.

Nach Art. 7 Abs. 2 GG haben die Erziehungsberechtigten das Recht, über die Teilnahme des Kindes am *Religionsunterricht* zu bestimmen. Dieses Bestimmungsrecht endet jedoch ebenfalls mit der Religionsmündigkeit des Kindes. Die Eltern können das Kind nicht zwingen, an dem Religionsunterricht eines Bekenntnisses teilzunehmen, zu dem es sich nicht mehr bekennt. Sie können nach h.M. das 14 Jahre alte Kind noch nicht einmal zwingen, weiterhin an dem Religionsunterricht seines Bekenntnisses teilzunehmen. Denn zur Entscheidung über das Religionsbekenntnis gehört – jedenfalls nach h.M. – auch die Bestimmung über die Teilnahme am Religionsunterricht; vgl. Jarass/Pieroth, GG, Art. 7 Rz 10.

3. Das Recht und die Pflicht, das Kind zu *beaufsichtigen*, soll dazu dienen, sowohl Schädigungen des Kindes als auch Schädigungen Dritter durch das Kind zu verhüten (vgl. § 832 BGB). Der Aufsichtspflicht unterliegen grundsätzlich auch der briefliche Verkehr und der persönliche Umgang des Kindes, § 1632 Abs. 2 BGB.

Aber: Von ihrem Aufsichtsrecht sollen die Eltern bei älteren Kindern nur mit einer gewissen Zurückhaltung Gebrauch machen. Auch das Kind hat das Recht auf eine Eigensphäre, in welche die Eltern nicht ohne Not eingreifen sollten. Haben die Eltern Anlaß zu der Sorge, daß ihr Kind durch den Umgang mit einem anderen Menschen gefährdet werde (Liebhaber der Tochter!), so können sie gegen diesen auf Unterlassung des Umgangs klagen (Vollstreckung: § 33 FGG; vgl. auch OLG Zweibrücken FamRZ 1989, 419). Die Eltern dürfen jedoch den Kindern, wenn sie älter geworden sind, den Umgang mit anderen Menschen nicht willkürlich verbieten. Auch wird man ihnen nicht mehr das unbeschränkte Recht zubilligen können, Briefe zu öffnen, die an ein bald volljähriges Kind gerichtet sind, oder jeden unbeaufsichtigten Ausgang zu verbieten, wenn nicht besondere Umstände eine derartige Maßnahme zur Abwendung einer Gefahr nahelegen; vgl. Engler, FamRZ 1969, 65.

4. Aufgrund ihres Rechtes, den Aufenthalt des Kindes zu bestimmen, können die Eltern die *Herausgabe des Kindes* von jedem verlangen, der es ihnen widerrechtlich vorenthält, § 1632 Abs. 1 BGB.

a) Der Satz scheint selbstverständlich. Das Interesse des Kindes verlangt jedoch nach einer *Einschränkung*.

Beispiel: Eltern, die sich jahrelang um ihr Kind nicht gekümmert haben, das bei Pflegeeltern aufgewachsen ist, verlangen das Kind heraus, obgleich dieses den Eltern völlig fremd gegenübersteht und lieber bei den Pflegeeltern bleiben möchte. Hier kann das Vormundschaftsgericht von Amts wegen oder auf Antrag der Pflegeeltern anordnen, daß das Kind bei den Pflegeeltern verbleibt, wenn und solange für eine solche Anordnung die Voraussetzungen des § 1666 Abs. 1 Satz 1 BGB gegeben sind, § 1632 Abs. 4 BGB.

Der Streit zwischen den leiblichen Eltern und den Pflegeeltern hat eine verfassungsrechtliche Dimension. Pflege und Erziehung der Kinder ist das natürliche Recht der Eltern (Art. 6 Abs. 2 GG). Gegen den Willen der Erziehungsberechtigten dürfen Kinder nur aufgrund eines Gesetzes von der Familie getrennt werden, wenn die Erziehungsberechtigten versagen oder die Kinder aus anderen Gründen zu verwahrlosen drohen (Art. 6 Abs. 3 GG).

Die typischen Fälle des § 1632 Abs. 4 BGB sind die, in denen die leiblichen Eltern ihr Kind zunächst freiwillig in Pflege gegeben haben, es später aber wieder zurückhaben wollen. In einem solchen Fall können sich die leiblichen Eltern nicht nur auf Art. 6 Abs. 2 GG, sondern auch auf Art. 6 Abs. 3 GG berufen. Art. 6 Abs. 3 GG schützt sie nicht nur, wenn es um die Trennung von ihren Kindern geht, sondern auch dann, wenn die Aufrechterhaltung dieses Zustands in Frage steht (BVerfG FamRZ 1985, 39, 41). In § 1632 Abs. 4 BGB geht es aber nicht nur um die Aufrechterhaltung der Trennung von den leiblichen Eltern, sondern auch um die Wegnahme von den Pflegeeltern. Die Vorschrift geht davon aus, daß zwischen dem Kind und seinen Pflegeeltern als Folge eines länger dauernden Pflegeverhältnisses eine gewachsene Bindung entstanden sein kann. Unter solchen Umständen ist auch die Pflegefamilie durch Art. 6 Abs. 1 GG geschützt, so daß Art. 6 Abs. 3 GG bei der Entscheidung über die Herausnahme des Kindes aus seiner „sozialen" Familie auch zugunsten der Pflegeeltern wirkt (BVerfG aaO). Aus diesem Grund ist es verfassungsrechtlich nicht zu beanstanden, wenn § 1632 Abs. 4 BGB zwar grundsätzlich den Vorrang der leiblichen Eltern anerkennt, deren Elternrecht aber einschränkt, wenn andernfalls eine schwere und nachhaltige Schädigung des körperlichen oder seelischen Wohlbefindens des Kindes (Schock, Trauma) zu erwarten wäre (BVerfG aaO).

Noch größeres Gewicht wird den Beziehungen des Kindes zu seinen Pflegeeltern beigemessen, wenn die leiblichen Eltern, die das Kind herausverlangen, es gar nicht selbst versorgen wollen oder können, sondern es nur jemand anderem in Pflege geben wollen. Hier ist dem Herausgabeverlangen nur stattzugeben, wenn mit hinreichender Sicherheit eine Gefährdung des körperlichen, geistigen oder seelischen Wohles des Kindes ausgeschlossen werden kann (BVerfG FamRZ 1987, 786).

Wiederum anders ist es, wenn die leiblichen Eltern ihr Kind herausverlangen, um es in Adoptionspflege geben, d.h. einem Ehepaar überlassen zu können, welches das Kind adoptieren will. Geht man auch hier wiederum vom Interesse des Kindes aus, so läßt sich sagen, daß auf lange Sicht das Kind durch eine Adoption eine bessere Stellung erhält, als es sie als Pflegekind hat. Darum kann in einem solchen Fall die Herausgabe auch dann angeordnet werden, wenn eine – kurzfristige – psychische Beeinträchtigung des Kindes als Folge der Trennung nicht schlechthin ausgeschlossen werden kann. Die Gerichte müssen in einem solchen Fall überprüfen, ob die vorgesehenen Adoptiveltern in der Lage sind, das Kind ohne dauerhafte Schädigung in ihre Familie zu integrieren (BVerfG FamRZ 1989, 31).

b) Der Herausgabeanspruch richtet sich nicht nur gegen einen Außenstehenden, sondern besteht auch *gegenüber dem Ehegatten.*

Beispiel: Nach einer Scheidung wird das Kind dem Vater zugesprochen. Die Mutter gibt es nicht heraus.

Beachte: Während für die Entscheidung über die Herausgabe grundsätzlich das Vormundschaftsgericht zuständig ist, entscheidet über einen Herausgabestreit zwischen den Eltern das Familiengericht, § 1632 Abs. 3 BGB.

Das Herausgabeverfahren ist kein Vollstreckungsverfahren zur vorausgegangenen Sorgerechtsentscheidung. Es muß darum erneut sachlich geprüft werden, ob das Kindeswohl dem Herausgabeverlangen entgegensteht. Die Prüfung kann z.B. zu dem Schluß führen, daß die Übersiedlung des Kindes zum anderen Elternteil aufgeschoben werden muß, weil sie zum gegenwärtigen Zeitpunkt (etwa im Hinblick auf einen augenblicklichen Ausbildungsabschnitt) dem Kindeswohl schaden würde. Bei schwerer Gefährdung des Kindeswohls ist das Herausgabeverlangen in jedem Fall mißbräuchlich und aus diesem Grund abzulehnen. Streitig ist, ob Umstände, die erst nach der Sorgerechtsentscheidung eingetreten sind und zu deren Abänderung (nach § 1696 BGB) führen müßten, im Herausgabeverfahren berücksichtigt werden dürfen und müssen oder ob die Abweisung des Herausgabeverlangens in diesem Fall eine vorherige Änderung der Sorgerechtsentscheidung voraussetzt. Richtig dürfte es sein, eine Änderung der Umstände schon im Herausgabeverfahren zu berücksichtigen und das Herausgabeverlangen aus diesem Grund abzulehnen (ausführlich: OLG Düsseldorf FamRZ 1981, 601). Die Gegenmeinung würde dazu führen, daß das Kind zunächst an den – noch immer – Sorgeberechtigten herausgegeben werden müßte, dann aber – nach der gebotenen Änderung der Sorgerechtsentscheidung – wieder zu dem anderen Elternteil zurückkehren dürfte. Dieses Hin- und Herreißen sollte dem Kind erspart bleiben (so auch Dörner, IPRax 1983, 83, der zu Recht darauf hinweist, daß die andersartige Rechtslage, wie sie sich im internationalen Bereich – nach dem Haager Kindesentführungsübereinkommen - ergibt, auf Inlandsfälle nicht übertragen werden kann).

c) Auf dem Aufenthaltsbestimmungsrecht beruht auch das Recht der Eltern, ein Kind in einem *Heim* oder in einer *Anstalt* unterzubringen. In diesem Zusammenhang wurde früher darüber gestritten, ob die Unterbringung dann, wenn sie mit einer Freiheitsentziehung verbunden ist (Unterbringung in einer Nervenheilanstalt oder einer geschlossenen Erziehungsanstalt), die Genehmigung des Vormundschaftsgerichts voraussetzt (Art. 104 GG). Der Gesetzgeber hat diese Frage im Gesetz zur Neuregelung des Rechts der elterlichen Sorge nunmehr bejaht, § 1631 b BGB. Ohne die Genehmigung ist die Unterbringung nur zulässig, wenn mit dem Aufschub Gefahr verbunden ist; hier ist dann die Genehmigung unverzüglich nachzuholen. Das Gericht hat die Genehmigung zurückzunehmen, wenn das Wohl des Kindes die Unterbringung nicht mehr erfordert.

5. Die Personensorge *endet* als Bestandteil der elterlichen Sorge mit dieser. Darüber hinaus endet die tatsächliche Personensorge (nicht das Vertretungsrecht und nicht die Vermögensverwaltung!) für ein minderjähriges Kindes kraft Gesetzes mit dessen Verheiratung (§ 1633 BGB). Und schließlich kann die Personensorge einem Elternteil unter den Voraussetzungen des § 1666 BGB (Gefährdung des Kindeswohls) entzogen werden.

Wird einem Elternteil die elterliche Personensorge entzogen, so übt grundsätzlich der andere Elternteil die Sorge allein aus. Das Vormundschaftsgericht hat aber eine abweichende Entscheidung zu treffen, wenn das Wohl des Kindes dies erfordert, § 1680 Abs. 1 BGB.

Leben die Eltern zusammen, so wird häufig die Gefahr bestehen, daß der seiner Sorge entkleidete Elternteil die Entscheidungen des anderen Elternteils in einer für das Kind nachteiligen Weise beeinflußt. Hält das Vormundschaftsgericht einen Übergang der elterlichen Sorge auf den anderen Elternteil aus diesem Grund für nicht vertretbar, so bestellt es einen Vormund oder Pfleger.

Endet die elterliche Sorge eines Elternteils, dem diese Sorge nach einer Ehescheidung oder Trennung der Eltern übertragen worden war, sei es, daß er stirbt, sei es, daß ihm die elterliche Sorge entzogen wird, so hat das Vormundschaftsgericht die elterliche Sorge dem anderen Elternteil zu übertragen, es sei denn, daß dies dem Wohl des Kindes widerspricht, §§ 1680 Abs. 2, 1681 Abs. 1 Satz 2 BGB.

VI. Vermögenssorge

1. Das Recht und die Pflicht der Eltern, für das Vermögen des Kindes zu sorgen, die sog. *Vermögenssorge*, umfaßt grundsätzlich alle tatsächlichen und rechtlichen Fürsorgemaßnahmen für die Erhaltung, Verwertung und Vermehrung des Kindesvermögens. Die Eltern können das Vermögen des Kindes in Besitz nehmen (in diesem Fall sind sie Besitzmittler), sie können es verwalten, sie können Rechte, die zum Vermögen des Kindes gehören, im Namen des Kindes geltend machen (die Vermögenssorge umschließt auch das Recht, das Kind in Vermögensangelegenheiten zu vertreten, § 1629 Abs. 1 BGB), sie können aber auch kraft ihres Verwaltungsrechts im eigenen Namen handeln, sie können über die Gegenstände des Kindesvermögens verfügen, sie können das Kind durch Rechtsgeschäfte verpflichten.

Allerdings sind die Schranken im Bereich der Vermögenssorge enger als im Bereich der Personensorge. Zu einer Reihe von Verpflichtungs- und Verfügungsgeschäften bedürfen die Eltern der Genehmigung des Vormundschaftsgerichts (s.u. VII 3 e).

2. Erwerben die Eltern mit Mitteln des Kindes bewegliche Sachen, Inhaberpapiere (z.B. Aktien), Orderpapiere, die mit Blankoindossament versehen sind, oder Rechte, die durch bloßen Abtretungsvertrag übertragen werden können (z.B. einfache Forderungen), so findet *dingliche Surrogation* statt, § 1646 BGB. Das Erworbene wird unmittelbar Eigentum oder Recht des Kindes, gleichgültig, wie die Eltern aufgetreten sind.

Das gilt nur dann nicht, wenn nachgewiesen wird, daß die Eltern den Gegenstand im eigenen Namen und ausschließlich für sich selbst erworben haben. In diesem Fall sowie dann, wenn die Eltern mit Mitteln des Kindes ein Grundstück erworben haben, wächst dem Kind ein obligatorischer Anspruch auf Abtretung oder Ersatz zu.

3. Ursprünglich war mit der elterlichen Sorge das *Nutznießungsrecht* am Kindesvermögen verbunden. Das Gleichberechtigungsgesetz hat diese Regelung beseitigt. Die Einkünfte des Kindesvermögens sollen dem Kind zustehen und nicht in das Vermögen der Eltern fallen (und dadurch möglicherweise ihren Gläubigern zugute kommen!). Nur in Ausnahmefällen können die Eltern Vermögenseinkünfte des Kindes auch für den eigenen Unterhalt und den Unterhalt der minderjährigen unverheirateten Geschwister des Kindes heranziehen, § 1649 Abs. 2 Satz 1 BGB.

4. Die Vermögenssorge *endet* als Bestandteil der elterlichen Sorge mit dieser. Darüber hinaus endet die Vermögenssorge eines Elternteils kraft Gesetzes, wenn er in Konkurs fällt, § 1670 BGB. Und schließlich kann auch die Vermögenssorge ebenso wie die Personensorge einem Elternteil

durch das Vormundschaftsgericht unter bestimmten Voraussetzungen entzogen werden, § 1666 Abs. 3 BGB.

VII. Schranken der elterlichen Sorge

1. Allgemeine Schranken

Die elterliche Sorge und die Vertretungsmacht der Eltern erstrecken sich nicht auf die Angelegenheiten des Kindes, für die ein *Pfleger* bestellt ist, § 1630 Abs. 1 BGB.

Ein Pfleger ist dem Kind insbesondere dann zu bestellen, wenn die Eltern an der Ausübung der elterlichen Sorge tatsächlich verhindert sind (z.B. durch Krankheit) oder aus rechtlichen Gründen ein bestimmtes Rechtsgeschäft nicht für das Kind vornehmen können.

2. Schranken der Vertretungsmacht

a) Abgesehen von den Fällen, in denen dem Kind ein Pfleger bestellt worden ist, sind die Eltern – wegen eines möglichen *Interessenwiderstreits* – von der Vertretung des Kindes ausgeschlossen in denselben Fällen, in denen nach § 1795 BGB ein Vormund von der Vertretung des Mündels ausgeschlossen ist, § 1629 Abs. 2 Satz 1 BGB.

Diese Verweisung bedeutet: Die Eltern dürfen keine In-sich-Geschäfte abschließen, es sei denn, daß ihnen das Selbstkontrahieren gestattet ist (vgl. etwa § 3 Abs. 3 Berufsbildungsgesetz: Schließen Eltern mit ihrem Kind einen Berufsausbildungsvertrag, so sind sie von dem Verbot des § 181 BGB befreit) oder es sich um bloße Erfüllungsgeschäfte handelt, §§ 1795 Abs. 2, 181 BGB. Außerdem darf kein Elternteil in Vertretung des Kindes gegenüber seinem Ehegatten oder gegenüber einer mit ihm in gerader Linie verwandten Person ein Rechtsgeschäft vornehmen (oder einem Rechtsgeschäft des Kindes die erforderliche Zustimmung erteilen); auch hier wiederum sind bloße Erfüllungsgeschäfte ausgenommen, § 1795 Abs. 1 Nr. 1 BGB. Ein von den Eltern ohne gesetzliche Vertretungsmacht abgeschlossener Vertrag ist schwebend unwirksam (kann also durch die Genehmigung des später bestellten Pflegers noch wirksam werden).

Beispiel: Die Mutter des Kindes kann (nach dem Tod des Vaters) in Vertretung des Kindes ein Grundstück, das dem Kind gehört, weder an sich, noch an ihren zweiten Ehemann, noch an ihre Eltern, noch an Geschwister des Kindes wirksam verkaufen.

Zu beachten ist in diesem Zusammenhang die Interpretation des § 181 BGB durch den BGH, der das Selbstkontrahierungsverbot auf die Fälle eines möglichen Interessenkonflikts zwischen Vertreter und Vertretenem beschränkt hat. Das heißt: Eltern sind an der Vornahme eines In-sich-Geschäfts dann nicht gehindert, wenn das Geschäft (z.B. eine Schenkung) dem Vertretenen lediglich einen rechtlichen Vorteil bringt; vgl. BGH FamRZ 1975, 480.

Auch in einem Rechtsstreit kann ein Elternteil das Kind nicht vertreten, wenn er selbst, sein Ehegatte oder eine Person, mit der er in gerader Linie verwandt ist, der Gegner ist, § 1795 Abs. 1 Nr. 3 BGB.

Ausnahme: Leben die Eltern des Kindes getrennt oder ist die Scheidung ihrer Ehe beantragt, so kann, wenn eine Personensorgeregelung noch nicht getroffen worden ist, der Elternteil, in dessen Obhut sich das Kind befindet, Unterhaltsansprüche des Kindes gegen den anderen Elternteil geltend machen, § 1629 Abs. 2 Satz 2 BGB; bei der Geltendmachung eines solchen Unterhaltsanspruches steht also § 1795 Abs. 1 Nr. 3 BGB der Unterhaltsklage nicht entgegen. Der Elternteil kann die Unterhaltsansprüche des Kindes gegen den anderen Elternteil in einem solchen Fall aber nur im eigenen Namen (d.h. im Wege der *Prozeßstandschaft*) geltend machen, § 1629 Abs. 3 Satz 1 BGB (Grund: Das Kind soll aus dem Verfahren herausgehalten werden).

Schließlich können die Eltern das Kind auch nicht vertreten, wenn sie eine (z.B. durch eine Hypothek oder Bürgschaft) gesicherte Forderung, die dem Kind gegen einen Elternteil zusteht, übertragen oder belasten oder wenn sie die Sicherung aufheben oder mindern wollen, § 1795 Abs. 1 Nr. 2 BGB.

b) Die Eltern sind des weiteren von der Vertretung ausgeschlossen, soweit ihnen die Vertretungsmacht durch das Vormundschaftsgericht für einzelne Angelegenheiten oder einen Kreis einzelner Angelegenheiten *entzogen* worden ist, § 1629 Abs. 2 Satz 3 i.V.m. § 1796 BGB.

Eine solche Maßnahme wird das Vormundschaftsgericht dann treffen, wenn in einer bestimmten Angelegenheit eine Interessenkollision besteht, der Elternteil aber nicht kraft Gesetzes von der Vertretung des Kindes ausgeschlossen ist (vgl. § 1796 Abs. 2 BGB).

Beispiel: Die Mutter, der nach der Scheidung die elterliche Sorge übertragen worden ist, schließt in Vertretung des Kindes einen Vertrag mit ihrem neuen Lebensgefährten, mit dem sie nicht verheiratet ist.

c) Sind die Eltern gem. §§ 1629 Abs. 2, 1795, 1796 BGB von der Vertretung ausgeschlossen, so ist ein *Pfleger* zu bestellen. Das gilt auch dann, wenn nur in der Person eines Elternteils ein Ausschlußgrund vorliegt. Das heißt: Ist ein Elternteil aufgrund der genannten Vorschriften rechtlich gehindert, das Kind zu vertreten, so erstarkt keineswegs die elterliche Sorge des anderen Elternteils zur Alleinsorge. Das zeigt deutlich § 1678 Abs. 1 BGB, wonach nur bei einer tatsächlichen Verhinderung (Abwesenheit, Krankheit) eines Elternteils oder bei einem Ruhen seiner elterlichen Sorge (z.B. wegen Geschäftsunfähigkeit, § 1673 Abs. 1 BGB) die elterliche Sorge des anderen zur Alleinsorge erstarkt; vgl. BGH FamRZ 1972, 498.

d) Eine weitere Beschränkung des Vertretungsrechts der Eltern ergibt sich aus den §§ 112, 113 BGB. Haben die Eltern ihr minderjähriges Kind zum Betrieb eines Erwerbsgeschäfts oder zum Eintritt in ein *Dienst-* oder *Arbeitsverhältnis* ermächtigt, so ist ihre Vertretungsmacht in dem Bereich ausgeschlossen, in dem der Minderjährige aufgrund dieser Ermächtigung unbeschränkt geschäftsfähig ist.

e) Die Vertretungsmacht der Eltern ist ferner durch das Schenkungsverbot des § 1641 BGB beschränkt. Die Eltern können nicht in Vertretung des Kindes Schenkungen machen (oder einer Schenkung durch das Kind zustimmen). Ausgenommen sind lediglich Pflicht- und Anstandsschenkungen. Schenkungen, die gegen dieses Verbot verstoßen, sind nichtig.

f) Gewisse Rechtshandlungen kann nur das Kind *persönlich* vornehmen (mit gewissen Ausnahmen, wenn das Kind geschäftsunfähig ist): Eheschließung (§ 13 Abs. 1 EheG), Antrag auf Ehescheidung (§ 607 Abs. 1 ZPO), Abschluß eines Ehevertrags (§ 1411 Abs. 1 Satz 3 BGB), Anfechtung der Ehelichkeit eines Kindes (§ 1595 BGB), Anerkennung eines Kindes (§ 1600 d BGB), Anfechtung der Anerkennung (§ 1600 k BGB), Antrag auf Ehelicherklärung (§ 1728 BGB), Errichtung eines Testaments (§ 2064 BGB), Abschluß eines Erbvertrags als Erblasser (§ 2274 BGB), Erbverzicht (§ 2347 BGB). In all diesen Fällen ist eine Vertretung durch die Eltern ausgeschlossen.

g) Schranken der Vertretungsmacht ergeben sich schließlich auch daraus, daß in einer Reihe von meist vermögensrechtlichen Geschäften die Eltern die *Zustimmung des Vormundschaftsgerichts* einholen müssen, § 1643 BGB.

3. Schranken im Bereich der Vermögenssorge

a) Grundsätzlich untersteht das *gesamte* Vermögen des Kindes der elterlichen Vermögenssorge. Ausgenommen sind Vermögensgegenstände, die dem Kind geschenkt oder durch eine Verfügung von Todes wegen zugewendet worden sind, wenn der Schenker oder der Erblasser das Verwaltungsrecht der Eltern ausgeschlossen hat (§ 1638 BGB). Außerdem ist die Schranke des § 1630 BGB (Pfleger!) zu beachten.

b) Vermögen, welches das Kind von Todes wegen oder sonst anläßlich eines Sterbefalles erwirbt, oder das ihm als Abfindung anstelle von Unterhalt gewährt oder unentgeltlich zugewendet wird, haben die Eltern, soweit das Vermögen ihrer Verwaltung unterliegt, grundsätzlich zu *verzeichnen* und das Verzeichnis mit der Versicherung, daß es richtig und vollständig sei, dem Vormundschaftsgericht einzureichen. Diese Verpflichtung besteht nur dann nicht, wenn der Wert eines Vermögenserwerbs 10.000 DM nicht übersteigt oder der Erblasser durch letztwillige Verfügung oder der Zuwendende bei der Zuwendung eine abweichende Anordnung getroffen hat, § 1640 BGB.

Ein Verzeichnis des Kindesvermögens ist ebenfalls anzufertigen, wenn die Eltern des Kindes nicht oder nicht mehr miteinander verheiratet sind und der Elternteil, dem die Vermögenssorge zusteht, die Ehe mit einem Dritten schließen will. Besteht in diesem Fall zwischen dem Elternteil und dem Kind eine Vermögensgemeinschaft, so ist grundsätzlich eine Auseinandersetzung herbeizuführen, § 1683 BGB.

Und schließlich kann auch das Vormundschaftsgericht von den Eltern jederzeit verlangen, daß sie ein Vermögensverzeichnis einreichen, wenn das Kindesvermögen gefährdet erscheint, § 1667 BGB.

c) Hat das Kind ein *Handelsgeschäft* geerbt, so können die Eltern in Vertretung des Kindes grundsätzlich auch – zur Fortführung des Geschäfts – Verpflichtungen eingehen. Sie dürfen jedoch nicht das Kind über den Umfang des ererbten Vermögens hinaus verpflichten – mit der Folge, daß das Kind bei Volljährigkeit mit Belastungen leben müßte, die es nicht zu verantworten hat. Die Vertretungsbefugnis der Eltern findet hier eine verfassungsrechtliche Schranke in dem allgemeinen Persönlichkeitsrecht des Kindes (BVerfG FamRZ 1986, 769).

d) Ein Vormund muß jährlich über seine Vermögensverwaltung Rechnung legen, § 1840 BGB. Dazu sind die Eltern nicht verpflichtet. Sie müssen lediglich bei Beendigung ihrer Vermögenssorge, wenn sie dem Kind das Vermögen herausgeben müssen, auf Verlangen über ihre Verwaltung *Rechenschaft* ablegen, § 1698 BGB.

e) Grundsätzlich können die Eltern frei darüber entscheiden, wie sie das Vermögen des Kindes anlegen wollen, ob in Wertpapieren, Goldmünzen, Briefmarken usw. Das Gesetz schreibt lediglich vor, daß das der elterlichen Verwaltung unterliegende *Geld* des Kindes nach den Grundsätzen einer wirtschaftlichen Vermögensverwaltung anzulegen ist (soweit es nicht zur Bestreitung von Ausgaben bereitzuhalten ist), § 1642 BGB.

f) Für eine Reihe wichtiger Vermögensgeschäfte bedürfen die Eltern der *Genehmigung des Vormundschaftsgerichts.* Genehmigungsbedürftig sind (§ 1643 Abs. 1, 2 BGB):

(1) Gewisse *Grundstücksgeschäfte* (§ 1821 BGB). So brauchen die Eltern z.B. die Zustimmung des Vormundschaftsgerichts, wenn sie ein Grundstück des Kindes verkaufen, übereignen oder belasten oder im Namen des Kindes ein Grundstück kaufen wollen.
(2) Geschäfte, die sich auf das *gesamte Vermögen* oder auf eine Erbschaft beziehen (§ 1822 Nrn. 1 und 2 BGB). Hier ist die Genehmigung des Vormundschaftsgerichts etwa erforderlich, wenn die Eltern für das Kind eine Erbschaft ausschlagen wollen.

Ausnahme: Ist das Kind nur deswegen erbberechtigt, weil seine Eltern die Erbschaft ausgeschlagen haben, so können die Eltern auch ohne Genehmigung des Vormundschaftsgerichts die Erbschaft für das Kind ausschlagen (§ 1643 Abs. 2 Satz 2 BGB).

Beispiel: Der Großvater des Kindes stirbt. Sein Nachlaß ist überschuldet. Gesetzlicher Erbe ist der Vater des Kindes. Das Kind wird Erbe nur dann, wenn der Vater ausschlägt. In diesem Fall können die Eltern die Erbschaft für das Kind ausschlagen, ohne die Genehmigung des Vormundschaftsgerichts einholen zu müssen.

(3) Verträge über ein *Erwerbsgeschäft* (Kauf oder Veräußerung eines Erwerbsgeschäfts, Abschluß eines Gesellschaftsvertrags zum Betrieb eines Erwerbsgeschäfts, § 1822 Nr. 3 BGB).

Beachte: Auch der Eintritt in eine bestehende Personalgesellschaft oder das Ausscheiden aus ihr ist genehmigungsbedürftig (der Eintretende erwirbt einen Gesamthandsanteil an dem Erwerbsgeschäft, insofern ist der Erwerb eines Anteils am Geschäft dem Erwerb des Geschäfts im ganzen gleichzusetzen; BGHZ 17, 160), desgleichen der Erwerb oder die Veräußerung aller Geschäftsanteile einer GmbH (zwar wird der Minderjährige durch den Erwerb nicht selbst Träger des Erwerbsgeschäfts, es kann sich aber für ihn nach den Grundsätzen über die Ein-Mann-Gesellschaft eine Haftung ergeben; vgl. MünchKomm/Schwab, § 1822 Rz 18), nach der überwiegenden Meinung sogar schon eine solche Beteiligung, welche die Herrschaft über die GmbH verleiht (vgl. MünchKomm/Schwab, aaO).

(4) Gewisse *Kreditgeschäfte* und die Übernahme einer fremden Verbindlichkeit (§ 1822 Nr. 8 und 10 BGB).

Beispiele: Aufnahme eines Darlehens, Bürgschaft.

(5) Die Begebung eines *Wechsels*, § 1822 Nr. 9 BGB.
(6) Die Erteilung einer *Prokura*, § 1822 Nr. 11 BGB.
(7) Verträge, durch die das Kind zu wiederkehrenden Leistungen über das 18. Lebensjahr hinaus verpflichtet wird (Miet- oder Pachtverträge, Abzahlungsgeschäfte), wenn das Vertragsverhältnis länger als

ein Jahr über diesen Zeitraum hinaus fortdauern soll, § 1822 Nr. 5 BGB.

g) Auch dann, wenn es nicht um den Kauf eines Erwerbsgeschäfts geht, sondern um den bloßen *Betrieb*, soll, bzw. muß die Zustimmung des Vormundschaftsgerichts eingeholt werden. Die Eltern sollen die Genehmigung des Vormundschaftsgerichts einholen, wenn sie ein neues Erwerbsgeschäft im Namen des Kindes beginnen wollen, § 1645 BGB. Sie müssen die Genehmigung des Vormundschaftsgerichts einholen, wenn sie das Kind ermächtigen wollen, ein Erwerbsgeschäft selbständig zu betreiben, § 112 BGB.

h) Die Genehmigung des Vormundschaftsgerichts ist keine Unterart der Zustimmung i.S. der §§ 182 ff. BGB, sie ist überhaupt keine privatrechtliche, sondern eine Staatswillenserklärung, die auch, wenn sie vorher erteilt wird, *Genehmigung* heißt und nicht Einwilligung; sie ergänzt die Vertretungsmacht der Eltern und kann nur diesen gegenüber erklärt werden, §§ 1643 Abs. 3, 1828 BGB.

Die Vornahme eines genehmigungsbedürftigen Geschäfts ohne die vorherige Genehmigung macht ein einseitiges Rechtsgeschäft ohne weiteres nichtig; der Adressat darf die Erklärung sogar als unwirksam zurückweisen, wenn die Genehmigung nicht in schriftlicher Form vorgelegt wird. Bei Verträgen ist nachträgliche Genehmigung möglich, §§ 1643 Abs. 3, 1829, 1831 BGB.

Beachte: Eine nachträgliche Genehmigung wird dem Vertragspartner gegenüber erst wirksam, wenn sie ihm von den Eltern mitgeteilt wird, §§ 1643 Abs. 3, 1829 Abs. 1 Satz 2 BGB. Die Eltern haben es also in der Hand, den geschlossenen Vertrag scheitern zu lassen, obgleich das Vormundschaftsgericht seine Genehmigung nachträglich noch erteilt hat. Sie brauchen dem Vertragspartner lediglich die Genehmigung nicht mitzuteilen. Der Vertragspartner kann die Eltern zu dieser Mitteilung nicht zwingen. Er kann lediglich die Eltern zur Mitteilung über die Genehmigung auffordern. Wird die Genehmigung dann nicht innerhalb von zwei Wochen mitgeteilt, so gilt sie als verweigert (obgleich sie erteilt worden ist!), §§ 1643 Abs. 3, 1829 Abs. 2 BGB.

VIII. Die Verhinderung der Eltern an der Ausübung der elterlichen Sorge

1. Tatsächliche und rechtliche Verhinderung

Von einer Verhinderung der Eltern an der Ausübung der elterlichen Sorge spricht man dann, wenn die Eltern nicht nur an einem bestimmten Handeln für das Kind gehindert sind (wie in den Fällen, in denen ihre elterliche Sorge beschränkt ist), sondern generell für kürzere oder längere Zeit ihre elterliche Sorge nicht ausüben können. Die Gründe einer solchen Verhinderung können tatsächlicher oder rechtlicher Natur sein. Eine tatsächliche Verhinderung liegt z.B. vor, wenn ein Elternteil schwer krank oder vorübergehend abwesend ist. Aus Rechtsgründen ist ein Elternteil an der Ausübung der elterlichen Sorge verhindert, wenn er geschäftsunfähig oder beschränkt geschäftsfähig ist. Das Gesetz spricht hier von einem *Ruhen der elterlichen Sorge*, § 1673 BGB. Ist eine tatsächliche Verhinderung eines Elternteils von längerer Dauer (verbüßt der Vater z.B. eine längere Freiheitsstrafe), so hat das Vormundschaftsgericht diese – länger dauernde – Verhinderung festzustellen. Diese Feststellung hat dann ebenfalls das Ruhen der elterlichen Sorge zur Folge (§ 1674 Abs. 1 BGB). Konsequenz: Solange die elterliche Sorge ruht, braucht die tatsächliche Verhinderung im Einzelfall nicht mehr festgestellt zu werden. Die Feststellung des Vormundschaftsgerichts dient darum der Rechtssicherheit.

2. Rechtsfolgen der Verhinderung

a) Ist ein Elternteil tatsächlich verhindert, die elterliche Sorge auszuüben, oder ruht seine elterliche Sorge, so übt der andere Teil die elterliche Sorge *allein* aus, § 1678 Abs. 1 BGB.

Dies gilt jedoch nur dann, wenn der andere Elternteil vor der Verhinderung Mitinhaber der elterlichen Sorge war. Darum geht z.B. bei einer Verhinderung der nichtehelichen Mutter die elterliche Sorge nicht auf den Erzeuger über. Sind die Eltern des Kindes geschieden oder leben sie getrennt und war die elterliche Sorge einem Elternteil übertragen (§§ 1671, 1672 BGB), so hat die Verhinderung des Elternteils, dem die elterliche Sorge übertragen war, ebenfalls nicht zur Folge, daß nunmehr der andere Elternteil kraft Gesetzes die elterliche Sorge erhält. Normalerweise wird hier ein Pfleger bestellt. Nur dann, wenn es sich um ein Ruhen der elterlichen Sorge handelt und keine Aussicht besteht, daß der Grund des Ruhens wegfallen werde, hat das Familiengericht die elterliche Sorge dem anderen Elternteil zu übertragen, es sei denn, daß dies dem Wohl des Kindes widerspricht, § 1678 Abs. 2 BGB.

b) Eine Besonderheit gilt, wenn die elterliche Sorge eines Elternteils deswegen ruht, weil er *beschränkt geschäftsfähig* ist. In diesem Fall behält nämlich dieser Elternteil das Recht der Personensorge, freilich ohne das Vertretungsrecht, § 1673 Abs. 2 Satz 2 BGB.

c) Sind *beide Eltern* oder ist bei einem nichtehelichen Kind die Mutter an der Ausübung der elterlichen Sorge verhindert, so trifft das Vormundschaftsgericht die im Interesse des Kindes erforderlichen Maßnahmen, § 1693 BGB (vor allem Bestellung eines Pflegers oder eines Vormundes).

§ 20 Sorge- und Umgangsrecht bei Scheidung oder Trennung der Eltern

Schrifttum: Balloff/Walter, Gemeinsame elterliche Sorge als Regelfall?, FamRZ 1990, 445; Coester, Das Kindeswohl als Rechtsbegriff, Arbeiten zur Rechtsvergleichung Bd. 114 (1983); ders., Gemeinsame elterliche Verantwortung nach Trennung und Scheidung; Limbach, Gemeinsame Sorge geschiedener Eltern, Juristische Studiengesellschaft Karlsruhe, Bd. 178 (1988); dies., Die gemeinsame Sorge geschiedener Eltern in der Rechtspraxis – Eine Rechtstatsachenstudie (1989); Luthin, Gemeinsames Sorgerecht nach der Scheidung (1987); Maccoby/Mnookin, Die Schwierigkeiten der Sorgerechtsregelung, FamRZ 1995, 1; Michalski, Gemeinsames Sorgerecht geschiedener Eltern, FamRZ 1992, 128; Ollmann, Das gemeinsame Sorgerecht nach der Scheidung und das KJHG, FamRZ 1993, 869; Rösner/Schade, Der Verdacht auf sexuellen Mißbrauch von Kindern im familiengerichtlichen Verfahren, FamRZ 1993, 1133.

I. Das Sorgerecht bei Scheidung oder Trennung der Eltern

1. Die Sorgerechtsverteilung bei Scheidung der Ehe

Wird eine Ehe geschieden, aufgehoben oder für nichtig erklärt, so hat das Familiengericht zu bestimmen, wem künftig die elterliche Sorge für die aus der Ehe hervorgegangenen Kinder zustehen soll: dem Vater, der Mutter oder weiterhin beiden Eltern, § 1671 Abs. 1 u. 6 BGB, § 37 Abs. 1 EheG.

Die Sorgerechtsregelung ist wegen ihrer Tragweite für das Kind die wichtigste Entscheidung, die der Richter im Rahmen des Scheidungsverfahrens zu treffen hat. Häufig wird über diesen Punkt heftig gestritten. Kein Elternteil will sein Kind „verlieren". Gutachter werden aufgeboten. Psychologische und pädagogische Gesichtspunkte spielen eine entscheidende Rolle. Zuweilen kommen auch ökonomische Interessen ins Spiel: Der Ehegatte, dem das Sorgerecht übertragen wird, kann im Regelfall nach § 1570 BGB Unterhalt verlangen!

Woran das Gericht seine Entscheidung auszurichten hat, sagt das Gesetz ganz klar: Das Gericht trifft die Regelung, die dem Wohl des Kindes am besten entspricht, § 1671 Abs. 2 Halbs. 1 BGB. Nur: Was entspricht dem Wohl des Kindes am besten?

a) Daß das Kindeswohl den alleinigen Maßstab für die richtige Entscheidung bildet, war nicht immer so. Das BGB hatte ursprünglich auf die *Scheidungsschuld* abgestellt. Dem Schuldigen wurde die Sorge für die Person der Kinder grundsätzlich abgesprochen. Bei gleicher Schuld erhielt die Mutter die Kinder bis zu sechs Jahren. Dem Vater blieb außer der Sorge für das Vermögen auch das Recht zur Vertretung des Kindes, selbst dann, wenn ansonsten die Mutter personensorgeberechtigt war.

Erst das EheG 1938 löste die zwingende Verknüpfung des Personensorgerechts mit der Schuldfrage. Es schrieb vor, daß zunächst eine Einigung zwischen den Eltern angestrebt werden sollte (deren Zulässigkeit früher verneint worden war). Wenn die Eltern keinen annehmbaren Einigungsvorschlag vorlegten, sollte das Vormundschaftsgericht eine Regelung treffen, die unter Berücksichtigung aller Verhältnisse dem Kindeswohl entsprach. Der Schuldausspruch sollte nur noch insofern Bedeutung haben, als dem schuldig Erklärten die Personensorge nur ausnahmsweise übertragen werden sollte, nämlich, wenn dies dem Wohl des Kindes aus besonderen Gründen „diente".

Das Gleichberechtigungsgesetz von 1957 verstärkte das Gewicht der Einigung der Eltern und schwächte die Wirkung der Schuldfrage weiter ab. Außerdem schrieb es vor, daß einem Elternteil grundsätzlich die gesamte elterliche Gewalt zu übertragen sei.

Die nächste Änderung brachte das 1. EheRG (in Kraft seit 1.7.1977). Es beseitigte das Vorrecht des an der Scheidung unschuldigen Gatten gänzlich.

Seine heutige Fassung hat § 1671 BGB durch das am 1.1.1980 in Kraft getretene Gesetz zur Neuregelung des Rechts der elterlichen Sorge erhalten. Stärker noch als bisher tritt nun das Kindeswohl als Entscheidungsmaßstab in den Vordergrund. Die Bindungen des Kindes sind zu berücksichtigen. Der übereinstimmende Vorschlag der Eltern, der bisher in Abs. 2 geregelt war, findet sich nun erst in Abs. 3. Damit wird die

Rangfolge der zu berücksichtigenden Interessen auch optisch hervorgehoben.

b) Die Entstehungsgeschichte macht den Wandel deutlich, der sich auf diesem Gebiet vollzogen hat. Die Sorgerechtsverteilung dient nicht mehr dazu, den „schuldigen" Ehegatten zu „bestrafen". Alleinentscheidend ist das *Wohl des Kindes.*

Dem Wohl des Kindes dient es vor allem, wenn die Eltern ihren Streit bewältigen und die Bindungen des Kindes an sie beide erhalten wollen. Darum mißt das Gesetz einem übereinstimmenden Vorschlag der Eltern große Bedeutung zu: Von einem übereinstimmenden Vorschlag der Eltern soll das Gericht nur abweichen, wenn dies zum Wohl des Kindes erforderlich ist, § 1671 Abs. 3 Satz 1 BGB. Ein gemeinsamer Vorschlag ist allerdings nur dann relevant, wenn er dem wirklichen Willen der Eltern auch noch im Zeitpunkt der Entscheidung des Gerichts entspricht. Hat ein Elternteil seine Meinung geändert und den Vorschlag widerrufen, ist das Gericht in seiner Entscheidung frei (OLG Hamm FamRZ 1989, 654; noch unentschieden: BGH FamRZ 1990, 392).

Das Gericht hat aber nicht nur die Eltern zu hören. Zu hören ist auch das Jugendamt (§ 49 a Abs. 1 Nr. 2 FGG) und auch das Kind selbst, wenn die Neigungen, Bindungen oder der Wille des Kindes für die Entscheidung von Bedeutung sind oder wenn es zur Feststellung des Sachverhalts angezeigt erscheint, daß sich das Gericht von dem Kind einen unmittelbaren Eindruck verschafft (§ 50 b Abs. 1 FGG). Ist das Kind älter als 14 Jahre und macht es einen Vorschlag, der anders lautet als der übereinstimmende Vorschlag der Eltern, so trifft das Gericht seine Entscheidung nach § 1671 Abs. 2 BGB. Die – grundsätzliche – Bindung an den Elternvorschlag entfällt (§ 1671 Abs. 3 Satz 2 BGB).

c) In Rechtsprechung und Schrifttum werden zur Ausfüllung des Kriteriums „Kindeswohl" zwei Gesichtspunkte besonders beachtet: das *Förderungsprinzip* und der *Kontinuitätsgrundsatz*. Nach dem ersteren ist die elterliche Sorge dem Elternteil zu übertragen, der am besten zur Erziehung und Betreuung des Kindes geeignet erscheint und von dem das Kind vermutlich die meiste Unterstützung für den Aufbau seiner Persönlichkeit erwarten kann (BVerfG FamRZ 1981, 124, 126; BGH FamRZ 1985, 169). Nach dem Kontinuitätsgrundsatz gilt es, die Stetigkeit der Erziehung und Betreuung sicherzustellen (BVerfG FamRZ 1982, 1179, 1183; BGH aaO).

Unabhängig davon sind die *Bindungen des Kindes* zu berücksichtigen. Zu diesem Zweck muß das Kind gehört werden, soweit es nach Alter und Reife zu einer Willensbildung im natürlichen Sinn in der Lage ist. Im Regelfall wird insbesondere das Kleinkind eine Hauptbezugsperson haben (nämlich den Elternteil, der es primär betreut); daneben werden aber auch emotionale Bindungen zu einer oder mehreren anderen Personen bestehen (zum anderen Elternteil, zu Geschwistern, zu den Großeltern). Aufgabe des Richters ist es, in einem solchen Fall zu prüfen, ob die primäre Betreuungsperson überhaupt ohne Schaden für das Kind ausgewechselt werden kann (das wird für ein Kind, welches das dritte Lebensjahr noch nicht vollendet hat, meist verneint; vgl. Johannsen/Henrich/Jaeger, Eherecht, § 1671 Rz 39). Im übrigen wird es auf die psychische Konstitution und Belastbarkeit des Kindes im Einzelfall sowie auf die Modalitäten der Trennung ankommen. Hierzu pflegen die Gerichte meist Psychologen als Sachverständige zu hören.

Besonders wichtig sind die Bindungen des Kindes zu seinen Geschwistern. Geschwister sollten nur in Ausnahmefällen voneinander getrennt werden. Zu berücksichtigen sind aber auch die Bindungen zu anderen Personen. Wurde ein Kind beispielsweise hauptsächlich von der Mutter seines Vaters betreut, weil seine beiden Eltern berufstätig waren, so kann vieles dafür sprechen, die elterliche Sorge dem Vater des Kindes zu übertragen, weil nur so die Bindungen des Kindes zu seiner Hauptbezugsperson gewahrt werden können.

d) Dem erklärten *Willen des Kindes* hat der Gesetzgeber nur in den Fällen Bedeutung beigelegt, in denen das Kind das 14. Lebensjahr vollendet hat (§ 1671 Abs. 3 Satz 2 BGB). Das heißt aber nicht, daß ein ernsthaft geäußerter Wille eines jüngeren Kindes unbeachtlich wäre. Ein Kind, das erklärt, unbedingt bei einem Elternteil bleiben zu wollen, gibt damit zu erkennen, daß seine Bindungen zu diesem Elternteil enger sind als zum anderen Elternteil. Wenn das Kind älter ist als 12 Jahre, pflegen die Gerichte diesem Wunsch in aller Regel zu entsprechen (Nachweise bei Johannsen/Henrich/Jaeger, aaO, Rz 49).

Die Bindungen des Kindes, indiziert durch seinen klar zum Ausdruck gebrachten Willen, geben auch dann den Ausschlag, wenn das Kind von einem Elternteil gegen den anderen eingenommen worden ist. Zwar sollte jeder Elternteil bemüht sein, die Bindungen des Kindes zum anderen Elternteil nicht zu stören. Hat er gleichwohl das Kind beeinflußt, so bedeutet das nicht, daß er sich damit als Sorgeberechtigter disqualifiziert hätte. Die Zuweisung des Sorgerechts hat sich allein am Kindeswohl zu orientieren. Das Kind darf nicht dafür „bestraft" werden, daß ein Elternteil sich falsch verhalten hat (BGH FamRZ 1985, 169).

e) Lebhaft gestritten wird über die Wünschbarkeit oder Vertretbarkeit eines *gemeinschaftlichen Sorgerechts*.

Ursprünglich war es für Rechtsprechung und Literatur selbstverständlich, daß nach einer Ehescheidung bezüglich der elterlichen „Gewalt" eine klare Zuständigkeitsverteilung geschaffen werden müsse. Diese sah entweder so aus, daß einem Elternteil die elterliche „Gewalt" allein übertragen wurde oder daß diese „Gewalt" zwischen den Eltern aufgeteilt wurde: Personensorgerecht für die Mutter, Vermögenssorgerecht für den Vater. Die Regel sollte allerdings die Betrauung eines Elternteils mit der gesamten elterlichen „Gewalt" sein. So bestimmte § 1671 Abs. 4 BGB i.d.F. des Gleichberechtigungsgesetzes v. 18.6.1957: „Die elterliche Gewalt soll in der Regel einem Elternteil allein übertragen werden. Erfordert es das Wohl des Kindes, so kann einem Elternteil die Sorge für die Person, dem anderen die Sorge für das Vermögen des Kindes übertragen werden".

Diese Formulierung, die nach dem Willen des Gesetzgebers lediglich die Aufspaltung der elterlichen Sorge im Regelfall verhindern sollte, wurde in den 70er Jahren von manchen Gerichten und Stimmen in der Literatur so interpretiert, daß in Ausnahmefällen auch beide Eltern gemeinschaftlich mit der elterlichen Sorge betraut werden könnten (OLG Düsseldorf FamRZ 1978, 266; KG FamRZ 1979, 340). Der Gesetzgeber reagierte darauf mit einer Klarstellung. Im Gesetz zur Neuregelung des Rechts der elterlichen Sorge v. 18.7.1979 gab er dem § 1671 Abs. 4 Satz 1 BGB folgende Fassung: „Die elterliche Sorge ist einem Elternteil allein zu übertragen".

Aber auch damit war der Streit nicht zu Ende. Mit Urteil v. 3.11.1982 erklärte das BVerfG den § 1671 Abs. 4 Satz 1 BGB für unvereinbar mit Art. 6 Abs. 2 Satz 1 GG und daher nichtig (BVerfG FamRZ 1982, 1179). Die entscheidenden Sätze des Urteils lauten: „In den Fällen ..., in denen beide Eltern gewillt sind, die gemeinschaftliche Verantwortung für ihr Kind nach der Ehescheidung weiter zu tragen, bedarf es keiner Schlichtung widerstreitender Interessen der Eltern durch den Staat. Sind beide Elternteile darüber hinaus voll erziehungsfähig und liegen im übrigen keine Gründe vor, die im Interesse des Kindeswohls die Übertragung des Sorgerechts auf einen Elternteil angezeigt erscheinen lassen, ist der Staat auch nicht in Ausübung seines Wächteramtes berufen, einen Elternteil von der Pflege und Erziehung des Kindes auszuschalten."

Damit ist es jetzt also möglich, die elterliche Sorge beiden Eltern zu belassen, wenn sie beide dies wünschen, beide voll erziehungsfähig sind und das Kindeswohl nicht entgegensteht. Das entspricht im übrigen auch der neuesten Rechtsentwicklung im Ausland. In Frankreich wurde die Möglichkeit gemeinsamer elterlicher Sorge durch Gesetz v. 22.7.1987 eingeführt (dazu Normann, FamRZ 1988, 568, und Furkel, FamRZ 1994, 1084), in England läßt nach dem Children Act 1989 die Trennung oder Scheidung der Eltern ihre gemeinsame „personal responsibility" grundsätzlich unberührt, in den Niederlanden erklärte das oberste Gericht, der Hoge Raad, eine Vorschrift, wonach bei Scheidung der Eltern nur einem Elternteil die „Vormundschaft" über das Kind übertragen werden konnte, für unvereinbar mit Art. 8 Abs. 1 der Europäischen Menschenrechtskonvention (Eingriff in das „Familienleben"; vgl. dazu Breemhaar, StAZ 1987, 69).

Es bleibt die Frage, wann die Gerichte von dieser Möglichkeit Gebrauch machen sollten. Manche wollen hier das gemeinsame Sorgerecht zur Regel erheben (vgl. Fthenakis, FamRZ 1988, 578, 580 m.w.N.), andere stempeln es zur normativen Ausnahme (KG FamRZ 1989, 654; Soergel/Strätz, § 1671 Rz 19). Beide Aussagen sind verfehlt. Ob die Gerichte sich für ein gemeinsames Sorgerecht entscheiden, hängt von zwei Voraussetzungen ab: einem gemeinsamen Vorschlag der Eltern und der Verträglichkeit mit dem Kindeswohl. Liegen beide Voraussetzungen vor, ist dem Antrag zu entsprechen. Fehlt eine Voraussetzung, scheidet ein gemeinsames Sorgerecht aus (OLG Bamberg FamRZ 1991, 590; OLG Frankfurt FamRZ 1993, 1352; Schwab, Handbuch des Scheidungsrechts, 2. Aufl. Teil III, Rz 95; zur Situation im Ausland s. Schwab/Henrich (Hrsg.), Entwicklungen des europäischen Kindschaftsrechts, 1994). Ausgeschlossen ist ein gemeinsames Sorgerecht aus Gründen des Kindeswohls, wenn einem Elternteil die Erziehungsfähigkeit fehlt, sowie wenn die Eltern ihren Konflikt noch nicht bewältigt haben (vgl. KG FamRZ 1989, 654) oder an ihrer Kooperationsbereitschaft ernsthafte Zweifel bestehen (zur psychologischen Situation vgl. Balloff/Walter, FamRZ 1990, 445).

f) Elterliche Sorge in der Rechtspraxis

In der Praxis pflegen die Eltern meist dem Gericht einen gemeinsamen Vorschlag zur Regelung der elterlichen Sorge zu unterbreiten. In aller Regel folgen die Gerichte diesem Vorschlag. Dabei wird ganz überwiegend der Mutter das alleinige Sorgerecht überlassen. Das gemeinschaftliche Sorgerecht ist nach wie vor die (statistische) Ausnahme. Väter müssen sich das Sorgerecht meist erkämpfen, haben damit aber in jüngster Zeit mehr und mehr Erfolg.

2. Abänderungen

Während der Dauer der elterlichen Sorge kann das Familiengericht seine Anordnungen *jederzeit ändern*, wenn es dies im Interesse des Kindes für angezeigt hält, § 1696 BGB, d.h. wenn triftige, das Wohl des Kindes nachhaltig berührende Gründe vorliegen (MünchKomm/Hinz, § 1696 Rz 4). Das können objektive Gründe sein (Erziehungsunfähigkeit des sorgeberechtigten Elternteils), aber auch ein tatsächlicher Wechsel des Kindes zum anderen Elternteil, wenn das Kind nachdrücklich erklärt, nicht mehr zum sorgeberechtigten Elternteil zurückkehren zu wollen (OLG Schleswig FamRZ 1990, 433). Allerdings darf der Wille des Kindes dann nicht ausschlaggebend sein, wenn er lediglich von der unrealistischen Vorstellung geprägt wird, der „gewünschte" Elternteil werde die im Rahmen des Umgangsrechts gegebenen „Sonntagsbedingungen" auf den Alltag übertragen (OLG Hamm FamRZ 1988, 1313).

3. Die Sorgerechtsverteilung bei Trennung der Eltern

Leben die Eltern nicht nur vorübergehend *getrennt*, so werden sie sich vielfach darüber verständigen, bei wem die Kinder verbleiben und aufwachsen sollen. Da die gemeinsame Ausübung der elterlichen Sorge durch die Trennung erschwert wird, überläßt dann häufig ein Gatte dem anderen die alleinige Ausübung des Sorgerechts, so daß dieser die Erziehungsfragen allein entscheiden und das Kind auch aufgrund einer allgemeinen Ermächtigung allein vertreten kann.

Da eine solche Einigung aber nicht immer möglich ist und zudem den überlassenden Elternteil nicht von seiner Verantwortung für das Kind entbindet, eröffnet § 1672 BGB dem Familiengericht die Möglichkeit, dem einen oder anderen Elternteil die elterliche Sorge entsprechend den für die Scheidung der Ehe gegebenen Vorschriften des § 1671 BGB zuzuteilen.

Anders als nach § 1671 BGB entscheidet das Familiengericht in einem solchen Fall grundsätzlich nur auf Antrag eines Elternteils. Es kann allerdings auch von Amts wegen eine Entscheidung treffen, wenn andernfalls das Wohl des Kindes gefährdet wäre und die Eltern nicht gewillt oder nicht in der Lage sind, die Gefahr abzuwenden, § 1672 Satz 2 BGB. Auch hier spielen das Förderungsprinzip, der Kontinuitätsgrundsatz und die Bindungen des Kindes die entscheidende Rolle. Abweichungen vom Kontinuitätsgrundsatz sind u.a. möglich, wenn ein Elternteil über längere Zeit Kontakte des Kindes zum anderen Elternteil unterbindet (OLG München FamRZ 1991, 1343).

Jedes Sorgerechtsverfahren braucht seine Zeit. Vielfach stellt darum ein Elternteil, der sich vom anderen trennen möchte oder gerade getrennt hat, den Antrag, ihm vorweg durch *vorläufige Anordnung* das Aufenthaltsbestimmungsrecht für das Kind zu übertragen. Solche „vorläufigen" Anordnungen (ähnlich wie die „einstweiligen" Anordnungen, die im Rahmen eines Scheidungsverfahrens erlassen werden, § 620 ZPO) sind nach der Rechtsprechung zulässig, wenn ein dringendes Bedürfnis für ein unverzügliches Einschreiten besteht. Dringend ist das Bedürfnis, wenn bis zur endgültigen Entscheidung nicht gewartet werden kann, weil diese zu spät kommen und die Kindesinteressen nicht mehr genügend wahren würde (OLG Karlsruhe FamRZ 1990, 304), z.B. wenn ein Elternteil das Kind aus der elterlichen Wohnung mitgenommen hat und das Kind diese Änderung seiner Lebensverhältnisse nicht verkraftet oder wenn das Kind unter der Trennung von seiner Hauptbezugsperson leidet oder wenn die Eltern sich ständig gegenseitig das Kind wieder wegnehmen.

II. Das Umgangsrecht des nichtsorgeberechtigten Elternteils

1. Grundlagen

Ein Elternteil, dem die Personensorge nicht zusteht, insbesondere also ein geschiedener oder vom anderen dauernd getrennt lebender Ehegatte, behält die Befugnis zum *persönlichen Umgang* mit dem Kind, § 1634 Abs. 1 Satz 1 BGB. Dieses Umgangsrecht (früher sprach man von dem Recht auf persönlichen Verkehr) soll es dem von der Personensorge ausgeschlossenen Elternteil ermöglichen, sich von dem körperlichen, geistigen und seelischen Befinden des Kindes und seiner Entwicklung kontinuierlich zu überzeugen, die Bindungen zu ihm aufrecht zu erhalten, einer Entfremdung vorzubeugen und dem gegenseitigen Liebesbedürfnis Rechnung zu tragen (BVerfG FamRZ 1971, 421, 424; BGH FamRZ 1984, 778).

Nach h.M. erwächst das Umgangsrecht aus dem *natürlichen Elternrecht* und der damit verbundenen elterlichen Verantwortung (Art. 6 Abs. 2 GG). Es steht den Eltern vornehmlich im Kindesinteresse zu (BVerfG FamRZ 1983, 872). „Recht" ist es nur dann, wenn durch seine Ausübung das Wohl des Kindes nicht gefährdet wird.

Die Verankerung des Umgangsrechts in Art. 6 Abs. 2 GG ist allerdings nicht unbestritten. Viele sehen in dem Umgangsrecht nur den (nur unter den besonderen Voraussetzungen des § 1634 BGB beschränkbaren) *Rest des Personensorgerechts* (KG FamRZ 1989, 656). Praktische Bedeutung hat der Streit nicht. Als Restbestand des (grundrechtlich gesicherten) Personensorgerechts ist das Umgangsrecht ebenso geschützt wie als Ausfluß des natürlichen Elternrechts.

Noch stärker auf das Kindesinteresse stellt das *UN-Übereinkommen über die Rechte des Kindes* v. 20.11.1989 ab. Dort ist von einem Elternrecht überhaupt nicht mehr die Rede. Nach Art. 9 Abs. 3 der Konvention hat das Kind, das von einem Elternteil getrennt ist, das Recht, regelmäßig persönliche Beziehungen und unmittelbare Kontakte zu diesem Elternteil zu pflegen, soweit das nicht seinem Wohl widerspricht (vgl. Schwab, FamRZ 1989, 1042).

Die Problematik des Umgangsrechts liegt darin, daß das Kind emotionale Bindungen zu zwei Menschen bewahren soll, die oft im Streit voneinander geschieden sind. Das Kind spürt, daß seine Eltern sich feindselig gegenüberstehen. Es wird zwischen den Eltern hin- und hergerissen. Das führt oft dazu, daß Kinder den Kontakt mit dem nichtsorgeberechtigten Elternteil ablehnen, um das Verhältnis zum sorgeberechtigten Elternteil nicht zu gefährden.

Das Gesetz sucht dieser Gefahr dadurch zu steuern, daß es beide Eltern verpflichtet, alles zu unterlassen, was das Verhältnis des Kindes zum jeweils anderen Elternteil beeinträchtigen oder die Erziehung erschweren könnte, § 1634 Abs. 1 Satz 2 BGB. Ermahnungen solcher Art helfen aber nicht immer!

Von manchen Psychologen wird bezweifelt, ob Kinder, die nach der Trennung ihrer Eltern auf Dauer mit einem Elternteil zusammenleben, generell in der Lage seien, Gefühlsbindungen auch zum anderen Elternteil aufrecht zu erhalten, wenn die Eltern nicht selbst – in ihrer Elternrolle – eine positive Einstellung zueinander beibehalten oder wiedergefunden haben. Die Möglichkeit, das Umgangsrecht zu erzwingen, stößt daher vielfach auf Skepsis und Ablehnung (vgl. die Nachweise bei Knöpfel, FamRZ 1983, 317, 322 f.). Der Versuch, § 1634 BGB für verfassungswidrig erklären zu lassen (Verstoß gegen Art. 2 Abs. 1 GG), hatte allerdings keinen Erfolg (BVerfG FamRZ 1983, 872).

Heute sagen die Gerichte, es könne dem Entwicklungsprozeß der Kinder nicht dienen, wenn sie stets unter einer „Schutzglocke" gehalten und ihnen damit alle familienrechtlichen Auseinandersetzungen erspart würden. Auch Kinder müßten lernen, durch neue Strukturen und Veränderungen vielfacher Art belastet zu werden, es müsse ihnen die Realität – hier: eines zum Umgang berechtigten Elternteils – deutlich werden (OLG Karlsruhe FamRZ 1990, 901, 903).

2. Ausgestaltung

Späteren Streitigkeiten wird am ehesten vorgebeugt, wenn es gelingt, die Eltern zu einer *Vereinbarung* über den Umgang und die Ausgestaltung des Umgangsrechts zu bewegen. Darum wird das Familiengericht versuchen, auf eine solche Einigung hinzuwirken. Kommt keine Einigung zustande, muß regelmäßig das Familiengericht – nach Anhörung des Jugendamts, § 49 a FGG – eine Entscheidung treffen. Üblich ist es, das Kind dem umgangsberechtigten Elternteil etwa ein- oder zweimal im Monat für einige Stunden oder auch einen ganzen Tag zu überlassen.

Bei der Entscheidung ist stets das *Wohl des Kindes* zu bedenken. Besteht die Gefahr eines schädlichen Einflusses (sexueller Mißbrauch der Tochter durch den Vater; vgl. aber OLG Stuttgart FamRZ 1994, 718: bloßer Verdacht genügt nicht; fortgesetzte negative Beeinflussung des Kindes gegen den Sorgeberechtigten) oder hat das Kind eine lebhafte Abneigung gegen den umgangsberechtigten Elternteil (vorausgesetzt, das

Kind ist zu einer eigenen Willensbildung fähig; vgl. OLG Bamberg FamRZ 1989, 890; OLG Hamm FamRZ 1994, 57) oder liegen andere triftige, das Kindeswohl nachhaltig berührende Gründe vor (vgl. KG FamRZ 1989, 656), so kann das Umgangsrecht beschränkt, u.U. sogar gänzlich versagt werden (§ 1634 Abs. 2 Satz 2 BGB). Der Umgangsberechtigte kann dann aber immer noch Auskunft über die persönlichen Verhältnisse des Kindes verlangen. Die Auskunft ist zu erteilen, wenn dies mit dem Wohl des Kindes vereinbar ist, § 1634 Abs. 3 BGB.

Häufig ist es dem personensorgeberechtigten Elternteil nicht recht, wenn der umgangsberechtigte Elternteil das Kind mit sich nach Hause nimmt und es dabei auch mit seinem neuen Ehegatten (oder Lebensgefährten) zusammenbringt. Der personensorgeberechtigte Elternteil kann indessen solche Kontakte (jedenfalls nach der Scheidung) nicht verbieten. Während der Dauer des Umgangsrechts übt der umgangsberechtigte Elternteil das Recht nach § 1632 Abs. 2 BGB aus. Nur das Familiengericht kann diese Befugnis einschränken oder ausschließen, wenn das Wohl des Kindes dies verlangt (§ 1634 Abs. 2 BGB).

§ 21 Elterliche Sorge für nichteheliche Kinder

Schrifttum: Hahne, Überlegungen zur Verbesserung der Rechtsstellung des nichtehelichen Kindes, FamRZ 1990, 928; Knöpfel, Zur Neuregelung des elterlichen Umgangsrechts (§§ 1634, 1711 BGB), FamRZ 1989, 1017; Kropholler, Kritische Bestandsaufnahme im Nichtehelichenrecht, AcP 185 (1985), 244; Richter, Soll die gesetzliche Amtspflegschaft abgeschafft werden?, FamRZ 1994, 5; Roth, Die aktuelle Bedeutung des Art. 6 V GG für das Recht des nichtehelichen Kindes, FamRZ 1991, 139; Schwab, Zum Entwurf eines Gesetzes über die rechtliche Möglichkeit des Umgangs zwischen Vater und nichtehelichem Kind, FamRZ 1990, 932; Schwenzer, Die Rechtsstellung des nichtehelichen Kindes, FamRZ 1992, 121; Zenz/Salgo, Zur Diskriminierung der Frau im Rahmen der Eltern-Kind-Beziehung (1983).

I. Geschichte und Rechtsvergleichung

1. Bis zum Gesetz über die rechtliche Stellung der nichtehelichen Kinder v. 19.8.1969 wurde die Beziehung des nichtehelichen (damals hieß es noch: „unehelichen“) Kindes zu seinen leiblichen Eltern durch zwei Vorschriften bestimmt:

§ 1589 Abs. 2 BGB a.F.: „Ein uneheliches Kind und dessen Vater gelten nicht als verwandt.“

§ 1707 BGB a.F.: „Der Mutter steht nicht die elterliche Gewalt über das uneheliche Kind zu. Sie hat das Recht und die Pflicht, für die Person des Kindes zu sorgen; zur Vertretung des Kindes ist sie nicht berechtigt. Der Vormund des Kindes hat, soweit der Mutter die Sorge zusteht, die rechtliche Stellung eines Beistandes.“

Das Kind hatte zwar im Verhältnis zu seiner Mutter und deren Verwandten „die rechtliche Stellung eines ehelichen Kindes“ (§ 1705 BGB a.F.), aber der Mutter stand nicht die elterliche „Gewalt“ zu. Sie hatte nur das Recht und die Pflicht, für die Person des Kindes zu sorgen. Sie war nicht die gesetzliche Vertreterin des Kindes. Die gesetzliche Vertretung oblag, ebenso wie die Vermögenssorge, dem Vormund.

In den Motiven zum BGB wurde diese Regelung damit gerechtfertigt, daß nichteheliche Kinder in körperlicher wie in geistiger Hinsicht nur allzu oft verwahrlost seien. Um sichere Garantien für die Ausbildung und die Erziehung dieser Kinder zu erreichen, sei eine Vormundschaft unerläßlich. Zwar sei der Mutter die Fähigkeit zur Erziehung nicht generell abzusprechen, doch sei sie in den meisten Fällen zu jung oder das Kind sei aus amoralischem Lebenswandel entsprungen. Die wirtschaftliche Situation der meisten Mütter sei so drückend, daß sie gezwungen seien zu arbeiten, keinen Hausstand hätten und ihr Kind in Pflege geben müßten. Ferner bestehe die Gefahr, daß die Mutter den vom Vater erhaltenen Unterhalt anstatt für das Kind für sich selbst verwende, denn die unehelichen Mütter seien in vielen Fällen leichtsinnig und verschwenderisch (Mugdan, Motive zu dem Entwurf eines BGB für das Deutsche Reich, 1886, Bd. IV, S. 451 ff.).

In anderen Ländern war die Situation ähnlich. Nach dem englischen Common Law war ein nichteheliches Kind „filius nullius“, niemandes Kind, in den Vereinigten Staaten fand man die Rechte nichtehelicher Kinder in den einschlägigen Erläuterungswerken bis vor kurzem unter dem Stichwort „bastards“.

Vor diesem Hintergrund gewinnt Art. 6 Abs. 5 GG Bedeutung: „Den unehelichen Kindern sind durch die Gesetzgebung die gleichen Bedingungen für ihre leibliche und seelische Entwicklung und ihre Stellung in der Gesellschaft zu schaffen wie den ehelichen Kindern.“

Vollzogen wurde dieser Auftrag durch den Gesetzgeber (erst) im Jahr 1969 durch das *Gesetz über die rechtliche Stellung der nichtehelichen Kinder*. Zwar blieb die Unterscheidung zwischen ehelichen und nichtehelichen Kindern bestehen, die Diskriminierung der nichtehelichen Kinder wurde aber beseitigt. Sie galten fortan auch mit ihrem Vater (und dessen Angehörigen) als verwandt (wichtig für das gesetzliche Erbrecht und das Pflichtteilsrecht!). Die Mutter erhielt die volle elterliche Sorge. Nur für bestimmte Angelegenheiten sollte an ihrer Stelle ein Pfleger für das Kind tätig werden (§ 1706 BGB).

Im Jahr 1969 bedeutete dieses Gesetz zweifellos einen großen Fortschritt. Inzwischen mehren sich aber die Stimmen, die den Gesetzgeber zu weiteren Schritten drängen. Insbesondere wird gefordert, die Pflegschaft für das Kind (für die in § 1706 BGB genannten Aufgabenbereiche) nicht mehr von Amts wegen eintreten zu lassen und vor allen Dingen auch die Verwandtschaftsbeziehungen des Kindes zu seinem Vater mit Leben zu erfüllen.

Hinter diesen Forderungen stehen gesellschaftliche Entwicklungen, deren Ziele allerdings nicht in allen Punkten konvergieren.

Wenn Frauen heute ein Kind zur Welt bringen, so geschieht dies im Regelfall bewußt und gewollt. Solche Frauen wollen zum überwiegenden Teil entweder das Kind zusammen mit ihrem Partner, dem Vater des Kindes, erziehen oder sie wollen das Kind allein für sich haben. Sie sind aufgrund ihrer Selbständigkeit regelmäßig auch in der Lage, das Kind allein zu unterhalten. In jedem Fall wollen sie allein darüber entscheiden, ob auch der Vater „Rechte" an dem Kind erwerben soll. Darum lehnen sie vielfach die „Einmischung" des Jugendamts (Amtspfleger gem. § 1709 BGB) ab (vgl. Oberloskamp, ZfJ 1989, 118).

Die Gruppe der Väter nichtehelicher Kinder ist nicht homogen. Das überkommene Klischeebild zeigt den Vater als den an der Erziehung des Kindes nicht interessierten Elternteil. Er muß – notfalls mit Hilfe des Jugendamts und der Gerichte – als Vater „überführt" werden und hat dann hauptsächlich die Pflicht, „Alimente" zu zahlen. Die Zunahme der nichtehelichen Lebensgemeinschaften insbesondere zwischen jüngeren Partnern (die Zahl der in nichtehelichen Lebensgemeinschaften lebenden Frauen mit Kindern hat sich von 1972 bis 1991 verfünfzehnfacht) hat dazu geführt, daß immer häufiger dieses Klischee nicht mehr zutrifft, daß die Zahl der Väter steigt, die sich zu ihrer Vaterschaft bekennen und bereit sind, Elternverantwortung zu übernehmen. Von dieser Entwicklung hat der (deutsche) Gesetzgeber bisher keine Notiz genommen. Nichteheliche Kinder stehen nach wie vor allein unter der elterlichen Sorge ihrer Mutter (§ 1705 Satz 1 BGB). Dem Vater kann noch nicht einmal dann, wenn die Mutter es wünscht, die Mitsorge übertragen werden. Trennen sich die Eltern, so erhält nicht derjenige Elternteil die elterliche Sorge, der sie am besten wahrnehmen kann. Es ist nicht diejenige Regelung zu treffen, „die dem Wohl des Kindes am besten entspricht" (wie im Fall der Scheidung oder Trennung von Ehegatten, §§ 1671 Abs. 2, 1672 BGB). Vielmehr bleibt in jedem Fall die Mutter die alleinige Sorgerechtsinhaberin. Gegen diesen völligen Ausschluß von der elterlichen Mitverantwortung wehren sich immer mehr Väter.

2. Die *Rechtsentwicklung im Ausland* geht in die Richtung einer völligen Gleichstellung ehelicher und nichtehelicher Kinder und tendiert damit zur Abschaffung des (besonderen) „Nichtehelichenrechts". Dabei sind zwei Reformziele zu unterscheiden: Bei dem einen geht es (vornehmlich) um die Beseitigung jeglicher Diskriminierung nichtehelicher Kinder, bei dem anderen (vornehmlich) um die Beseitigung jeglicher Ungleichbehandlung der Väter und der Mütter ehelicher und nichtehelicher Kinder. Die Amtspflegschaft ist keine Diskriminierung des nichtehelichen Kindes. Sie grenzt lediglich die Rechte der Mutter eines nichtehelichen Kindes stärker ein als die Rechte der Mutter eines ehelichen Kindes. Dagegen ist der völlige (rechtliche) Ausschluß des Vaters von der Mitsorge für sein nichteheliches Kind nicht nur eine Schlechterstellung gegenüber dem Vater eines ehelichen Kindes, sondern u.U. auch nachteilig für das Kind selbst: etwa, wenn bei Trennung der Eltern die elterliche Sorge auch dann nicht dem Vater zugesprochen werden kann, wenn das Kind bei ihm besser aufgehoben wäre als bei der Mutter. Bei der Namensfrage kann man streiten. Wer wird durch eine Regelung, wonach das nichteheliche Kind den Namen seiner Mutter führt, „diskriminiert": das Kind oder der Vater oder beide? Soweit nicht die Rechtsstellung des Kindes, sondern die Rechtsstellung seiner Eltern berührt wird, ist zu fragen: Wird die Schlechterstellung gegenüber den Eltern eines ehelichen Kindes durch Art. 6 Abs. 1 GG gerechtfertigt oder sogar geboten? Wie steht es mit Art. 3 Abs. 1 GG?

a) Was zunächst die *Amtspflegschaft* betrifft, so zeigt die Rechtsvergleichung, daß zwar eine Hilfe für die Mutter vielfach für erforderlich gehalten wird, daß aber diese Hilfe der Mutter im Regelfall nicht „aufoktroyiert", sondern nur angeboten wird. So konnte z.B. nach dem Recht der früheren DDR zwar auf Antrag der Mutter ein Beistand zur Geltendmachung der Ansprüche gegenüber dem Kindesvater eingesetzt werden (§ 17 MKSchG), aber eben nur auf Antrag. In Österreich, wo bis vor kurzem der unverheirateten Mutter nur die Personensorge, nicht aber die Vermögenssorge und gesetzliche Vertretung des Kindes zustand, hat das Kindschaftsrechtsänderungsgesetz v. 15.3.1989 nicht nur der Mutter die volle elterliche Sorge über ihr nichteheliches Kind übertragen, sondern zugleich auch die „Sachwalterschaft" bezüglich der Vaterschaftsfeststellung und der Unterhaltsbeitreibung neu geregelt. Nach § 212 ABGB n.F. hat der Jugendwohlfahrtsträger, soweit es den Umständen nach geboten erscheint, den gesetzlichen Vertreter des Kindes (d.h. die Mutter) über die elterlichen Rechte und Pflichten, insbesondere über den Unterhaltsanspruch, gegf. auch über die Feststellung der Vaterschaft, in Kenntnis zu setzen und ihm für die Wahrnehmung der Rechte des Kindes seine Hilfe anzubieten. Für die Festsetzung oder Durchsetzung der Unterhaltsansprüche des Kindes sowie gegf. für die Feststellung der Vaterschaft ist der Jugendwohlfahrtsträger Sachwalter des Kindes, wenn die schriftliche Zustimmung des gesetzlichen Vertreters (d.h. der Mutter) vorliegt. In der Schweiz gibt es zwar – trotz „Abschaffung" des Nichtehelichenrechts – noch immer einen Beistand für die Feststellung der Vaterschaft (Art. 309 Abs. 1 ZGB). Die Aufgabe dieses Beistands erschöpft sich aber regelmäßig in der Feststellung der Vaterschaft. Kein Beistand wird darum ernannt, wenn das Kind einer unverheirateten Mutter vor oder bei seiner Geburt von seinem Vater anerkannt worden ist (Tuor/Schnyder, Das schweizerische Zivilgesetzbuch, 10. Aufl. 1986, S. 334).

Eine Regelung, wie sie nunmehr in Österreich verwirklicht worden ist, ist bereits 1983 auch für die Bundesrepublik vorgeschlagen worden (Zenz/Salgo, 56). Sie entspricht den heutigen sozialen Gegebenheiten besser als die gesetzliche Regelung und sollte darum verwirklicht werden (s. auch Oberloskamp, ZfJ 1989, 118, 120 f.; zweifelnd: Richter, FamRZ 1994, 5).

b) Lebhaft diskutiert wird heute – nicht nur in der Bundesrepublik – die Frage nach einer stärkeren *Einbindung des Vaters in die Mitverantwortung für sein nichteheliches Kind.* Hier ist ein deutlicher Meinungswandel festzustellen. Fast überall – nur noch nicht in der Bundesrepublik – kann heute auch der Vater Mitinhaber der elterlichen Sorge werden. Unterschiede bestehen nur insoweit, als manche Rechte von vornherein von einer gemeinschaftlichen Sorge beider Eltern ausgehen, wenn diese zusammenleben (Belgien: Art. 373 C.c.; Italien: Art. 317 bis C.c. – dort ist das Elternrecht des nichtehelichen Vaters sogar in der Verfassung geschützt, Art. 30 Cost.; Ungarn: § 72 FamG, sowie die meisten anderen früher sog. sozialistischen Staaten), andere zusätzlich noch eine Erklärung beider Eltern vor einer amtlichen Stelle verlangen (Frankreich: Art. 374 C.c.; Portugal: Art. 1911 Abs. 3 C.c.; Schweden: Elterngesetz Kap. 6 § 4) und wiederum andere die Zuerkennung der gemeinsamen Sorge von einem gemeinsamen Antrag der Eltern abhängig machen, über den dann ein Gericht oder eine sonstige Behörde zu entscheiden hat (Österreich: § 167 ABGB; Dänemark: Mündigkeitsgesetz § 9). In den Niederlanden ist nach Art. 1: 287 des Bürgerlichen

Gesetzbuchs die Mutter „Vormund" ihres natürlichen (= nichtehelichen) Kindes. Im Jahr 1986 entschied der Oberste Gerichtshof der Niederlande, der Hoge Raad, daß diese Vorschrift nicht anwendbar sei, wenn ein unverheiratetes Paar sich trenne. Hier müsse vielmehr ebenso wie im Fall einer Scheidung verfahren werden. Jede andere Interpretation des Gesetzes verstoße gegen das Diskriminierungsverbot der Europäischen Menschenrechtskonvention (Art. 14 MRK); H.R., Nederlandse Jurisprudentie 1986, Nr. 585. Daraus wird abgeleitet, daß unverheiratete Eltern beantragen können, ihnen das gemeinschaftliche Sorgerecht zu übertragen, solange sie mit dem Kind in Familiengemeinschaft (Art. 8 MRK) leben. Siehe zu diesem Themenkreis auch Meulders-Klein, The position of the father in European legislation, International Journal of Law and the Family, 1990, 131, 144 ff.

II. Der Schutz der Verfassung

„Pflege und Erziehung der Kinder sind das natürliche Recht der Eltern und die zuvörderst ihnen obliegende Pflicht" (Art. 6 Abs. 2 GG). Liest man diesen Satz unbefangen, so fällt es schwer, seine Geltung auf *eheliche* Kinder zu begrenzen. Gleichwohl hat man dies lange Zeit versucht. Zwar sollte – nach schon sehr bald h.M. – der Mutter des Kindes das Elternrecht des Art. 6 Abs. 2 GG zustehen, nicht jedoch dem Vater. Man begründete dies vornehmlich mit dem Schutz der Ehe (vgl. z.B. Rüfner, FamRZ 1963, 153; Staudinger/Göppinger, BGB, 10./11. Aufl., Vorbem. vor § 1666, Rz 14).

Nach § 1705 BGB steht das nichteheliche Kind, solange es minderjährig ist, unter der elterlichen Sorge der Mutter. Im Jahr 1981 hatte das BVerfG die Vereinbarkeit dieser Vorschrift mit dem Grundgesetz zu prüfen (FamRZ 1981, 429). Sein Ergebnis: kein Verfassungsverstoß!

Das Gericht unterschied drei Fallgruppen:

1. Der Vater nimmt an der Entwicklung seines Kindes *keinen Anteil* und bemüht sich nicht um den Aufbau eines Vater-Kind-Verhältnisses. Hier – so das BVerfG – ist Art. 6 Abs. 2 GG schon deswegen nicht verletzt, weil Elternrecht „Elternverantwortung" bedeutet. Sind Eltern zur Übernahme dieser Verantwortung nicht bereit, können sie sich auch nicht auf die Verletzung ihres Elternrechts berufen.

2. Der *Vater* wünscht eine *Gemeinschaft* mit Mutter und Kind, die *Mutter* zieht es aber vor, mit dem Kind *allein* zu leben. Hierzu meinte das BVerfG: Bei einem gestörten Verhältnis zwischen dem Vater und der Mutter eines nichtehelichen Kindes ist der Staat durch das ihm übertragene Wächteramt berufen, eine klare Sorgerechtsregelung zu treffen, damit das Wohl des Kindes nicht gefährdet wird. Wenn er dabei der Mutter den Vorrang gibt, so liegt dies innerhalb des gesetzgeberischen Gestaltungsermessens.

3. *Vater, Mutter und Kind leben zusammen.* Hier, so meinte das BVerfG, könne dem Vater ein Recht aus Art. 6 Abs. 2 GG nicht abgesprochen werden. Aber: Das rechtliche Defizit (Versagung der Beteiligung am Sorgerecht) steht „in Einklang damit, daß sich die Eltern ihrerseits, gleich aus welchem Grund, gegen eine rechtsverbindliche Ausgestaltung ihrer Beziehungen entschieden haben" (FamRZ 1981, 438).

Nach Meinung des BVerfG wollen Eltern, die es ablehnen, eine Ehe einzugehen, damit erreichen, ihre Gemeinschaft ohne Mitwirkung des Staates aufheben zu können. In diese rechtliche Formlosigkeit beim Zerbrechen der Verbindung sei ihr Kind einbezogen. Es gebe bei der Auflösung einer nichtehelichen Gemeinschaft keine Härteklausel entsprechend der Regelung des § 1568 BGB, mit der im Interesse des Kindes die Aufrechterhaltung einer gescheiterten Gemeinschaft für einen gewissen Zeitraum erreicht werden könne. Das Kind habe auch nicht die Chance, daß seine Eltern innerhalb einer vom Gesetz vorgeschriebenen Mindesttrennungsdauer (§ 1565 Abs. 2 BGB) ihre Gemeinschaft wiederherstellten. Wegen dieser besonderen Schutzbedürftigkeit des nichtehelichen Kindes sei es nicht zu beanstanden, wenn der Gesetzgeber das Kind entweder der Familie der Mutter oder der Familie des Vaters fest zuordne. Mit dem Vorrang der Mutter habe der Gesetzgeber den Erkenntnissen von Psychologen und Pädagogen entsprechen wollen. Daß diese Erkenntnisse falsch seien, sei bisher nicht nachgewiesen.

Eine Fallgruppe wurde vom BVerfG nicht erläutert, nämlich die, daß das Kind beim *Vater* lebt und die Mutter sich nicht um das Kind kümmert. Diese Fälle sind zwar nicht allzu häufig, ihre Zahl ist jedoch in den letzten Jahren stetig angestiegen (vgl. Wingen/Stutzer, Alleinerziehende – demographische und soziologische Daten, Jugendwohl 1988, 483 f.). Hier ist nicht einzusehen, warum der Vater der Mutter nicht gleichgestellt wird. Sehr drückend ist das Problem freilich nicht, weil dem Vater die Möglichkeit einer Ehelicherklärung (§ 1723 BGB) zu Gebote steht.

Gravierender ist ein anderer Umstand. Der Vater soll sich auf sein Elternrecht nur berufen können, wenn er seine *Elternverantwortung* wahrnimmt. Die Versagung des Elternrechts wird also mit einer Pflichtverletzung begründet. Nun hat aber der Vater eines nichtehelichen Kindes nach dem Gesetz weder das Recht noch die Pflicht, sich erzieherisch um sein Kind zu kümmern. Kann man von einer Pflichtverletzung sprechen, wo es nach dem Gesetz weder Rechte noch Pflichten gibt? Ist nicht die Gewährung des Elternrechts Voraussetzung dafür, daß die Berufung darauf dem Elternteil versagt wird, der es nicht wahrgenommen hat?

Vieles spricht darum dafür, dem Vater eines nichtehelichen Kindes grundsätzlich ebenso wie der Mutter ein *Elternrecht* i.S. des Art. 6 Abs. 2 GG zuzubilligen, unabhängig davon, ob er mit der Mutter des Kindes zusammmenlebt oder seine „Verantwortung" bisher schon wahrgenommen hat. Dem Wohl des Kindes wird eine Regelung am besten gerecht, die demjenigen Elternteil das Recht zur elterlichen Sorge überträgt, der dafür am besten geeignet ist und sich auch tatsächlich um das Kind kümmert. Das wird meist die Mutter sein, das sollte aber auch der Vater sein können. Eine solche Regelung würde auch der Forderung des Art. 6 Abs. 5 GG Rechnung tragen, wonach den nichtehelichen Kindern durch die Gesetzgebung die gleichen Bedingungen für ihre leibliche und seelische Entwicklung und ihre Stellung in der Gesellschaft zu schaffen sind wie den ehelichen Kindern.

Eine bessere Rechtsstellung für den Vater eines nichtehelichen Kindes wird auch in *internationalen Übereinkommen* postuliert. So gibt es auf europäischer Ebene das Europäische Übereinkommen über die Rechtsstellung der unehelichen Kinder v. 15.10.1975, das u.a. die Möglichkeit vorsieht, auch dem Vater des Kindes die elterliche Sorge zu übertragen, und dem Kind die gleichen Rechte am Nachlaß seines Vaters und seiner Mutter und dem der Mitglieder ihrer Familien verschaffen soll, wie sie einem ehelichen Kind zustehen. Das Übereinkommen ist bisher für neun Mitgliedstaaten des Europarats in Kraft getreten, von der Bundesrepublik aber noch nicht einmal gezeichnet worden.

Das Prinzip gemeinsamer Verantwortung beider Eltern, auch wenn sie nicht miteinander verheiratet sind, für ihr Kind sieht auch die *Konvention über die Rechte des Kindes* vor, die von der UN-Vollversammlung am 20.11.1989 verabschiedet worden ist (zum Entwurf dieses Übereinkommens s. Schwab, FamRZ 1989, 1041). Zur Art und Weise, wie dieses Prinzip in das nationale Recht umgesetzt werden könnte, hat man in der (früheren) DDR vorgeschlagen, das gemeinsame Erziehungsrecht eintreten zu lassen, wenn folgende Voraussetzungen erfüllt sind: freiwillige Anerkennung des Kindes durch den Vater, Zusammenleben der Eltern und gemeinsame Erziehung des Kindes, keine Tangierung des Kindeswohls, übereinstimmender Antrag der Eltern (Eberhardt, NJ 1990, 59,

60). Darauf sollte man sich auch in dem nunmehr vereinigten Deutschland verständigen können.

III. Die elterliche Sorge der Mutter

Nach § 1705 BGB steht das nichteheliche Kind, solange es minderjährig ist, unter der elterlichen Sorge der Mutter. Die Mutter hat grundsätzlich dieselben Rechte, wie sie bei einem ehelichen Kind den Eltern zustehen. Die Vorschriften über die elterliche Sorge für eheliche Kinder gelten entsprechend.

Der Gesetzgeber hat es aber für richtig gehalten, der Mutter für bestimmte Angelegenheiten einen *Pfleger* an die Seite zu stellen und dadurch ihre elterliche Sorge zu beschränken. Zum Aufgabenkreis dieses Pflegers gehören (§ 1706 BGB):

a) die *Feststellung der Vaterschaft* und alle sonstigen Angelegenheiten, die die Feststellung oder Änderung des Eltern-Kind-Verhältnisses (Beispiele: Ehelicherklärung, Adoption) oder des *Familiennamens* des Kindes betreffen;

b) die Geltendmachung von *Unterhaltsansprüchen* und die Verfügung über diese Ansprüche;

c) die Regelung von *Erb- und Pflichtteilsrechten*, die dem Kind im Fall des Todes des Vaters und seiner Verwandten zustehen.

Die Regelung des § 1706 BGB war im Gesetzgebungsverfahren bis zuletzt lebhaft umstritten. Manchen war der Zuständigkeitsbereich des Pflegers zu groß, anderen zu klein. Zum Teil hat man vorgeschlagen, den Zuständigkeitsbereich des Pflegers auf die Vaterschaftsfeststellung zu beschränken, insbesondere die Namensangelegenheiten herauszunehmen, andere Vorschläge gingen dahin, dem Pfleger zusätzlich zu der Feststellung der Vaterschaft die gesamte Vermögensverwaltung zu übertragen. Die Fassung, die § 1706 BGB schließlich erhalten hat, ist somit ein Kompromiß, der sich nach Aussagen der Jugendämter durchaus bewährt hat. Zugeschnitten ist die gesetzliche Regelung auf den Fall, daß das Verhältnis der Mutter zum Vater gespannt ist und es der Mutter unangenehm ist, mit dem Vater wieder in Verbindung zu treten. Wehrt sich der Vater gegen eine Inanspruchnahme, müssen Prozesse geführt werden. Darin ist die Mutter aber in aller Regel unerfahren. Würden ihr diese Geschäfte nicht abgenommen, so würden häufig die Rechte des Kindes nicht mit dem genügenden Nachdruck vertreten werden.

Fälle dieser Art bilden aber heute nicht mehr die Regel. Vielfach lebt die Mutter mit dem Vater des Kindes zusammen. Lebt sie nicht mit ihm zusammen, ist sie im allgemeinen sehr viel sicherer als früher und eher in der Lage, selbst zu entscheiden, was dem Wohl ihres Kindes am besten dient, und ob sie Hilfe braucht. Hier stößt die gesetzliche Regelung auf Bedenken.

Der Gesetzgeber hat versucht, diesen Bedenken gegen die Amtspflegschaft dadurch Rechnung zu tragen, daß er das Vormundschaftsgericht ermächtigt hat, auf Antrag der Mutter

1. anzuordnen, daß die Pflegschaft *nicht eintritt*,
2. die Pflegschaft *aufzuheben*,
3. den Wirkungskreis des Pflegers zu *beschränken*, § 1707 BGB.

Damit werden die Vorbehalte gegen die gesetzliche Regelung aber nur zum Teil ausgeräumt. Ein grundsätzliches Bedenken bleibt: Eine Beschränkung des Sorgerechts der Mutter ist nur gerechtfertigt, wenn ansonsten das Wohl des Kindes gefährdet würde. Eine kraft Gesetzes eintretende Pflegschaft setzt eine im Regelfall bestehende Gefährdung des Kindeswohls voraus. Davon kann heute aber nicht mehr ausgegangen werden. Die Regel ist zur Ausnahme geworden. Darauf sollte der Gesetzgeber reagieren, indem er der Mutter zwar *Hilfe anbietet*, ihr die Unterstützung aber *nicht aufoktroyiert*. Als Vorbild einer möglichen Reform bietet sich die österreichische Regelung an (s.o. I. 2. a)).

Pfleger des nichtehelichen Kindes wird nach geltendem Recht (§ 1709 BGB) grundsätzlich das *Jugendamt*. Die Pflegschaft tritt ein mit der Geburt des Kindes bzw. mit Rechtskraft des Urteils, das die Nichtehelichkeit des Kindes ausspricht. Sie tritt nicht ein, wenn bereits vor der Geburt des Kindes ein Pfleger bestellt worden ist oder das Kind eines Vormundes bedarf (weil die Mutter aus rechtlichen Gründen, z.B. wegen Minderjährigkeit, die elterliche Sorge nicht ausüben kann; in diesem Fall wird das Jugendamt Amtsvormund, § 1791 c BGB).

IV. Elterliche Sorge des Vaters?

Dem Vater eines nichtehelichen Kindes steht nach geltendem Recht (§ 1705 BGB) *kein Sorgerecht* zu. Diesen Zustand kann er nur dadurch ändern, daß er das Kind „legitimiert“ (indem er die Mutter heiratet oder das Kind für ehelich erklären läßt) oder adoptiert. Adoptiert ein Vater sein nichteheliches Kind oder läßt er es für ehelich erklären (s.u. § 24

III), so verliert dadurch die Mutter die elterliche Sorge, §§ 1755 Abs. 1, 1738 Abs. 1 BGB. Eine gemeinsame Ausübung der elterlichen Sorge (als Recht) ist de lege lata nicht möglich, selbst dann nicht, wenn die Eltern des Kindes in nichtehelicher Gemeinschaft leben.

De lege ferenda ist diese starre Position lebhaft umstritten. Verteidigt wird sie von zwei höchst unterschiedlichen Seiten. Die eine stellt in Anknüpfung an die Entscheidung des BVerfG v. 24.3.1981 (FamRZ 1981, 429) das Kindeswohl in den Vordergrund: Selbst wenn die Eltern zusammenlebten, sei die nichteheliche Lebensgemeinschaft ungleich labiler als die Ehe. Die stabile Zuordnung des Kindes zu beiden Elternteilen sei nur in der Ehe möglich (Knöpfel, FamRZ 1983, 324). Auf der anderen Seite fordern engagierte Vertreterinnen der Frauenbewegung, die schwer erkämpfte Vorrangstellung der Mutter dürfe nicht zugunsten jahrhundertelang geltender patriarchalischer Machtstrukturen wieder aufgegeben werden (Erler, Die Barbarei der Bitterkeit, Polemik gegen die Rückkehr des väterlichen Sorgerechts, Freibeuter 1986, Bd. 29, S. 58; Bahr-Jendges, Streit 1987, 16).

Die Verteidiger der geltenden Lösung sind – inzwischen – aber in der Minderheit. Die kritischen Stimmen überwiegen. Ein Meinungsumschwung des BVerfG deutet sich an (BVerfG FamRZ 1991, 913). Allerdings sind sich die Kritiker nur in der Grundtendenz einig: Ausschlaggebend muß das Kindeswohl sein. Was das Kindeswohl aber verlangt, wird unterschiedlich beurteilt.

Überwiegend *abgelehnt* wird die *völlige Gleichstellung* von Vater und Mutter. Es soll also nicht der Vater mit der Geburt des Kindes kraft Gesetzes Mitinhaber des Sorgerechts werden, unabhängig davon, ob er mit der Mutter des Kindes zusammenlebt oder nicht (Zenz/Salgo, 62; de Witt/Huffmann, Nichteheliche Lebensgemeinschaft, 2. Aufl., Rz 246; Schwenzer, Vom Status zur Realbeziehung, 270). Grundsätzlich soll es also bei der Vorrangstellung der Mutter sein Bewenden haben.

Streitig ist, ob der Vater die Übertragung des Sorgerechts auf sich auch dann beantragen kann, wenn die Mutter damit nicht einverstanden ist. Fälle, in denen das Kind von der Mutter abgelehnt wird und nur vom Vater erwünscht war, sind durchaus vorstellbar. Ebenso kann es Fälle geben, in denen das Kind bei der Mutter zu verwahrlosen droht, während es beim Vater gut aufgehoben wäre. Hier spricht in der Tat manches dafür, dem Vater das Sorgerecht zu übertragen, wenn er dies wünscht (Zenz/Salgo, S. 70; Kropholler, AcP 185, 276). Allerdings kann er zu diesem Ziel auch schon de lege lata gelangen, nämlich mit Hilfe einer Ehelicherklärung. Die dafür erforderliche Zustimmung der Mutter kann vom Vormundschaftsgericht ersetzt werden, wenn dies aus schwerwiegenden Gründen zum Wohl des Kindes erforderlich ist (§ 1727 Abs. 1 BGB).

Weitgehende Einigkeit besteht darin, daß bei einem Ausfall der Mutter durch Tod, Krankheit oder Unfähigkeit das Kind nicht (gem. § 1773 BGB) unter Vormundschaft gestellt werden sollte, wenn der Vater bereit und in der Lage ist, die elterliche Sorge für das Kind zu übernehmen (Schwenzer, Vom Status zur Realbeziehung, 271).

Für verfassungsrechtlich bedenklich (trotz der Entscheidung des BVerfG v. 24.3.1981, FamRZ 1981, 429, s.o. II. 3.) und rechtspolitisch unhaltbar wird inzwischen die Weigerung des Gesetzgebers angesehen, dem Vater auch dann ein Mitsorgerecht einzuräumen, wenn er mit der Mutter des Kindes *zusammenlebt* und beide Eltern ein *gemeinsames Sorgerecht wünschen* (vgl. Zenz/Salgo, S. 70; Kropholler, AcP 185, S. 274 f.; Staudinger/Göppinger, Vorbem. zu §§ 1705 ff., Rz 54; Schwenzer, aaO, S. 268; Empfehlungen des 7. Deutschen Familiengerichtstages, FamRZ 1988, 468, 471; Beschlüsse des 57. Deutschen Juristentags, NJW 1988, 2998; AG Bremen FamRZ 1994, 397; s. auch BVerfG FamRZ 1991, 913). Hier entspricht die geltende Rechtslage angesichts der großen Zahl nichtehelicher Lebensgemeinschaften nicht mehr der Realität.

Trennen sich die Eltern eines nichtehelichen Kindes, die zunächst zusammengelebt hatten, so ist die Rechtslage nach geltendem Recht klar: Die Mutter behält das alleinige Sorgerecht. Bei einem ehelichen Kind ist vom Gericht die Regelung zu treffen, die dem Wohl des Kindes am besten entspricht (§§ 1671 Abs. 2, 1672 BGB). Nimmt man Art. 6 Abs. 5 GG ernst, müßten auch nichteheliche Kinder die Chance haben, bei Trennung ihrer Eltern dem Elternteil anvertraut zu werden, der sich am besten für ihre Erziehung eignet (BVerfG FamRZ 1991, 913). Aus diesem Grund wird heute von vielen eine *entsprechende Anwendung der §§ 1672, 1671 BGB* bei Trennung der Eltern eines nichtehelichen Kindes empfohlen (de Witt/Huffmann, Nichteheliche Lebensgemeinschaft, Rz 246; Schwenzer, aaO, S. 269; Empfehlungen des 7. Deutschen Familiengerichtstags, FamRZ 1988, 471). Jeder Elternteil sollte eine gerichtliche Sorgerechtsregelung beantragen können. Die Empfehlung erscheint jedenfalls de lege ferenda als berechtigt.

V. Umgangsrecht des Vaters

Wenn die Eltern eines ehelichen Kindes sich trennen oder geschieden werden und bei dieser Gelegenheit die elterliche Sorge auf einen Elternteil übertragen wird, behält der andere Elternteil das sog. Umgangsrecht, d.h. die Befugnis, das Kind in regelmäßigen Abständen sehen, mit ihm ein paar Stunden zusammensein, auch einmal einen gemeinsamen Urlaub mit ihm verbringen zu können (§ 1634 BGB). Eine solche Befugnis zum persönlichen Umgang, ein Umgangsrecht also, steht dem Vater eines nichtehelichen Kindes nicht zu. Ob er sein Kind sehen darf, hängt vom Willen der Mutter ab. Sie allein bestimmt, ob und in welchem Umfang dem Vater Gelegenheit gegeben werden soll, mit dem Kind Umgang zu pflegen (§ 1711 Abs. 1 Satz 1 BGB).

Die Härte dieser Regelung wird allerdings dadurch abgemildert, daß der Vater, wenn die Mutter ihm jeden Zugang zu dem Kind verweigert, das Jugendamt um Vermittlung bitten (§ 1711 Abs. 4 BGB) und, wenn auch das nichts hilft, eine vormundschaftsgerichtliche Entscheidung herbeiführen kann. Das Vormundschaftsgericht kann dem Vater auch gegen den Willen der Mutter ein Umgangsrecht einräumen, wenn es der Auffassung ist, daß der persönliche Umgang mit dem Vater dem Wohl des Kindes dient (§ 1711 Abs. 2 BGB).

Bei der Prüfung, ob das Umgangsrecht dem Wohl des Kindes dient, wird sehr viel davon abhängen, ob zwischen dem Vater und dem Kind eine emotionale Bindung besteht. Der Vater, der mit der Mutter längere Zeit zusammengelebt hat oder sich – mit Billigung der Mutter – jahrelang um das Kind gekümmert hat, wird darum mehr Chancen haben, ein Umgangsrecht eingeräumt zu bekommen, als der Vater, der das Kind nicht gewollt hat und nach dessen Geburt nur „Zahlvater“ geblieben ist.

Die Zuneigung, die der Vater gegenüber dem Kind empfindet, reicht allein aber noch nicht aus. Das *Kindeswohl* muß stets den Ausschlag geben. Dabei kann es – z.B. – eine Rolle spielen, daß das Kind gerade dabei ist, sich in eine neue Familie einzugewöhnen (wenn seine Mutter inzwischen geheiratet hat), und die Gefahr besteht, daß es zwischen den verschiedenen Lebenskreisen hin- und hergerissen wird. Auch das Verhältnis der Eltern zueinander ist zu prüfen. Allerdings reichen Spannungen zwischen den Eltern nicht aus, dem Vater grundsätzlich ein Umgangsrecht zu verweigern, auch wenn eine Ausstrahlung dieser Spannungen auf das Kind nicht ganz zu vermeiden sein wird. Der Gesetzgeber hat eine solche Möglichkeit offensichtlich in Kauf genommen; denn wenn nur in einer spannungslosen Beziehung ein Umgangsrecht auch gegen den Willen der Mutter angeordnet werden könnte, wäre

§ 1711 Abs. 2 BGB überflüssig: Die Eltern würden sich auch ohne Einschaltung des Vormundschaftsgerichts einigen.

Andrerseits wird das Gericht die Ursachen der Spannungen nicht unberücksichtigt lassen können. Die Art und Weise, wie sich der Vater gegenüber der Mutter verhalten, unter welchen Umständen er sich von ihr getrennt hat, kann die Verweigerung eines Umgangsrechts durch die Mutter plausibel machen. Je mehr die Mutter sich „im Recht" fühlt, desto eher ist es wahrscheinlich, daß ein erzwungenes Umgangsrecht zu Konflikten führen würde, unter denen auch das Kind leiden müßte. Im einzelnen ist hier noch vieles streitig; vgl. etwa LG Bonn FamRZ 1990, 201, einerseits, LG Berlin FamRZ 1990, 1146, andrerseits. Siehe ferner Knöpfel, FamRZ 1989, 1017.

§ 22 Staatliche Unterstützung und Kontrolle der elterlichen Sorge

Schrifttum: Coester, Die Bedeutung des KJHG für das Familienrecht, FamRZ 1991, 253; ders., Sorgerecht bei Elternscheidung und KJHG, FamRZ 1992, 617; Oberloskamp, Die rechtliche Stellung von Kindern und Jugendlichen nach dem Regierungsentwurf eines Gesetzes zur Neuordnung des Kinder- und Jugendhilferechts, ZfJ 1990, 260; Ollmann, Eltern, Kind und Staat in der Jugendhilfe, FamRZ 1992, 388.

I. Das staatliche Wächteramt

Pflege und Erziehung der Kinder sind zwar das natürliche Recht der Eltern und die zuvörderst ihnen obliegende Pflicht. Über ihre Betätigung wacht aber die staatliche Gemeinschaft, Art. 6 Abs. 2 GG. Der Staat ist damit ermächtigt, in die elterliche Sorge regelnd einzugreifen. Das heißt nicht, daß der Staat befugt wäre, die Kinder gegen den Willen der Eltern in der Weise zu fördern, wie er es für richtig hält. Die elterliche Erziehung genießt den Vorrang. Es gilt der Grundsatz der Verhältnismäßigkeit. Der Staat soll zunächst, wenn staatliches Einschreiten gefordert wird, versuchen, den Eltern seine Hilfe anzubieten. Nur wenn helfende und unterstützende Maßnahmen nicht genügen, ist ihm ein Handeln auch gegen den Willen der Eltern gestattet. Die Organe, deren sich der Staat für die Ausübung seines Wächteramtes bedient, sind vornehmlich das Jugendamt und das Vormundschaftsgericht.

II. Jugendhilfe

Die Rechtsgrundlage für staatliche Jugendhilfe findet sich im 8. Buch des Sozialgesetzbuches (SGB VIII). Sie wurde dort eingefügt durch das Kinder- und Jugendhilfegesetz (KJHG) v. 26.6.1990, das am 1.1.1991 in Kraft getreten ist. Dieses Gesetz ist an die Stelle des früheren Jugendwohlfahrtsgesetzes getreten.

Nach § 1 Abs. 1 SGB VIII hat jeder junge Mensch ein Recht auf Förderung seiner Entwicklung und auf Erziehung zu einer eigenverantwortlichen und gemeinschaftsfähigen Persönlichkeit. Nach Abs. 3 derselben Vorschrift soll Jugendhilfe insbesondere

- junge Menschen in ihrer individuellen und sozialen Entwicklung fördern und dazu beitragen, Benachteiligungen zu vermeiden oder abzubauen,
- Eltern und andere Erziehungsberechtigte bei der Erziehung beraten und unterstützen
- Kinder und Jugendliche vor Gefahren für ihr Wohl schützen.

Von den vielfältigen Leistungen der Jugendhilfe sind für den Bereich des Familienrechts folgende von besonderer Bedeutung:

1. Förderung der Erziehung in der Familie (§§ 16 ff. SGB VIII)

Darunter versteht das Gesetz insbesondere Beratung der Eltern, die ihnen helfen soll, ein partnerschaftliches Zusammenleben aufzubauen, Konflikte und Krisen zu bewältigen und – im Fall der Trennung oder Scheidung – ein einvernehmliches Konzept für die bestmögliche Wahrnehmung der elterlichen Sorge zu entwickeln. Alleinerziehende Mütter und Väter haben Anspruch auf Beratung und Unterstützung bei der Ausübung der Personensorge einschließlich der Geltendmachung von Unterhaltsansprüchen.

2. Hilfe zur Erziehung (§§ 27 ff. SGB VIII)

Hilfe zur Erziehung umfaßt insbesondere die Gewährung pädagogischer und damit verbundener therapeutischer Leistungen, Erziehungsberatung, soziale Gruppenarbeit, die Zurverfügungstellung eines Erziehungsbeistandes oder Betreuungshelfers, sozialpädagogische Familienhilfe, Erziehung in einer Tagesgruppe oder Heimerziehung. Vorausgesetzt wird ein Antrag des oder der Personensorgeberechtigten. Deswegen sprach man früher von „freiwilliger“ Erziehungshilfe.

3. Inobhutnahme von Kindern und Jugendlichen (§§ 42 ff. SGB VIII)

Das Jugendamt ist verpflichtet, ein Kind oder einen Jugendlichen in seine Obhut zu nehmen, wenn entweder das Kind oder der Jugendliche um Obhut bittet (§ 42 Abs. 2 SGB VIII) oder wenn eine dringende Gefahr für das Wohl des Kindes oder des Jugendlichen eine solche Maßnahme erfordert (§ 42 Abs. 3 SGB VIII). Widerspricht im ersten Fall der Sorgeberechtigte der Inobhutnahme, so muß entweder das Kind ihm übergeben oder eine Entscheidung des Vormundschaftsgerichts über die erforderliche Maßnahme herbeigeführt werden. Früher sprach man hier von Fürsorgeerziehung.

4. Mitwirkung in familiengerichtlichen Verfahren (§§ 50 ff. SGB VIII)

Das Jugendamt unterstützt das Vormundschaftsgericht und das Familiengericht bei allen Maßnahmen, die die Sorge für die Person von Kindern und Jugendlichen betreffen. Es wirkt in den einschlägigen Verfahren mit, unterrichtet das Gericht über die angebotenen und erbrachten Leistungen, bringt erzieherische und soziale Gesichtspunkte zur Entwicklung des Kindes oder des Jugendlichen ein und weist auf weitere Hilfemöglichkeiten hin. Vor allen Dingen aber hat das Jugendamt das Gericht anzurufen, wenn es zur Abwehr von Gefahren ein Tätigwerden des Gerichts für erforderlich hält.

III. Maßnahmen des Vormundschaftsgerichts

Maßnahmen des Vormundschaftsgerichts sind im BGB vorgesehen. Auch dabei ist zwischen unterstützenden und solchen Maßnahmen zu unterscheiden, die in die elterliche Sorge eingreifen.

1. Nach § 1631 Abs. 3 BGB hat das Vormundschaftsgericht die Eltern auf Antrag bei der Ausübung der Personensorge in geeigneten Fällen *zu unterstützen*, z.B. dadurch, daß der Vormundschaftsrichter das Kind ermahnt oder verwarnt.

2. Einem Elternteil, dem die elterliche Sorge, die Personensorge oder die Vermögenssorge allein zusteht, ist auf Antrag ein *Beistand* zu bestellen (§§ 1685, 1686 BGB).

3. Die wichtigsten Fälle, in denen das Vormundschaftsgericht eingreifen muß, sind die des § 1666 BGB: Wird das körperliche, geistige oder seelische Wohl des Kindes durch mißbräuchliche Ausübung der elterlichen Sorge, durch Vernachlässigung des Kindes, durch unverschuldetes Versagen der Eltern oder durch das Verhalten eines Dritten gefährdet, so hat das Vormundschaftsgericht, wenn die Eltern nicht gewillt oder nicht in der Lage sind, die Gefahr abzuwenden, die zur Abwendung der Gefahr erforderlichen Maßnahmen zu treffen (§ 1666 Abs. 1 Satz 1 BGB).

Ein *Mißbrauch des Personensorgerechts* liegt z.B. dann vor, wenn Eltern ihr Kind körperlich mißhandeln (BayObLG FamRZ 1993, 229) oder sexuell mißbrauchen. Das *geistige Wohl* des Kindes ist gefährdet, wenn Eltern sich beharrlich weigern, ihr Kind in die Schule zu schicken (BayObLG FamRZ 1984, 199). Das *seelische Wohl* kann gefährdet sein, wenn Eltern ihr Kind abrupt aus einem Pflegeverhältnis herausreißen wollen (Gefahr der Entwurzelung des Kindes: BayObLG FamRZ 1984, 932).

Eine *Vernachlässigung des Kindes* wurde z.B. in einem Fall bejaht, in dem eine alkoholsüchtige Mutter ihr elfmonatiges Kind nicht mehr ernährt hatte (BayObLG FamRZ 1988, 748).

Ob den Eltern ein *Schuldvorwurf* gemacht werden kann, spielt keine Rolle. Auch in Fällen unverschuldeten Versagens der Eltern muß das Vormundschaftsgericht eingreifen. Wenn eine alleinerziehende Mutter ihr Kind verwahrlosen läßt, kommt es nicht darauf an, ob sie dafür zur Verantwortung gezogen werden kann oder ihr Verhalten psychisch bedingt und darum vielleicht entschuldbar ist (BayObLG FamRZ 1989, 421).

Da das Vorgehen gegen den Vater oder die Mutter in natürliche Beziehungen eingreift, ist dem Gericht ein behutsames Vorgehen zur Pflicht gemacht. Ehe es eine Entscheidung nach den §§ 1666, 1666 a BGB trifft, hat es die Eltern stets persönlich anzuhören, um mit ihnen zu klären, wie die Gefährdung des Kindeswohls abgewendet werden kann (§ 50 a Abs. 1 Satz 3 FGG). Maßnahmen, die in die elterliche Sorge eingreifen, sind wieder aufzuheben, wenn eine Gefahr für das Wohl des Kindes nicht mehr besteht. Länger dauernde Maßnahmen sind in angemessenen Zeitabständen zu überprüfen, § 1696 Abs. 2, 3 BGB.

Als *Maßnahmen* des Vormundschaftsgerichts kommen neben der Beschränkung oder Entziehung der Personensorge (bei einer Verletzung der Unterhaltspflicht auch der Vermögenssorge, § 1666 Abs. 3 BGB)

Gebote, Verbote, Auflagen und Anordnungen in Betracht. Zu wählen ist immer das schonendste Mittel. Nur die zur Gefahrabwehr „erforderliche" Maßnahme darf getroffen werden. Wollen Eltern z.B. ihr Kind der bisherigen Pflegeperson wegnehmen und muß aus diesem Grund ein seelischer Schaden des Kindes befürchtet werden, darf den Eltern nicht das Personensorgerecht insgesamt entzogen werden, wenn eine Maßnahme nach § 1632 Abs. 4 BGB (Belassung bei der Pflegeperson) genügt.

Das Gericht kann auch Erklärungen der Eltern oder eines Elternteils ersetzen (z.B. die Einwilligung in eine Operation), § 1666 Abs. 2 BGB, sowie Maßnahmen auch mit Wirkung gegenüber einem Dritten treffen, § 1666 Abs. 1 Satz 2 BGB.

Der schwerste Eingriff in das elterliche Sorgerecht ist naturgemäß die *völlige Trennung* des Kindes von den Eltern. Hier ist den Gerichten besondere Zurückhaltung geboten. Solche Maßnahmen sind nur zulässig, wenn der dem Kind drohenden Gefahr nicht auf andere Weise, z.B. durch öffentliche Hilfen, begegnet werden kann, § 1666 a Abs. 1 Satz 2 BGB. Mit dieser Einschränkung (bei strikter Wahrung des Grundsatzes der Verhältnismäßigkeit) ist die Trennung aber zulässig. Ihre Verfassungsmäßigkeit ist vom BVerfG ausdrücklich bestätigt worden (BVerfG FamRZ 1982, 567; zum Fall eines unzulässigen Eingriffs s. BVerfG FamRZ 1989, 145).

Wenn beispielsweise ein 16jähriges Mädchen aus einer türkischen Familie größere Freiheiten für sich beansprucht, als seine Eltern ihm einzuräumen bereit sind (Umgang mit dem Freund, Ausgehen am Abend), kann das Gericht den Eltern nicht das Aufenthaltsbestimmungsrecht entziehen und einem Pfleger übertragen, solange nicht die (milderen) Möglichkeiten der Erziehungsberatung (§ 28 SGB VIII) und der sozialpädagogischen Familienhilfe (§ 31 SGB VIII) ausgeschöpft worden sind (BayObLG FamRZ 1991, 1218).

4. Einen weiteren Eingriffstatbestand hat der Gesetzgeber mit dem Gesetz zur Neuregelung des Rechts der elterlichen Sorge v. 18.7.1979 geschaffen: § 1631 a BGB. Danach kann das Vormundschaftsgericht eingreifen, wenn Eltern in *Fragen der Ausbildung oder des Berufs* offensichtlich auf Eignung und Neigung des Kindes keine Rücksicht nehmen und dadurch die Besorgnis begründet wird, daß die Entwicklung des Kindes nachhaltig und schwer beeinträchtigt wird.

Die Schaffung eines besonderen Tatbestandes war deswegen notwendig, weil Maßnahmen nach § 1666 BGB eine gegenwärtige, zumindest nahe bevorstehende Gefahr voraussetzen, in Fragen der Ausbildungs- oder Berufswahl aber eine Prognose in die fernere Zukunft gestellt werden muß (BayObLG FamRZ 1982, 634). Große praktische Bedeutung hat § 1631 a BGB bisher allerdings nicht erlangt.

5. Bei einer *Gefährdung des Kindesvermögens* wird danach gefragt, ob ein Elternteil die mit der Vermögenssorge verbundenen Pflichten verletzt hat oder zu verletzen droht. Außerdem kann das Vormundschaftsgericht Schutzmaßnahmen treffen, wenn ein Elternteil in Vermögensverfall geraten ist, § 1667 Abs. 1 BGB. Als Beispiele möglicher Maßnahmen nennt das Gesetz hier die Anordnung der Einreichung eines Vermögensverzeichnisses oder einer Rechnungslegung (§ 1667 Abs. 2 BGB), die Anordnung, daß das Geld des Kindes in bestimmter Weise anzulegen ist (§ 1667 Abs. 3 BGB) sowie die Anordnung einer Sicherheitsleistung (§ 1667 Abs. 4 BGB). Erforderlichenfalls kann dem Elternteil, der das Vermögen des Kindes gefährdet, die Vermögenssorge ganz oder teilweise entzogen werden (§ 1667 Abs. 5 BGB).

§ 23 Die Unterhaltspflicht zwischen Verwandten

Schrifttum: Kotzur, Elterlicher Unterhalt als Mittel zur Beeinflussung Volljähriger?, FS Gernhuber (1993), 681; Künkel, Unterhaltsrecht und Sozialrecht aus der Sicht des Familienrichters, FamRZ 1991, 14; ders., Unterhalt und Sozialhilfe, FamRZ 1994, 540; Miesen, Der Unterhaltsanspruch des volljährigen Kindes gegen getrenntlebende oder geschiedene Eltern, FamRZ 1991, 125; Münder, Unterschied zwischen zivilrechtlichem Unterhaltsanspruch und sozialhilferechtlichen Regelungen, NJW 1990, 2031; Renn/Niemann, Die Heranziehung verheirateter Kinder zu Unterhaltsleistungen, FamRZ 1994, 473; Scholz, Die Düsseldorfer Tabelle (Stand: 1.7.1992), FamRZ 1993, 125; Schwab, „Vater will nicht zahlen", in: FS Jauch (1990), 201; Schwenzer, Verwandtenunterhalt und soziodemographische Entwicklung, FamRZ 1989, 685.

I. Die Unterhaltspflicht zwischen Verwandten im allgemeinen

1. Nahe Verwandte sind verpflichtet, sich gegenseitig zu unterstützen. Das BGB nennt diese Unterstützungspflicht „Unterhaltspflicht" und beschränkt sie auf *Verwandte in gerader Linie*, § 1601 BGB.

Unterhaltspflichtig sind danach also nicht nur die Eltern gegenüber ihren Kindern, sondern auch die Kinder gegenüber ihren Eltern und auch die Großeltern können von den Enkeln ebenso in Anspruch genommen werden wie die Enkel von ihren Großeltern.

Keine Unterhaltspflicht besteht dagegen unter *Seitenverwandten oder Verschwägerten*. Die Schwester kann von ihrem Bruder ebensowenig Unterhalt verlangen wie die Schwiegermutter vom Schwiegersohn oder das Stiefkind vom Stiefvater.

In anderen Ländern ist dies zum Teil anders. Eine Unterhaltspflicht zwischen Geschwistern gibt es z.B. in Italien und in der Schweiz. In Frankreich, Italien, Belgien und den Niederlanden besteht eine Unterhaltspflicht auch zwischen Personen, die miteinander nur verschwägert sind, solange die die Schwägerschaft vermittelnde Ehe besteht. In den Niederlanden und in Schweden sind Stiefkinder, die in den Haushalt des Stiefelternteils aufgenommen worden sind, leiblichen Kindern gleichgestellt (vgl. die Nachweise bei Schwenzer, FamRZ 1989, 685 f.).

Die Vorschriften über die Unterhaltspflicht der Verwandten ergänzen die Vorschriften über den Familienunterhalt (§§ 1360 ff. BGB) sowie über den Unterhalt getrenntlebender (§ 1361 BGB) oder geschiedener Ehegatten (§§ 1569 ff. BGB).

2. Seit dem Inkrafttreten des BGB haben sich die sozialen Verhältnisse gewandelt. Der Zug zur Kleinfamilie hat sich fortgesetzt. Die Großeltern oder die älter gewordenen Eltern leben nicht mehr unter einem Dach mit ihren Kindern und Kindeskindern und werden darum nicht mehr – selbstverständlich – mitversorgt. Die Lebenserwartung hat zugenommen. Damit ist zugleich die Zahl der pflegebedürftigen älteren Menschen größer geworden. Auf der anderen Seite sind Kinder längere Zeit unterhaltsbedürftig als früher. Im Jahr 1900 war die Ausbildung mit der Volljährigkeit des Kindes im Regelfall abgeschlossen. Heute ist es nicht mehr so.

Besonders belastet durch diese Entwicklung ist die sog. „Sandwich-Generation“. Gemeint sind diejenigen, die sowohl ihren hilfsbedürftigen Eltern als auch ihren noch in der Ausbildung stehenden Kindern Unterhalt leisten müssen und zudem die Hauptlast der allgemeinen Rentenversicherung zu tragen haben.

Eine Entlastung schafft z.T. das *Sozialrecht*. Wollen oder können die Unterhaltspflichtigen den geschuldeten Unterhalt nicht leisten, wird diese Aufgabe von den sozialen Sicherungssystemen übernommen: Sie gewähren Arbeitslosenhilfe, Sozialhilfe, aber auch Ausbildungsbeihilfen nach dem BAföG. Durch diese Leistungen soll allerdings nur dort geholfen werden, wo unterhaltspflichtige Verwandte nicht leisten können, nicht auch dort, wo sie lediglich nicht leisten wollen. Der privatrechtliche Unterhaltsanspruch des Bedürftigen geht (in Höhe der geleisteten Zahlungen) kraft Gesetzes auf den Träger der Sozialhilfe über, der sich dann bei dem säumigen Unterhaltsschuldner schadlos halten kann (§ 91 BSHG).

In einem wichtigen Punkt besteht allerdings ein *Unterschied* zwischen dem privatrechtlichen und dem sozialrechtlichen Unterhaltsanspruch: Nach § 91 Abs. 1 Satz 3 BSHG ist ein Rückgriff des Trägers der Sozialhilfe auf Verwandte des Hilfeempfängers im zweiten oder entfernteren Grad ausgeschlossen. Leistet also der vermögende Enkel dem pflegebedürftigen Großvater keinen Unterhalt, so kann der Träger der Sozialhilfe, der dann einspringt, vom Enkel keinen Ersatz verlangen.

Die Situation ist merkwürdig: Der pflegebedürftige Großvater hat die Wahl, ob er sich an seinen vermögenden Enkel oder an die Sozialhilfe halten will. Der Enkel schuldet Unterhalt nach den Vorschriften des BGB. Er kann seinen Großvater nicht auf die Sozialhilfe verweisen. Der Träger der Sozialhilfe kann andrerseits vom Hilfsbedürftigen nicht verlangen, daß er zunächst gegen seinen Enkel vorgeht, und der Unterhaltsanspruch des Großvaters geht auch nicht kraft Gesetzes auf den Träger der Sozialhilfe über.

Entlastung gewährt das Sozialrecht in bestimmten Fällen auch unterhaltspflichtigen Eltern, etwa bei behinderten Kindern. Nach § 91 Abs. 2 Satz 2 BSHG soll von einer Inanspruchnahme unterhaltspflichtiger Eltern abgesehen werden, wenn und soweit einem Behinderten oder Pflegebedürftigen nach Vollendung des 21. Lebensjahres Eingliederungshilfe für Behinderte oder Hilfe zur Pflege gewährt wird.

De lege ferenda wird vielfach gefordert, diese Entlastung der Unterhaltspflichtigen, wie sie im Sozialrecht vorgesehen ist, auch auf das bürgerliche Recht zu übertragen, insbesondere den Verwandtenunterhalt zu begrenzen auf die Unterhaltspflicht der Eltern gegenüber ihren minderjährigen Kindern, ergänzt um den Ausbildungsunterhalt für ihre volljährigen Kinder bis zu einer bestimmten Altersgrenze (Schwenzer, FamRZ 1989, 685, 890 f.).

II. Die Voraussetzungen der Unterhaltspflicht

Ausgangsfall: V und M sind die Eltern einer 16jährigen Tochter T. Die Tochter lebt – nach der Scheidung der Ehe ihrer Eltern – bei ihrer Mutter M. Der Vater V ist in zweiter Ehe mit F verheiratet und hat aus dieser Ehe einen neunjährigen Sohn S. F ist berufstätig und verdient das Geld für den Familienunterhalt. T nimmt ihren Vater auf Zahlung von Unterhalt in

Anspruch. V erwidert, er habe in seiner zweiten Ehe die Rolle des Hausmannes übernommen und müsse sich um seinen Sohn S kümmern. Daher sei er derzeit ohne Einkommen.

1. Bedürftigkeit des Unterhaltsberechtigten

Unterhaltsberechtigt ist nur, wer *unterhaltsbedürftig* ist, d.h., wer außerstande ist, sich selbst zu unterhalten, § 1602 Abs. 1 BGB. Wer eigenes Vermögen hat oder arbeiten kann, ist grundsätzlich nicht bedürftig, es sei denn, daß ihm eine Verwertung seiner Arbeitskraft nicht zugemutet werden kann.

Beispiel: Dem Studenten kann nicht zugemutet werden, sich sein Studium selbst zu verdienen, solange die Eltern leistungsfähig sind; denn jede Nebentätigkeit hindert ihn an seiner Hauptaufgabe, dem Studium.

Eine bevorzugte Stellung hat das *minderjährige unverheiratete* (sowohl das eheliche als auch das nichteheliche) *Kind* gegenüber seinen Eltern. Es braucht nämlich, wenn es Vermögen hat, den Stamm des Vermögens nicht anzugreifen. Es kann vielmehr Unterhalt insoweit verlangen, als die Einkünfte seines Vermögens und der Ertrag der ihm zumutbaren Arbeit zum Unterhalt nicht ausreichen, § 1602 Abs. 2 BGB.

Das *volljährige* Kind muß – nach Abschluß seiner Ausbildung – grundsätzlich selbst für seinen Unterhalt sorgen. Es kann nicht Unterhalt von seinen Eltern verlangen, wenn es erwerbstätig sein könnte. Ob die mögliche Erwerbstätigkeit „angemessen" ist, spielt keine Rolle. Der arbeitslose Akademiker ist so lange nicht unterhaltsbedürftig, als er eine Stelle als Hilfsarbeiter finden könnte. Eine Mutter, die ein Kind hat, kann von ihren Eltern keinen Unterhalt verlangen mit der Begründung, sie müsse sich der Betreuung ihres Kindes widmen und könne deshalb nicht erwerbstätig sein, solange das Kind auch anderweitig (z.B. in einer Tagesheimstätte oder von Angehörigen) versorgt werden kann (BGH FamRZ 1985, 273, 1245).

2. Leistungsfähigkeit des Inanspruchgenommenen

Unterhaltsverpflichtet ist grundsätzlich nur, wer leistungsfähig ist. Die Selbsterhaltung geht vor. Unterhaltspflichtig ist darum nicht, wer bei Berücksichtigung seiner sonstigen Verpflichtungen außerstande ist, ohne Gefährdung seines eigenen angemessenen Unterhalts den Unterhalt zu gewähren, § 1603 Abs. 1 BGB.

Auch hier gilt eine *Ausnahme* zugunsten *minderjähriger unverheirateter Kinder*. Ihnen gegenüber trifft die Eltern eine gesteigerte Unterhaltspflicht. Sie dürfen ihren eigenen Unterhalt nicht voranstellen, sondern müssen alle verfügbaren Mittel zu ihrem und der Kinder Unterhalt gleichmäßig verwenden, § 1603 Abs. 2 Satz 1 BGB. Diese Verpflichtung tritt nur dann nicht ein, wenn der Unterhalt des Kindes aus dem Stamm seines Vermögens bestritten werden kann oder ein anderer unterhaltspflichtiger Verwandter vorhanden ist, § 1603 Abs. 2 Satz 2 BGB. Sind beispielsweise die Eltern des Kindes geschieden und macht das beim Vater lebende Kind Unterhaltsansprüche gegen die Mutter geltend, so kann diese auf die Klage erwidern, sie verdiene nur so viel, wie sie zu ihrem eigenen angemessenen Unterhalt benötige. Das Kind solle sich deswegen an seinen vermögenden Vater (oder Großvater) halten (BGH FamRZ 1991, 182).

Leistungsfähig ist nicht nur, wer Vermögen hat und Einkünfte erzielt, sondern auch derjenige, der Einkünfte erzielen *kann*.

Der gesteigert Unterhaltspflichtige muß sich besonders intensiv um Arbeit bemühen. Ihm muß auch zugemutet werden, daß er den Arbeitsort wechselt oder einen unrentabel gewordenen Betrieb aufgibt, wenn er nur so seinen Unterhaltsverpflichtungen nachkommen kann (BGH FamRZ 1980, 1113; OLG Koblenz FamRZ 1985, 812). Bis zur Anstellung im erlernten Beruf muß er sich auch um Aushilfstätigkeiten oder Gelegenheitsarbeiten bemühen (OLG Hamburg FamRZ 1984, 924). Eine Frau, die sich nach der Scheidung ihrer Ehe wieder verheiratet hat, trifft ungeachtet ihrer Pflichten in der neuen Ehe die Obliegenheit, zumindest durch eine Nebenerwerbstätigkeit zum Unterhalt ihrer – beim Vater lebenden – Kinder aus ihrer früheren Ehe beizutragen. Der neue Ehepartner hat die Erfüllung dieser Obliegenheit nach dem Rechtsgedanken des § 1356 Abs. 2 BGB zu ermöglichen. Der wiederverheiratete Elternteil kann also nicht Unterhaltszahlungen an seine Kinder aus erster Ehe mit dem Argument verweigern, er müsse sich um sein Kind aus der zweiten Ehe kümmern. Alle Kinder haben denselben Rang (§ 1609 BGB); vgl. BGH FamRZ 1986, 668; 1987, 270. Darin liegt kein Verstoß gegen Art. 6 Abs. 1 GG (BVerfG FamRZ 1985, 143). S. dazu Henrich, Fälle und Lösungen, Fall 16.

Die Grenze der Leistungsfähigkeit liegt grundsätzlich dort, wo der Pflichtige durch die Unterhaltszahlung seinen eigenen „angemessenen" Unterhalt gefährden würde (§ 1603 Abs. 1 BGB). Geht es jedoch um den Unterhalt minderjähriger unverheirateter Kinder, so müssen die Eltern „alle verfügbaren Mittel" zu ihrem und der Kinder Unterhalt gleichmäßig verwenden (§ 1603 Abs. 2 BGB). Literatur und Rechtsprechung unterscheiden entsprechend zwischen dem „angemessenen" oder „großen" *Eigenbedarf* oder *Selbstbehalt* und dem „notwendigen" oder „kleinen" Eigenbedarf oder Selbstbehalt.

Der *notwendige Eigenbedarf* liegt regelmäßig etwas über den Sätzen der Sozialhilfe. Die Unterhaltsleitlinien und -tabellen beziffern ihn derzeit auf mindestens 1300 DM, wenn der Unterhaltspflichtige erwerbstätig ist, bzw. auf mindestens 1150 DM, wenn der Unterhaltspflichtige nicht erwerbstätig ist (vgl. z.B. die Düsseldorfer Leitlinien zum Unterhalt, FamRZ 1993, 35, 37). Diese Mittel sind i.S. von § 1603 Abs. 2 BGB nicht „verfügbar".

Der *angemessene Eigenbedarf* liegt nach den Tabellen und Richtlinien derzeit im Regelfall mindestens bei 1600 DM, kann aber auch höher sein (Düsseldorfer Leitlinien aaO), insbesondere, wenn betagte Eltern Unterhalt von ihren Kindern beanspruchen (BGH FamRZ 1992, 795).

III. Reihenfolge der Unterhaltspflichtigen

Die Unterhaltspflichtigen sind in einer bestimmten *Reihenfolge* zum Unterhalt verpflichtet.

1. Zunächst haftet *vor den Verwandten der Ehegatte*, § 1608 Satz 1 BGB. Die Haftung des Ehegatten wird allerdings gemildert, wenn seine Unterhaltspflicht mit der Unterhaltspflicht von Verwandten zusammentrifft. Er gilt nämlich in diesem Fall schon dann als leistungsunfähig, wenn er dem anderen Gatten bei Berücksichtigung seiner sonstigen Verpflichtungen nicht ohne Gefährdung des eigenen angemessenen Unterhalts den Unterhalt gewähren kann, § 1608 Satz 2 BGB. Das heißt, er kann hier den bedürftigen Gatten an seine leistungsfähigen Verwandten verweisen. Abweichend von der Regel haften in diesem Fall die Verwandten vor dem Ehegatten.

2. Die (ehelichen und nichtehelichen) *Abkömmlinge* sind vor den Verwandten der *aufsteigenden Linie* unterhaltspflichtig, § 1606 Abs. 1 BGB.

3. Unter den Abkömmlingen und unter den Verwandten der aufsteigenden Linie haften die *näheren* vor den *entfernteren* (§ 1606 Abs. 2 BGB), die Kinder also vor den Enkeln, die Eltern vor den Großeltern.

Mehrere gleich nahe Verwandte haften anteilig nach ihren Erwerbs- und Vermögensverhältnissen (also *nicht gesamtschuldnerisch*), § 1606 Abs. 3 Satz 1 BGB.

Sind Eltern ihrem Kind unterhaltspflichtig, wird dieser Satz durch einen zweiten ergänzt: Die *Mutter* erfüllt ihre Verpflichtung, zum Unterhalt eines minderjährigen unverheirateten Kindes beizutragen, in der Regel durch die *Pflege und Erziehung* des Kindes, § 1606 Abs. 3 Satz 2 BGB.

Daraus folgt: Wenn die Mutter das Kind pflegt und erzieht, braucht sie regelmäßig keinen Barunterhalt zu leisten. Die Barunterhaltsverpflichtung trifft dann allein den Vater. Die Kindesbetreuung durch die Mutter und die Barleistungen des Vaters werden als gleichwertig angesehen (vgl. BGH FamRZ 1978, 177; Hammer Leitlinien, FamRZ 1992, 522).

Nun haben es die Ehegatten in der Hand, die Rollenverteilung in der Ehe anders zu gestalten. Wenn sie sich einig sind, daß der Vater den Haushalt führen und das Kind oder die Kinder betreuen soll, während die Mutter einer Erwerbstätigkeit nachgeht, wird man – schon wegen Art. 3 Abs. 2 GG – § 1606 Abs. 3 Satz 2 BGB so auslegen müssen, daß auch der Vater seine Unterhaltspflicht durch die Pflege und Erziehung des Kindes erfüllen kann, während die Mutter barunterhaltspflichtig ist (vgl. OLG Frankfurt FamRZ 1979, 622).

Probleme entstehen meist nur dann, wenn die Eltern *getrennt leben* oder *geschieden sind*. Angenommen, das Sorgerecht wird dem Vater zugesprochen: Kann er dann mit dem Argument, er erfülle seine Unterhaltspflicht durch die Pflege und Erziehung des Kindes, von der Mutter Unterhalt für das Kind verlangen? Erschwerend kommt hinzu, daß ein Ehegatte, dem wegen der Pflege oder Erziehung eines Kindes keine Erwerbstätigkeit zugemutet werden kann, auch für sich selbst Unterhalt verlangen kann, § 1570 BGB. Frage also: Kann der Mann, dem das Kind zugesprochen worden ist, unter Berufung auf die §§ 1570, 1606 Abs. 3 Satz 2 BGB für sich und das Kind von der Mutter Unterhalt verlangen?

Die Antwort lautet: Ja, falls der Vater tatsächlich nicht erwerbstätig ist und ihm eine Erwerbstätigkeit auch nicht zugemutet werden kann. Jede andere Antwort würde gegen das Gebot der Gleichberechtigung von Mann und Frau (Art. 3 Abs. 2 GG) verstoßen.

Nun ist es in der Praxis allerdings nicht allzu häufig, daß der Mann, dem die Sorge für die Kinder übertragen worden ist, auf eine Erwerbstätigkeit verzichtet, um sich ganz der Sorge und Betreuung der Kinder widmen zu können. Vielfach wird er, trotz der Belastung durch die Kinder, noch immer mehr verdienen als seine von ihm getrennt lebende oder geschiedene Frau. In einem solchen Fall kann es unbillig sein, die Barunterhaltspflicht allein der Frau aufzubürden. Hier hat auch der Mann einen Beitrag zu leisten.

In diesem Zusammenhang ergeben sich nun eine Reihe von Fragen:

a) Geht man davon aus, daß nur der nichtsorgeberechtigte Elternteil barunterhaltspflichtig ist, wonach ist dann die *Höhe des Barunterhalts* zu berechnen: nach *seinem* Einkommen, nach dem Einkommen des *sorgeberechtigten* Elternteils oder aus *beiden*?

Nach dem Gesetz hängt das Maß des zu gewährenden Unterhalts von der Lebensstellung des Bedürftigen ab (§ 1610 Abs. 1 BGB). Da sich das bedürftige Kind beim sorgeberechtigten Elternteil befindet und damit dessen Lebensstellung teilt, könnte man auf den Gedanken kommen, der Barunterhalt sei vorrangig nach dem Einkommen des sorgeberechtigten Elternteils zu errechnen (so in der Tat OLG Köln FamRZ 1979, 328, 330) oder es sei zumindest die Lebensstellung beider Elternteile zu berücksichtigen. Die h.M. stellt indessen auf das Einkommen des Barunterhaltspflichtigen ab. Das *Einkommen des Barunterhaltspflichtigen* soll jedenfalls dann die Unterhaltshöhe bestimmen, wenn die Einkünfte der Eltern sich im mittleren Bereich halten und das Einkommen des Naturalunterhalt gewährenden Elternteils nicht höher ist als das des anderen (BGH FamRZ 1981, 543; 1986, 151).

Bei besonders hohem Einkommen des Barunterhaltspflichtigen kann allerdings auf die durch ein wesentlich geringeres Einkommen geprägte Lebensstellung des den Naturalunterhalt gewährenden Elternteils Rücksicht genommen werden. Die Unterhaltsbemessung darf weder einem gedeihlichen Sorgerechtsverhältnis entgegenwirken, noch dazu führen, die Lebensstellung des sorgeberechtigten Elternteils anzuheben (BGH FamRZ 1983, 473).

b) Die nächste Frage: In welchen Fällen besteht abweichend von der Regel eine *Barunterhaltspflicht auch des sorgeberechtigten Elternteils*?

Auf diese früher ebenfalls sehr umstrittene Frage hat der Bundesgerichtshof folgende Antwort gegeben:

Verfügt der Elternteil, der das Kind pflegt und erzieht, über eigenes Einkommen, so ist er dem Kind jedenfalls dann nicht zum Barunterhalt verpflichtet, wenn der andere Elternteil leistungsfähig ist und ein mindestens ebenso hohes Einkommen hat (BGH FamRZ 1980, 994).

Nach den Leitlinien der Praxis kommt eine Heranziehung des sorgeberechtigten Elternteils zum Barunterhalt dann in Betracht, wenn sein Einkommen bedeutend höher als das des anderen Elternteils ist (Düsseldorfer Leitlinien, FamRZ 1993, 36; Hammer Leitlinien, FamRZ 1992, 522).

4. Für alle Gruppen gilt: Ein *leistungsunfähiger Verwandter* ist als *nicht vorhanden* zu betrachten. Das bedeutet, daß sich die Unterhaltspflicht der gleichnahen Verwandten erhöht oder ein entfernterer Verwandter unterhaltspflichtig wird, § 1607 Abs. 1 BGB.

Beachte: Wer anstelle eines leistungsunfähigen Verwandten unterhaltspflichtig wird, erfüllt mit der Unterhaltsleistung eine *eigene Verbindlichkeit*, nicht die Schuld des Leistungsunfähigen. Er kann darum den Leistungsunfähigen nicht regreßpflichtig machen, wenn dieser wieder zu Vermögen kommt. Wer dagegen anstelle eines leistungsfähigen Verwandten Unterhalt leistet, hat diesem gegenüber regelmäßig Ersatzansprüche. Als Anspruchsgrundlagen kommen in Betracht: Geschäftsführung ohne Auftrag (Geschäftsführerwille prüfen!), ungerechtfertigte Bereicherung, unerlaubte Handlung (§ 826 BGB: Der Unterhaltspflichtige macht einen Dritten glauben, er, der Dritte, sei mit dem Berechtigten verwandt oder der Unterhaltspflichtige sei leistungsunfähig), cessio legis (§ 90 Abs. 2 BSHG, §§ 36, 37 BAföG, § 1607 Abs. 2 Satz 2 BGB). Zu den Besonderheiten bei der Unterhaltszahlung an ein nichteheliches Kind s.u. VII 2 a.

IV. Reihenfolge der Unterhaltsberechtigten

Es ist denkbar, daß ein Unterhaltspflichtiger von mehreren Bedürftigen in Anspruch genommen wird. Dann muß er ihnen allen Unterhalt gewähren, soweit er dazu imstande ist. Ist er dazu außerstande, schreibt das Gesetz auch hier eine *Rangordnung* vor:

1. An erster Stelle ist den *minderjährigen* (ehelichen und nichtehelichen) *unverheirateten* Kindern Unterhalt zu leisten, dann folgen die volljährigen und die verheirateten Kinder, sodann die übrigen Abkömmlinge (Enkel) und erst danach die Verwandten der aufsteigenden Linie, wobei unter diesen wiederum die näheren den entfernteren vorgehen, § 1609 Abs. 1 BGB.

2. Der *Ehegatte* steht den minderjährigen unverheirateten Kindern gleich; anderen Kindern und den übrigen Verwandten geht er vor, § 1609 Abs. 2 Satz 1 BGB.

Ist die *Ehe geschieden*, aufgehoben oder für nichtig erklärt, so geht der unterhaltsberechtigte Gatte den volljährigen oder verheirateten Kindern sowie den übrigen Verwandten des Unterhaltspflichtigen ebenfalls vor, § 1609 Abs. 2 Satz 2 BGB. Im Verhältnis zu den minderjährigen unverheirateten Kindern entscheidet die Billigkeit (§ 1581 BGB); regelmäßig werden sich alle Beteiligten eine entsprechende Herabsetzung des ihnen zukommenden Unterhalts gefallenlassen müssen.

V. Der Inhalt des Unterhaltsanspruchs

1. Bemessung nach der Lebensstellung des Kindes

Der Unterhalt umfaßt den gesamten Lebensbedarf – einschließlich der Kosten einer angemessenen Vorbildung zu einem Beruf –, und zwar entsprechend der Lebensstellung des Bedürftigen, § 1610 BGB. Grundsätzlich kann dieser also angemessenen, d.h. auskömmlichen Unterhalt verlangen, bei dem nicht bloß auf die unter allen Umständen zu befriedigenden Bedürfnisse zu sehen ist, sondern auch auf seine Lebensstellung. Welche Lebensstellung *Kinder* haben, bestimmt sich grundsätzlich nach der Lebensstellung (d.h. praktisch: nach den Einkommensverhältnissen) ihrer *Eltern*. Das gilt auch dann noch, wenn das Kind volljährig geworden ist (solange es noch nicht über ein zur wirtschaftlichen Selbständigkeit erforderliches Einkommen verfügt; vgl. BGH FamRZ 1986, 151: Lehrling; FamRZ 1987, 58, 60: Student; FamRZ 1994, 767: Schüler). Für den Normalfall heißt das: Welche Lebensstellung das Kind für sich in Anspruch nehmen kann, hängt vom Einkommen des verdienenden Elternteils ab, im Fall einer Doppelverdienerehe von den zusammengerechneten Einkünften beider Eltern (BGH FamRZ 1981, 543, 545).

Leben die Eltern getrennt oder sind sie geschieden, so werden die Lebensverhältnisse des (minderjährigen) Kindes grundsätzlich durch die Einkünfte des *barunterhaltspflichtigen Elternteils* bestimmt (also nicht durch die Einkünfte des Elternteils, bei dem es lebt); s.o. III 3 a. Das scheint zunächst zwar paradox, rechtfertigt sich aber dadurch, daß der Barunterhaltspflichtige im Regelfall der Besserverdienende sein wird und das Kind ein Anrecht hat, an dieser Lebensstellung teilzuhaben. An den Lebensverhältnissen des Elternteils, der das Kind betreut, partizipiert dieses ohnehin. Die Betreuung steht dem Barunterhalt im Regelfall gleich (§ 1606 Abs. 3 Satz 2 BGB). Verdient allerdings der Ehegatte, bei dem das Kind lebt, erheblich mehr als der andere Ehegatte, ist es gerechtfertigt, auch ihn am Barunterhalt des Kindes zu beteiligen (BGH FamRZ 1984, 39, 40).

2. Ausbildungsunterhalt

Besonders beschäftigt hat die Gerichte der sog. *Ausbildungsunterhalt*. Die Eltern haben die Kosten einer angemessenen Vorbildung zu einem Beruf zu tragen (auch wenn das Kind bereits volljährig ist), § 1610 Abs. 2 BGB.

Hier ergeben sich verschiedene Fragen: Wann ist eine Berufsausbildung „angemessen“? Wie bestimmt sich das Maß des von den Eltern zu leistenden Unterhalts? Kann von dem Kind u.U. ein eigener Beitrag zum Unterhalt (durch eine Nebentätigkeit, etwa während der Semesterferien) verlangt werden?

a) Angemessenheit der Berufsausbildung

Unter angemessener Vorbildung zu einem Beruf ist nach einer Formulierung des BGH eine Berufsausbildung zu verstehen, die der Begabung und den Fähigkeiten, dem Leistungswillen und den beachtenswerten

Neigungen des Kindes am besten entspricht, ohne daß es insoweit auf Beruf und gesellschaftliche Stellung der Eltern ankommt, und die sich hinsichtlich ihrer Finanzierung in den Grenzen der wirtschaftlichen Leistungsfähigkeit der Eltern hält (vgl. BGH FamRZ 1977, 629).

Die Verknüpfung von Angemessenheit der Berufsausbildung und wirtschaftlicher Leistungsfähigkeit ist nicht ganz unproblematisch. Eine Berufsausbildung, die sich allein nach der Begabung und den Fähigkeiten des Kindes richtet, könnte man sich auch dann als „angemessen" vorstellen, wenn die Eltern damit wirtschaftlich überfordert sind. Die Leistungsfähigkeit des Unterhaltspflichtigen wird ja ohnehin geprüft. Berücksichtigt man die Leistungsfähigkeit der Eltern bereits bei der Frage der Bedürftigkeit des Kindes, so läuft man Gefahr, daß die Ausbildung des Kindes doch wiederum abhängig gemacht wird von der gesellschaftlichen Stellung der Eltern. Das aber sollte gerade vermieden werden. Bei einer Ausbildung, welche die finanzielle Leistungskraft der Unterhaltspflichtigen übersteigt, erschiene es darum besser, die Eltern nur zu einer teilweisen Finanzierung der Ausbildung heranzuziehen, als dem Kind die seinen Anlagen entsprechende Ausbildung gänzlich zu verwehren. De facto geschieht dies auch, wie ein Blick auf das Bundesausbildungsförderungsgesetz (BAföG) zeigt.

In diesem Zusammenhang darf allerdings etwas nicht übersehen werden: Einem minderjährigen Kind gegenüber sind die Eltern bis an die Grenze ihrer finanziellen Leistungsfähigkeit zum Unterhalt verpflichtet. Einem volljährigen Kind gegenüber können sie ihren angemessenen, d.h. den großen Selbstbehalt geltend machen. Wenn sich nun absehen läßt, daß eine Ausbildung des Kindes, die während seiner Minderjährigkeit beginnt, sich aber über den Zeitpunkt seiner Volljährigkeit hinaus fortsetzen soll, nach diesem Zeitpunkt von den Eltern nicht mehr finanziert werden kann, ist es verständlich, wenn die Eltern das Kind zu einer Ausbildung drängen, die vor dem Zeitpunkt seiner Volljährigkeit endet. Sind sie jedoch mit einer Ausbildung einverstanden, die über den Zeitpunkt der Volljährigkeit hinaus andauert, so wird von ihnen verlangt – nach einer allerdings anzweifelbaren Auffassung –, daß sie diese Ausbildung auch bis zu ihrem Ende finanzieren, und zwar auch unter Beeinträchtigung ihres „angemessenen" Unterhalts (vgl. OLG Celle FamRZ 1990, 914; s. auch OLG Frankfurt FamRZ 1984, 176: Haben Eheleute vor ihrer Trennung gemeinsam beschlossen, ihrem volljährigen Kind ein Studium zu finanzieren, so hat der Unterhaltsanspruch des Ehegatten keinen Vorrang vor dem Ausbildungsunterhaltsanspruch des Kindes; die Regel des § 1609 Abs. 2 BGB ist hier stillschweigend abbedungen).

Gänzlich verweigern können (leistungsfähige) Eltern ihrem Kind eine Ausbildungsfinanzierung nur dann, wenn die Ausbildung entweder nicht berufszielgerichtet ist oder nicht den intellektuellen und konstitutionellen Anlagen des Kindes entspricht. Über Meinungsverschiedenheiten zu dieser Frage entscheidet bei einem volljährigen Kind nicht mehr das Vormundschaftsgericht, sondern das Prozeßgericht, das über den Unterhaltsanspruch zu urteilen hat.

Voraussetzung für die Pflicht der Eltern, ein Studium zu finanzieren, ist, daß das Studium auch tatsächlich betrieben wird. Dazu gehört, daß der für den jeweiligen Studiengang maßgebliche Studienplan im wesentlichen eingehalten wird. Ein „Bummelstudium" braucht nicht finanziert zu werden (BGH FamRZ 1987, 470).

Die Unterhaltspflicht besteht nur für einen solchen Zeitraum, nach welchem i.d.R. die ordnungsgemäße Beendigung der Ausbildung erwartet werden kann, darüber hinaus nur bei Vorliegen besonderer Gründe (Krankheit, erstmaliges Nichtbestehen der Abschlußprüfung).

Wird die Regelstudienzeit nicht unerheblich überschritten und entfällt aus diesem Grund die BAföG-Förderung, kann nicht grundsätzlich und uneingeschränkt auf die Eltern zurückgegriffen werden. Kinder müssen in einer solchen Lage so weit wie möglich um finanzielle Entlastung der Eltern bemüht sein (s. BGH FamRZ 1984, 777).

Ein Student, der zweimal im Examen gescheitert ist, kann keinen Unterhalt mehr verlangen, sondern muß eine Erwerbstätigkeit aufnehmen (vgl. OLG Hamm FamRZ 1978, 446).

b) Insbesondere: Zweitausbildung

Der Unterhalt umfaßt die Kosten der Ausbildung zu *einem* Beruf (§ 1610 Abs. 2 BGB). Haben die Eltern ihre Pflicht, ihrem Kind eine angemessene Berufsausbildung zu gewähren, in rechter Weise erfüllt, so sind sie im allgemeinen nicht verpflichtet, die Kosten für eine weitere Berufsausbildung zu tragen (BGH FamRZ 1977, 629). Diese Formulierung des BGH schließt Ausnahmen nicht aus. Eine Verpflichtung zur Finanzierung eines Zweitstudiums besteht, wenn der zunächst gewählte Beruf nicht als „angemessen" bezeichnet werden kann, wenn die Eltern ihre Verpflichtung nicht „in rechter Weise" erfüllt haben sowie dann, wenn der zunächst gewählte Beruf zwar angemessen war, aber andere Umstände vorliegen, die eine zweite Ausbildung dringend erforderlich machen.

Hat ein Kind zunächst aus freien Stücken eine Lehre als Industriekaufmann aufgenommen und erfolgreich abgeschlossen, so sind die Eltern nicht verpflichtet, anschließend noch ein Medizinstudium zu finanzieren (BGH, FamRZ 1991, 1044).

Anders ist es, wenn zunächst eine Ausbildung absolviert wird, die Bedingung für eine weitere Ausbildung ist oder sich als sinnvolle Vorbereitung darauf darstellt, ein weiteres Studium von vornherein ins Auge gefaßt und dieser Umstand dem Unterhaltspflichtigen auch bekannt war (vgl. BGH FamRZ 1992, 170: Studium der Rechtswissenschaften nach einer Banklehre).

Über diese Fälle hinaus erkennt der BGH einem Kind auch dann einen Anspruch auf Finanzierung einer Zweitausbildung zu, wenn das Kind zunächst eine praktische Ausbildung absolviert hat, ohne dabei schon an ein weiteres Studium zu denken und sich erst später zu einem Hochschulstudium entschlossen hat, vorausgesetzt, das Studium steht mit der vorangegangenen praktischen Ausbildung in einem engen zeitlichen und sachlichen Zusammenhang und die Kosten sind den Eltern zumutbar (BGH FamRZ 1989, 853: Bauzeichnerin; Studium der Architektur; FamRZ 1993, 1057).

Dieselben Regeln wie für eine Zweitausbildung gelten auch im Fall einer abgebrochenen Lehre oder bei einem Studienfachwechsel. Die Eltern sind nicht verpflichtet, ständig wechselnden Ausbildungswünschen ihrer Kinder Rechnung zu tragen; sie können grundsätzlich von ihnen verlangen, eine begonnene Ausbildung auch zu Ende zu führen (BGH FamRZ 1981, 344). Dem Unterhaltsberechtigten steht nicht das Recht zu, den Zeitraum seiner Ausbildung durch nachträgliche Änderung seiner Berufswahl auf Kosten des Verpflichteten eigenmächtig auszudehnen. Vielmehr ist es eine Obliegenheit des Berechtigten, vor dem Ausbildungswechsel Kontakt mit dem Pflichtigen aufzunehmen (OLG Frankfurt FamRZ 1984, 193).

Für die Frage, ob das Erststudium angemessen war, kommt es ausschließlich auf die damals erkennbare Begabung des Kindes an (BGH FamRZ 1981, 346). Unangemessen war die Ausbildung dann, wenn sie auf einer deutlichen Fehleinschätzung der Begabung des Kindes beruhte (BGH FamRZ 1981, 437).

„Nicht in rechter Weise erfüllt“ haben die Eltern ihre Pflicht zur Ausbildungsfinanzierung, wenn sie ihr Kind in einen unbefriedigenden, seiner Begabung nicht hinreichend Rechnung tragenden Beruf gedrängt haben. Auch hier besteht eine Pflicht zur Finanzierung einer zweiten Ausbildung (vgl. BGH FamRZ 1991, 322).

Schließlich besteht eine Pflicht zur Finanzierung einer zweiten Ausbildung, wenn ein Berufswechsel unausweichlich ist, etwa aus gesundheitlichen Gründen oder weil der zunächst erlernte Beruf aus Gründen, die bei Beginn der Ausbildung nicht vorhersehbar waren, keine ausreichende Lebensgrundlage bietet (BGH FamRZ 1977, 629).

3. Höhe des Unterhalts

Für die Festsetzung der Unterhaltshöhe im Einzelfall greifen die Gerichte meist auf die schon mehrfach genannten *Unterhaltstabellen* zurück, von denen die Düsseldorfer Tabelle die größte Bedeutung erlangt hat (FamRZ 1992, 398). In diesen Tabellen wird der zu zahlende Betrag jeweils durch zwei Parameter bestimmt: das Einkommen des Unterhaltspflichtigen und das Alter des Kindes. Daraus ergibt sich z.B., daß ein Mann, der seiner Frau und zwei Kindern im Alter von sieben bis zwölf Jahren Unterhalt schuldet und über ein monatliches Nettoeinkommen in Höhe von 3200 DM verfügt, an jedes Kind 450 DM Unterhalt zu zahlen hat.

Besondere Regeln gelten für volljährige Kinder, die nicht mehr bei ihren Eltern wohnen (Studenten). Ihr angemessener Gesamtunterhaltsbedarf wird unabhängig vom Einkommen der Eltern auf (derzeit) 950 DM beziffert (ohne Krankenversicherungskosten), soweit sich nicht nach der Düsseldorfer Tabelle aus dem zusammengerechneten Einkommen der Eltern ein höherer Satz ergibt (vgl. Unterhaltsgrundsätze des OLG Frankfurt, FamRZ 1992, 773, 775).

Leben volljährige Kinder noch bei ihren Eltern (oder einem Elternteil), bleibt es bei dem Grundsatz, daß sie an der Lebensstellung der Eltern teilhaben. Darum ist Basis ihres Unterhaltsanspruchs das zusammengerechnete Einkommen ihrer Eltern. Nach Eintritt der Volljährigkeit kommt es nur insofern zu einer Änderung, als an die Stelle der Betreuungsleistungen (§ 1603 Abs. 3 Satz 2 BGB) die anteilige Haftung des bisher sorgeberechtigten Elternteils für den Barunterhalt tritt. Ein volljähriges Kind ist nicht mehr pflege- und erziehungsbedürftig; vgl. BGH FamRZ 1994, 696.

Zugunsten von Scheidungswaisen und von Kindern, deren Eltern nicht nur vorübergehend getrennt leben, hat das Gesetz für die Fälle, in denen die Kinder, die bei dem einen Elternteil leben, vom anderen Unterhalt verlangen, einen Mindestlebensbedarf festgesetzt: Bis zur Vollendung ihres 18. Lebensjahres können sie mindestens den Betrag verlangen, der für ein nichteheliches Kind derselben Altersstufe als sog. Regelbedarf festgesetzt ist, § 1610 Abs. 3 BGB (s.u. VII 3). Durch diese Bestimmung wird dem Kind für die Höhe des Regelbedarfs die Darlegungs- und Beweislast genommen und damit seine Stellung im Prozeß verbessert.

4. Verwirkung

Ist der Unterhaltsberechtigte durch ein *sittliches Verschulden* bedürftig geworden, hat er z.B. aufgrund einer Straftat seine Stellung verloren, so kann er nicht den angemessenen Unterhalt verlangen. Hier braucht der

Verpflichtete nur einen Unterhaltsbeitrag in der Höhe zu leisten, die der Billigkeit entspricht. Das gleiche gilt, wenn der Unterhaltsberechtigte seine eigene Unterhaltspflicht gegenüber dem nunmehr von ihm Inanspruchgenommenen gröblich vernachlässigt oder sich vorsätzlich einer schweren Verfehlung gegen den Unterhaltspflichtigen oder einen nahen Angehörigen des Unterhaltspflichtigen schuldig gemacht hat. Die Unterhaltsverpflichtung kann in diesem Fall sogar gänzlich entfallen, wenn die Inanspruchnahme des Verpflichteten grob unbillig wäre, § 1611 Abs. 1 BGB.

Streitig geworden sind hier insbesondere die Fälle, in denen ein (volljähriges) Kind jeglichen persönlichen Kontakt mit dem unterhaltspflichtigen Elternteil verweigert. Feststeht, daß eine *Kontaktverweigerung* für sich genommen den Tatbestand des § 1611 Abs. 1 BGB noch nicht erfüllt, insbesondere, wenn sie durch die seelischen Verletzungen erklärt werden kann, die dem Kind anläßlich der Trennung und Scheidung seiner Eltern zugefügt worden sind (OLG Celle FamRZ 1993, 1235; OLG Frankfurt FamRZ 1993, 1241).

Ausnahmen: All das gilt jedoch nicht für die Unterhaltspflicht von Eltern gegenüber ihren minderjährigen unverheirateten Kindern, § 1611 Abs. 2 BGB.

5. Art der Unterhaltsgewährung

Gem. § 1612 Abs. 1 Satz 1 BGB ist der Unterhalt durch eine Geldrente zu gewähren.

Bei diesem Satz handelt es sich freilich nur scheinbar um eine Regel. Im wichtigsten Anwendungsbereich, nämlich bei der Unterhaltspflicht gegenüber Kindern, wird der Unterhalt normalerweise nicht durch eine Geldrente, sondern durch Naturalleistungen (Wohnungsgewährung, Verpflegung im Elternhaus) geleistet. Darum ist § 1612 Abs. 2 Satz 1 BGB von besonderer Bedeutung: Haben Eltern einem unverheirateten Kind Unterhalt zu gewähren, so können sie bestimmen, in welcher Art und für welche Zeit im voraus der Unterhalt gewährt werden soll.

Dieses *Bestimmungsrecht* besteht gegenüber allen „unverheirateten" Kindern, also auch gegenüber volljährigen Kindern.

Die Bestimmung kann auf Barunterhalt oder Naturalunterhalt lauten. Denkbar ist aber auch eine Unterhaltsgewährung teils in Natur, teils durch eine Geldrente. Eine solche Aufteilung ist dann zulässig, wenn die Naturalleistungen einen klar abgrenzbaren Ausschnitt aus dem gesamten Lebensbedarf des Kindes darstellen (z.B. Gewährung von Wohnung und/oder Verpflegung im Elternhaus oder Bereitstellung einer Wohnung außerhalb des Elternhauses; vgl. BGH FamRZ 1983, 369).

Das Bestimmungsrecht wird, jedenfalls gegenüber einem volljährigen Kind, durch eine rechtsgeschäftliche, empfangsbedürftige Willenserklärung ausgeübt. Dabei ist unter Erklärung nicht nur das wörtlich oder schriftlich Erklärte, sondern das Gesamtverhalten des Erklärenden zu verstehen. Da die Bestimmung keiner besonderen Form bedarf, kann sie auch durch schlüssiges Verhalten erfolgen (BGH aaO). Wenn sich beispielsweise der alleinunterhaltspflichtige Vater damit einverstanden erklärt, daß sein volljähriger unverheirateter Sohn außerhalb des Elternhauses wohnt, so liegt darin die wirksame Bestimmung, den Unterhalt in Form einer Geldrente zu zahlen (OLG Köln FamRZ 1985, 829).

Leben die Eltern getrennt oder sind sie geschieden, so steht das Bestimmungsrecht grundsätzlich dem *sorgeberechtigten Elternteil* zu. Der andere Elternteil kann eine Bestimmung nur für die Zeit treffen, in der das Kind in seinen Haushalt aufgenommen ist, § 1612 Abs. 2 Satz 3 BGB.

Frage: Wie steht es bei *volljährigen Kindern*? Das Sorgerecht besteht nicht mehr! Kann der Vater, der bisher den Barunterhalt geleistet hat, seine Tochter, die mit ihrem Freund zusammenlebt, auffordern, zu ihm zu ziehen: er biete ihr Wohnung, Verpflegung und sonstigen Naturalunterhalt in seinem Haushalt an? Wie steht es, wenn die Tochter bei ihrer Mutter lebt und dort auch bleiben möchte? Kommt es allein auf den Willen des Barunterhaltspflichtigen an oder muß auch der andere Elternteil mit dieser Bestimmung einverstanden sein?

Hier fehlt eine gesetzliche Regelung. Die Auffassungen in Rechtsprechung und Literatur sind geteilt: Manche meinen, die Eltern könnten das Bestimmungsrecht nur *gemeinsam* ausüben. Wenn sie sich nicht einigen, könne das Kind jeden Elternteil auf Zahlung einer Geldrente in Anspruch nehmen (so etwa OLG Karlsruhe FamRZ 1982, 838). Nach der Gegenmeinung soll *jeder Elternteil* das Bestimmungsrecht allein ausüben können, vorausgesetzt, er ist bereit und in der Lage, dem Kind auf diese Weise den gesamten erforderlichen Unterhalt zu gewähren (OLG Düsseldorf FamRZ 1984, 610).

Offenkundig sind hier *verschiedene Interessen* im Spiel. Der Vater, der statt Barunterhalt Naturalunterhalt gewähren möchte, kann darauf verweisen, daß er dadurch ökonomisch weniger belastet würde. Der Tochter muß zunächst einmal daran gelegen sein, daß ihr Unterhalt sichergestellt wird. Hat die Tochter zunächst bei ihrer Mutter gelebt und erklärt nun der Vater, Naturalunterhalt in seinem Haus gewähren zu wollen, so kann die Mutter ein Interesse daran haben, daß die Tochter bei ihr bleibt und das nicht nur aus emotionalen Gründen, sondern auch, um nicht vom Vater auf Regreß in Anspruch genommen zu werden (anteilige Haftung!).

Der BGH stellt in erster Linie auf die *Sicherung des Unterhaltsbedarfs des Kindes* ab. Wer das Bestimmungsrecht ausübt, muß – zunächst einmal – bereit und in der Lage sein, dem Kind den vollen Unterhalt zu gewähren. Danach sind die verbleibenden Interessen der Eltern gegeneinander abzuwägen. Die Unterhaltsbestimmung hat nur Bestand, wenn die Gründe, die zu ihr geführt haben, so schwer wiegen, daß dem anderen Elternteil unter Berücksichtigung seiner entgegenstehenden Interessen zugemutet werden kann, die beabsichtigte Art der Unterhaltsgewährung hinzunehmen. Hat die Tochter allein (oder zusammen mit einem Freund) gewohnt, so wird in aller Regel die Mutter gegen die Unterhaltsbestimmung durch den Vater nichts einwenden können. Haben Mutter und Tochter aber längere Zeit zusammengewohnt, so kann der Eingriff in ihre Lebensgestaltung schwerer wiegen als die ökonomische Entlastung des Vaters (BGH FamRZ 1988, 831; dazu auch Henrich, Fälle und Lösungen, Fall 17).

6. Abänderung der Bestimmung der Eltern über die Art der Unterhaltsgewährung

Nach § 1612 Abs. 2 Satz 2 BGB kann das Vormundschaftsgericht auf Antrag des Kindes aus besonderen Gründen die Bestimmung der Eltern über die Art der Unterhaltsgewährung ändern. Praktisch geht es ausschließlich um den Wunsch von (minderjährigen und volljährigen) Kindern, das Elternhaus zu verlassen und durch Geldzahlungen unterhalten zu werden. Zuständig für die Abänderung der elterlichen Bestimmung ist ausschließlich das *Vormundschaftsgericht*. Vor einer Abänderung der elterlichen Bestimmung durch das Vormundschaftsgericht sind darum die Prozeßgerichte an diese Bestimmung gebunden, es sei denn, sie sei rechtlich oder tatsächlich undurchführbar.

Voraussetzung für eine gerichtliche Abänderung der elterlichen Bestimmung sind „besondere Gründe". Das heißt, eine Abänderung kann nur in Ausnahmefällen erfolgen. Generationskonflikte und die von einem Psychologen empfohlene Trennung von Eltern und Kind reichen nicht aus (BayObLG FamRZ 1985, 513).

Der Streit beginnt meist dort, wo Eltern versuchen, volljährige Kinder weiterhin unter ihrer Kontrolle und Aufsicht zu halten. Vereinzelt haben die Gerichte entschieden, mit dem Eintritt der Volljährigkeit entfalle für die Eltern jede Möglichkeit, mit Hilfe ihres Rechts, über die Art der Unterhaltsgewährung zu bestimmen, erzieherische Zwecke zu verfolgen (vgl. LG Bremen NJW 1976, 1750). Dieser Auffassung haben die Oberlandesgerichte aber einhellig widersprochen und betont, daß zwar gegenüber einem Volljährigen eine Bevormundung und auch eine Erziehung im engeren Sinn ausgeschlossen sei, nicht jedoch jegliche Einflußnahme auf seine Lebensführung. Die unterhaltspflichtigen Eltern hätten vielmehr ein Recht darauf, daß ein Berufsziel verständig ausgewählt, mit angemessenem Eifer und Sparsamkeit verfolgt und nicht durch eine Lebensführung gefährdet werde, die den Erfolg der Ausbildung in Frage stelle oder unangemessen hinauszögere. In diesem Rahmen sei eine gewisse Überwachung der Lebensführung des Unterhaltsberechtigten und seiner Fortschritte in der Berufsausbildung und damit auch eine steuernde Einflußnahme ein berechtigtes Anliegen der Eltern und die Bestimmung, in welcher Art der Unterhalt gewährt werden soll, ein legitimes Mittel für diese Einflußnahme (vgl. BGH FamRZ 1981, 250; OLG Hamm FamRZ 1986, 384).

Wenn Kinder aus dem Elternhaus oder aus einem ihnen zur Verfügung gestellten Apartment ausziehen, lediglich, um der elterlichen Aufsicht zu entgehen oder gelegentliche Ermahnungen nicht mehr anhören zu müssen oder mit einem Freund oder einer Freundin zusammenleben zu können, so sind die Eltern i.d.R. nicht verpflichtet, statt der angebotenen Naturalleistungen nunmehr eine Geldrente zu zahlen (vgl. OLG Frankfurt FamRZ 1980, 820; OLG Köln NJW 1982, 2507).

Anders ist es, wenn das Kind nicht gegen den ausdrücklichen Willen seiner Eltern (und in dem Bewußtsein, damit den elterlichen Unterhalt aufs Spiel zu setzen) aus dem elterlichen Haushalt ausgezogen ist und nun die Eltern von ihm fordern, eine auf Dauer angelegte Lebensgemeinschaft mit dem Verlobten aufzugeben (KG FamRZ 1986, 1033).

Eltern und Kinder schulden sich gegenseitige *Rücksichtnahme* (§ 1618 a BGB). Die Eltern haben die Persönlichkeitsentwicklung ihrer Kinder zu respektieren, aber die Kinder, die ihren Eltern das Opfer einer Ausbildungsfinanzierung abverlangen, müssen auch ihrerseits Rücksicht darauf nehmen, daß die Eltern nicht mehr ausgeben wollen, als was zu einer solchen Ausbildung erforderlich ist (BayObLG FamRZ 1987, 1298).

7. Unterhalt für die Vergangenheit

Unterhaltsleistungen sollen dem Unterhalt dienen. Wegen dieser Zweckgebundenheit sowie um den Schuldner vor Forderungen zu schützen, auf die er sich nicht einrichten konnte, sieht das Gesetz vor, daß Unterhaltsansprüche nicht für die Vergangenheit geltend gemacht werden können: In praeteritum non vivitur.

Davon macht das Gesetz zwei Ausnahmen: Zum einen kann Unterhalt auch für die Vergangenheit (oder Schadensersatz wegen Nichterfüllung) von dem Zeitpunkt an verlangt werden, zu dem der Verpflichtete in Verzug gekommen oder der Unterhaltsanspruch rechtshängig geworden ist, § 1613 Abs. 1 BGB. Und zum anderen kann im Fall eines unregelmäßigen außergewöhnlich hohen Bedarfs (z.B. Kosten einer Operation) Erfüllung auch für die Vergangenheit verlangt werden (§ 1613 Abs. 2 BGB).

8. Verzicht auf den Unterhaltsanspruch, Vorausleistungen

Jede Vereinbarung, durch welche der Unterhaltsanspruch gemindert oder aufgehoben werden soll, auch die entgeltliche, auch die im Vergleichswege, ist nichtig, § 134 BGB (Ausnahme: § 1615 e BGB; s.u. VII 2 d). Zulässig ist nur die nähere Regelung des Unterhaltsbetrages in den Grenzen der Angemessenheit (s.u. VI).

Eine *Vorausleistung* befreit den Pflichtigen bei erneuter Bedürftigkeit des Berechtigten nur für drei Monate, § 1614 Abs. 2 BGB.

Wenn ein *Dritter* anstelle des Unterhaltspflichtigen dem Berechtigten Unterhalt gewährt, so hat er den Erstattungsanspruch des Geschäftsführers ohne Auftrag gegen den Pflichtigen, falls er diesem die Übernahme der Geschäftsführung so bald wie möglich angezeigt hat; vgl. §§ 679, 681 BGB. § 1613 BGB steht dem Erstattungsanspruch nicht entgegen. Der Geschäftsführer muß sich u.U. allerdings vom Pflichtigen entgegenhalten lassen, daß er den Unterhaltsberechtigten mit den erforderlichen Mitteln versehen habe und infolge zulässiger Vorausleistung (§ 1614 Abs. 2 BGB) für die kritische Zeit gar nicht mehr unterhaltspflichtig gewesen, folglich auch nicht durch den Geschäftsführer von einer Verbindlichkeit befreit worden sei.

9. Der Unterhaltsanspruch ist *unabtretbar* (§ 400 BGB) und nur *beschränkt pfändbar* (§ 850 b Nr. 2 ZPO); gegen ihn kann nicht aufgerechnet werden, § 394 BGB. Soweit er auf künftige Leistung gerichtet ist, unterliegt er nicht der Verjährung, § 194 Abs. 2 BGB. Nur rückständige Ansprüche verjähren in vier Jahren, § 197 BGB (beachte dazu aber § 204 BGB: Hemmung der Verjährung).

10. Der Unterhaltsanspruch *erlischt* grundsätzlich mit dem Tod des Berechtigten oder des Verpflichteten, § 1615 Abs. 1 BGB.

Beim Tod des Berechtigten hat der Pflichtige allerdings noch die Beerdigungskosten zu tragen, soweit ihre Bezahlung nicht von den Erben zu erlangen ist, § 1615 Abs. 2 BGB.

Der Unterhaltsanspruch erlischt ferner, wenn seine Voraussetzungen (Bedürftigkeit des Berechtigten, Leistungsfähigkeit des Verpflichteten) entfallen.

11. Unterhaltsurteile sind abänderbar. Tritt eine wesentliche Veränderung der für den Inhalt des Urteils maßgebend gewesenen Verhältnisse ein, so ist jeder Teil berechtigt, im Wege der Klage eine entsprechende *Änderung des Urteils* zu verlangen, § 323 ZPO.

Um das Prozeßrisiko des Unterhaltsbedürftigen zu vermindern (Frage: Besteht ein Abänderungsanspruch, wenn ja: in welcher Höhe?), hat der Gesetzgeber das *Gesetz zur vereinfachten Abänderung von Unterhaltsrenten* erlassen. Nach dem in das BGB neu eingefügten § 1612 a wird die Bundesregierung immer dann, wenn infolge erheblicher Veränderungen der allgemeinen wirtschaftlichen Verhältnisse eine Anpassung der Unterhaltsrenten geboten erscheint, durch eine Anpassungsverordnung den Prozentsatz bestimmen, um den Unterhaltsrenten zu erhöhen (oder herabzusetzen) sind. Der Unterhaltsberechtigte kann dann eine entsprechende Anpassung der an ihn zu zahlenden Unterhaltsrente verlangen.

VI. Unterhaltsverträge

Nicht selten wird die Unterhaltsleistung *vertraglich geregelt*. Hat die Regelung nur die gesetzliche Unterhaltspflicht zum Gegenstand, so bedarf sie keiner Form, bedeutet aber im allgemeinen nur die Feststellung der Unterhaltsrente ihrer Höhe nach, unabhängig von den Verhältnissen der Beteiligten, ohne den Unterhaltsanspruch der Anwendbarkeit der wesentlichen für den gesetzlichen Unterhaltsanspruch maßgebenden Vorschriften zu entziehen; die §§ 1614 und 1615 BGB bleiben maßgebend, nicht aber § 1613 BGB, der den Unterhaltsanspruch für die Vergangenheit nur für bestimmte Ausnahmefälle anerkennt. Bei wesentlichen Veränderungen in der Bedürftigkeit oder Leistungsfähigkeit einer Partei können sich die Vertragspartner auf den Wegfall der Geschäftsgrundlage berufen.

Darüber hinaus gilt bei einer Änderung der wirtschaftlichen Verhältnisse, insbesondere infolge inflationärer Entwicklungen, auch hier § 1612 a BGB. Nicht nur dann, wenn die Unterhaltshöhe durch gerichtliche Entscheidung festgesetzt worden ist, sondern auch dann, wenn sie sich aus einer Vereinbarung oder einer Verpflichtungsurkunde ergibt, kann eine Anpassung um den in der Anpassungsverordnung festgesetzten Prozentsatz verlangt werden.

VII. Besondere Vorschriften für das nichteheliche Kind und seine Mutter

1. Grundsätze

Nichteheliche Kinder sind mit ihren Eltern ebenso verwandt wie eheliche Kinder. Darum gelten die Vorschriften über die Unterhaltsansprüche und Unterhaltspflichten von Verwandten grundsätzlich auch für sie, § 1615 a BGB. Die besondere Situation des nichtehelichen Kindes erfordert jedoch einige Ausnahmen von dieser Regel. Die wichtigste Besonderheit ist der sog. *Regelunterhalt*, den das Kind als Mindestunterhalt (unabhängig von seiner Bedürftigkeit und der Leistungsfähigkeit des Vaters) verlangen kann. Ansprüche gegen den Vater hat nicht nur das nichteheliche Kind, sondern – in einem beschränkten Umfang – auch die Mutter.

2. Abweichungen von den allgemeinen Vorschriften

a) Ersatzansprüche wegen geleisteten Unterhalts

Wer anstelle eines vorrangig Verpflichteten Unterhalt leistet, kann diesen regelmäßig nur dann regreßpflichtig machen, wenn die Voraussetzungen der Geschäftsführung ohne Auftrag vorliegen (s.o. III 4). Der Geschäftsführerwille wird aber z.B. dem Scheinvater so lange fehlen, wie er sich noch für den wirklichen Vater des Kindes hält. Außerdem könnte argumentiert werden, daß, solange die wahre Abstammung des Kindes noch nicht festgestellt worden ist, die Mutter oder ihre Eltern oder ihr Ehemann mit der Unterhaltsleistung keine fremde, sondern eine eigene Verpflichtung erfüllen. Um hier und in ähnlichen Fällen nicht den Vater des Kindes grundlos zu privilegieren, sieht das Gesetz eine cessio legis vor: Der Unterhaltsanspruch des Kindes gegen den Vater geht, soweit anstelle des Vaters ein anderer unterhaltspflichtiger Verwandter oder der Ehemann der Mutter dem Kind Unterhalt gewährt, auf diesen über, § 1615 b Abs. 1 Satz 1 BGB.

Beachte: Der Unterhaltsanspruch gegen den wirklichen Vater kann erst geltend gemacht werden, wenn dessen *Vaterschaft feststeht*, § 1600 a BGB. Diese Feststellung kann der Scheinvater nicht erzwingen. Ihm steht kein Klagerecht zu. Weigert sich das Kind, den wirklichen Vater feststellen zu lassen, so wird man dem Scheinvater, wenn er die Ehelichkeit des Kindes mit Erfolg angefochten hat, das Recht einräumen müssen, die gezahlten Unterhaltsbeträge zu *kondizieren*. Allerdings wird sich hier das Kind im Regelfall auf den Wegfall der Bereicherung (§ 818 Abs. 3 BGB) berufen können. § 819 BGB (Kenntnis der Nichtehelichkeit) steht nicht entgegen; denn solange der Scheinvater gem. § 1593 BGB als Vater galt, gab es keine für § 819 Abs. 1 BGB relevante Kenntnis des Mangels des rechtlichen Grundes. Solange die Rechtsordnung von jedermann die Beachtung des – wenn auch unrichtigen – Status des Kindes verlangt, kann eine Kenntnis der Fehlerhaftigkeit dieser Zuordnung nicht schaden. Andernfalls wäre nämlich das Kind gezwungen, den ihm gezahlten Unterhalt nicht zu verbrauchen, sondern für eventuelle Rückzahlungen bereit zu halten, ohne jedoch (wegen § 1593 BGB) den wirklichen Erzeuger in Anspruch nehmen zu können (BGH FamRZ 1981, 764). Anders ist es, wenn der Scheinvater – nach Trennung von der Mutter – nicht an das Kind selbst, sondern an den Träger der Sozialhilfe geleistet hat, auf den der Anspruch des Kindes gem. § 90 BSHG übergegangen ist. Dieser hat nämlich durch die Unterhaltszahlung des Scheinvaters eigene Leistungen erspart. Seine Bereicherung ist darum nicht weggefallen (BGH FamRZ 1981, 30).

b) Der angemessene Unterhalt

Nach allgemeinem Unterhaltsrecht ist der Unterhaltspflichtige zur Zahlung des angemessenen Unterhalts verpflichtet (§ 1610 Abs. 1 BGB). Welcher Betrag angemessen ist, bestimmt sich nach der Lebensstellung des Bedürftigen. Solange das Kind noch keine selbständige Lebensstellung erlangt hat, wird seine Lebensstellung durch die Lebensstellung seiner Eltern bestimmt (§ 1615 c BGB). Bei unterschiedlicher Lebensstellung der Eltern stellte man früher auf den Mittelwert ab (Palandt/Diederichsen, 53. Aufl., § 1615 c Rz 1 m.w.N.). Es ist aber nicht einzusehen, warum bei nichtehelichen Kindern etwas anderes gelten soll als bei ehelichen Kindern. Darum plädieren heute die meisten dafür, auch bei nichtehelichen Kindern dann, wenn das Kind von der Mutter betreut wird, den Barunterhaltsanspruch jedenfalls dann allein nach den Einkünften des Vaters zu bemessen, wenn sich die Einkünfte der Eltern im mittleren Bereich halten und die Mutter nicht erheblich mehr verdient als der Vater (MünchKomm/Köhler, § 1615 c Rz 3 m.w.N.; Palandt/Diederichsen, § 1615 c Rz 1)).

c) Unterhalt für die Vergangenheit

Nach allgemeinem Unterhaltsrecht gilt der Satz: In praeteritum non vivitur, § 1613 Abs. 1 BGB. Bei nichtehelichen Kindern kann dieser Satz deswegen nicht gelten, weil die Vaterschaft mit der Geburt des Kindes in vielen Fällen noch nicht feststeht. Der Vater soll sich seiner Unterhaltspflicht nicht dadurch entziehen können, daß er die Feststellung der Vaterschaft möglichst lange verzögert. Darum bestimmt § 1615 d BGB, daß das Kind von seinem Vater Unterhaltsbeträge, die fällig geworden sind, bevor die Vaterschaft anerkannt oder rechtskräftig festgestellt war, auch für die Vergangenheit verlangen kann.

d) Unterhaltsvereinbarungen

Nach den allgemeinen Regeln kann ein Unterhaltsberechtigter nicht für die Zukunft auf den Unterhalt verzichten, § 1614 Abs. 1 BGB. Demgegenüber schließt § 1615 e BGB für das nichteheliche Kind nur einen *unentgeltlichen Verzicht* auf den Unterhalt für die Zukunft aus. Das heißt, daß zwischen dem Kind (das dabei regelmäßig durch einen Pfleger vertreten wird, § 1706 Nr. 2 BGB) und seinem Vater oder Verwandten des Vaters nicht nur Vereinbarungen über die Höhe des Unterhalts und die Zahlungsmodalitäten getroffen werden können, sondern daß der Unterhaltsanspruch auch durch eine *Abfindung* ersetzt werden kann. Da bei einer solchen Vereinbarung stets erhebliche Interessen des Kindes auf dem Spiel stehen, schreibt § 1615 e Abs. 2 BGB die Genehmigung des Vormundschaftsgerichts vor.

Ob die bloße Verpflichtungserklärung des nichtehelichen Vaters, Unterhalt in bestimmter Höhe zu zahlen, ein einseitiges schuldbestätigendes Anerkenntnis ist (und deswegen keiner vormundschaftsgerichtlichen Genehmigung bedarf) oder in Wahrheit eine Vereinbarung darstellt, ist bestritten. Tatsache ist: Meist wird die Höhe der „anerkannten" Unterhaltsverpflichtung vom Amtspfleger errechnet und das Ergebnis dem Vater mit der Bitte mitgeteilt, sich beim Jugendamt einzufinden und in öffentlicher Urkunde eine Verpflichtungserklärung abzugeben. Trotzdem wird man hier nicht von einer Vereinbarung sprechen können. Durch die gewählte Form wird nämlich deutlich zu erkennen gegeben, daß eine vertragliche Bindung des Kindes nicht gewollt ist. Weil das Kind aber vertraglich nicht gebunden wird, fehlt es auch an der Schutzbedürftigkeit, die allein die vormundschaftsgerichtliche Genehmigung rechtfertigen würde; vgl. Odersky, Zur rechtsgeschäftlichen Festlegung der Höhe des vom nichtehelichen Vater zu leistenden Unterhalts, FamRZ 1971, 137.

3. Der Regelunterhalt

Das allgemeine Unterhaltsrecht knüpft die Unterhaltspflicht an zwei Voraussetzungen: Bedürftigkeit des Berechtigten und Leistungsfähigkeit des Verpflichteten. Kindern gegenüber haften die Eltern gleichrangig nach ihren Erwerbs- und Vermögensverhältnissen. Würden diese Sätze auch für den Unterhaltsanspruch des nichtehelichen Kindes gelten, so hätte dies in vielen Fällen zur Folge, daß sich der Vater auf seine Leistungsunfähigkeit oder auf die Mithaftung der Mutter für den Unterhalt berufen würde. Langwierige Unterhaltsprozesse wären unvermeidlich. Um dem zu entgehen, schreibt das Gesetz vor, daß der Vater – unabhängig von seiner Leistungsfähigkeit und vorrangig vor der Mutter – dem Kind bis zur Vollendung des 18. Lebensjahres zunächst einmal den sog. *Regelunterhalt* schuldet, § 1615 f Abs. 1 Satz 1 BGB. Regelunterhalt ist der zum Unterhalt eines Kindes, das sich in der Pflege seiner Mutter befindet, bei einfacher Lebenshaltung im Regelfall erforderliche Betrag, vermindert um Kindergeld, Kinderzuschläge und ähnliche Zahlungen, § 1615 f Abs. 1 Satz 2 BGB. Die Höhe dieses Betrages wird jeweils von der Bundesregierung mit Zustimmung des Bundesrats durch Rechtsverordnung festgesetzt, § 1615 f Abs. 2 BGB. Die Bundesregierung stützt sich dabei auf ein alle zwei Jahre zu erstattendes Gutachten des Statistischen Bundesamts (Art. 12 § 24 NichtehelichenG). Derzeit gilt als Regelbedarf eines Kindes bis zur Vollendung des 6. Lebensjahres ein Monatsbetrag von 291 DM, vom 7.-12. Lebensjahr ein Monatsbetrag von 353 DM, vom 13.-18. Lebensjahr ein Monatsbetrag von 418 DM (Regelunterhalt-VO 1970 mit AnpassungsVO 1992).

Um Härtefällen zu begegnen, sieht § 1615 h BGB die Möglichkeit einer *Herabsetzung des Regelunterhalts* vor, wenn der Regelunterhalt wesentlich den Betrag übersteigt, den der Vater dem Kind nach den allgemeinen Unterhaltsregeln leisten müßte. Außerdem können rückständige Unterhaltsbeträge, die fällig geworden sind, bevor der Vater die Vaterschaft anerkannt hat oder durch gerichtliche Entscheidung zur Leistung von Unterhalt verpflichtet worden ist, auf Antrag des Vaters gestundet werden, wenn dies der Billigkeit entspricht, § 1615 i Abs. 1 BGB. Rückständige Unterhaltsbeträge, die länger als ein Jahr vor Anerkennung der Vaterschaft fällig geworden sind, können auf Antrag des Vaters sogar erlassen werden, soweit dies zur Vermeidung unbilliger Härten erforderlich ist, § 1615 i Abs. 2 BGB.

4. Ansprüche der Mutter

a) Die Mutter hat gegen den Vater ihres nichtehelichen Kindes einen Anspruch auf Ersatz der *Kosten der Entbindung* und, falls infolge der Schwangerschaft oder der Entbindung *weitere Aufwendungen* notwendig werden (Umstandskleider, Kosten für ärztliche Untersuchungen während der Schwangerschaft) auch auf Ersatz der dadurch entstehenden Kosten, es sei denn, daß diese Kosten durch Leistungen des Arbeitgebers oder durch Versicherungsleistungen gedeckt werden, § 1615 k BGB.

b) Darüber hinaus hat der Vater der Mutter für die Dauer von sechs Wochen vor und acht Wochen nach der Geburt des Kindes *Unterhalt* zu gewähren, § 1615 l Abs. 1 BGB.

Dieser Zeitraum, in dem der Vater der Mutter Unterhalt gewähren muß, vergrößert sich, wenn die Mutter infolge der Schwangerschaft oder einer durch die Schwangerschaft oder die Entbindung verursachten Krankheit außerstande ist, einer Erwerbstätigkeit nachzugehen, oder deswegen nicht oder nur beschränkt erwerbstätig sein kann, weil sonst das Kind nicht versorgt werden könnte. Hier beginnt die Unterhaltspflicht des Vaters bereits (frühestens) vier Monate vor der Entbindung und dauert bis (spätestens) ein Jahr nach der Entbindung, § 1615 l Abs. 2 BGB.

Die unterhaltsrechtliche Position der Mutter eines nichtehelichen Kindes ist damit in eklatanter Weise schlechter als die Stellung der geschiedenen Mutter eines ehelichen Kindes. Diese kann von ihrem geschiedenen Ehemann Unterhalt verlangen, solange das Kind noch nicht acht Jahre alt ist, und wenn das Kind noch nicht fünfzehn Jahre alt ist, wird ihr nur eine Teilzeitbeschäftigung zugemutet (s.o. § 15 II 1). Begründet wird dies damit, daß das Kleinkind die Sorge seiner Mutter nötig habe. Gilt dasselbe nicht auch für das nichteheliche Kind? Hier liegt ein Wertungswiderspruch vor, der im Hinblick auf Art. 6 Abs. 5 GG Zweifel an der Verfassungsmäßigkeit des § 1615 l BGB weckt.

§ 24 Legitimation nichtehelicher Kinder

I. Erscheinungsformen. Geschichte

1. Im deutschen Recht unterscheidet man *drei Erscheinungsformen* der Legitimation: die Legitimation durch nachfolgende Ehe der Eltern (§§ 1719 ff. BGB), die Ehelicherklärung auf Antrag des Vaters (§§ 1723 ff. BGB) und die Ehelicherklärung auf Antrag des Kindes (§§ 1740 a ff. BGB).

Ein Blick auf fremde Rechtsordnungen zeigt, daß es daneben noch andere Weisen gibt, einem nichtehelichen Kind die Rechtsstellung eines ehelichen Kindes zu verschaffen. Die wichtigste ist die Legitimation durch Anerkennung. Hier sind wiederum zu unterscheiden die Rechtsordnungen, in denen das Kind mit der Anerkennung eine bessere Stellung erhält als ein nichteheliches Kind (Anerkennung mit „Standesfolge"), und solche, in denen zwischen ehelichen und nichtehelichen Kindern nicht mehr unterschieden wird, die Feststellung der Vaterschaft dem Kind also eine Rechtsstellung verschafft, die für eheliche und nichteheliche Kinder die gleiche ist.

2. Sowohl die Legitimation durch nachfolgende Ehe als auch die Legitimation in sonstiger Weise haben ihre Wurzel im *römischen Recht*. Die Legitimation durch nachfolgende Ehe (legitimatio per matrimonium subsequens) geht auf Kaiser Konstantin zurück. Wenn der Erzeuger eines Kindes seine Konkubine heiratete, so erhielten die aus dieser Verbindung stammenden Kinder (liberi naturales) die volle Stellung ehelicher Kinder. Die Legitimation in anderer Weise hat ihre Wurzel in der von Kaiser Justinian eingeführten Legitimation durch kaiserlichen Gnadenakt (legitimatio per rescriptum principis). Vorausgesetzt war dabei, daß eine Ehe zwischen den Eltern des Kindes nicht möglich oder nicht zumutbar war und keine ehelichen Kinder vorhanden waren.

Größere Bedeutung erlangte die Legitimation durch nachfolgende Ehe, als im Mittelalter auf Drängen der Kirche nichteheliche Kinder in steigendem Maß gesellschaftlich und rechtlich gegenüber den ehelich geborenen Kindern zurückgesetzt wurden. Durch ein Dekret Papst Alexander III. fand im Jahr 1179 – als Ausgleich für die Schlechterbehandlung – die legitimatio per subsequens matrimonium Eingang in das *kanonische Recht*. Dabei wurde die Legitimation auf alle nichtehelichen Kinder erstreckt, sofern sie nicht aus einem Ehebruch stammten oder in Blutschande erzeugt waren.

Die legitimatio per rescriptum principis wurde ebenfalls im Mittelalter neu belebt. Papst Innozenz III. nahm Anfang des 13. Jahrhunderts das Recht für sich in Anspruch, Kinder für ehelich zu erklären. Seinem Beispiel folgten die Kaiser. Sie legitimierten Kinder aus nichtigen Ehen von Fürsten und Grafen und gelegentlich auch deren nichteheliche Kinder. Später ging dieses Recht dann auf die Landesherren über.

3. Die neueste Entwicklung geht dahin, nichteheliche und eheliche Kinder einander *völlig gleichzustellen* und die Legitimation dadurch überflüssig zu machen. Diesen Weg sind nach dem Ende des zweiten Weltkrieges zunächst die meisten sozialistischen Staaten gegangen. Inzwischen sind ihnen zahlreiche andere Länder gefolgt (Belgien, Griechenland, Norwegen, Portugal, Schweden, die Schweiz).

II. Die Legitimation durch nachfolgende Ehe

1. Voraussetzungen

Ein nichteheliches Kind wird ehelich, wenn sich der Vater mit der Mutter verheiratet, § 1719 Satz 1 BGB.

Vorausgesetzt wird, daß die Nichtehelichkeit des Kindes und die Vaterschaft des Ehemannes der Mutter feststehen.

Gilt das Kind als eheliches Kind *eines anderen* (z.B. des früheren Ehemannes der Mutter), so wird es durch die Heirat seiner Eltern nicht legitimiert. Hier muß zunächst seine Ehelichkeit angefochten werden. Mit der Rechtskraft des Urteils, das die Nichtehelichkeit des Kindes feststellt, gilt das Kind dann – rückwirkend – als nichtehelich. Damit ist der Weg frei für die Feststellung, daß das Kind mit der Eheschließung seiner Eltern ehelich geworden ist.

Feststehen muß darüber hinaus die *Vaterschaft des Ehemannes der Mutter*. Die Eheschließung hat Legitimationswirkung nur dann, wenn der Ehemann die Vaterschaft entweder mit Zustimmung des Kindes anerkannt hat oder seine Vaterschaft gerichtlich festgestellt worden ist (§§ 1600 a ff. BGB). Ob die Vaterschaft vor (so die Regel) oder nach der Eheschließung festgestellt wird, spielt keine Rolle. Eine nachträgliche Feststellung der Vaterschaft wirkt auf den Zeitpunkt der Eheschließung zurück.

Ob die Ehe der Eltern gültig ist oder nicht, ist für die Frage der Legitimation unerheblich. § 1719 BGB stellt ausdrücklich klar, daß das Kind auch dann ehelich bleibt, wenn die Ehe, durch die es legitimiert worden ist, später für nichtig erklärt wird.

2. Wirkungen

Ein durch die nachfolgende Ehe seiner Eltern legitimiertes Kind hat in jeder Beziehung die *Rechtsstellung eines ehelichen Kindes*. Es erhält den Ehenamen, den seine Eltern führen; wenn es das 5. Lebensjahr vollendet hat allerdings nur dann, wenn es sich der Namensänderung durch Erklärung anschließt, § 1720 Abs. 1 BGB. Führen die Eltern keinen Ehenamen, so können sie binnen eines Monats nach der Eheschließung durch Erklärung gegenüber dem Standesbeamten den Geburtsnamen des Kindes neu bestimmen, § 1720 Abs. 2 BGB. Auch hier ist die Zustimmung des Kindes erforderlich, wenn es das 5. Lebensjahr vollendet hat. Der Vater erlangt neben der Mutter die elterliche Sorge.

3. Anfechtung

Eheliche Kinder verlieren ihren Status mit der Anfechtung der Ehelichkeit. Bei legitimierten Kindern soll nach dem Willen des Gesetzes nicht die Ehelichkeit angefochten werden; vielmehr muß hier die *Feststellung der Vaterschaft* beseitigt werden. Das geschieht, wenn die Feststellung der Vaterschaft auf einer Anerkennung beruht, durch eine Anfechtung der Anerkennung (§§ 1600 f – 1600 m BGB). Eine gerichtliche

Feststellung der Vaterschaft kann dagegen nur im Wege der Wiederaufnahme des Verfahrens (§ 578 ff. ZPO) beseitigt werden.

III. Legitimation durch Ehelicherklärung auf Antrag des Vaters

1. Allgemeines

Die Legitimation durch Ehelicherklärung ist die frühere legitimatio per rescriptum principis. Das BGB übernahm diese Form der Legitimation „durch Verfügung der Staatsgewalt", machte sie zunächst aber von einem Antrag des Vaters abhängig. Die Möglichkeit einer Ehelicherklärung auf Antrag des Kindes wurde erst durch das Nichtehelichengesetz eingeführt.

Die Ehelicherklärung durch Verfügung der Staatsgewalt hat den Sinn, dem Kind auch in den Fällen die Stellung eines ehelichen Kindes zu verschaffen, in denen eine Eheschließung zwischen den Eltern nicht möglich ist (z.B. weil die Mutter gestorben ist oder der Eheschließung ein Eheverbot entgegensteht) oder die Eltern nicht heiraten wollen.

Große praktische Bedeutung hat sie nicht. So wurden beispielsweise in Bayern im Jahr 1965 bei 13873 nichtehelichen Geburten nur 63 Kinder auf Antrag des Vaters für ehelich erklärt (vgl. Jansen-Knöpfel, Das neue Unehelichengesetz, S. 298), im ganzen Bundesgebiet waren es im selben Jahr 324 Kinder.

2. Voraussetzungen

Voraussetzungen der Ehelicherklärung auf Antrag des Vaters sind die Nichtehelichkeit des Kindes, ein Antrag des Vaters, § 1723 BGB, und die Einwilligung des Kindes, seiner Mutter (wenn das Kind minderjährig ist) und der Ehefrau des Vaters, § 1726 Abs. 1 BGB.

3. Die Ehelicherklärung

Die Ehelicherklärung geschieht durch *Beschluß des Vormundschaftsgerichts.* Das Vormundschaftsgericht hat dem Antrag stattzugeben, wenn die Ehelicherklärung dem Wohl des Kindes entspricht und keine schwerwiegenden Gründe entgegenstehen, § 1723 BGB.

Die Ehelicherklärung ist *unanfechtbar.* Das Gericht kann sie nicht zurücknehmen, auch wenn sich später herausstellt, daß das Vorliegen gesetzlicher Voraussetzungen zu Unrecht angenommen worden war, § 56 a Abs. 1 Satz 2 FGG, § 1735 Satz 1 BGB. Die Ehelicherklärung wird nur dann (rückwirkend) unwirksam, wenn durch rechtskräftige gerichtliche Entscheidung festgestellt wird, daß der Mann nicht der Vater des Kindes ist, § 1735 Satz 2 BGB.

4. Wirkungen

Durch die Ehelicherklärung erlangt das Kind die rechtliche Stellung eines *ehelichen Kindes*, § 1736 BGB. Infolge des damit verbundenen Überwechselns in die Familie des Vaters (das Kind erhält jetzt auch den Familiennamen des Vaters, § 1737 BGB), ändern sich die Beziehungen des Kindes zu seiner Mutter. Die Mutter verliert das Recht und die Pflicht, die elterliche Sorge auszuüben, § 1738 Abs. 1 BGB. Das gilt jedenfalls dann, wenn das Kind vom Haushalt der Mutter in den Haushalt des Vaters überwechselt. Leben die Eltern zusammen und wollen sie auch beide die elterliche Sorge gemeinsam ausüben, so ist nicht einzusehen, warum ihnen diese Möglichkeit nicht eingeräumt werden sollte. Der Mutter in einem solchen Fall die elterliche Sorge zu entziehen, bedeutet einen durch nichts gerechtfertigten Eingriff in ihr Elternrecht (Art. 6 Abs. 2 GG). Dem Kind die Wohltat zweier verantwortlicher Elternteile zu versagen, wenn die Eltern bereit und in der Lage sind, diese Verantwortung zu übernehmen, stellt ferner einen Verstoß gegen Art. 6 Abs. 5 GG dar. Darum hat das BVerfG zu Recht § 1738 Abs. 1 BGB für den geschilderten Fall als unvereinbar mit der Verfassung erklärt und den Gesetzgeber aufgefordert, die Rechtslage unverzüglich mit dem Grundgesetz in Einklang zu bringen (BVerfG FamRZ 1991, 913). Der Vollzug steht noch aus.

Wechselt das Kind in die Familie des Vaters, so bleibt die Unterhaltspflicht der Mutter zwar grundsätzlich bestehen, tritt aber hinter die des Vaters zurück, § 1739 BGB. Ob die Mutter weiterhin das Recht hat, mit dem Kind persönlichen Umgang zu pflegen (§ 1634 BGB), ist bestritten, aber wohl zu bejahen; vgl. Staudinger/Göppinger, § 1738 Rz 8; a.A. Dölle, FamR II, § 111 V 5 a.

Endet oder ruht die elterliche Sorge des Vaters oder wird ihm die Personensorge entzogen, so kann das Vormundschaftsgericht der Mutter die Ausübung der elterlichen Sorge zurückübertragen, § 1738 Abs. 2 BGB.

IV. Legitimation durch Ehelicherklärung auf Antrag des Kindes

1. Allgemeines

Grundsätzlich kann ein nichteheliches Kind nur durch die Eheschließung seiner Eltern oder durch eine Ehelicherklärung auf Antrag des Vaters ehelich werden. Von diesem Grundsatz macht das Gesetz eine Ausnahme zugunsten von solchen nichtehelichen Kindern, deren Eltern miteinander verlobt waren, deren Heirat aber durch den Tod eines Elternteils verhindert worden ist. Diese Ausnahme kann damit gerechtfertigt werden, daß die „Brautkinder" soziologisch betrachtet ehelichen Kindern näherstehen als nichtehelichen. Wäre der Vater nicht gestorben, so wäre die Ehe mit hoher Wahrscheinlichkeit geschlossen und das Kind dadurch legitimiert worden. In aller Regel bestehen zwischen der Mutter des Kindes und der Familie des Vaters auch freundschaftliche Beziehungen.

Die Ehelicherklärung auf Antrag des Kindes wurde durch das Nichtehelichengesetz eingeführt. Dem bis dahin geltenden Recht war sie unbekannt.

2. Voraussetzungen

Voraussetzungen der Ehelicherklärung auf Antrag des Kindes sind (§§ 1740 a, 1740 b BGB) die Nichtehelichkeit des Kindes, die Feststellung der Vaterschaft, ein durch den Tod eines Elternteils aufgelöstes Verlöbnis der Eltern, ein Antrag des Kindes und die Einwilligung des überlebenden Elternteils.

Ist der Vater vor der Geburt des Kindes gestorben, ohne seine Vaterschaft anerkannt zu haben (daß eine Anerkennung schon vor der Geburt möglich ist, ergibt sich aus § 1600 b Abs. 2 BGB), so kann sie auf Antrag des Kindes vom Vormundschaftsgericht festgestellt werden, § 1600 n Abs. 2 BGB.

§ 1740 a BGB ermöglicht eine Ehelicherklärung nicht nur dann, wenn der Vater stirbt, sondern auch dann, wenn die Mutter stirbt. Das Kind braucht in diesem Fall also nicht einen Antrag auf Ehelicherklärung durch den Vater abzuwarten, sondern kann das Verfahren auch von sich aus in Gang bringen.

In jedem Fall ist Voraussetzung, daß das Verlöbnis der Eltern durch den Tod eines Elternteils aufgelöst worden ist. Ist das Verlöbnis auf andere Weise, insbesondere durch den Rücktritt eines Verlobten, aufgelöst worden, so kann das Kind seine Ehelicherklärung nicht beantragen.

Den Antrag für das Kind stellt sein gesetzlicher Vertreter (gem. § 1706 Nr. 1 BGB regelmäßig der Pfleger). Nur dann, wenn das Kind bereits 14 Jahre alt ist, muß es den Antrag selbst stellen, § 1740 c BGB.

Die Einwilligungserklärung des überlebenden Elternteils muß von diesem persönlich abgegeben werden. Er braucht dazu – wenn er noch minderjährig ist – nicht die Zustimmung seines gesetzlichen Vertreters, § 1740 b BGB. Die Einwilligungserklärung kann nicht ersetzt werden. Nur dann, wenn der Elternteil zur Abgabe einer Erklärung dauernd außerstande oder sein Aufenthalt dauernd unbekannt ist, kann auf sie verzichtet werden.

Den Interessen der Angehörigen des Verstorbenen trägt das Gesetz dadurch Rechnung, daß es die Anhörung der Eltern des Verstorbenen und – falls der Vater des Kindes gestorben ist – auch seiner ehelichen Kinder vorschreibt, § 1740 d BGB.

3. Wirkungen

a) Das auf seinen Antrag für ehelich erklärte Kind steht einem Kind gleich, das durch *Eheschließung* seiner Eltern ehelich geworden ist, § 1740 f BGB. Grundsätzlich bekommt (oder behält) es den Namen des überlebenden Elternteils. Auf seinen Antrag hin hat ihm das Gericht jedoch den Namen des verstorbenen Elternteils zu erteilen. Dazu ist allerdings die Zustimmung des überlebenden Elternteils erforderlich, § 1740 f Abs. 2 BGB.

b) Bekommt das Kind den *Namen* des verstorbenen Elternteils, so kann auch der überlebende *Elternteil* beantragen, daß ihm der – neue – Familienname des Kindes erteilt werde, § 1740 g BGB. Auf diese Weise kann z.B. die Mutter eines nichtehelichen Kindes nach dessen Ehelicherklärung den Namen ihres Verlobten zuerteilt bekommen.

§ 25 Annahme als Kind – Adoption

Schrifttum: Liermann, Änderungen im Adoptionsrecht, FamRZ 1993, 1263

I. Allgemeines

1. Die Annahme als Kind oder Adoption ist die *künstliche Schaffung eines Eltern-Kind-Verhältnisses* ohne Rücksicht auf biologische Abstammung. Sie erfolgt auf Antrag dessen, der ein Kind annehmen will, durch gerichtliches Dekret (bis zum Inkrafttreten des Adoptionsgesetzes, d.h. bis zum 1.1.1977, durch Vertrag zwischen dem Annehmenden und dem Adoptivkind). Ein solches Dekret ist an bestimmte Voraussetzungen geknüpft, die wiederum mit dem Zweck der Adoption zusammenhängen. Diese Interdependenz von Voraussetzungen und Zweck kommt in der Geschichte der Adoption deutlich zum Ausdruck. Ursprünglich verband der Gesetzgeber mit der Adoption nur eine Vorstellung: Sie sollte dem Annehmenden Ersatz für fehlende eheliche Abkömmlinge bieten und so die Fortsetzung der Familie ermöglichen. Die Konsequenz: Der Annehmende durfte keine ehelichen Abkömmlinge haben und mußte älter als 50 Jahre sein. Heute sieht der Gesetzgeber in der Adoption vor allem eine Fürsorgemaßnahme für das Kind, dem in einer Familie die Grundlage für eine gedeihliche Entwicklung gegeben werden soll. Die soziale Bedeutung der Adoption steht im Vordergrund. Dieser Auffassungswandel führte zu einer Milderung der ursprünglich strengen Voraussetzungen der Adoption. Den Wunsch, Kinder zu adoptieren, haben vor allem jüngere Ehepaare. Adoptiert werden vorwiegend Klein- und Kleinstkinder (nur ca. 15 % sind älter als zwölf Jahre). Diese Kinder sind bei jüngeren Ehepaaren auch am besten aufgehoben. Aus diesen Gründen hat das Familienrechtsänderungsgesetz 1961 das Alterserfordernis von 50 Jahren beseitigt und noch andere Erleichterungen geschaffen.

2. Die Zahl der Adoptionswilligen ist bei weitem größer als die Zahl der zur Adoption vorgemerkten Kinder. Im Jahr 1987 standen 20.806 Adoptionsbewerbern 608 zur Adoption vorgemerkte Kinder gegenüber (Statistisches Jahrbuch 1989, 415). Das hat dazu geführt, daß viele Eltern, die ein Kind adoptieren möchten, sich ausländische Kinder vermitteln lassen, teilweise auch selbst im Ausland versuchen, dort ein Kind zu adoptieren. Die rechtliche Wirksamkeit solcher Adoptionen ist häufig zweifelhaft, die Begleiterscheinungen zuweilen unerfreulich. Geschäftstüchtige Agenten betrieben lange Zeit einen schwungvollen Kinderhandel und kassierten zum Teil „Vermittlungsgebühren“ zwischen 20.000

und 60.000 DM (vgl. Bach, FamRZ 1990, 574). Diesen Mißständen versucht das Adoptionsvermittlungsgesetz i.d.F. des Änderungsgesetzes v. 27.11.1989 (BGBl. I, 2014 ff.) zu steuern.

Im Jahr 1991 wurden in der Bundesrepublik Deutschland 7119 Kinder adoptiert. Davon waren 5771 Deutsche, 1348 (= 18,9 %) Ausländer. Bei den deutschen Kindern waren die meisten entweder nichtehelich (3825) oder stammten aus geschiedenen Ehen. Die Adoption von Voll- und Halbwaisen war eher die Ausnahme. In fast der Hälfte aller Fälle wurden die Kinder von einem Stiefelternteil angenommen: Der Ehemann adoptierte das nichteheliche Kind seiner Frau, die Frau adoptierte das Kind aus der ersten Ehe ihres Mannes. Gelegentlich, aber auch eher selten, wurden Kinder von Verwandten angenommen.

3. Jede gesetzliche Regelung der Adoption muß sich mit dem *Spannungsverhältnis* auseinandersetzen, das zwischen den *leiblichen* Verwandten des Kindes und den *neuen* Verwandten besteht, die durch die Adoption an die Stelle der Blutsverwandten treten sollen. Der Gesetzgeber konnte sich ursprünglich weder zu einer radikalen Loslösung des Kindes aus seiner natürlichen Familie entschließen, noch dazu, den Schwerpunkt der Beziehungen in der natürlichen Familie zu belassen. Er schlug einen Mittelweg ein. Angenommene Kinder sollten eine Doppelstellung haben. Auf der einen Seite wurden ihnen grundsätzlich die Rechte und Pflichten aus der Zugehörigkeit zur natürlichen Familie belassen und den leiblichen Eltern nur die elterliche Sorge genommen; auf der anderen Seite wurde das Kind nicht völlig in die Familie des Annehmenden eingegliedert. Die Wirkungen der Annahme wurden auf den Annehmenden beschränkt, dem in der Hauptsache nur die Erziehungsrechte zugesprochen, ein Erbrecht gegenüber dem Kind aber versagt wurde. Diese Kompromißlösung führte zu Schwierigkeiten. Immer mehr Adoptiveltern legten Wert auf eine völlige Loslösung des Kindes aus seiner natürlichen Familie. Dem hat das Adoptionsgesetz v. 7.7.1976 mit der Einführung der sog. Volladoption Rechnung getragen. Allerdings gilt diese Volladoption nur für den Normalfall der Adoption: die Annahme eines Minderjährigen. Die Volljährigenadoption, die es nach wie vor gibt, folgt eigenen Regeln.

II. Die Annahme Minderjähriger

1. Voraussetzungen auf seiten des Annehmenden

a) Die Adoption soll dem Kind die Möglichkeit verschaffen, in einer *Familie* aufzuwachsen. Deshalb soll der Normalfall der Adoption die Annahme des Kindes durch ein *Ehepaar* sein. Eheleute sollen ein Kind nur gemeinschaftlich annehmen. Allein annehmen kann ein Ehegatte ein Kind nur in Ausnahmefällen, nämlich

(1) wenn das Kind sein nichteheliches Kind ist;
(2) wenn das Kind das leibliche Kind seines Ehegatten ist;
(3) wenn der andere Ehegatte ein Kind nicht annehmen kann, weil er geschäftsunfähig oder in der Geschäftsfähigkeit beschränkt ist, § 1741 Abs. 2 BGB.

b) Wer *nicht verheiratet* ist, kann ein Kind nur *allein* annehmen, § 1741 Abs. 3 Satz 1 BGB. Also keine gemeinschaftliche Adoption durch Personen, die nicht miteinander verheiratet sind! Wenn der Annehmende allerdings später heiratet, kann das Kind auch von seinem Ehegatten noch adoptiert werden, § 1742 BGB.

c) Verwandtschaft ist keine Voraussetzung, aber auch kein Hindernis für eine Adoption. Ein nichteheliches Kind kann sogar von seinem Vater oder seiner Mutter adoptiert werden, § 1741 Abs. 3 Satz 2 BGB. Die Fälle, daß ein Kind von Verwandten adoptiert wird, sind in der Praxis aber nicht allzu häufig (verglichen etwa mit der Adoption durch Verschwägerte: Stiefvater, Stiefmutter).

Die Adoption eines nichtehelichen Kindes durch seinen *Vate*r zerschneidet das verwandtschaftliche Band zwischen dem Kind und seiner Mutter (und deren Verwandten). Sie wird darum nur in sehr seltenen Fällen dem Wohl des Kindes entsprechen, etwa dann, wenn die Mutter als vorrangige Erziehungsperson völlig versagt hat oder gänzlich auf ihr Kind verzichten möchte (z.B. um ihre jetzige Ehe nicht zu gefährden) oder wenn sie gestorben ist und zwischen Kind und Vater bereits eine gelebte Vater-Kind-Beziehung besteht. Im letzteren Fall kommt als Alternative zur Adoption auch eine Ehelicherklärung in Betracht, die – anders als die Adoption – die verwandtschaftlichen Beziehungen des Kindes zu den Verwandten seiner Mutter bestehen läßt.

Die Adoption eines nichtehelichen Kindes durch seine *Mutter* zerstört die verwandtschaftlichen Beziehungen des Kindes zu seinem Vater. Auch hier wird deshalb sorgfältig geprüft werden müssen, ob ein solcher Akt dem Wohl des Kindes dient (Verlust von Unterhalts- und Erbansprüchen!).

d) Wer ein Kind adoptierten will, muß voll geschäftsfähig und grundsätzlich mindestens 25 Jahre alt sein. Nehmen Ehegatten ein Kind an, so genügt es, wenn ein Ehegatte das 25. Lebensjahr vollendet hat und der andere wenigstens 21 Jahre alt ist. Bereits mit 21 Jahren kann jemand sein nichteheliches Kind oder das Kind seines Ehegatten adoptieren, § 1743 BGB.

e) Der Annehmende soll i.d.R. das Kind eine angemessene Zeit vor der Adoption in Pflege gehabt haben, § 1744 BGB.

f) Das Adoptionsdekret setzt einen Antrag des Annehmenden voraus. Der Antrag muß vom Annehmenden persönlich gestellt werden und notariell beurkundet sein. Bedingungen oder Befristungen machen den Antrag nichtig, § 1752 BGB.

2. Einwilligungen

Die Annahme darf nur erfolgen, wenn bestimmte Einwilligungserklärungen vorliegen.

a) Einwilligen müssen zunächst die *Eltern des Kindes*, bzw., bei einem nichtehelichen Kind, seine *Mutter*, § 1747 Abs. 1 und 2 Satz 1 BGB.

Die Einwilligung des *nichtehelichen Vaters* ist nicht notwendig, jedoch hat der nichteheliche Vater eine Art Vorhandrecht. Hat er die Ehelicherklärung des Kindes beantragt oder selbst einen Antrag auf Adoption des Kindes gestellt, so haben Adoptionsdekrete zugunsten Dritter zu unterbleiben, solange über den Antrag des Vaters noch nicht abschlägig entschieden ist. Nur ein Adoptionsantrag der nichtehelichen Mutter geht dem Antrag des Vaters vor. Um Störungen eines Adoptionsverfahrens durch entsprechende Anträge des nichtehelichen Vaters vorzubeugen, kann von ihm eine Verzichtserklärung erbeten werden. Der nichteheliche Vater kann nämlich auf sein Antragsrecht in bindender Weise verzichten. Die Verzichtserklärung bedarf der öffentlichen Beurkundung, § 1747 Abs. 2, Sätze 2-5 BGB.

Nach der derzeitigen Rechtslage kann somit zwar die Mutter eine Adoption des Kindes durch den Vater blockieren, nicht aber der Vater die Adoption des Kindes durch die Mutter. Das erweckt *verfassungsrechtliche Bedenken*. In den Vereinigten Staaten hat der Supreme Court eine entsprechende Regelung für verfassungswidrig erklärt: Wenn der Vater sich ebenso wie die Mutter um das Kind gekümmert habe und daraus eine echte Beziehung zwischen dem Kind und seinem Vater entstanden sei, dürften Vater und Mutter nicht ungleich behandelt werden (Caban v. Mohammed, 441 U.S. 380). Für das deutsche Recht stellt sich dasselbe Problem. Die Verfassungsmäßigkeit des § 1747 Abs. 2 BGB ist zweifelhaft. Tangiert werden sowohl das Elternrecht des leiblichen Vaters aus Art. 6 Abs. 2 GG (wenn zwischen ihm und dem Kind eine gewachsene Beziehung besteht) und sein Recht auf Gleichbehandlung mit der Mutter aus Art. 3 GG als auch das Recht des Kindes auf gleiche Entwicklungschancen (Art. 6 Abs. 5 GG). Ist der Vater nicht gehört worden, so kann er auch eine Verletzung seines Anspruchs auf rechtliches Gehör (Art. 103 Abs. 1 GG) geltend machen. Der Europäische Gerichtshof für Menschenrechte sieht in einem solchen Fall eine Verletzung von Art. 8 MRK als gegeben an (Keegan v. Ireland, FamRZ 1995, 110). Eine Rechtsänderung ist dringend geboten.

Die Einwilligungserklärung der Eltern bzw. der nichtehelichen Mutter kann erst erteilt werden, wenn das Kind *acht Wochen* alt ist. Die Annehmenden müssen im Zeitpunkt der Einwilligung bereits feststehen, der Einwilligende braucht sie aber nicht zu kennen, § 1747 Abs. 3 BGB. Man spricht hier von einer sog. *Inkognito-Adoption*. Unzulässig ist dagegen eine *Blanko-Einwilligung*, z.B. eine Einwilligung in eine Adoption durch eine von der Adoptionsvermittlungsstelle erst noch auszuwählende Person.

Haben die Eltern bzw. die nichteheliche Mutter ihre Einwilligung in die Annahme erklärt, so verlieren sie die Befugnis, ihre elterliche Sorge über das Kind auszuüben (abgesehen von dem Fall, daß ein Ehegatte das Kind des anderen Ehegatten adoptieren will). Ihre elterliche Sorge ruht, § 1751 Abs. 1 Satz 1 BGB. Meist wird das Kind sich in diesem Zeitpunkt bereits in der Obhut und Pflege der Adoptiveltern befinden (vgl. § 1744 BGB). Weil aber diesen die elterliche Sorge erst mit der Adoption übertragen wird, obliegt die Ausübung der elterlichen Sorge bis zu diesem Zeitpunkt regelmäßig dem Jugendamt, das gem. § 1751 Abs. 1 Satz 2 BGB zum Vormund des Kindes wird.

b) Einwilligen muß sodann *das Kind*. Das Kind hat persönlich einzuwilligen, wenn es das 14. Lebensjahr vollendet hat, braucht dazu allerdings die Zustimmung seines gesetzlichen Vertreters (das ist nach dem Gesagten regelmäßig das Jugendamt). Für ein Kind, das noch nicht 14 Jahre alt ist, gibt der gesetzliche Vertreter die Einwilligungserklärung ab, § 1746 Abs. 1 BGB.

Bei der *Stiefkindadoption* (also der Adoption eines Kindes durch den Ehegatten seines Vaters oder seiner Mutter) ist es fraglich, ob der sorgeberechtigte Elternteil nicht durch § 1795 Abs. 1 Nr. 1 BGB an der Vertretung seines Kindes gehindert ist. Früher – als die Adoption noch durch Vertrag erfolgte – wurde dies angenommen. Heute gilt das nicht mehr. Die Adoption ist nicht mehr Rechtsgeschäft, sondern geschieht durch richterliche Verfügung. Auch § 1795 Abs. 1 Nr. 3 BGB ist nicht anwendbar. Das Adoptionsverfahren ist ein Verfahren der Freiwilligen Gerichtsbarkeit und damit kein Rechtsstreit im Sinne dieser Vorschrift. Vgl. Henrich, Fälle und Lösungen, Fall 18.

Ein 14 Jahre altes Kind kann seine Einwilligung bis zum Wirksamwerden des Adoptionsbeschlusses (d.h. bis zu dessen Zugang, § 56 e Satz 2 FGG) widerrufen, und zwar auch gegen den Willen seines gesetzlichen Vertreters, § 1746 Abs. 2 BGB.

c) Will ein Ehegatte ein Kind allein annehmen, so ist dazu die *Einwilligung des anderen Ehegatten* erforderlich, § 1749 Abs. 1 Satz 1 BGB. Praktische Bedeutung hat diese Regelung nur in den Fällen, in denen ein Ehegatte sein nichteheliches Kind adoptieren will (§ 1741 Abs.

2 Satz 2 BGB); denn wenn er das Kind seines Ehegatten adoptieren will, muß dieser schon als Elternteil seine Einwilligung erklären.

d) Einwilligen muß schließlich auch der *Ehegatte des Anzunehmenden*, wenn dieser verheiratet ist, § 1749 Abs. 2 BGB, ein Fall, der bei der Adoption Minderjähriger selten gegeben sein wird.

e) Die Einwilligungen sind jeweils von den einwilligungsberechtigten Personen in *notariell beurkundeter Form* gegenüber dem Vormundschaftsgericht zu erklären. Sie müssen unbedingt und unbefristet sein und sind unwiderruflich. Sie verlieren ihre Kraft, wenn der Antrag zurückgenommen oder die Annahme versagt wird, § 1750 BGB.

3. Verzicht auf Einwilligungen und ihre Ersetzung

Bestimmte Einwilligungen sind unverzichtbar, auf andere kann u.U. verzichtet werden, und wiederum andere sind unter bestimmten Voraussetzungen ersetzbar.

a) Unverzichtbar ist die Einwilligung des Kindes, soweit seine persönliche Einwilligung erforderlich ist.

b) Entbehrlich ist die Einwilligung eines Elternteils oder des Ehegatten des Annehmenden, wenn der Elternteil oder der Ehegatte zur Abgabe einer Erklärung dauernd außerstande oder sein Aufenthalt dauernd unbekannt ist, §§ 1747 Abs. 4, 1749 Abs. 3 BGB.

c) Ersetzt werden kann die Einwilligung (oder die Zustimmung) eines Vormundes oder Pflegers, soweit ein solcher für das Kind handelt, wenn sie ohne triftigen Grund verweigert wird, § 1746 Abs. 3 BGB.

Verweigert ein *Elternteil* seine Einwilligung, so kann das Vormundschaftsgericht sie nicht bereits dann ersetzen, wenn es die Gründe dafür nicht für überzeugend hält, sondern nur, wenn der Elternteil seine Pflichten gegenüber dem Kind anhaltend gröblich verletzt oder durch sein Verhalten gezeigt hat, daß ihm das Kind gleichgültig ist.

Außerdem muß in diesen Fällen das Unterbleiben der Annahme dem Kind zu unverhältnismäßigem Nachteil gereichen, § 1748 Abs. 1 Satz 1 BGB.

Die Einwilligung kann ferner ersetzt werden, wenn die Pflichtverletzung zwar nicht anhaltend, aber besonders schwer ist und das Kind voraussichtlich dauernd nicht mehr der Obhut des sich gegen die Adoption sträubenden Elternteils anvertraut werden kann, § 1748 Abs. 1 Satz 2 BGB, und schließlich, wenn der Elternteil wegen einer besonders schweren psychischen Krankheit oder einer besonders schweren geistigen oder seelischen Behinderung zur Pflege und Erziehung des Kindes dauernd unfähig ist und das Kind bei Unterbleiben der Annahme nicht in einer Familie aufwachsen könnte und dadurch in seiner Entwicklung schwer gefährdet wäre, § 1748 Abs. 3 BGB.

Verweigert der *Ehegatte des Annehmenden* seine Einwilligung, so ist zu prüfen, ob berechtigte Interessen dieses Ehegatten und seiner Familie der Annahme entgegenstehen. Ist das nicht der Fall, so kann das Vormundschaftsgericht die Einwilligung ersetzen, § 1749 Abs. 1 Satz 2 und 3 BGB.

4. Rechtsverhältnisse zwischen der Einwilligung der Eltern und dem Ausspruch der Annahme

Im Regelfall wird ein Adoptionsdekret erst erlassen, wenn der Annehmende das Kind eine angemessene Zeit in Pflege gehabt hat, § 1744 BGB. In dieser Phase können die leiblichen Eltern die elterliche Sorge nicht mehr ausüben (schon deswegen nicht, weil sie in zahlreichen Fällen, nämlich bei der Inkognito-Adoption, gar nicht wissen, wo sich das Kind aufhält), während andrerseits den Annehmenden, die das Kind in Pflege haben, die elterliche Sorge noch nicht zusteht. Diese Zwischenphase regelt das Gesetz wie folgt:

a) Sobald ein Elternteil in die Annahme eingewilligt hat, ruht, wie schon erwähnt, seine *elterliche Sorge*. Seine Befugnis zum persönlichen Umgang mit dem Kind darf er nicht mehr ausüben. Das Jugendamt wird Vormund (es sei denn, daß der andere Elternteil – etwa bei geschiedener Ehe – die elterliche Sorge allein ausübt oder ein Vormund bereits bestellt ist), § 1751 Abs. 1 BGB. Diese Rechtsfolgen treten nur dann nicht ein, wenn ein Ehegatte das Kind des anderen Ehegatten annehmen will, § 1751 Abs. 2 BGB.

b) Sobald die Eltern die erforderliche Einwilligung erteilt haben und das Kind in die Obhut des Annehmenden mit dem Ziel einer Adoption aufgenommen ist, wird der Annehmende gegenüber dem Kind *unterhaltspflichtig*. Seine Unterhaltspflicht geht der Unterhaltspflicht der Verwandten des Kindes vor, § 1751 Abs. 4 BGB.

5. Der Annahmebeschluß

Die Adoption geschieht durch *Beschluß des Vormundschaftsgerichts*. Das Vormundschaftsgericht prüft, ob die Voraussetzungen in der Person des Annehmenden sowie die erforderlichen Einwilligungen vorliegen. Es hat sodann nachzuforschen, ob die Adoption dem Wohl des Kindes dient und zu erwarten ist, daß zwischen dem oder den Annehmenden und dem Kind ein Eltern-Kind-Verhältnis entsteht, § 1741 Abs. 1 BGB. Hat der oder haben die Annehmenden Kinder, so sind sowohl deren Interessen als auch die Situation des Adoptivkindes, das in eine Familie mit Kindern aufgenommen werden soll, zu berücksichtigen. Die Annahme darf nicht ausgesprochen werden, wenn ihr überwiegende Interessen der Kinder des Annehmenden entgegenstehen oder wenn zu befürchten ist, daß Interessen des Anzunehmenden durch Kinder des Annehmenden gefährdet werden. Dabei sollen allerdings vermögensrechtliche Interessen nicht ausschlaggebend sein, § 1745 BGB.

Das Vormundschaftsgericht hat eine gutachtliche Äußerung der Adoptionsvermittlungsstelle, die das Kind vermittelt hat, darüber einzuholen, ob das Kind und die Familie des Annehmenden für die Annahme geeignet sind. Ist keine Adoptionsvermittlungsstelle tätig geworden, so ist eine gutachtliche Äußerung des Jugendamts oder irgendeiner Adoptionsvermittlungsstelle einzuholen, § 56 d FGG. Mit einem Kind, das das 14. Lebensjahr noch nicht vollendet hat, also in die Annahme nicht persönlich einwilligen muß, kann das Vormundschaftsgericht persönlich Fühlung nehmen, § 56 c FGG.

6. Wirkungen der Annahme

Eine Adoption hat Auswirkungen auf zwei Rechtskreise: auf die Beziehungen des Kindes zum Annehmenden und dessen Verwandten und auf die Beziehungen des Kindes zu seinen leiblichen Verwandten.

a) Die Stellung des Kindes gegenüber dem Annehmenden

(1) Nimmt ein Ehepaar ein Kind an oder nimmt ein Ehegatte ein Kind des anderen Ehegatten an, so erlangt das Kind die rechtliche Stellung eines gemeinschaftlichen ehelichen Kindes der Ehegatten. In den anderen Fällen erlangt das Kind die rechtliche Stellung eines ehelichen Kindes des Annehmenden, § 1754 BGB. Diese Adoptionswirkungen sind, anders als nach dem früheren Recht, nicht auf das Kind und den oder die Annehmenden beschränkt; das heißt, das Kind hat auch gegenüber den Verwandten des Annehmenden dieselbe Stellung wie ein leibliches Kind des Annehmenden.
Diese völlige Eingliederung des Kindes in die Familie des Annehmenden hat Folgen für die *Staatsangehörigkeit* und den *Namen* des Kindes.

(2) Ein minderjähriges Kind, das nicht die deutsche Staatsangehörigkeit hat, erwirbt die deutsche Staatsangehörigkeit, wenn es von einem Deutschen als Kind angenommen wird, § 6 RuStAG. Andrerseits verliert ein Deutscher die deutsche Staatsangehörigkeit, wenn er von einem Ausländer adoptiert wird und dadurch die Staatsangehörigkeit des Annehmenden erwirbt, es sei denn, daß er mit einem deutschen Elternteil verwandt bleibt, § 27 RuStAG.

(3) Das Kind erhält als Geburtsnamen den Familiennamen des Annehmenden (wenn dieser verheiratet ist, seinen Ehenamen, also nicht auch den nach § 1355 Abs. 4 BGB dem Ehenamen hinzugefügten Namen), § 1757 Abs. 1 BGB. Nimmt ein Ehepaar ein Kind an oder

nimmt ein Ehegatte ein Kind des anderen Ehegatten an und führen die Ehegatten keinen Ehenamen, so bestimmen sie vor dem Ausspruch der Annahme durch Erklärung gegenüber dem Vormundschaftsgericht, welchen Namen des Kind führen soll. Ist das Kind älter als fünf Jahre, so ist die Namensbestimmung nur wirksam, wenn sich das Kind ihr anschließt, § 1757 Abs. 2 BGB. Auf Antrag des oder der Annehmenden und mit Einwilligung des Kindes kann das Vormundschaftsgericht zusammen mit dem Ausspruch der Annahme dem neuen Familiennamen des Kindes dessen bisherigen Familiennamen voranstellen oder anfügen, wenn dies aus schwerwiegenden Gründen zum Wohl des Kindes erforderlich ist. Das Vormundschaftsgericht kann auch den Vornamen des Kindes ändern oder ihm einen oder mehrere neue Vornamen beilegen, wenn dies dem Wohl des Kindes entspricht, § 1757 Abs. 4 BGB.

b) Die Stellung des Kindes gegenüber seinen leiblichen Verwandten

Hier gibt es eine Regel und verschiedene Ausnahmen. Die Regel lautet: Mit der Annahme erlöschen das Verwandtschaftsverhältnis des Kindes und seiner Abkömmlinge zu den bisherigen Verwandten und die sich aus ihm ergebenden Rechte und Pflichten, § 1755 Abs. 1 Satz 1 BGB.

Ausnahmen:

(1) Nimmt ein Ehegatte das nichteheliche Kind seines Ehegatten an, so tritt das Erlöschen nur im Verhältnis zu dem anderen Elternteil und dessen Verwandten ein, § 1755 Abs. 2 BGB. Adoptiert also z.B. ein Ehemann das nichteheliche Kind seiner Frau, so bleibt das Kind mit seiner Mutter und deren Verwandten selbstverständlich weiterhin verwandt. Es gilt ja als gemeinschaftliches Kind der beiden Ehegatten, § 1754 Abs. 1 BGB. Nur seine Verwandtschaftsbeziehungen zum nichtehelichen Vater und dessen Verwandten erlöschen.

(2) Sind die Annehmenden mit dem Kind im zweiten oder dritten Grad verwandt, wird also ein Kind z.B. von seinen Großeltern oder von einem Onkel oder einer Tante adoptiert, so erlischt nur das Verwandtschaftsverhältnis des Kindes und seiner Abkömmlinge zu seinen Eltern, § 1756 Abs. 1 BGB. M.a.W.: Das Kind bleibt bei einer Adoption durch die nächsten Angehörigen seiner Eltern mit den Verwandten der Eltern weiterhin verwandtschaftlich verbunden. Nur im Verhältnis zu seinen Eltern erlöschen die aus der Eltern-Kind-Beziehung folgenden Rechte und Pflichten.

(3) Nimmt ein Ehegatte das eheliche Kind seines Ehegatten an, dessen frühere Ehe durch Tod aufgelöst ist, so bleibt das Kind mit den Verwandten des verstorbenen Elternteils weiterhin verwandt, § 1756 Abs. 2 BGB. Das Kind steht in diesem Fall also in drei

Verwandtschaftskreisen: Es ist verwandt mit den Verwandten seiner leiblichen Eltern und mit den Verwandten des Stiefelternteils, von dem es adoptiert worden ist.

7. Aufhebung des Annahmeverhältnisses

Nach früherem Recht war ein Annahmevertrag *nichtig*, wenn eines der besonderen adoptionsrechtlichen Gültigkeitserfordernisse fehlte, er unterlag außerdem den allgemeinen Bestimmungen über Willenserklärungen und Verträge. Insbesondere konnten die verschiedenen Willenserklärungen angefochten werden. Diese unbefriedigende Rechtslage wurde durch das Adoptionsgesetz v. 7.7.1976 geändert. Nachdem das Annahmeverhältnis nicht mehr auf einem Vertrag beruht, können jetzt nicht mehr Simulation oder Sittenwidrigkeit als Nichtigkeitsgrund angeführt oder aufgrund eines Irrtums (z.B. über wesentliche Eigenschaften des Angenommenen) oder einer arglistigen Täuschung die zum Vertrag führenden Willenserklärungen angefochten werden. Als Dauerrechtsverhältnis kann das Annahmeverhältnis nunmehr nur noch mit Wirkung ex nunc *aufgehoben* werden, § 1764 BGB. Die Aufhebung des Annahmeverhältnisses hat ebenso wie seine Begründung durch das Vormundschaftsgericht zu geschehen und ist nur in ganz bestimmten Fällen zulässig (§§ 1759 ff. BGB), nämlich

- bei fehlendem *Antrag,*
- bei Fehlen der *Einwilligung des Kindes* oder der erforderlichen *Einwilligung eines Elternteils,*
- aus *schwerwiegenden Gründen zum Wohl des Kindes.*

a) Antrag und Einwilligung „fehlen" auch dann, wenn sie *unwirksam* sind. Unwirksam sind sie (nur) dann, wenn der Erklärende

(1) zur Zeit der Erklärung sich im Zustand der Bewußtlosigkeit oder vorübergehenden Störung der Geistestätigkeit befand, wenn der Antragsteller geschäftsunfähig war oder das geschäftsunfähige oder noch nicht 14 Jahre alte Kind die Einwilligung selbst erteilt hat,

(2) nicht gewußt hat, daß es sich um eine Annahme als Kind handelt, oder wenn er dies zwar gewußt hat, aber einen Annahmeantrag nicht hat stellen oder eine Einwilligung zur Annahme nicht hat abgeben wollen oder wenn sich der Annehmende in der Person des anzunehmenden Kindes oder wenn sich das anzunehmende Kind in der Person des Annehmenden geirrt hat,

(3) durch arglistige Täuschung über wesentliche Umstände zur Erklärung bestimmt worden ist,

(4) widerrechtlich durch Drohung zur Erklärung bestimmt worden ist,

(5) die Einwilligung vor Ablauf der in § 1747 Abs. 3 Satz 1 BGB bestimmten Frist erteilt hat, § 1760 Abs. 2 BGB.

Aber selbst in diesen Fällen ist das Annahmeverhältnis nicht in jedem Fall aufzuheben (vgl. §§ 1760 Abs. 3 – 5, 1761 BGB). Insbesondere darf das Annahmeverhältnis nicht aufgehoben werden, wenn dadurch das Wohl des Kindes erheblich gefährdet würde, es sei denn, daß überwiegende Interessen des Annehmenden die Aufhebung erfordern, § 1761 Abs. 2 BGB. Außerdem ist das Annahmeverhältnis in diesen Fällen nicht von Amts wegen aufzuheben, sondern nur, wenn der Antragsberechtigte, nämlich der, ohne dessen Antrag oder Einwilligung das Kind angenommen worden ist, innerhalb einer bestimmten Frist einen Aufhebungsantrag stellt, §§ 1760 Abs. 1, 1762 BGB.

b) Von Amts wegen kann das Annahmeverhältnis nur aufgehoben werden, wenn die Aufhebung aus schwerwiegenden Gründen zum Wohl des Kindes erforderlich ist, § 1763 Abs. 1 BGB. Aber auch hier macht das Gesetz eine Einschränkung: Das Annahmeverhältnis darf nur aufgehoben werden, wenn (bei einer Aufhebung nur im Verhältnis zu einem Elternteil) der andere Ehegatte oder wenn ein leiblicher Elternteil bereit ist, die Pflege und Erziehung des Kindes zu übernehmen und dies auch ohne Gefährdung des Kindeswohls vermag oder wenn die Aufhebung eine erneute Adoption des Kindes ermöglichen soll (z.B. nach Scheidung und Wiederverheiratung der Adoptiveltern), § 1763 Abs. 3 BGB.

c) Mit der Aufhebung des Annahmeverhältnisses erlischt das Verwandtschaftsverhältnis des Kindes und seiner Abkömmlinge zu den bisherigen Verwandten. Gleichzeitig leben die Verwandtschaftsverhältnisse des Kindes und seiner Abkömmlinge zu den leiblichen Verwandten und die sich aus ihnen ergebenden Rechte und Pflichten, mit Ausnahme der elterlichen Sorge, wieder auf, § 1764 Abs. 2 und 3 BGB. Das Vormundschaftsgericht hat den leiblichen Eltern die elterliche Sorge zurückzuübertragen, wenn und soweit dies dem Wohl des Kindes nicht widerspricht; andernfalls bestellt es einen Vormund oder Pfleger, § 1764 Abs. 4 BGB.

III. Die Annahme Volljähriger

Die Annahme Volljähriger unterscheidet sich von der Annahme Minderjähriger in einer Reihe von Punkten.

1. Vorausgesetzt wird ein *Antrag sowohl des Annehmenden als auch des Anzunehmenden.* Der Anzunehmende wird also nicht lediglich um seine Einwilligung gebeten. Eine Einwilligung der Eltern des Anzuneh-

menden entfällt, nicht dagegen die Einwilligung der Ehegatten des Annehmenden und des Anzunehmenden, § 1768 BGB.

2. Besonders betont wird, daß die Annahme *sittlich gerechtfertigt* sein muß. Auch durch die Volljährigenadoption soll ein echtes Eltern-Kind-Verhältnis hergestellt werden. Daran dürfte es fehlen, wenn ein 25jähriger Mann ein 18jähriges Waisenkind adoptieren möchte (vgl. OLG Köln FamRZ 1982, 844). Typische Fälle einer Volljährigenadoption sind die, daß ein kinderloser Unternehmer oder Hofeigentümer einen Neffen adoptiert, um ihm dann das Unternehmen oder den Hof zu vererben (Steuerersparnis!). Nach dem Gesetz ist eine sittliche Rechtfertigung insbesondere dann anzunehmen, wenn zwischen dem Annehmenden und dem Anzunehmenden ein Eltern-Kind-Verhältnis bereits entstanden ist, etwa weil der Anzunehmende schon vor seiner Volljährigkeit als Pflegekind bei dem Annehmenden gelebt hat, § 1767 BGB.

3. Der wesentlichste Unterschied zwischen der Minderjährigenadoption und der Volljährigenadoption liegt in den *Wirkungen.* Die Volljährigenadoption ist im Zweifel *keine Volladoption!* Ihre Wirkungen erstrekken sich grundsätzlich nicht auf die Verwandten des Annehmenden. Auch der Ehegatte des Annehmenden wird nicht mit dem Angenommenen, dessen Ehegatte wird nicht mit dem Annehmenden verschwägert. Auf der anderen Seite bleibt der Angenommene mit seinen bisherigen Verwandten weiterhin verwandtschaftlich verbunden. Die Rechte und Pflichten aus diesen Verwandtschaftsverhältnissen bleiben bestehen. Allerdings geht die Unterhaltspflicht des Annehmenden der Unterhaltspflicht der leiblichen Verwandten vor, § 1770 BGB.

Aber: Das Vormundschaftsgericht kann beim Ausspruch der Annahme unter gewissen Umständen bestimmen, daß sich die Wirkungen der Annahme nach den Vorschriften über die Annahme eines Minderjährigen richten sollen (§ 1772 Abs. 1 BGB), m.a.W. eine Volladoption dekretieren, nämlich wenn

a) ein minderjähriger Bruder oder eine minderjährige Schwester des Anzunehmenden vom Annehmenden als Kind angenommen worden ist oder gleichzeitig angenommen wird. Beispiel: Ein Ehepaar kommt bei einem Unfall ums Leben. Ein befreundetes kinderloses Ehepaar adoptiert die Kinder der Verunglückten. Von den Kindern ist eines 10, das andere 14 und das dritte 18 Jahre alt. Hier ist es sinnvoll, wenn alle Kinder den gleichen Rechtsstatus erhalten;

b) der Anzunehmende bereits als Minderjähriger in die Familie des Annehmenden aufgenommen worden ist, ein bereits bestehendes Eltern-Kind-Verhältnis also lediglich eine rechtliche Form erhalten soll;

c) der Annehmende sein nichteheliches Kind oder das Kind seines Ehegatten annimmt.

4. In den zuletzt genannten Fällen kann das Adoptionsverhältnis nur in sinngemäßer Anwendung der für die Minderjährigenadoption geltenden Vorschriften aufgehoben werden, § 1772 Abs. 2 BGB. Soweit es sich bei der Volljährigenadoption um keine Volladoption handelt, kommt eine Aufhebung darüber hinaus in Frage, wenn der Annehmende und der Angenommene die Aufhebung gemeinsam beantragen und ein wichtiger Grund vorliegt, § 1771 BGB.

§ 26 Vormundschaft, Betreuung und Pflegschaft

Schrifttum: Coester, Von anonymer Verwaltung zu persönlicher Betreuung, Jura 1991, 1; Schwab, Das neue Betreuungsrecht, FamRZ 1990, 681; ders., Probleme des materiellen Betreuungsrechts, FamRZ 1992, 493; Zimmermann/Damrau, Das neue Betreuungs- und Unterbringungsrecht, NJW 1991, 538.

I. Vormundschaft

1. Begriff und Aufgabe

Die Vormundschaft dient der Fürsorge und Vertretung schutzbedürftiger Personen. Früher unterschied man zwischen der Vormundschaft über Minderjährige und der Vormundschaft über Volljährige. Die letztere gibt es seit dem 1.1.1992 nicht mehr. Sie wurde durch die „Betreuung“ ersetzt (Gesetz zur Reform des Rechts der Vormundschaft und Pflegschaft für Volljährige – Betreuungsgesetz – v. 12.9.1990, BGBl. I, 2002), s.u. II.

Die Vormundschaft über Minderjährige soll die fehlende Familienfürsorge, namentlich die elterliche Sorge, ersetzen. Deshalb setzt sie nur ein, wenn ein Kind überhaupt nicht unter elterlicher Sorge steht – die Eltern sind tot oder unbekannt, die nichteheliche oder verwitwete Mutter ist noch minderjährig – oder wenn die Eltern die elterliche Sorge verloren haben, § 1773 BGB.

Weil der Vormund dem Mündel als Fremder gegenübertritt, bedarf er einer stärkeren *Überwachung* als die Eltern. Diese Überwachung geschieht durch das Vormundschaftsgericht. Als Vormundschaftsgericht fungieren die Amtsgerichte. Zuständigkeit und Verfahren sind im FGG geregelt. Aufsicht über den Vormund bedeutet nicht Bevormundung des Vormunds. Der Vormund hat seine Aufgaben grundsätzlich selbständig und selbstverantwortlich zu erfüllen. Das Vormundschaftsgericht ist, abgesehen von der Ernennung und Entlassung des Vormundes, beschränkt auf die Aufsicht über dessen Amtsführung und die Entscheidung über die Genehmigung wichtiger Rechtsgeschäfte. Ein Recht zum eigenmächtigen Eingriff hat es nur ausnahmsweise.

2. Einzel- und Berufs- oder Amtsvormundschaft

Weil die Vormundschaft ein Amt ist, gewinnt die Frage der Auswahl der geeignetsten Persönlichkeiten für dieses Amt besondere Bedeutung. In dieser Richtung hat das BGB versagt. Das BGB ging nämlich davon aus, daß sich ungefähr jedermann zum Vormund eigne. Die Vorschriften über Fähigkeit und Tauglichkeit (§§ 1780 ff. BGB) sind nur die Zusammenstellung einiger Ausschlußgründe. Das BGB kannte grundsätzlich nur die *Einzelvormundschaft,* die als unentgeltliches Ehrenamt zu führen ist, § 1836 BGB („Dilettantenvormundschaft"). Die Einzelvormundschaft erwies sich bald als ungenügend. Einzelvormünder waren insbesondere in der Großstadt schwer zu finden. Die Personen, die sich zur Übernahme der Vormundschaft bereit erklärten, waren vielfach den Aufgaben dieses verantwortungsvollen Amtes nicht gewachsen.

Diesen Mängeln half der Gesetzgeber ab durch das Reichsjugendwohlfahrtsgesetz v. 9.7.1922. In diesem Gesetz wurde die *Amtsvormundschaft der Jugendämter* eingeführt. Damit erkannte der Staat seine Verpflichtung zur Fürsorge für alle schutzbedürftigen Minderjährigen an. Heute sind die Aufgaben des Jugendamts im Gesetz zur Neuordnung des Kinder- und Jugendhilferechts (KJHG) v. 26.6.1990 geregelt (jetzt SGB VIII).

Neben dem Jugendamt gibt es noch eine weitere Form der Berufsvormunschaft, nämlich die sog. *Vereinsvormundschaft.*

Es sind somit zu unterscheiden:
- die Einzelvormundschaft,
- die Amtsvormundschaft,
- die Vereinsvormundschaft.

Bei der Amtsvormundschaft wiederum wird unterschieden zwischen der *gesetzlichen* Amtsvormundschaft und der *bestellten* Amtsvormundschaft.

Gesetzliche Amtsvormundschaft: Mit der Geburt eines nichtehelichen Kindes, das (z.B. wegen Minderjährigkeit der Mutter) eines Vormundes bedarf, wird das Jugendamt Vormund (es sei denn, daß bereits vor der Geburt ein Vormund bestellt worden ist), § 1791 c Abs. 1 Satz 1 BGB. Ergibt sich erst später aus einer gerichtlichen Entscheidung, daß das Kind nichtehelich ist und bedarf das Kind dann eines Vormundes, so wird das Jugendamt in dem Zeitpunkt Vormund, in dem die Entscheidung rechtskräftig wird, § 1791 c Abs. 1 Satz 2 BGB.

Bestellte Amtsvormundschaft: Das Jugendamt kann zum Vormund eines Minderjährigen bestellt werden, wenn kein geeigneter anderer Vormund vorhanden ist, § 1791 b Abs. 1 Satz 1 BGB.

Vereinsvormundschaft: Rechtsfähige Vereine (z.B. Vereinigungen für Jugendwohlfahrt, karitative und konfessionelle Vereinigungen) können zum Vormund bestellt werden, wenn sie vom Landesjugendamt hierzu für geeignet erklärt worden sind, § 1791 a Abs. 1 Satz 1 BGB.

Im Jahr 1987 standen 49.715 Minderjährige unter Amtsvormundschaft, davon 16.595 unter gesetzlicher Amtsvormundschaft, 33.120 unter bestellter Amtsvormundschaft.

3. Die Begründung der Vormundschaft über Minderjährige

a) Das Bestellungsprinzip

Nach der – ursprünglichen – Regelung des BGB tritt eine Vormundschaft nicht kraft Gesetzes ein und auch nicht – wie im römischen und im mittelalterlichen deutschen Recht – kraft testamentarischer Anordnung, sondern allein kraft einer richterlichen Bestellung.

Von diesem sog. Bestellungsprinzip gibt es seit dem Jugendwohlfahrtsgesetz die bereits genannte Ausnahme der gesetzlichen Amtsvormundschaft des Jugendamtes; vgl. jetzt § 1791 c BGB.

b) Das Vormundschaftsgericht hat – abgesehen von den Fällen der gesetzlichen Amtsvormundschaft – den Vormund auszuwählen, ist aber in der Wahl nicht völlig frei. Bestimmte Personen sind von vornherein *unfähig* (Geschäftsunfähige, § 1780 BGB), andere sollen nicht zum Vormund bestellt werden, nämlich die sog. *Untauglichen* (Minderjährige, Personen, für die ein Betreuer bestellt worden ist, der Gemeinschuldner während der Dauer des Konkurses, wer durch letztwillige Anordnung der Eltern des Mündels von der Vormundschaft ausgeschlossen ist, §§ 1781, 1782 BGB).

Aber auch aus dem Kreis der danach Tauglichen kann das Vormundschaftsgericht regelmäßig nicht frei den wählen, der ihm am geeignetsten erscheint, sondern muß die Ansprüche gewisser Personen auf Bestellung zum Vormund berücksichtigen, falls dadurch nicht das Interesse des Mündels gefährdet wird. Das Gesetz spricht hier von einer *Berufung zur Vormundschaft.* Als Vormund ist berufen, wer von den Eltern des Mündels als Vormund benannt ist (§ 1776 BGB). Die Benennung muß durch letztwillige Verfügung erfolgen, § 1777 BGB.

Erst wenn kein Berufener vorhanden ist, wählt das Vormundschaftsgericht nach Anhörung des Jugendamts frei eine geeignete Persönlichkeit aus – unter möglichster Berücksichtigung von Verwandten und Verschwägerten sowie der Konfession des Mündels, § 1779 BGB.

c) Wer vom Vormundschaftsgericht als Vormund ausgewählt worden ist, hat die Vormundschaft grundsätzlich zu übernehmen, § 1785 BGB. Die Gründe, aus denen die Übernahme einer Vormundschaft *abgelehnt* werden kann, sind im Gesetz in § 1786 BGB aufgezählt (z.B. Vollendung des 60. Lebensjahres, Belastung durch eigene Kinder).

d) Die Bestellung des Vormundes erfolgt durch Verpflichtung zu treuer und gewissenhafter Führung der Vormundschaft, § 1789 BGB.

Nach der Bestellung erhält der Vormund die sog. *Bestallung,* d.h. eine öffentliche Urkunde des Vormundschaftsgerichts über sein Amt, § 1791 BGB. Die Bestallung dient dazu, daß sich der Vormund im Rechtsverkehr und bei der Führung von Rechtsstreitigkeiten ausweisen kann.

e) In der Regel wird für den Mündel – wenn mehrere Geschwister zu bevormunden sind, für alle Mündel – nur *ein Vormund* bestellt. Mehrere Vormünder *(Mitvormünder)* soll das Vormundschaftsgericht nur dann bestellen, wenn besondere Gründe (z.B. eine besonders schwierige und umfangreiche Vermögensverwaltung) eine solche Bestellung nahelegen, § 1775 BGB.

Vom Mitvormund zu unterscheiden ist der *Gegenvormund.* Ein Gegenvormund soll immer dann bestellt werden, wenn mit der Vormundschaft eine Vermögensverwaltung verbunden ist, es sei denn, daß die Verwaltung nicht erheblich oder daß die Vormundschaft von mehreren Vormündern gemeinschaftlich zu führen ist. Ist das Jugendamt Vormund, so kann kein Gegenvormund bestellt werden, § 1792 BGB.

4. Die Führung der Vormundschaft

a) Der Wirkungskreis des Vormundes im allgemeinen

Der Vormund soll Elternstelle beim Mündel vertreten. Seine Sorge hat daher im wesentlichen den gleichen Inhalt wie die elterliche Sorge. „Der Vormund hat das Recht und die Pflicht, für die Person und das

Vermögen des Mündels zu sorgen, insbesondere den Mündel zu vertreten", heißt es in § 1793 BGB.

Anders als die Eltern *haftet* der Vormund dem Mündel gegenüber nicht bloß für die Sorgfalt wie in eigenen Angelegenheiten, sondern für *jede Fahrlässigkeit,* § 1833 BGB. Seine Pflichtverletzung ist als solche keine unerlaubte Handlung, sondern die Verletzung eines durch die Bestellung begründeten gesetzlichen Dauerschuldverhältnisses. Hat sich der Vormund zur Erfüllung seiner Pflichten der Unterstützung dritter Personen bedient, so ist zu unterscheiden: Hätte der Vormund selbst tätig werden *müssen*, handelt es sich m.a.W. um eine Angelegenheit, die den persönlichen Einsatz des Vormunds erforderte, so haftet er für jeden Schaden, den die Hilfsperson anrichtet, gleichgültig, ob diese ein Schuldvorwurf trifft oder nicht. Hätte der Vormund auch selbst tätig werden *können*, so haftet er für ein Verschulden der Hilfsperson nach § 278 BGB (str.; wie hier: MünchKomm/Schwab, § 1833 Rz 7; a.A. – nur Auswahl- und Überwachungsverschulden bei zulässiger Einschaltung des Dritten – Erman/Holzhauer, § 1833 Rz 4). Handelt es sich dagegen um Aufgaben, deren Erfüllung vom Vormund nicht erwartet werden konnte (ärztliche Behandlung, Durchführung eines Rechtsstreits), so haftet der Vormund nur für ein Verschulden bei der Auswahl der Hilfsperson oder ihrer Überwachung.

b) Die Sorge für die Person

Die Personensorge umfaßt die gleichen Angelegenheiten und hat den gleichen Inhalt wie die der Eltern, § 1800 i.V.m. §§ 1631 – 1633 BGB. Sie umfaßt also das Recht und die Pflicht, den Mündel zu pflegen, zu erziehen, zu beaufsichtigen und seinen Aufenthalt zu bestimmen, § 1631 Abs. 1 BGB. Auf Antrag hat das Vormundschaftsgericht den Vormund in geeigneten Fällen zu unterstützen, § 1631 Abs. 3 BGB.

c) Die Sorge für das Vermögen

Auch die Vermögenssorge des Vormunds hat grundsätzlich den gleichen Inhalt wie die der Eltern. Ihr Zweck ist Erhaltung des Vermögens und nutzbringende Verwertung im Rahmen ordnungsgemäßer Geschäftsführung.

Geld, das zum Vermögen des Mündels gehört, muß der Vormund verzinslich anlegen, § 1806 BGB. Die Art der Anlage ist dem Vormund nicht völlig freigegeben. Es ist ihm vielmehr eine sog. mündelsichere Anlage vorgeschrieben. Das BGB zählt in § 1807 BGB die zugelassenen Anlegungsarten auf, beläßt aber dem Landesrecht einen gewissen Spielraum zur näheren Bestimmung und Ergänzung.

Als mündelsicher sind z.B. anerkannt Forderungen, für die eine sichere Hypothek an einem inländischen Grundstück besteht, Pfandbriefe,

Staatsanleihen und die Anlage bei einer öffentlichen Sparkasse. Das Vormundschaftsgericht kann dem Vormund eine andere Anlegung als die gesetzlich angeordnete gestatten. Die Erlaubnis soll nur verweigert werden, wenn die beabsichtigte Art der Anlegung nach Lage des Falles den Grundsätzen einer wirtschaftlichen Vermögensverwaltung zuwiderlaufen würde, § 1811 BGB.

d) Der Genehmigungszwang

(1) Der Selbständigkeit des Vormunds sind für zahlreiche Rechtsgeschäfte Schranken dadurch gezogen, daß er zu ihrer Vornahme die Genehmigung eines Gegenvormunds oder des Vormundschaftsgerichts einholen muß.

Der Ausdruck Genehmigung umfaßt dabei sowohl die vorherige als auch die nachfolgende Zustimmung.

Das Erfordernis der Genehmigung ist regelmäßig im Sinne einer *Beschränkung der Vertretungsmacht des Vormunds* vorgeschrieben; für Rechtsgeschäfte, denen die erforderliche Genehmigung fehlt, gelten ähnliche Regeln wie für Rechtsgeschäfte, die ein Vertreter ohne Vertretungsmacht vorgenommen hat, §§ 1829-1831 BGB.

Gleichgültig ist es für das Erfordernis der Genehmigung, ob der Vormund selbst handelt oder nur seine Zustimmung zu einem vom Mündel vorgenommenen Rechtsgeschäft gibt; sonst wäre die Umgehung des Genehmigungszwangs ohne weiteres möglich. Einer Umgehung auf dem Umweg über § 110 BGB beugt § 1824 BGB ausdrücklich vor, indem er bestimmt, daß der Vormund Gegenstände, zu deren Veräußerung eine Genehmigung erforderlich ist, dem Mündel nicht ohne diese Genehmigung zur Erfüllung eines vom Mündel geschlossenen Vertrages oder zur freien Verfügung überlassen darf.

(2) Die Genehmigung eines *Gegenvormundes* (oder des Vormundschaftsgerichts) ist erforderlich zur Verfügung über die zum Kapitalvermögen (im Gegensatz zum Grundstücksvermögen) des Mündels gehörigen Ansprüche; über bewegliche Sachen des Mündels kann der Vormund – abgesehen von Geld und Wertpapieren – grundsätzlich frei verfügen, § 1812 BGB.

Die Konsequenzen sind merkwürdig: Der Vormund kann danach bewegliche Sachen des Mündels ohne die Genehmigung des Gegenvormunds verkaufen und übereignen. Will er dagegen die Kaufpreisforderung einziehen, so braucht er die Genehmigung, es sei denn, daß der Betrag 5000 DM nicht übersteigt, § 1813 Abs. 1 Nr. 2 BGB.

(3) Die Genehmigung des *Vormundschaftsgerichts* ist vorgeschrieben sowohl für bestimmte Rechtsgeschäfte und Rechtshandlungen, die die

Person des Mündels betreffen, als auch für alle wichtigeren Rechtsgeschäfte, die sein Vermögen angehen.

Von den die *Person* betreffenden Rechtsgeschäften und Rechtshandlungen seien genannt etwa die Anfechtung der Ehelichkeit eines Kindes (§ 640 b ZPO), die Bestimmung über die religiöse Erziehung des Kindes (§ 3 Abs. 2 RKEG), der Antrag, den Mündel aus der deutschen Staatsangehörigkeit zu entlassen (§ 19 Abs. 1 RuStAG).

Die *Vermögensverwaltungsgeschäfte,* die das Vormundschaftsgericht genehmigen muß, sind im wesentlichen in den §§ 1821 und 1822 BGB aufgezählt. Zu den Rechtsgeschäften, zu denen auch die Eltern der Genehmigung des Vormundschaftsgerichts bedürfen (s.o. § 19 VII 3 e), treten vor allem hinzu Pachtverträge über ein Landgut oder über einen gewerblichen Betrieb sowie Lehr-, Dienst- oder Arbeitsverträge, die für längere Zeit als ein Jahr geschlossen werden.

Das Vormundschaftsgericht erteilt die Genehmigung gegenüber dem Vormund, nicht gegenüber dem Mündel und auch nicht gegenüber dem Dritten, § 1828 BGB. Dem Dritten gegenüber wird die Genehmigung erst wirksam, wenn sie ihm vom Vormund mitgeteilt wird oder der Vormund dem Dritten gegenüber aufgrund der Genehmigung das Rechtsgeschäft vornimmt. Die Mitteilung der Genehmigung steht im Belieben des Vormundes. Der Vormund kann damit das Wirksamwerden eines Vertrages verhindern, obgleich das Vormundschaftsgericht ihm gegenüber die Genehmigung erklärt hat; vgl. RGZ 130, 151.

Persönlich belangen – als falsus procurator analog § 179 BGB – kann der Dritte den Vormund nur dann, wenn dieser bei dem Abschluß eines Vertrages der Wahrheit zuwider behauptet hat, das Vormundschaftsgericht habe die Genehmigung bereits erteilt; vgl. Dölle, FamR II, § 128 VI, 6 c cc; a.A. (§ 179 BGB ist nicht anwendbar; die §§ 1829 ff. BGB enthalten eine Sonderregelung) MünchKomm/Schwab, § 1830 Rz 6.

e) Ausschluß der Vertretungsmacht

Die Vertretungsmacht des Vormundes ist in einer Reihe von Fällen ausgeschlossen: Sie umfaßt nicht die Rechtsgeschäfte, für die der Mündel die Stellung eines unbeschränkt Geschäftsfähigen hat, §§ 112, 113 BGB.

Sie erstreckt sich nicht auf die Angelegenheiten, für die ein Pfleger bestellt ist, § 1794 BGB.

Wegen der Gefahr einer Interessenkollision ist dem Vormund das Selbstkontrahieren nur im Rahmen des § 181 BGB gestattet, § 1795 Abs. 2 BGB. Er darf also nicht im Namen des Mündels mit sich im eigenen Namen oder als Vertreter eines Dritten ein Rechtsgeschäft vornehmen, außer wenn es ausschließlich in der Erfüllung einer Verbindlichkeit besteht (oder keine Gefahr einer Interessenkollision besteht; s.o. § 19 VII 2 a). Er darf darum auch mehrere Mündel nicht vertreten, wenn sie miteinander ein Rechtsgeschäft vornehmen, z.B. einen Gesellschaftsvertrag schließen wollen.

Auch das Gericht kann ein Selbstkontrahieren nicht gestatten. Das führt z.B. bei der Erbauseinandersetzung zwischen Geschwistern (für die ja nur ein Vormund bestellt wird, § 1775 BGB) oft zu einer wahren Pflegerhäufung. Das ist zwar unpraktisch, aber eine unabweisbare Folge des geltenden Rechts.

Außerdem entzieht § 1795 Abs. 1 Nr. 1 und 3 BGB dem Vormund ausdrücklich die Vertretungsbefugnis für Rechtsgeschäfte und Rechtsstreitigkeiten zwischen dem Mündel und den nächsten Angehörigen des Vormundes – mit Ausnahme der Erfüllungsgeschäfte.

Weiter ist dem Vormund die Vertretungsmacht entzogen, wenn er selbst der Schuldner des Mündels aus einer durch Pfandrecht, Hypothek oder Bürgschaft gesicherten Forderung ist und es sich um die Übertragung oder Belastung dieser Forderung oder um die Aufhebung oder Minderung dieser Sicherheiten handelt, § 1795 Abs. 1 Nr. 2 BGB. Endlich kann das Vormundschaftsgericht auch in anderen Fällen dem Vormund die Vertretung für einzelne Angelegenheiten oder einen bestimmten Kreis von Angelegenheiten entziehen, wenn das Interesse des Mündels in erheblichem Gegensatz steht zum Interesse des Vormundes oder eines von ihm vertretenen Dritten oder seines Gatten oder eines seiner Verwandten in gerader Linie, § 1796 BGB.

Nimmt der Vormund trotz Ausschluß der Vertretungsmacht ein Rechtsgeschäft vor, so beurteilen sich die Rechtsfolgen regelmäßig nach den §§ 177 ff. BGB. Einseitige Rechtsgeschäfte sind schlechthin nichtig, Verträge können durch Genehmigung eines Pflegers – und, soweit sie rein vorteilhaft sind, durch die des Mündels selbst – wirksam werden. Gegebenenfalls haftet der Vormund als falsus procurator nach § 179 BGB.

Läßt der Sachverhalt klar ersehen, daß der Vormund die Vertretungsmacht zu seinem eigenen Nutzen oder zu dem eines anderen mißbraucht, so ist zwar die Vertretungsmacht nicht ausgeschlossen, doch kann der Dritte, der diese mißbräuchliche Ausnutzung erkannt hat oder bei einiger Aufmerksamkeit hätte erkennen müssen, sich wegen seines unlauteren Verhaltens auf die Vertretungsmacht nicht berufen, d.h. aus dem Rechtsgeschäft keine Rechte herleiten; vgl. RGZ 52, 99; 71, 222; 75, 301; noch weitergehend RGZ 85, 353.

5. Ende der Vormundschaft

a) Die Vormundschaft *endet* mit Wegfall ihrer Voraussetzungen (§ 1882 BGB), ohne daß grundsätzlich ein besonderer Aufhebungsakt nötig wäre – also:

(1) mit dem Tod des Mündels;
(2) mit der Volljährigkeit des Mündels;
(3) mit Eintritt oder Wiedereintritt der elterlichen Sorge.

Beispiele: Annahme als Kind (§ 1754 BGB), Legitimation durch Ehelicherklärung auf Antrag des Vaters (§ 1736 BGB). Für die Legitimation durch nachfolgende Ehe trifft § 1883 BGB eine Sonderregelung: Die Vormundschaft endet erst dann, wenn ihre Aufhebung vom Vormundschaftsgericht angeordnet wird; denn hier muß zunächst geprüft werden, ob die Legitimationswirkungen auch wirklich eingetreten sind. Bei einer Ehelicherklärung auf Antrag des Kindes gilt dagegen wieder die Regel – obgleich § 1740 f BGB das Kind einem durch nachfolgende Ehe legitimierten Kind gleichstellt. Hier steht nämlich mit der Ehelicherklärung die Legitimationswirkung fest.

Die Vormundschaft endet ferner, wenn das Ruhen der elterlichen Sorge aufhört (die minderjährige unverheiratete oder verwitwete Mutter z.B. volljährig wird) oder das Vormundschaftsgericht einem Elternteil die Vertretungsmacht, die es ihm entzogen hatte, wieder zurücküberträgt.

b) Das Amt des Vormundes endet

(1) ohne weiteres mit dem Tod des Vormundes;
(2) mit der Entlassung des Vormundes durch das Vormundschaftsgericht, §§ 1886 ff. BGB.

II. Betreuung

1. Nach früherem Recht erhielt ein Volljähriger einen Vormund, wenn er *entmündigt* war, § 1896 a.F. BGB. Diese Regelung trat am 31.12.1991 außer Kraft. Seit diesem Zeitpunkt gibt es *keine Entmündigung mehr.* Kann ein Volljähriger aufgrund psychischer Krankheit oder einer körperlichen, geistigen oder seelischen Behinderung seine Angelegenheiten ganz oder teilweise nicht mehr besorgen, so bestellt das Vormundschaftsgericht auf seinen Antrag oder von Amts wegen für ihn einen Betreuer, § 1896 Abs. 1 Satz 1 BGB. Vorausgesetzt wird also eine psychische Krankheit oder eine Behinderung. Bloße Trunksucht oder Drogenabhängigkeit reichen noch nicht aus (BayObLG FamRZ 1993, 1489).

Die Entmündigung des früheren Rechts hatte die Geschäftsunfähigkeit des Entmündigten zur Folge. Betreuung kann auch für eine Person angeordnet werden, die zwar nicht mehr alle ihre Angelegenheiten zu besorgen vermag, im übrigen aber durchaus noch geschäftsfähig ist.

Der Vormund hatte umfassende Befugnisse. Der Betreuer wird nur für diejenigen Aufgabenkreise bestellt, in denen eine Betreuung erforderlich ist (§ 1896 Abs. 2 Satz 1 BGB), z.B. Sorge für die Gesundheit, Aufenthaltsbestimmung (insbesondere, wenn eine Unterbringung in einer Heil- und Pflegeanstalt erforderlich wird), Vermögenssorge, Geltendmachung von Ansprüchen auf Rentenzahlungen und Regelung von Behördenangelegenheiten.

2. Der Betreuer hat die Angelegenheiten des Betreuten so zu besorgen, wie es dessen Wohl entspricht (§ 1901 Abs. 1 Satz 1 BGB). In seinem Aufgabenkreis vertritt der Betreuer den Betreuten sowohl gerichtlich als auch außergerichtlich (§ 1902 BGB). Im übrigen hat die Betreuung aber *keine Auswirkung auf die Geschäftsfähigkeit.* Der Betreute bleibt weiterhin handlungsfähig, es sei denn, daß er nach § 104 Nr. 2 BGB geschäftsunfähig ist oder für ihn ein sog. Einwilligungsvorbehalt angeordnet ist (§ 1903 BGB). Kollidierende Rechtsgeschäfte des Betreuers und des Betreuten sind damit möglich, wurden vom Gesetzgeber aber bewußt in Kauf genommen. Die Betreuung soll stärker als im früheren Vormundschaftsrecht vorgesehen auf das individuelle Betreuungsbedürfnis eingehen und die noch vorhandenen Fähigkeiten des Betroffenen berücksichtigen. Lediglich soweit dies zur Abwendung einer erheblichen Gefahr für die Person oder das Vermögen des Betreuten erforderlich ist, ordnet das Vormundschaftsgericht an, daß der Betreute zu einer Willenserklärung, die den Aufgabenkreis des Betreuers betrifft, dessen Einwilligung bedarf (*Einwilligungsvorbehalt,* § 1903 Abs. 1 Satz 1 BGB). Dabei wird stillschweigend vorausgesetzt, daß der Betreute aufgrund einer psychischen Erkrankung seinen Willen nicht frei bestimmen kann. Das steht zwar so nicht im Gesetz, ergibt sich aber bei verfassungskonformer Auslegung; denn der Staat hat nicht das Recht, seine zu freier Willensbestimmung fähigen Bürger zu „bevormunden“ (BayObLG FamRZ 1993, 851, 852). Ist ein Einwilligungsvorbehalt angeordnet, so bedarf der Betreute dennoch nicht der Einwilligung seines Betreuers, wenn die Willenserklärung ihm lediglich einen rechtlichen Vorteil bringt (§ 1903 Abs. 3 Satz 1 BGB).

Für manche Einwilligungen des Betreuers schreibt das Gesetz die *Genehmigung des Vormundschaftsgerichts* vor, z.B. für die Einwilligung in bestimmte – riskante – ärztliche Maßnahmen (§ 1904 BGB) oder in eine Sterilisation (§ 1905 BGB). Auch eine Unterbringung des Betreuten, die mit einer Freiheitsentziehung verbunden ist (geschlossene Anstalt) oder eine Maßnahme, die ihn daran hindert, seinen jeweiligen Aufenthaltsort zu verlassen (Bettgitter, Festbinden am Rollstuhl), ist nur mit Genehmigung des Vormundschaftsgerichts zulässig (§ 1906 BGB); vgl. etwa OLG Hamm FamRZ 1993, 1490.

III. Pflegschaft

1. Begriff und Aufgabe

Die Pflegschaft ist vormundschaftsähnliche Fürsorge mit begrenztem Aufgabenkreis. Sie soll folgende Aufgaben erfüllen:

a) Ergänzung der elterlichen oder vormundschaftlichen Fürsorge in solchen Angelegenheiten, an deren Besorgung die Eltern oder der Vormund verhindert sind.

b) Hilfeleistung und Interessenschutz in solchen Fällen, in denen – weil es nur um einen begrenzten Aufgabenkreis geht – ein Vormund nicht bestellt wird oder bestellt zu werden braucht.

c) Vorläufiger Schutz in den Fällen, in denen eine Vormundschaft notwendig, ein Vormund aber noch nicht bestellt ist.

d) Schutz der *Interessen unbekannter Beteiligter.*

2. Arten der Pflegschaft

Entsprechend den verschiedenen Aufgaben der Pflegschaft gibt es mehrere Arten einer Pflegschaft.

a) Die Ergänzungspflegschaft

Wer unter elterlicher Sorge oder unter Vormundschaft steht, erhält für Angelegenheiten, an deren Besorgung die Eltern oder der Vormund verhindert sind, einen Pfleger, §§ 1909 Abs. 1, 1630 BGB.

Beispiel: Der Vormund will mit dem Mündel einen Kaufvertrag schließen (§§ 1795 Abs. 2, 181 BGB).

b) Die Amtspflegschaft

Mit der Geburt eines nichtehelichen Kindes wird das Jugendamt Pfleger für die Wahrnehmung der in § 1706 BGB bezeichneten Angelegenheiten, § 1709 BGB (s.o. § 21 III).

c) Die vorläufige Pflegschaft

Eine vorläufige Pflegschaft wird dann angeordnet, wenn die Voraussetzungen für die Anordnung einer Vormundschaft vorliegen, der Bestellung eines Vormundes aber noch Hindernisse im Wege stehen, § 1909 Abs. 3 BGB.

d) Die Abwesenheitspflegschaft

Ein Abwesenheitspfleger wird bestellt für einen Abwesenden, dessen Aufenthalt unbekannt ist oder der an der Rückkehr und der Besorgung seiner Vermögensangelegenheiten verhindert ist, § 1911 BGB.

e) Die Pflegschaft für eine Leibesfrucht

Eine Leibesfrucht erhält zur Wahrung ihrer künftigen Rechte, soweit diese einer Fürsorge bedürfen, einen Pfleger, § 1912 Abs. 1 Satz 1 BGB.

In Betracht kommen hier vor allen Dingen erbrechtliche Ansprüche. Man denke etwa an den Fall, daß das erzeugte, aber noch nicht geborene Kind als Nacherbe eingesetzt oder mit einem Vermächtnis bedacht ist. Vgl. in diesem Zusammenhang die §§ 1923 Abs. 2, 2108 Abs. 1, 2114 ff., 2147 ff. BGB. Auch wenn die Voraussetzungen des § 1912 Abs. 1 Satz 1 BGB nicht vorliegen, kann – auf Antrag des Jugendamtes oder der werdenden Mutter – ein Pfleger bestellt werden, wenn anzunehmen ist, daß das Kind nichtehelich geboren wird, § 1912 Abs. 1 Satz 2 BGB. Das geschieht etwa dann, wenn der nichteheliche Vater schon vor der Geburt des Kindes die Vaterschaft anerkennt (§ 1600 b Abs. 2 BGB), wozu das Gesetz die Zustimmung des Kindes verlangt (§ 1600 c BGB).

Ein Pfleger wird nicht bestellt, wenn die Rechte der Leibesfrucht von den Eltern wahrgenommen werden können, d.h. in den Fällen, in denen den Eltern die elterliche Sorge zustünde, wenn das Kind bereits geboren wäre, § 1912 Abs. 2 BGB.

f) Die Pflegschaft für unbekannte oder ungewisse Beteiligte

Ist unbekannt oder ungewiß, wer bei einer bestimmten Angelegenheit der Beteiligte ist, so kann dem Beteiligten für diese Angelegenheit, soweit ein Fürsorgebedürfnis besteht, ein Pfleger bestellt werden, § 1913 BGB.

Beispiel: Jemand setzt die Kinder seines Bruders als Erben ein. Der Bruder ist z.Zt. des Erbfalls zwar verheiratet, aber noch kinderlos. In diesem Fall ist gem. § 2101 BGB im Zweifel anzunehmen, daß die Kinder als Nacherben eingesetzt sind. Der Nachlaß fällt zunächst an die gesetzlichen Erben, § 2105 BGB. Zur Wahrung der Interessen der noch nicht gezeugten Kinder kann gem. § 1913 BGB ein Pfleger bestellt werden.

Sachregister

Die folgenden Angaben beziehen sich auf die Paragraphen dieses Buches und deren Unterabschnitte

E

Paragraphenverzeichnis